Personelle Zusammenarbeit in der Verwaltungspartnerschaft mit dem Süden

Schriftenreihe der Hochschule Speyer

Band 126

Personelle Zusammenarbeit in der Verwaltungspartnerschaft mit dem Süden

Personnel Co-Operation in the Field of Administrative Partnership with the South

Coopération Personnelle dans le Partenariat Administratif avec les Pays de Sud

Vorträge und Berichte auf dem Dritten Speyerer Forum
zur Rechts- und Verwaltungszusammenarbeit
der Hochschule für Verwaltungswissenschaften Speyer
1994

herausgegeben von

Rainer Pitschas

Duncker & Humblot · Berlin

Die Deutsche Bibliothek – CIP-Einheitsaufnahme

Personelle Zusammenarbeit in der Verwaltungspartnerschaft mit dem Süden : Vorträge und Berichte auf dem Dritten Speyerer Forum zur Rechts- und Verwaltungszusammenarbeit der Hochschule für Verwaltungswissenschaften Speyer 1994 = Personnel co-operation in the field of administrative partnership with the South / hrsg. von Rainer Pitschas. – Berlin : Duncker und Humblot, 1998
  (Schriftenreihe der Hochschule Speyer ; Bd. 126)
  ISBN 3-428-09280-5

Alle Rechte, auch die des auszugsweisen Nachdrucks, der fotomechanischen
Wiedergabe und der Übersetzung, für sämtliche Beiträge vorbehalten
© 1998 Duncker & Humblot GmbH, Berlin
Fremddatenübernahme und Druck:
Berliner Buchdruckerei Union GmH, Berlin
Printed in Germany

ISSN 0561-6271
ISBN 3-428-09280-5

Gedruckt auf alterungsbeständigem (säurefreiem) Papier
entsprechend ISO 9706 ⊖

Vorwort

Schon längst gibt es in der Bundesrepublik Deutschland neben der Technischen und Finanziellen Zusammenarbeit (TZ, FZ) weitere Kooperationsformen und -felder in den internationalen Beziehungen, zu denen auch die Personelle Zusammenarbeit (PZ) gehört. Freilich existiert diese nur teilweise als eigenständiges Angebot der Entwicklungszusammenarbeit; häufig ist die PZ Bestandteil anderer Formen der Kooperation wie z. B. der TZ. In den letzten Jahren ist allerdings das Bemühen deutlich erkennbar, den Faktor „Personal" in der entwicklungspolitischen Strategie stärker, wenn nicht gar vorrangig zu betonen. Dies führt u. a. dazu, im Verlauf breitflächiger Verselbständigungs- und Dezentralisierungsansätze auf das in den Südstaaten bestehende Potential an fachlich ausgebildeten Kräften zurückzugreifen – worauf schon der Tagungsband des Zweiten Speyerer Forums aufmerksam gemacht hat. Umgekehrt gewinnen trotz mancher Klagen über eine gegenläufige Entwicklung der PZ und auch teilweise unsachlicher Kritik die deutschen Fortbildungsangebote an unsere Partnerstaaten an Gewicht.

Besonders in der Rechts- und Verwaltungszusammenarbeit prägt mittlerweile der „personelle Faktor" die Kooperationsangebote der Bundesrepublik Deutschland überaus stark. Das wundert nicht, besetzt doch das (geeignete, motivierte) Personal die Schlüsselrolle bei der Verwaltungsentwicklung im Süden und in den mittel- und osteuropäischen Staaten. „Verwaltungspartnerschaft", wie man das Gehäuse der deutschen und europäischen Rechts- und Verwaltungszusammenarbeit bezeichnen kann, heißt denn auch und vor allem, gemeinsame Strategien eines sozio-kulturell angepaßten und in den Rahmen des Rechts gestellten Personalmanagements zu entwerfen und umzusetzen.

Die Hochschule für Verwaltungswissenschaften Speyer hat ihre Anstrengungen auf dieses Feld der internationalen Beziehungen und Entwicklungszusammenarbeit seit 1982 schwerpunktmäßig konzentriert. Inzwischen zeichnen sich erhebliche Erfolge vor allem in Südasien und in den arabischen Staaten ab. Diesen Weg fortsetzen zu können setzt allerdings voraus, sich immer wieder von neuem des Standes der Bemühungen um die Personalarbeit im Rahmen der Verwaltungspartnerschaft zu vergewissern und deren Entwicklungslinien im Zusammenwirken mit den Partnerländern weiter auszuziehen. Dem diente auch das Dritte Speyerer Forum zur Rechts- und Verwaltungszusammenarbeit, das vom 19. bis 21. September 1994 in der Hochschule für Verwaltungswissenschaften Speyer stattfand. Der hier vorgelegte Tagungsband stellt die auf dieser internationalen Konferenz gehaltenen Referate zusammen. Sie setzen sich mit den Grundlagen der PZ in vergleichender Perspektive, deren Einsatz zur Entwicklung der Menschenrechte und dem Charakter als Führungs- und Fortbildungsaufgabe auseinander. Zudem wurden in zwei Arbeitskreisen anhand von Erfahrungsberichten einzelne Probleme der Konzeption und besseren Koordination von PZ mit der TZ und weiteren Angeboten deutscher Entwicklungszusammenarbeit erörtert. Auch die Einführungsreferate in diese Diskussionen wurden in den Tagungsband eingestellt.

Insgesamt ist auf diese Weise ein Kompendium der PZ entstanden, das es ermöglicht, nach Ablauf einer zeitweilig in der Fachwelt etwas hektisch geführten Debatte über Begriff, Reichweite und Erscheinungsformen der PZ nunmehr eine Zwischenbilanz zu ziehen und neue Ideen zu sammeln. Dafür, daß dies auch finanziell „machbar" war, danke ich sehr herzlich dem Ministerpräsidenten des Landes Rheinland-Pfalz, der Staatskanzlei und dem Herrn Innenminister. Ebenso gilt mein herzlicher Dank der Hilfe der wissenschaftlichen Mitarbeiter an der Hochschule Speyer, die sich einsatzfreudig um die Tagungsvoraussetzungen, den Tagungsablauf und die Konferenzteilnehmer kümmerten. Ohne die Unterstützung der Koordinatorin des internationalen Studienprogramms, Frau Gabi Gerhardt, wäre dieses Dritte Speyerer Forum kaum so reibungslos zustandegekommen und verlaufen; dafür sei ihr an dieser Stelle nochmals mein Dank ausgesprochen. In besonderem Maße aber bin ich Herrn Diplom-Verwaltungswissenschaftler Detlef Barth für seine engagierte Unterstützung bei der Tagungsvorbereitung und Redaktion des Tagungsbandes verpflichtet. Schließlich hat meine Sekretärin, Frau Michaela Busche, bei alledem mit großer Geduld die vielfältigen Schreib- und Betreuungsaufgaben bewältigt. Dafür danke ich ihr sehr herzlich.

Speyer, im Mai 1997   Rainer Pitschas

Inhaltsverzeichnis

Vorwort 5

Begrüßung und Einführung durch den Wissenschaftlichen Beauftragten der Hochschule für Verwaltungswissenschaften Speyer für das Ausländer-Aufbaustudium,

    Univ.-Prof. Dr. *Rainer Pitschas,* Speyer 13

Grußwort des Staatsministers des Innern und für Sport des Landes Rheinland-Pfalz,

    Walter Zuber, Mainz 17

Erster Teil

Grundlagen Personeller Zusammenarbeit in vergleichender Perspektive

Modelle und Erfahrungsberichte aus der Personellen Zusammenarbeit

    Von Univ.-Prof. Dr. *Rainer Pitschas,* Speyer und Dipl.-Verw.-wiss. *Detlef Barth,* Speyer 23

Probleme und Perspektiven der Personellen Zusammenarbeit im Rahmen der deutschen Entwicklungspolitik

    Von Reg.-Dir. Dr. *Günter Bonnet,* Bundesministerium für wirtschaftliche Zusammenarbeit, Bonn 37

Probleme und Perspektiven der Personellen Zusammenarbeit – dargestellt am Beispiel der Volksrepublik China

    Von Univ.-Prof. Dr. *Jiatai Ni,* Ostchinesische Universität, Shanghai/China 51

Diskussion zu den Referaten von Reg.-Dir. Dr. *Günter Bonnet* und Univ.-Prof. Dr. *Jiatai Ni*.
Leitung: Univ.-Prof. Dr. *Rainer Pitschas*. Bericht von *Rosemarie Peters*, M.A., Mag.rer.publ., Speyer 57

Zweiter Teil

**Personelle Zusammenarbeit durch Politikberatung –
Ein Beitrag zur Entwicklung der Menschenrechte**

Politikberatung als ein Instrument der Personellen Zusammenarbeit unter besonderer Berücksichtigung der Menschenrechte

    Von Dipl.-Verw.-wiss. *Detlef Barth*, Speyer 67

Politikberatung in der Entwicklungszusammenarbeit am Beispiel des Verhältnisses der Bundesrepublik Deutschland zur Volksrepublik China

    Von Univ.-Prof. Dr. *Wang Weida*, Tongji – Universität, Shanghai/China 79

Diskussion zum Referat von Univ.-Prof. Dr. *Wang Weida*.
Leitung: Dr. *Albrecht Stockmayer*. Bericht von Dipl.-Verw.-wiss. *Detlef Barth*, Speyer . 89

Les Implications de la Coopération sur le Développement Institutionnel et le Renforcement des Droits de l'Homme au Maroc

    Par Univ.-Prof. Dr. *Ali Sedjari*, Universität Rabat/Marokko 93

La Coopération en vue du Développement Institutionnel au Maghreb: l'Exemple de la Mauritanie

    Par Univ.-Prof. Dr. *Lakhdar Benazzi*, Universität Nouakchott, Mauretanien 105

Diskussion zu den Referaten von Univ.-Prof. Dr. *Ali Sedjari* und Univ.-Prof. Dr. *Lakhdar Benazzi*.
Leitung: Dr. *Albrecht Stockmayer*. Bericht von Dr. *Abdeljabar Arach*, Speyer 125

Die Beratungsfunktion der politischen Stiftungen in der Verwaltungszusammenarbeit – dargestellt am Beispiel der Hanns-Seidel-Stiftung

    Von Dr. *Jürgen Theres*, Rabat/Marokko 129

Dritter Teil

Arbeitskreis A:
Angebotsdifferenzierung in der Personellen Zusammenarbeit

Personelle Zusammenarbeit als Gestaltungselement der Verwaltungspartnerschaft

Von Prof. Dr. *Friedrich W. Bolay*, Verwaltungsfachhochschule Wiesbaden/Abt. Frankfurt/M. 147

Ansätze neuerer Entwicklungen in der Personellen Zusammenarbeit

Von Dr. *Kambiz Ghawami*, Vorsitzender des World University Service/Deutsches Komitee e. V., Wiesbaden 181

Einige Gedanken zu Möglichkeiten und Grenzen der Personellen Zusammenarbeit in den neuen Bundesländern – das Projekt ‚Brandenburg in der Dritten Welt'

Von Univ.-Prof. Dr. *Walter Hundt*, Potsdam 189

Neue Angebote der Personellen Zusammenarbeit unter dem Aspekt des „Capacity Building": Wege zur Erschließung einheimischen Fachkräftepotentials

Von *Karin Adelmann*, Bonn 203

Diskussion zu den Referaten von Univ.-Prof. Dr. *Walter Hundt* und *Karin Adelmann*. Leitung: Prof. Dr. *Friedrich W. Bolay*. Bericht von Assessor *Wolfram Moersch*, Speyer . 215

Personelle Zusammenarbeit der Bundestagsverwaltung. Personelle und administrative Unterstützung von Parlamentsverwaltungen in den neuen Demokratien und des Südens

Von Ministerialrat *Alfred Drescher*, Deutscher Bundestag – Verwaltung/Bonn 221

Vierter Teil

Arbeitskreis B:
Personelle Zusammenarbeit aus der Sicht des Südens: Erfahrungsberichte und Konzepte

Strukturierung einer systematischen Zusammenarbeit in der bolivianischen Ministerialverwaltung – Beratungs- und Fortbildungsansätze eines aktuellen GTZ-Projektes –

Von Ministerialdirigent Prof. Dr. *Klaus-Eckart Gebauer*, Leiter der Kabinettsabteilung, Staatskanzlei des Landes Rheinland-Pfalz, Mainz 229

Personelle Zusammenarbeit als Fortbildungsaufgabe – dargestellt am Beispiel Indonesiens

    Von *Yat Yat E. Wiriyadinata*, Mag.rer.publ., National Institute of Public Administration, Bandung/Indonesien 233

Die Aus- und Fortbildung von Verwaltungsbeamten in Vietnam

    Von Prof. Dr. habil. (Humboldt-Universität Berlin) *Nguyen Duy Gia*, President of the National Institute for Public Administration, Hanoi/Vietnam 243

Perspectives and the Model of Personnel Cooperation through Universities Cooperation

    Von Ass.-Prof. *Supote Kovitaya*, Prince of Songkla University, Hat Yai/Thailand ... 247

Moderatorenberichte. Protokoll von Reg.-Rat. *Stefan Betzer*, Speyer 253

Fünfter Teil

Personelle Zusammenarbeit als Führungs- und Fortbildungsaufgabe

Verwaltungsmodernisierung durch Führungskräfteentwicklung als Aufgabe der Personellen Zusammenarbeit

    Von Univ.-Prof. Dr. *Rainer Pitschas*, Speyer 261

Personnel Cooperation by means of Advanced Training of the Public Service in India – Inventory, Problems and Perspectives of an Internationalization of the Advanced Training Efforts

    By Dr. *K. Mohan*, M.A.J.D., Direktor des S.N. Das Gupta College, New Delhi/Indien 283

Veränderungstendenzen der deutschen Verwaltung als Antwort auf internationale Entwicklungstrends. Herausforderung an die Managemententwicklung durch Fortbildung

    Von Dipl.-Päd. *Irene Chowdhuri*, Leiterin des Instituts für Verwaltungsmanagement an der Verwaltungsakademie Berlin 303

Diskussion zu den Referaten von Dr. *K. Mohan* und *Irene Chowdhuri*.
Leitung: Univ.-Prof. Dr. *Rainer Pitschas*. Bericht von *Ulrike Weissenberger*, M.A.,
Mag.rer.publ., Speyer 317

Interkulturelles Personalmanagement in der Verwaltungspartnerschaft mit dem Süden

Von *Ulrike Weissenberger*, M. A., Mag.rer.publ., Speyer 327

Der Beitrag der Fortbildung zur Verwaltungsförderung am Beispiel des von der Deutschen Stiftung für internationale Entwicklung und der Hochschule für Verwaltungswissenschaften Speyer durchgeführten Verwaltungswissenschaftlichen Studienprogramms für Verwaltungsangehörige aus dem Süden

Von Dipl.-Volkswirt *Joachim Müller*, Mag.rer.publ., Zentralstelle für öffentliche Verwaltung, Berlin 335

Verzeichnis der Autoren und Diskussionsleiter 347

Begrüßung und Einführung durch den Wissenschaftlichen Beauftragten der Hochschule für Verwaltungswissenschaften Speyer für das Ausländer-Aufbaustudium
Univ.-Prof. Dr. Rainer Pitschas

Meine sehr verehrten Damen und Herren, liebe Gäste und Freunde,

zum 3. Speyerer Forum zur Entwicklungszusammenarbeit, auf dem gewichtige Fragen der Politikberatung und Personellen Zusammenarbeit in der Verwaltungspartnerschaft mit dem Süden behandelt werden sollen, darf ich Sie alle zunächst in meiner Eigenschaft als Beauftragter der Hochschule für Verwaltungswissenschaften Speyer für das hiesige Ausländer-Aufbaustudium sehr herzlich begrüßen. Das Studium wird zu einem nicht geringen Teil im Zusammenwirken mit der Deutschen Stiftung für internationale Entwicklung (DSE) und dem Land Rheinland-Pfalz durchgeführt; es dient insgesamt der zweijährigen Fortbildung ausgewählter Angehöriger von Verwaltungseliten aus dem Süden und aus mittel- wie osteuropäischen Staaten. Unter den Veranstaltungen im Rahmen des Studiums nimmt das Forum einen herausragenden Rang ein.

Ich begrüße Sie zugleich als wissenschaftlicher Leiter dieser Zusammenkunft, die über den Aus- und Fortbildungszweck hinaus speziell der Vergleichenden Verwaltungsforschung dient. Diese hat an der Hochschule für Verwaltungswissenschaften in den letzten Jahren eine wirkliche Heimstatt gefunden, von der aus sie sich befruchtend auf viele Diskussionszusammenhänge der internationalen Beziehungen einschließlich der deutschen und europäischen Entwicklungszusammenarbeit, der Verwaltungssoziologie und Institutionenforschung sowie des Völker-, Europa- und internationalen Verwaltungsrechts auswirkt.

Wie sich unser Kreis näherhin zusammensetzt, können Sie aus der Ihnen vorliegenden Teilnehmerliste ersehen. Diese liegt zusammen mit dem aktuellen Tagungsprogramm der Tagungsmappe bei. Kurzfristig ist sie um den Hinweis auf die Teilnahme von Prof. *Gia* aus Vietnam ergänzt worden, den ich mit Freude als Gast und Referent unter uns begrüßen darf.

Da wir deutschen Teilnehmer uns weitgehend kennen und weil wir ein dicht gedrängtes Programm zu bewältigen haben, bitte ich um Nachsicht, wenn ich Sie nicht alle namentlich nenne und begrüße. Eine Ausnahme sei mir jedoch gestattet: Ich betrachte es als besondere Auszeichnung, daß Herr Walter *Zuber*, Minister des Innern und für Sport des Landes Rheinland-Pfalz, unter uns weilt und sich gleich anschließend mit einer Ansprache an unserem Forum beteiligen wird. Ich begrüße ihn mit herzlichem Dank für sein Kommen. Im übrigen gilt mein Dank auch allen Referenten, Kollegen und Kolleginnen, welche die Diskussionsleitung und -berichte übernehmen werden. Ich bedanke mich bei Ihnen schon heute, weil nicht alle während der gesamten Tagung anwesend sein können.

Ein gesonderter und intensiver Willkommensgruß gebührt allerdings unseren zahlreichen ausländischen Gästen, die – wie wohl schon deutlich geworden ist – der Hochschule Speyer auf die eine oder andere Art nachhaltig verbunden sind. Ich darf mich im folgenden zunächst an unsere Referenten aus Nordafrika wenden und diese in französischer Sprache willkommen heißen:

Chers collègues,

Je suis très heureux – et avec ces mots je m'adresse à nos invités africains – que vous participiez avec vos exposés à notre conférence.

Par conséquent je salue très cordialement Monsieur le Professeur *Achi*, Ministre de l'Emploi et de la Fonction Publique de la Côte d'Ivoire qui nous donne l'honneur avec sa visite.

Depuis quelques années il y a des rapports spéciaux dans la matière de la coopération administrative entre la Côte d'Ivoire et l'Ecole Supérieure des Sciences Administratives de Spire qui trouvent leurs expressions dans l'envoi de notre candidat au doctorat apprécié, Monsieur *Ali Diomandé*. C'est l'essai de construire une coopération administrative avec un pays africain choisi pour un projet concret d'entraînement. Par cela, la politique de développement prend la forme d'une politique structurale dans le secteur de l'administration. Je pense que nous pouvons attendre avec vif intérêt comment Monsieur Achi jugera cette perspective de la coopération.

Toutefois, le conseil étranger dans la politique structurale et la coopération administrative ne peuvent pas seulement être une assistance administrative technique. Ils doivent soutenir des structures démocratiques et participatives et pour cela ils trouvent dans l'Union Européenne des partenaires avec les mêmes idées. Cela compte pour un nombre d'Etats sur la Méditerranée, spécialement pour le Maroc et la Mauritanie.

C'est pourquoi que je suis très content de saluer parmí nous Monsieur le Professeur *Sedjari* de l'Université de Rabat au Maroc et Monsieur le Professeur *Benazzi* de l'Université de Nouakchott en Mauritanie. Vous êtes venus en l'Allemagne avec Monsieur le Docteur *Theres*, le représentant de la Fondation Hanns Seidel au Maroc que je salue également très cordialement – pour nous montrer vos pensées sur le développement du conseil politique et la coopération administrative entre nos pays d'amis.

Nous allons entendre vos exposés avec beaucoup d'intérêt et nous pourrons en déduire dans quelle mesure la coopération juridique et administrative entre des Etats avec des cultures différentes comprend aussi des questions de principe en matière du développement démocratique et structural.

Alors, permettez-moi de salver nos participants des Etats asiatiques – en anglais.

Dear guests and colleagues from Asia:

I am very happy that you take part in our conference with your ideas and papers. Personnel development and the advice for structural policy in the South and administrative cooperation are more than mere technical help in political and administrative matters. They have to support the way to develop democratic structures and Public Administration Partnership. Therefore it is necessary to find real partners who have the same ideas.

That is why there are close connections between the Post Graduate School of Administrative Sciences Speyer and scientists and civil servants from several Asian states especially Indonesia, India, People's Republic of China, Sri Lanka and Thailand. Hence I am very glad to welcome among us Dr. *Mohan*, Director of the Das Gupta College in Delhi/India; Professor *Ni* from the East Chinese Normal University; Mister *Perera*, Director of the Human Resources Development Council in Sri Lanka; Professor *Wang* from the Institute for Public Administration and Human Resources in China, Prof. *Kovitaya* from the Prince of Songkla University in Thailand and Misses *Wiriyadinata*, Representative of the National Institute of Public Administration in Indonesia/Java. You came to Germany to demonstrate, how the political consultation and Administration Partnership is developing between our countries.

We will listen to your lectures with great interest and we will be able to see in which way the legal and administrative partnership among states with different cultural backgrounds covers also questions on principle in the area of democratic and structural development.

Now let me please change in my introduction once more to the German language:

Sehr verehrte Gäste, liebe Freunde!

Das heute beginnende

3. Speyerer Forum zur Entwicklungszusammenarbeit steht, wie ich bereits eingangs erwähnte, unter dem Thema der Politikberatung und Personellen Zusammenarbeit in der Verwaltungspartnerschaft mit dem Süden. Es schließt in dieser thematischen Ausrichtung an die zwei vorausgegangenen und in Tagungsbänden fixierten Foren der Jahre 1992 und 1993 an.

Das 1. Forum vom 7. - 10. April 1992 behandelte die Rolle von Recht und Verwaltung in der Förderung von Umweltschutz und Armutsbekämpfung im Süden. Katastrophale Infrastrukturen, mangelhaft ausgebaute Rechtssysteme und schwerfällige Bürokratien wurden in seinem Verlauf neben schwerwiegenden Defiziten im Umweltschutz, der Armutsbekämpfung und Bevölkerungspolitik als gewichtige Hindernisse einer weiteren Entwicklung gekennzeichnet. Ziel des 1. Forums war es, Empfehlungen zum Aufbau von Institutionen sozialer Sicherung sowie eines staatlichen und insbesondere kommunalen Umweltmanagements in den Ländern der Dritten Welt zu erarbeiten sowie die ersten Umrisse eines speziellen Entwicklungs-(Verwaltungs-)rechts zu konturieren.

Einen besonderen Akzent gewann die damalige Tagung, indem sie die „Zweiten Speyerer Nachbetreuungstage im Verwaltungswissenschaftlichen Studienprogramm" organisatorisch und inhaltlich integrierte: Absolventen dieses Programms verdeutlichten mit Erfahrungsberichten aus ihren Heimatländern beispielhaft und authentisch den engen Wechselbezug von Umweltschutz, Armutsbekämpfung mit den jeweiligen rechtlichen wie institutionellen Rahmenbedingungen. Sie machten zugleich auf den unlösbaren Zusammenhang von Armut, Umweltbelastung und Bevölkerungsentwicklung aufmerksam. Der Tagungsband ist unter dem Titel „Development Law and Socio-Ecological Public Administration Partnership" erschienen.

Das 2. Speyerer Forum knüpfte hieran im Jahr 1993 unter dem Thema der *institutionellen Pluralisierung* an. Es wurde der Frage nachgegangen, in welchen Handlungsformen Verwaltungszusammenarbeit geschieht, ob sie stets dem „Staat" vorbehalten bleiben muß und wie speziell eine in die Gesellschaft hineinreichende institutionelle Differenzierung auszusehen hat. Zwar funktioniert gesellschaftliche Entwicklung nicht ohne gleichzeitige staatliche Entfaltung. Dies wird in zahlreichen Vorträgen und Berichten deutlich, die der Frage eines „neuen Institutionalismus in der Entwicklungspolitik" nachgehen: So lautet denn auch der Titel des im Jahre 1995 erschienen Tagungsbandes.

Institutionen sind in ihrer Arbeit freilich nicht ohne die mit ihnen und in ihnen lebenden *Menschen* – wir nennen sie *Akteure* – erfolgreich. Folgerichtig gehört in den Erörterungszusammenhang von Recht, öffentlicher Verwaltung und institutioneller Entwicklung auch die *Akteursperspektive*. Ihr widmet sich das *3. Forum* in diesen Tagen unter dem bekannten Titel.

Bei der Vorbereitung hierauf hat auch diesmal wieder das Land Rheinland-Pfalz tatkräftig geholfen. Ich freue mich deshalb um so mehr, heute den Innenminister des Landes, Herrn *Zuber*, unter uns begrüßen zu können. Es sind insbesondere die langjährigen Kontakte in Ruanda, das nunmehr durch den Bürgerkrieg so schrecklich betroffen ist, die in Rheinland-Pfalz eine besondere Landesverantwortung innerhalb Deutschlands ausformten und die das Land zu einem sensiblen und auch deshalb sehr willkommenen Partner in der gemeinsamen entwicklungspolitischen Arbeit von Staat und Hochschule haben werden lassen.

Herr Minister, ich darf Sie herzlich um Ihre Ansprache bitten!

Grußwort des Staatsministers des Innern und für Sport des Landes Rheinland-Pfalz, Walter Zuber

Meine sehr geehrten Damen und Herren,

das Forum für Entwicklungszusammenarbeit in Speyer hat nun schon fast Tradition. Ich freue mich, daß auch in diesem Jahr so viele kompetente Gäste zusammengekommen sind, um drei Tage lang miteinander zu diskutieren. Herzlichen Dank also für die Einladung; ich darf Ihnen allen die Grüße der rheinland-pfälzischen Landesregierung überbringen, insbesondere die unseres Ministerpräsidenten Rudolf Scharping.

Die wissenschaftliche Diskussion über Wege und Chancen einer Verwaltungspartnerschaft mit dem Süden ist nicht mein Part. Erlauben Sie mir darum, aus meiner Perspektive, der des politisch verantwortlich Handelnden, zu diesem Thema einiges zu sagen. Ich basiere dabei auf den Erfahrungen aus der nunmehr seit 12 Jahren bestehenden Beziehungen zwischen unserem Bundesland und Ruanda, die wir gemeinhin „Partnerschaft" nennen. Der Begriff Partnerschaft setzt aber voraus, daß die beteiligten Partner ihre Interessen gleichberechtigt vertreten. Davon kann in dem Verhältnis zwischen Nord und Süd überhaupt nicht die Rede sein. Der Begriff Nord-Süd-Partnerschaft ist also in diesem Sinne ein Ziel, das wir anstreben – nicht ein Zustand. Allerdings liegt es gleichermaßen im Interesse des Nordens wie des Südens, dieses Ziel zu erreichen.

Die Menschheit sieht sich mit Grundproblemen konfrontiert, die nicht auf rein nationaler oder regionaler Ebene gelöst werden können. Ich nenne als Beispiele Sicherheit und Frieden, Umweltschutz, Energie, die gemeinsame Nutzung der begrenzten natürlichen Ressourcen, damit zusammenhängend die Notwendigkeit, das Bevölkerungswachstum einzudämmen, um unserem Planeten und damit der Menschheit das Überleben zu ermöglichen.

Wenn wir nicht wollen, daß der Kampf ums nackte Überleben mit Gewalt geführt wird, müssen wir gemeinsame Lösungswege finden. Die Partnerschaft zwischen Nord und Süd dient unseren eigenen egoistischen Interessen. Auch wenn sie von uns Umdenken und zumindest zunächst – Opfer fordert.

Über viele Jahrhunderte haben wir die Länder, von denen wir dachten, wir hätten sie zu Beginn der Neuzeit eigens für uns entdeckt, als Materiallager zur Befriedigung unserer Bedürfnisse genutzt, die Menschen, die dort lebten, eingeschlossen. Mit dem Recht des vermeintlich Stärkeren haben wir ihre Kulturen und gewachsenen Strukturen zerstört und andere, nach unseren Vorstellungen bessere, implantiert. Wenn wir heute, ein bißchen klüger geworden, eine Form von Zusammenarbeit anstreben, die den Namen „partnerschaftlich" verdient, dann sehen wir uns auch mit den Folgen dieser selbst geschaffenen Mischstruktur konfrontiert. Das gilt selbstverständlich auch für den Bereich, mit dem Sie sich beschäftigen wollen: Für die Verwaltungspartnerschaft.

Verwaltung wird definiert als eine Tätigkeit, die im Rahmen vorgegebener Entscheidungen bestimmte Lebensgebiete ordnet und gestaltet. In den Ländern unseres Planeten, die wir heute als Dritte Welt bezeichnen, hat eine solche – im Rahmen des dort Möglichen und vielleicht auch Notwendigen – funktionierende Verwaltung bereits bestanden, als die Menschen in Europa noch gar nicht wußten, daß dieser Teil der Welt überhaupt existiert.

Im letzten Viertel des 19. Jahrhunderts wurden die entscheidenden Grundlagen für die koloniale Beherrschung des afrikanischen Kontinents durch Europa gelegt und damit auch für die direkte Konfrontation von Verwaltungsstrukturen der alten und der neuen Welt. Immer weitere Teile Afrikas – 1875 waren es 10%, gegen Ende des 19. Jahrhunderts 90% – wurden von den europäischen Industrienationen in Besitz genommen.

Für Ruanda stellt die Berliner Afrika-Konferenz 1884/85 den Auftakt seiner kolonialen Geschichte dar. Hier wurden Entscheidungen getroffen, die seine Souveränität beendeten und das Land durch eine Grenzziehung am grünen Tisch, die mitten durch das Land verlief, der Willkür seiner belgischen und deutschen Kolonialherren auslieferte.

Im Helgoland-Sansibar-Vertrag von 1890 ging das gesamte Gebiet Ruandas in den Machtbereich des Deutschen Kaiserreichs über und wurde damit ein Teil Deutsch-Ostafrikas. Die neuen Machthaber fanden in Ruanda ein funktionierendes und intaktes Staatswesen vor, dessen Verwaltung auf jahrhundertealten Erfahrungen und Voraussetzungen basierte, die sich durch die spezifische Geschichte des Landes herausgebildet hatten.

Durch die imperiale Politik des Deutschen Reiches wurden diese bewährten Strukturen zerstört. Fremde Strukturen, die keinerlei Bezug zu den vorhandenen Verhältnissen in dem afrikanischen Land hatten, wurden von den europäischen Kolonialherren eingesetzt. In Ruanda zeigte sich sehr schnell, welche verheerenden Folgen der deutsche Militarismus und die völlige Ignoranz gegenüber den gewachsenen Strukturen einer alten Kultur haben kann. Es blieb Deutschland erspart, die Folgen seiner Kolonialpolitik, die z. B. für England und Frankreich bis heute spürbar sind, bewältigen zu müssen. Der Erste Weltkrieg und seine Folgen machten den Großmachtträumen und dem deutschen Kolonialreich sehr schnell ein Ende. Die weitere Entwicklung Ruandas wurde nach dem Ersten Weltkrieg von Belgien bestimmt.

Die politischen und administrativen Strukturen des Landes wurden infolge dieser Entwicklung nach belgischem bzw. französischem Muster geprägt. Dies war

1972 mit ein Grund dafür, daß das Bundesland Rheinland-Pfalz sich für eine Partnerschaft mit Ruanda entschieden hat. Denn diese Strukturen sind uns durch unsere historische Verbindung mit Frankreich und die engen partnerschaftlichen Beziehungen unseres Bundeslandes auf kommunaler und regionaler Ebene nicht unbekannt. Seit Beginn der Partnerschaft hatten wir darum keinerlei Schwierigkeiten, zu Ruanda eine funktionierende Verwaltungspartnerschaft aufzubauen.

Basierend auf den bestehenden Strukturen, haben wir dort die Zusammenarbeit gesucht, wo uns dies wichtig schien. Ich nenne als erstes Beispiel die kommunale Ebene. Hilfe zur Selbsthilfe muß an der Basis ansetzen, wenn sie erfolgversprechend sein soll. Die enge Zusammenarbeit rheinland-pfälzischer und ruandischer Gemeinden und Schulen war und ist ein Kernstück der Partnerschaft. Anders als bei den Hilfen der großen staatlichen und multilateralen Einrichtungen sind die ruandischen Gemeinden als Träger der Partnerschaftsprojekte von der Planung bis zur Fertigstellung in alle Entscheidungen verantwortlich mit eingebunden. Sie entwickeln Ideen und setzen sie gemeinsam mit den rheinland-pfälzischen Partnergemeinden um. Dabei entstehen persönliche Kontakte, die im Rahmen der traditionellen Entwicklungszusammenarbeit so nicht möglich wären.

Zwischen 50 rheinland-pfälzischen und ruandischen Gemeinden bestanden enge Kontakte, das heißt ein Drittel aller ruandischen Gemeinden war in partnerschaftliche Zusammenarbeit eingebunden. Über viele Jahre hinweg wurden ruandische Bürgermeister nach Rheinland-Pfalz eingeladen, um ihre Partner hier vor Ort kennenzulernen und sich darüber zu informieren, wie die Gemeindeverwaltung in Rheinland-Pfalz organisiert ist. In vielen Partnerschaftsgemeinden haben die Bürgermeister mehr als zehn Jahre zusammengearbeitet. Auch eine im Rahmen der Partnerschaft finanzierte Studie über die Kommune in Ruanda, die von Wissenschaftlern der ruandischen Nationaluniversität von Mitte 1991 bis Mitte 1992 durchgeführt wurde, hatte die Förderung und Stärkung der kommunalen Selbstverwaltung in Ruanda zum Ziel.

Eine weitere Studie hatte das Ziel, das landwirtschaftliche Potential zu erfassen und Möglichkeiten zur Produktionssteigerung zu untersuchen. Sie wurde vom Geographischen Institut der Johannes-Gutenberg-Universität Mainz in den Jahren 1990 und 1992 erarbeitet. Dabei geht es natürlich nicht darum, rheinland-pfälzische Strukturen auf Ruanda zu übertragen, sondern über persönliches Kennenlernen Erfahrungen auszutauschen, wechselseitig Kenntnisse zu vermitteln und gemeinsam nach *neuen* Wegen zu suchen.

Ein weiterer Schwerpunkt im Rahmen der partnerschaftlichen Zusammenarbeit ist die Ausbildung. Wir haben Stipendien vergeben, damit junge Ruander an dem Verwaltungswissenschaftlichen Studienprogramm teilnehmen können, das die Hochschule für Verwaltungswissenschaften in Speyer zusammen mit der Deutschen Stiftung für Internationale Entwicklung durchführt. Auch im Bereich der Qualifizierung und der Entwicklung einer ruandischen Gendarmerie gab es eine enge Zusammenarbeit zwischen den Partnerländern. Neben Ausstattungshilfen der rheinland-pfälzischen Polizei wurden in den Jahren 1985 bis 1990 Polizeibeamte der ruandischen Gendarmerie in Rheinland-Pfalz jeweils sechzehn Monate lang ausgebildet. Darüber hinaus haben wir für Gemeindepolizisten Ausbildungsseminare in Ruanda finanziert. Zu den wichtigen Hilfen für die ruandische Verwaltung gehören auch die Projekte des Landesvermessungsamtes Rheinland-Pfalz, die mit ihrer Arbeit die Grundlagen für verläßliche Planungsdaten für die ruandische Verwaltung gelegt haben. Die Landkarten von Ruanda – lassen Sie mich das am Rande erwähnen – die dabei entstanden sind, waren auch äußerst begehrt bei Hilfsorganisationen und Blauhelmsoldaten, die jetzt in Ruanda humanitäre und friedenssichernde Maßnahmen durchführen. Personell soll das ruandische Vermessungswesen durch zwei Ausbildungsmaßnahmen gestärkt werden. Beim Landesvermessungsamt Rheinland-Pfalz in Koblenz wurde in den Jahren 1991 bis 1993 ein junger Ruander zum Vermessungstechniker ausgebildet. Ein weiterer Ruander, der seine Ausbildung voraussichtlich Anfang 1995 abschließen wird, studiert mit einem Stipendium des Landes Rheinland-Pfalz Vermessungswesen.

Einen dritten Schwerpunkt bilden diejenigen Partnerschaftsprojekte, die zum Ziel haben, bedürfnisorientiert entstandene neue Strukturen zu stärken. Hier von Verwaltungspartnerschaft zu sprechen ist vielleicht etwas unorthodox, aber letztlich doch zutreffend. Denn was ist Verwaltung, wenn nicht die planvolle Organisation von menschlichem Zusammenleben. In diesen Bereich gehört unsere Unterstützung für Frauengruppen bei dem Versuch, die eigene Existenz wirtschaftlich zu sichern.

Hierhin gehört auch unsere Unterstützung von Menschenrechtsgruppen, die den Wiederaufbau in Ruanda kritisch begleiten wollen. Wir wollen ihnen helfen, dafür die organisatorischen Voraussetzungen zu schaffen. Dazu gehört auch der geplante Einsatz von rheinland-pfälzischen Polizeibeamten im Rahmen eines UNO-Kontingents zur Ausbildung der ruandischen Polizei nach dem Bürgerkrieg. Auch unsere Hilfsfonds für ruandische Kinder und Jugendliche möchte ich hier einordnen. Sie sollen die Integration von Waisenkindern in ruandischen Familien unterstützen und die Ausbildung von Kindern und Jugendlichen sichern.

Sehr geehrte Damen und Herren, ohne es explizit auszusprechen, wollte ich Ihnen durch die Darstellung der Schwerpunkte unserer Verwaltungspartnerschaft auch deutlich machen, wie wir Politikberatung verstehen: Learning by doing heißt unser Ansatz. Und das gilt für beide Seiten der Partnerschaft. Denn um wirksam helfen zu können, müssen wir zunächst einmal lernen. Wir müssen lernen, bescheiden zu sein. Wir müssen lernen, daß unsere Maßstäbe nicht überall gelten, sondern daß es manchmal gilt, innerhalb der Maßstäbe anderer mit ihnen zusammenzuarbeiten.

Ich bedanke mich für Ihre Aufmerksamkeit und wünsche Ihnen eine produktive Zeit miteinander.

ERSTER TEIL

Grundlagen Personeller Zusammenarbeit in vergleichender Perspektive

Modelle und Erfahrungsberichte aus der Personellen Zusammenarbeit

Von Rainer Pitschas und Detlef Barth

I. Entwicklung und Stand der Personellen Zusammenarbeit

Weltweit ging die Entwicklungskooperation in den Fünfziger und Sechziger Jahren von der Annahme aus, wirtschaftliches Wachstum in den Ländern des Südens könne nur durch einen massiven Transfer an Kapital bzw. durch die Bereitstellung hinreichender Mengen finanzieller, technischer und personeller Ressourcen ermöglicht werden.

Da die Länder des Südens während dieser Zeit noch nicht über einen ausreichenden Pool eigener qualifizierter Fachkräfte verfügten, sollten innerhalb der internationalen Entwicklungszusammenarbeit ausländische Experten die entstandenen „gaps" füllen, bis eigenes „Humankapital" herangebildet sein würde, um die Aufgaben der ausländischen Experten übernehmen zu können.[1] Nicht zuletzt haben die Anstrengungen der Entwicklungspartnerschaft in den letzten vierzig Jahren dazu geführt, daß inzwischen fast alle Länder des Südens über ein Potential an qualifiziertem Personal verfügen, das teilweise vor dem Problem steht, im Heimatland keine angemessene Beschäftigung zu finden.

Obwohl seit Beginn der Entwicklungszusammenarbeit ein Grundkonsens dahingehend besteht, ausländische Experten nur solange einzusetzen bis hinreichend einheimische Fachkräfte zur Verfügung stehen, hat insbesondere in Afrika die Zahl entsandter Experten zugenommen, so daß allein die finanziellen Aufwendungen für ausländische Experten nahezu dem Kreditvolumen der Weltbank für diesen Kontinent entsprechen.[2]

Auch darf im Rahmen der Technischen Zusammenarbeit das Verhältnis der Ausgaben für ausländisches Personal zu der eigentlichen technischen Komponente,

---

[1] *Richard Jolly,* A Future for UN Aid and Technical Assistance?, in: Development, Nr. 4, 1989, S. 21 ff.; auch im Gesellschaftsvertrag des DED aus dem Jahr 1963 als 2. Gesellschafterzweck festgeschrieben; siehe zudem: *Dorothea Mezger/Gert Urban*, Die Instrumente der Personellen Zusammenarbeit und ihre Eignung für die Beschäftigung einheimischer Fachkräfte, Allgemeiner Teil, August 1993, unveröffentlichter Entwurf, S. 9.

[2] Vgl. *Karin Adelmann*, Personelle Entkolonisierung, in: epd-Entwicklungspolitik, Nr. 18, September 1993, S. 13 ff.

dem Equipment, wie es *Berg*[3] in seiner Studie eindrücklich darstellt, als außerordentlich bedenklich bezeichnet werden. Am Beispiel von zehn afrikanischen Ländern zeigt er, daß durchschnittlich 75% der Technischen Hilfe für das Entsenden von Experten verwendet wurden. Allein für Tansania betrugen die Kosten der Technischen Hilfe im Jahr 1988 300 Mio. US$. Hiervon entfielen auf die rund 1000 internationalen Experten 200 Mio. US$. Demgegenüber gab der tansanische Staat für die gesamten Lohn- und Gehaltskosten des öffentlichen Sektors lediglich 100 Mio. US$ aus.[4] Ähnliches gilt für andere Staaten Afrikas.[5]

In vielen Projekten der Entwicklungspartnerschaft arbeiten ausländische Experten und lokale Fachkräfte häufig nicht gleichberechtigt miteinander. Die Kritik wendet sich vor allem den Gehaltsabständen zwischen den „Expatriates" und ihren Counterparts zu. *Kiggundu* verdeutlicht das Problem sehr anschaulich: „The actual costs of selection, transportation, administration and compensation for foreign consultants are high in comparison to the client's cost structure. In the United States, it is common for management consultants to charge $ 1000 a day in fees plus expenses. In Canada, it's been estimated that it can cost up to $ 250.000 in fees and administrative costs to field a person's consulting services for one year abroad. In comparison, a chief executive officer of an Africa state-owned corporation (...) makes a salary of $ 46 a month!".[6]

Derartige Differenzen schaffen Unmut zwischen den Beteiligten, der wiederum einen nicht unerheblichen Einfluß auf den Verlauf von Projekten der Entwicklungspartnerschaft nimmt. Ferner wird man auch der Frage nachgehen müssen, inwieweit lokale Fachkräfte durch den Einsatz ausländischer Experten von einem in der Regel sehr engen Arbeitsmarkt im Partnerland verdrängt werden.

Allgemein läßt sich sagen, daß im Rahmen der Entwicklungspartnerschaft die Personelle Zusammenarbeit (PZ) in der oben beschriebenen Form aufrechterhalten wird, obwohl der Kontext, für den sie einst bestimmt war, sich qualitativ und quantitativ verändert hat, nämlich von einem Mangel an qualifizierten einheimischen Fachkräften zu Beginn der Entwicklungszusammenarbeit zu einem in heutiger Zeit in aller Regel reichlich vorhandenen, jedoch nicht hinreichend genutzten Potential ausgebildeter Fachkräfte.

---

[3] *Elliot J. Berg*, Rethinking Technical Cooperation. Reforms for Capacity Building in Africa, New York 1993, S. 85.

[4] *Jolly* (Anm. 1), S. 21; vgl. ferner *Gerald Braun,* Gesucht: Ein Verhaltenskodex für Experten, in: Entwicklung und Zusammenarbeit, Nr. 10, 1990, S. 10 ff.

[5] UNDP, Human Development Report 1993, New York 1993, S. 20; vgl. ferner die ausführliche Darstellung in: *Berg* (Anm. 3) S. 9 f.; allgemein dazu: *Ludgera Klemp,* Perfektion ohne Orientierung: Technische Zusammenarbeit im Spiegel der Kritik, in: Vierteljahresberichte der Friedrich-Ebert-Stiftung, Nr. 120, Juni 1990, S. 191 ff.

[6] So *Moses N. Kiggundu,* Outside Consultants: Dilemma for Developing Nations, in: Business Forum, Summer 1989, S. 23 ff.; nach *Braun* (Anm. 4), S. 10, ergibt sich ein durchschnittliches Verhältnis der Gehälter zwischen ausländischen Experten und ihren Counterparts von etwa 25:1.

II. Herausforderungen an die Personelle Zusammenarbeit

Vor diesem Hintergrund ergeben sich neue Anforderungen an die Personelle Zusammenarbeit. Im Vordergrund steht dabei die verstärkte Einbeziehung lokaler Fach- und Führungskräfte in Projekte der deutschen Entwicklungszusammenarbeit. Dafür lassen sich insbesondere drei Vorteile benennen:

1. Eine größere Vertrautheit mit dem soziokulturellen Kontext.
2. Bessere Kenntnisse der lokalen Institutionen erleichtern den Umgang mit den eigentlichen und den mittelbaren Zielgruppen. Besonders hilfreich ist die Beherrschung der Landessprachen.
3. Das erworbene Wissen der einheimischen Fach- und Führungskräfte bleibt dem Partnerland langfristig erhalten, während ein entsandter Experte wieder geht und sein Know-how mitnimmt.[7]

Die geforderte verstärkte Einbeziehung lokaler Fach- und Führungskräfte läßt sich an drei Instrumenten der personellen Entwicklungspartnerschaft explizieren:

– Rückkehrförderung und Reintegration;

– Einsatz lokaler Fach- und Führungskräfte in Projekten der Entwicklungspartnerschaft;

– Aus- und Fortbildung von Fach- und Führungskräften.

1. Rückkehrförderung und Reintegration

Mittels der Rückkehrprogramme und durch Maßnahmen der Reintegration werden in Deutschland lebende Fachkräfte[8] durch berufliche Eingliederung und Beschäftigung in ihren Heimatländern für die dortige Entwicklung bestmöglich nutzbar gemacht. Hierfür steht ein breit angelegtes Instrumentarium zur Verfügung, wie z. B. die allgemeine Beratung für die berufliche Eingliederung im Heimatland,[9] die praktische Unterstützung bei der Arbeitsaufnahme[10] und finanzielle Hilfen.[11]

---

[7] Vgl. *Mezger/Urban* (Anm. 1), S. 5 f.

[8] Das Konzept der Rückkehrförderung und Reintegration bezieht sich aber – wie dem Kurzprotokoll der 60. Sitzung des Ausschusses für wirtschaftliche Zusammenarbeit vom 20. Oktober 1993 zu entnehmen ist –, nicht ausschließlich auf in Deutschland lebende Fachkräfte aus Entwicklungsländern.

[9] Je nach Qualifikation, Interesse und Land sind nachfolgende Informations- und Beratungsstellen zuständig: Deutsche Ausgleichsbank (DtA), Zentralstelle für Arbeitsvermittlung (ZAV), International Organization for Migration (IOM), Fachkräfteprogramm Afghanistan (GTZ), Deutsche Stiftung für Internationale Entwicklung/Zentralstelle für Gesundheit (DSE/ZG) und World University Service (WUS).

[10] Folgende Institutionen sind hierbei behilflich: ZAV-Förderungsausschuß, DSE/ZG, WUS sowie verschiedene Personalbörsen.

Die Rückkehrförderung und Reintegration von Fachkräften aus Entwicklungsländern[12] hat vor allem die Umkehrung des „brain drain"[13] zum Ziel. Neben dem Aspekt der bundesdeutschen Ausländerpolitik, der die Verringerung des Zuwanderungsdrucks auf Deutschland beabsichtigt[14], dient dieses Instrument der Schaffung von Arbeitsplätzen, der Stärkung des Privatsektors und der Entwicklung eines Mittelstandes in den Partnerländern. Gerade von den kleinen und mittelständischen Betrieben geht eine nicht zu unterschätzende wirtschaftliche Dynamik aus. Denn sie sind anpassungsfähig im Produktions- oder Dienstleistungsangebot und reagieren flexibler auf wechselnde Marktanforderungen. Das sichert ihnen einen beträchtlichen Vorteil gegenüber den oft schwerfälligen staatlichen oder halbstaatlichen Großbetrieben. Im Verhältnis zum Betriebskapital werden von ihnen überproportional viele Arbeitsplätze geschaffen.[15]

Neben positiven Auswirkungen auf eine nachhaltige Entwicklung sind aber auch Probleme bei der Rückkehrförderung und Reintegration zu konstatieren. Langjährige Aufenthalte in der Bundesrepublik Deutschland führen zur Entfremdung vom soziokulturellen Kontext des Heimatlandes. Heimkehrer werden zu „Fremden im eigenen Land".[16] *Braun*[17] zeigt am Beispiel von Inderinnen, daß deren Deutschlandaufenthalt zur Selbstfindung und Emanzipation beigetragen hatte. Nach ihrer Rückkehr erlebten sie große Anpassungsschwierigkeiten, wobei es ihnen schwer fiel, sich in den traditionellen Familienstrukturen zurechtzufinden. Auch sind bei den Rückkehrern häufig eine arrogante, vorurteilsbehaftete Haltung – besonders kurz nach der Heimkehr – zu beobachten. Im Heimatland selbst gelten die Rück-

---

[11] Z. B. durch befristete Gehaltszuschüsse, Einarbeitungszuschüsse, Kreditsonderfonds für Unternehmensgründer etc.

[12] Hierunter fallen vor allem Studenten, Gastarbeiter, Emigranten.

[13] In den letzten 30 Jahren wanderten etwa 1,2 Mio. hochqualifizierte Arbeitskräfte aus den Entwicklungsländern ab. Die Gewinne der Industrieländer aus diesem brain drain sollen in manchen Fällen die Höhe ihrer Entwicklungshilfezahlungen überstiegen haben. Hierzu *Doris Galinski,* Brain Drain: Umfang, Ursachen, Wirkungen, in: Entwicklung und Zusammenarbeit, Nr. 3, 1989, S. 12 ff. Vgl. auch allgemein: *Doris Galinski*, Brain Drain aus Entwicklungsländern. Theoretische Grundlagen und entwicklungspolitische Konsequenzen, Frankfurt/Main, Bern, New York 1986; *Gottfried Mergner,* „Reintegration". Eine Auseinandersetzung mit einem problematischen Begriff, in: Johannes Buchrucker/Rolf Meinhard (Hrsg.), Studium und Rückkehr: Probleme und Erfahrungen ausländischer Studierender in der Bundesrepublik, Frankfurt/Main 1991, S. 33 ff.; zum brain drain aus den Ländern Osteuropas siehe: *E. Sylvester Vizi,* Reversing the Brain Drain from Eastern European Countries: The „Push" and „Pull" Factors, in: Technology in Society, Vol. 15, 1993, S. 101 - 109.

[14] Dies ist im ersten Rückkehrerprogramm mit der Türkei als explizites Ziel ausgewiesen.

[15] Unternehmerforum, Informationsdienst für Existenzgründer in Afrika, Asien, Lateinamerika und Osteuropa, 0/1993, S. 3.

[16] Vgl. Ausschuß für wirtschaftliche Zusammenarbeit, Kurzprotokoll der 60. Sitzung des Ausschusses für wirtschaftliche Zusammenarbeit am 20. Oktober 1993, Protokoll Nr. 12/60, S. 34.

[17] Gerald *Braun* (Mitverf.), Von Deutschland lernen?: Ein Meinungsbild von Fach- u. Führungskräften aus Indien, Indonesien, Kenia, Mexiko, Peru, Baden-Baden 1986, S. 94 f.

kehrer aus Deutschland häufig als privilegiert, nicht zuletzt aufgrund ihres Devisenbesitzes.

2. Einsatz lokaler Fach- und Führungskräfte in Projekten der deutschen Entwicklungspartnerschaft

In einer Auftragsstudie des BMZ beschäftigten sich in jüngster Zeit *Mezger* und *Urban*[18] mit der Frage nach Möglichkeiten einer Einbeziehung von lokalen Fach- und Führungskräften in Projekte der deutschen Entwicklungspartnerschaft. Das Forschungsprojekt geht der Frage nach, ob die zur Verfügung stehenden Instrumente der PZ geeignet sind, einheimischen Sachverstand stärker als bisher einzubeziehen und dadurch zu vermehrter Beschäftigung einheimischer Fachkräfte im Rahmen der PZ beitragen zu können.[19] Der Forschungsauftrag bezieht sich auf eine zentrale Forderung der ‚Leitlinien für die bilaterale Finanzielle und Technische Zusammenarbeit mit Entwicklungsländern' vom 23. 2. 1984, in denen ausdrücklich festgehalten ist, daß sich das Ziel der deutschen Entwicklungspolitik, „die wirtschaftliche und soziale Entwicklung in den Entwicklungsländern zu unterstützen und damit zur Verbesserung der Lebensbedingungen beizutragen"[20], nur auf Dauer erreichen läßt, „wenn die eigenen Hilfsquellen der Entwicklungsländer, insbesondere die Fähigkeiten und Kenntnisse der Menschen, besser erschlossen und genutzt werden".[21]

Inwieweit die deutschen Personalentsendeinstitutionen sich den neuen Anforderungen in der Entwicklungspartnerschaft stellen, soll am Beispiel der GTZ und des DED kurz skizziert werden.

a) Technische Zusammenarbeit am Beispiel der GTZ

Die Qualität ihrer Arbeit mißt die GTZ unter anderem an folgende Kriterien: größtmögliche Förderung der Eigenverantwortlichkeit und Nutzung der Ressourcen des Projektpartners; Mobilisierung des im Partnerland vorhandenen Potentials, insbesondere durch den Einsatz einheimischer Fachleute und Produkte.[22] Die erstmals im Personalbericht 1990 der GTZ formulierte Zielsetzung geht somit weit über den früher geltenden Grundsatz, Finanzmittel immer mit dem Entsenden von Experten zu verbinden – was gleichzeitig auch Kontrolle bedeutet – hinaus.

---

[18] *Mezger/Urban* (Anm. 1).
[19] Vgl. *Mezger/Urban* (Anm. 1), S. 17.
[20] BMZ aktuell, Leitlinien für die bilaterale Finanzielle und Technische Zusammenarbeit mit Entwicklungsländern vom 23. Februar 1984 (aktualisierte Fassung 3/92), Bonn 1992, S. 2.
[21] BMZ aktuell (Anm. 20), S. 2.
[22] Vgl. GTZ 1992: Personalbericht 1992, Frankfurt/Main.

Inwieweit einheimische Fachkräfte im Rahmen von TZ-Projekten eingesetzt wurden, zeigen nachfolgende Zahlen: Während seit 1988 die Anzahl der von der GTZ entsandten Fachkräfte von 1.533 auf 1.406 (1991) abnahm, erhöhte sich die Zahl der Ortskräfte der GTZ von 4.416 (1989) auf 5.571 (1991).[23] 1993 arbeiteten bereits 5.622 Ortskräfte mit 1.573 entsandten Experten zusammen, womit sich innerhalb von fünf Jahren der Anteil einheimischer Fachkräfte verdoppelt hat. Der Anteil qualifizierter Fachkräfte mit 3.539 Personen, von denen 268 der Führungsebene zugerechnet wurden, überstieg die Gesamtzahl der 2.083 Hilfskräfte.[24]

b) Entwicklungsdienste am Beispiel des DED

Unmittelbar betroffen von der Diskussion um die Beschäftigung einheimischer Fachkräfte sind die Entwicklungsdienste. Größter Entsender von deutschen Entwicklungshelfern ist der Deutsche Entwicklungsdienst, der „in direktem Auftrag unter besonderer Verantwortung der Bundesregierung seine Aufgaben wahr(nimmt)".[25] Die Förderung lokaler Fachkräfte ist formal im Gesellschaftervertrag des DED von 1963 institutionalisiert.[26] Diese Bindung spiegelt sich jedoch in seiner Entsendepraxis nicht wieder. Rund 97,5% des Gesamtbudgets werden für die Entsendung deutscher und europäischer Entwicklungshelfer verwendet.[27]

Derzeit fördert der DED rund 200 einheimische Fachkräfte. Im Hinblick darauf, einen verstärkten Beitrag zum Aufbau des nationalen Fachkräftepotentials zu leisten, wurde ein vierjähriges Pilotprogramm begonnen, mit dem beide Aufgaben – Entsendung von Entwicklungshelfern und Förderung einheimischer Organisationen und Fachkräfte – miteinander verbunden und die entwicklungspolitische Wirksamkeit erhöht werden sollen. Zunächst müssen in vier Ländern 40 lokale Fachkräfte durch Gehaltszahlungen unterstützt werden. Ferner tritt der DED helfend ein, wo potentiellen Arbeitgebern das Geld fehlt, um vorhandene qualifizierte

---

[23] Im Personalbericht 1992 der GTZ wird konstatiert, daß sich der seit 1988 anhaltende Trend zur Reduzierung der Anzahl der GTZ-Auslandsmitarbeiter in 1992 nicht mehr fortsetzte, vgl. GTZ Personalbericht (Anm. 22), S. 52.

[24] Vgl. BMZ, Neue Wege der Personellen Entwicklungszusammenarbeit (PZ), Informationsvermerk für den Bundestagsausschuß für wirtschaftliche Zusammenarbeit, Informationsvermerk Nr. 10/94, März 1994, S. 7 (über den Einsatz von Fachkräften aus den Entwicklungsländern, die in Deutschland ihr Studium abgeschlossen haben). An einem konkreten Beispiel siehe: *Karin Adelmann,* Silvia Espinoza leistet Pionierarbeit in Nord und Süd, in: Entwicklung und Zusammenarbeit, Nr. 6, 1991, S. 20.

[25] BMZ, Neunter Bericht zur Entwicklungspolitik der Bundesregierung (Deutscher Bundestag, 12. Wahlperiode, Drucksache 12/4096), Bonn o.J., S. 67.

[26] Nach dem Gesellschaftervertrag des DED aus dem Jahre 1963 hat der DED einen doppelten Auftrag: Neben der Entsendung von deutschen und europäischen EH (als 1. Gesellschafterzweck) ist ihm mit dem 2. Gesellschafterzweck die Förderung einheimischer Dienste in den Ländern des Südens aufgegeben, siehe *Metzger/Urban* (Anm. 1), S. 51.

[27] Vgl. *Mezger/Urban* (Anm. 1), S. 51.

Kräfte einzustellen. Langfristig ist geplant, daß sich Entwicklungshelfer in den meisten Ländern aus den unmittelbar operativen Aufgaben zurückziehen und diese Funktion lokalen Fachkräften übertragen.[28]

Summa summarum wird sich der Anpassungsprozeß von Projekten der deutschen Entwicklungszusammenarbeit an die veränderten Gegebenheiten in den Partnerländern über Jahre erstrecken. Ein verstärktes Kostenbewußtsein[29] sowie eine effektivere Erfolgskontrolle könnten unterstützend wirken.[30]

Ruft man sich die letztgenannten Zahlen in Erinnerung, so wird überdies deutlich, daß quantitativ nur eine geringe Anzahl lokaler Fach- und Führungskräfte in Projekte der Entwicklungspartnerschaft einbezogen werden können. Darin liegt keine Lösung für die Beschäftigungsproblematik in den Partnerländern. Viel entscheidender ist es, daß die Länder des Südens eigene tragfähige Strukturen aufbauen. Ein möglicher Ansatz wird in der zentralen Forderung des „capacity building" von *Jaycox*[31] gesehen, insbesondere durch den vorrangigen Aufbau lokaler Planungs- und Managementstrukturen.

3. Aus- und Fortbildung von Fach- und Führungskräften

Der wirtschaftliche, soziale und politische Entwicklungsprozeß in den Partnerländern schafft ständig neue und speziellere Lernerfordernisse. Der steigende Bedarf eines qualifizierten Potentials an Fach- und Führungskräften macht ein entsprechendes Angebot an Aus- und Fortbildungsmaßnahmen, insbesondere für die sogenannten „Change agents"[32] notwendig.[33] Nicht die Qualifizierung des einzelnen Programmteilnehmers, sondern das Ziel, den Willen und die Fähigkeit zur Selbsthilfe, zum wirtschaftlichen und sozialen Wandel sowie zu Innovationen zu mobilisieren, steht dabei im Vordergrund.[34]

---

[28] Vgl. BMZ (Anm. 24), S. 9.

[29] Wie die angespannte Haushaltslage der entwicklungspolitischen Institutionen die Entsendepraxis determiniert, ist u.a. den Artikeln: „Gesellschaft für Technische Zusammenarbeit will auf Sparkurs gehen", in: Frankfurter Allgemeine Zeitung, v. 15. 06. 1994 sowie „GTZ marschiert auf politischen Spannungsfeldern", in: Frankfurter Rundschau, v. 15. 06. 1994 zu entnehmen.

[30] Vgl. BMZ (Anm. 24), S. 6.

[31] Vgl. *Edward V. K. Jaycox*, Capacity Building: The Missing Link in African Development, Transcript of Address to the African-American Institute Conference „African Capacity Building: Effective and Enduring Partnerships", Reston, Virginia 1993.

[32] Zum Begriff des „Change agent", siehe beispielsweise *Heinrich Kreft*, Vom Studium in Deutschland zurück in die Fremde, in: Entwicklung und Zusammenarbeit, Nr. 6, 1990, S. 6 ff. sowie *Robert Bittner*, Nadel im Heuhaufen, in: Entwicklung und Zusammenarbeit, Nr. 6, 1990, S. 11.

[33] Vgl. *Paul Kevenhörster*, Perspektiven und Prioritäten der personellen Zusammenarbeit, in: Winfried Böll/Erika Wolf (Hrsg.), 25 Jahre Dialog und Training – was haben wir gelernt, Baden-Baden 1985, S. 170 ff.

Die Aus- und Fortbildung von Fach- und Führungskräften – sowohl in den westlichen Industrienationen und zunehmend in den Regionen des Südens selbst – ergänzt die Förderung des Aus- und Aufbaus beruflicher Bildungsstätten und des Hochschulwesens, für die in den Entwicklungsländern selbst noch keine hinreichenden eigenen Ressourcen bestehen. Inhaltliche Schwerpunkte sind vor allem die verschiedensten Aspekte des Managements in der Wirtschaft, in staatlichen Entwicklungsprogrammen und der Verwaltung, Landwirtschaft und ländlicher Entwicklung und dem allgemeinbildenden und beruflichen Bildungswesen.[35]

Neben der entwicklungspolitisch relevanten Erwartung, daß die an der Aus- und Fortbildung teilnehmenden ausländischen Fach- und Führungskräfte nach erfolgreichem Abschluß ihrer Ausbildung in Deutschland in besonderem Maße einen Beitrag zur Entwicklung im Heimatland leisten würden, nimmt die Aus- und Fortbildung auch eine außenpolitische Bedeutung ein.[36]

Innerhalb der Entwicklungszusammenarbeit hat sich folgerichtig denn auch ein Wandel bei den Aus- und Fortbildungsprogrammen vollzogen. Ihr Umfang hat allgemein zugenommen. Die Form einer längeren theoretischen oder praktischen Grundausbildung an Bildungseinrichtungen oder in Unternehmen in der Bundesrepublik Deutschland wurde durch das Angebot einer zunehmend problem- oder funktionsorientierten Spezialausbildung mit immer kürzerer Dauer, die teilweise in den Entwicklungsländern selbst durchgeführt wird, ersetzt[37].

Da viele Länder des Südens in den vergangenen Jahren erhebliche Fortschritte auf dem Gebiet der Grundausbildung machen konnten, wurde zudem innerhalb der Entwicklungszusammenarbeit das Schwergewicht von der Ausbildung auf die Fortbildung verschoben, die generell dem Grundsatz unterliegt, daß der Studienaufenthalt nur ergänzenden Charakter habe und der fachlichen Spezialisierung dienen solle.[38] Im Rahmen dieses Konzepts wurde zugleich die Förderung von postgradualen Aufbaustudien an deutschen Hochschulen erweitert, die es den Spitzenkräften aus den Entwicklungsländern verstärkt ermöglicht, sich in Deutschland fortzubilden.[39]

---

34 *Joachim Krell*, Verwaltungsförderung und Dialog und Training, in: Klaus König (Hrsg.), Öffentliche Verwaltung und Entwicklungspolitik, Baden-Baden 1986, S. 285 ff.

35 BMZ (Hrsg.), Journalisten-Handbuch Entwicklungspolitik 1993, Bonn 1992, S. 175 f.

36 Vgl. *Hans F. Illy*, Ausbildung in Deutschland – sinnvoll für die Dritte Welt?, in: Universitas, Nr. 3, 1988, S. 330 ff.

37 Vgl. *Gebhard Kerckhoff*, Personelle Zusammenarbeit im Wandel, in: Entwicklung und Zusammenarbeit, Nr. 12, 1987, S. 4 ff.

38 Siehe u.a. *Hildegard Schaeper*, Ziele der Ausbildung von ausländischen Akademikerinnen und Akademikern in der Bundesrepublik Deutschland, in: Johannes Buchrucker/Rolf Meinhardt (Hrsg.), Studium und Rückkehr: Probleme und Erfahrungen ausländischer Studierender in der Bundesrepublik, Frankfurt/M. 1991, S. 13 ff.

39 Vgl. BMZ, Neunter Bericht zur Entwicklungspolitik der Bundesregierung (Anm. 25), S. 65. Kritisiert wird allerdings, daß entsprechende Kapazitäten in Deutschland noch nicht hinreichend ausgebaut sind, vgl. hierzu *Schaeper* (Anm. 38), S. 13 ff.

a) Erster Exkurs: Das Verwaltungswissenschaftliche Studienprogramm an der Hochschule für Verwaltungswissenschaften Speyer

Als Beispiel sollen im folgenden Erfahrungen aus dem Verwaltungswissenschaftlichen Studienprogramm und dem darauf aufbauenden Doktorandenstudium an der Hochschule für Verwaltungswissenschaften Speyer erläutert werden.

Nach *Danckwortt*[40] ist das optimale Auslandsstudium dort zu finden, wo:

- ein Postgraduierter,
- mit einem zu Hause gesicherten Arbeitsplatz,
- an einer kleinen deutschen Universität,
- mit einem geringen Anteil an Ausländern,
- in einem Wohnheim,
- verbunden mit guter Studienberatung,
- ohne finanzielle Probleme und
- nicht mehr als höchstens ein Jahr verbringt.

Bis auf die Dauer des Studiums – das Verwaltungswissenschaftliche Studienprogramm in Speyer erstreckt sich über einen Zeitraum von drei Semestern[41] – erfüllt die Hochschule für Verwaltungswissenschaften alle Voraussetzungen für ein optimales Ausländerstudium.

Das seit dem Studienjahr 1982 erstmals angebotene Verwaltungswissenschaftliche Studienprogramm wird in Zusammenarbeit mit der Deutschen Stiftung für Internationale Entwicklung/Zentralstelle für öffentliche Verwaltung (DSE/ZÖV), Berlin,[42] durchgeführt. Es richtet sich unter der wissenschaftlichen Verantwortung des Erstverfassers insbesondere an Angehörige der öffentlichen Verwaltung in Führungspositionen und an Lehrkräfte in Verwaltungsschulen und -institutionen, die für Aufgaben der Aus- und Fortbildung verantwortlich sind und somit als Multiplikatoren im Partnerland wirken. Die Programmteilnehmer werden mit den allgemeinen und spezifischen Charakteristika der öffentlichen Verwaltung in der Bundesrepublik Deutschland vertraut gemacht.[43] Darüber hinaus haben sich die ausländischen Hörer unter den Gesichtspunkten der Entwicklungspolitik und

---

40 *Dieter Danckwortt*, Wissenschaftlich unbearbeitete Felder des interkulturellen Personenaustausches, dargestellt am Beispiel des Auslandsstudiums und seiner Analyse in der Bundesrepublik Deutschland von 1957 - 1983, in: A. Thomas (Hrsg.), Interkultureller Personenaustausch in Forschung und Praxis, Saarbrücken 1984, S. 259.

41 Weiterer Bestandteil des verwaltungswissenschaftlichen Studienprogramms ist eine dem Speyer-Studium vorausgehende achtmonatige Sprachvorbereitung in Deutschland.

42 Siehe hierzu insbesondere den nachfolgenden Beitrag von *Joachim Müller* über das Verwaltungswissenschaftliche Studienprogramm für Verwaltungsangehörige aus dem Süden.

43 Ein entsprechendes interdisziplinäres Lehrangebot erfolgt durch die derzeit 18 besetzten Ordinarien. Ein Bezug zur Verwaltungspraxis wird darüber hinaus durch rd. 50 Lehrbeauftragte und Honorarprofessoren gewährleistet.

-theorie mit der Entwicklungsfunktion der öffentlichen Verwaltung sowie der Verwaltungsentwicklung und -reform unter dem Aspekt deutscher Erfahrungen zu befassen.[44] In entsprechenden Lehrveranstaltungen[45] ist die Möglichkeit gegeben, durch Berichte und Analysen zur Verwaltungssituation und über Aspekte der Lebens- und Arbeitswelt einen Bezug zum jeweiligen Heimatland herzustellen.

Während das Studienprogramm eher auf eine berufsbezogene Karriere im Heimatland vorbereitet, dient das darauf aufbauende Doktorandenstudium vor allem einer akademischen Karriere und der Entwicklung von Führungskräftepotentialen in den Ländern des Südens. Nur wenige, besonders befähigte Teilnehmer des Studienprogramms werden zum Doktorandenstudium zugelassen. Neben der Erstellung einer Dissertation[46] ist die wissenschaftliche Vertiefung ausgewählter Fachgebiete obligatorisch. Das in das Studium eingebettete Doktorandenseminar gibt den Kandidaten Gelegenheit, durch die Vorstellung und Darstellung von Teilen der in Arbeit befindlichen Dissertation rechtzeitig Anregungen und Kritik zu berücksichtigen.

b) Zweiter Exkurs: Evaluation des Verwaltungswissenschaftlichen Studienprogramms

Mit dem Ziel, den Erfolg von Aus- und Fortbildungsmaßnahmen langfristig zu sichern und weiterhin zu gewährleisten, sind ganz allgemein Nachhaltigkeitsanalysen[47] und Nachkontakte[48] integraler Bestandteil der Personellen Zusammenarbeit. Nachkontakte geben nämlich ein Feedback über durchgeführte Programme und sie tragen dazu bei, Evaluierungen abzusichern und weitere Maßnahmen der Aus- und Fortbildung fachlich-methodisch sowie didaktisch bedarfsgerechter zu gestalten.

---

44 Vor allem geschieht dies unter der wissenschaftlichen Leitung des Direktors für das Ausländeraufbaustudium und Lehrstuhlinhabers für Verwaltungswissenschaft, Entwicklungspolitik und Öffentliches Recht.

45 Beispielhaft erwähnt sei hier die Lehrveranstaltung „Internationale Verwaltungsbeziehungen und vergleichende Verwaltungswissenschaft".

46 Die Vergabe der Themen orientiert sich an praktischen Problemen in den Heimatländern der jeweiligen Doktoranden. Das in Speyer erworbene Wissen soll auf bestimmte entwicklungspolitische- und -theoretische Fragestellungen Anwendung finden.

47 *Rainer Pitschas,* Verwaltungszusammenarbeit vor neuen Herausforderungen, in: ders. (Hrsg.), Zukunftsperspektiven der Verwaltungszusammenarbeit. Erstes Werkstattgespräch zur Verwaltungsförderung, München/Berlin 1993, Bd. 1, S. 5 ff.; der Verf. sieht die Nachhaltigkeit als Prüfstein erfolgreicher Entwicklungspolitik. Projekte der Entwicklungszusammenarbeit erforderten einen wachsenden Bedarf nach speziellen Nachhaltigkeitsanalysen.

48 In den „Richtlinien für die Aus- und Fortbildung von Angehörigen der Entwicklungsländer" des BMZ v. 1. September 1987, S. 9, sollen Nachkontakte für Teilnehmer von Aus- und Fortbildungsmaßnahmen „zur Sicherung des Erfolges der Maßnahmen, zur Vertiefung der erworbenen Kenntnisse sowie zur Festigung der Beziehungen zur Bundesrepublik Deutschland durchgeführt werden". Zur Bedeutung der Nachkontaktpflege siehe z. B. *Gerhard Kerckhoff,* Noch immer ein Stiefkind: der Nachkontakt, in: Entwicklung und Zusammenarbeit, Nr. 6, 1990, S. 4 ff.

Eine Evaluation des Verwaltungswissenschaftlichen Studienprogramms an der Hochschule für Verwaltungswissenschaften Speyer bzw. eine Verbleibs- und Karriereanalyse ist demgemäß unerläßlich. Sie wird seit 1989 regelmäßig in Form der Ausgabe von Fragebögen und der Veranstaltung von Nachkontaktseminaren im In- und Ausland durchgeführt. Das Ziel der „1. Speyerer Nachbetreuungstage", zu dem die Teilnehmer der ersten beiden Jahrgänge des Verwaltungswissenschaftlichen Studienprogramms eingeladen wurden, war es z. B., in Erfahrung zu bringen, wie die Stipendiaten nach einigen Berufsjahren seit der Rückkehr in ihre Heimatländer über Zielsetzung und Inhalte des Studienangebots denken, welche Änderungen gegebenenfalls gewünscht werden und ob bzw. wie sich die Teilnahme am Studienprogramm auf die berufliche Karriere ausgewirkt hat. An diese Zielsetzung knüpften die „2. Speyerer Nachbetreuungstage" von 1992 an, die die Hochschule für Verwaltungswissenschaften Speyer gemeinsam mit der Deutschen Stiftung für Internationale Entwicklung (DSE/ZÖV) durchgeführt hat. Fortgesetzt wurde die Evaluation sodann in Form eines Nachkontaktseminars für die ehemaligen Programmteilnehmer aus dem südost-asiatischen Raum 1993 in Manila.

Trotz aller Erfolge soll aber festgehalten werden, daß trotz der Ausweitung von Fortbildungsprojekten in Deutschland aus entwicklungspolitischer Sicht der Auf- und Ausbau von Hochschulen und anderen geeigneten Institutionen zur Heranbildung eines eigenen Fach- und Führungskräftepotentials in den Partnerländern selbst vorrangig bleibt.[49] Sinnvoll unterstützt werden kann dieses Ziel insbesondere durch eine Intensivierung von Hochschulkooperationen.[50]

III. Neue Anforderungen an die deutschen Institutionen der Entwicklungspartnerschaft

Wie sich zukünftig die Entsendepraxis von Experten und Entwicklungshelfern sowie der Einsatz lokaler Fachkräfte gestalten wird, läßt sich abschließend noch nicht beurteilen. Dennoch soll kurz dargestellt werden, wie mit diesem Instrument der Personellen Zusammenarbeit umgegangen werden könnte:

1. Forcierte Öffnung der Entwicklungsdienste

Einige ausländische Entwicklungsdienste[51] praktizieren bereits die Öffnung für lokale Fachkräfte, indem sie auf die Entsendung eigener Entwicklungshelfer ver-

---

[49] Vgl. *Volkmar Köhler,* Die Bedeutung des kulturellen Dialogs im Rahmen der Personellen Zusammenarbeit mit der Dritten Welt, in: Internationales Afrikaforum, Nr. 25, 1989, S. 77 ff.

[50] Siehe hierzu insbesondere den nachfolgenden Beitrag von *Supote Kovitaya* über Hochschulkooperationen.

[51] Z. B.: Danish Association for International Cooperation, Netherland Development Organization (SNV), Domestic Development Service of the United Nations Volunteers

zichten und statt dessen die Bezahlung der Gehälter lokaler Fachkräfte für eine befristete Zeit übernehmen (d. h. solange, bis diese vom einheimischen Partner selbst getragen werden können).

2. Verzicht auf den Einsatz von Langzeitexperten.

Für einen Verzicht auf den Einsatz von Langzeitexperten plädiert insbesondere *Jaycox*.[52] Diese lassen sich in der Tat zukünftig nur noch in Projekten rechtfertigen, wo sie entweder Struktureinfluß haben oder innovativ tätig sind.[53] Projekte der Entwicklungszusammenarbeit sollten deshalb auf vorhandene nationale Kapazitäten zugeschnitten sein und im Falle fehlender nationaler Kapazitäten eine Ausbildungskomponente zur Heranbildung lokaler Fachkräfte enthalten. Personelle Unterstützung dürfte nur noch über Kurzzeitexperten erfolgen: „You can have people come in for a week and come back six month later to see what happened".[54] Die kirchlichen Entwicklungsdienste wie Dienste in Übersee (DÜ) und die Arbeitsgemeinschaft für Entwicklungshilfe (AGEH) tragen den veränderten Anforderungen an die Personelle Zusammenarbeit auch bereits Rechnung durch die Vermittlung von Fachkräften mit Kurzzeitverträgen und dem Angebot an die Projektpartner, Beratungskompetenz durch ‚Berater auf Zeit' nachzufragen.[55]

3. Erweiterung des Begriffs „einheimische Dienste".

Popp[56] plädiert für die Erweiterung des Begriffs „einheimische Dienste", um die in den Partnerländern verfügbaren humanen Kapazitäten besser nutzen zu können. Bezogen auf die Entwicklungsdienste soll nicht die Anzahl der Entwicklungs-

---

(DDS). Vgl. hierzu *Dieter Hampel,* Maßlose Unterschätzung. Zum Potential lokaler Fachkräfte in der Personellen Zusammenarbeit, in: epd-Entwicklungspolitik, Nr. 18, September 1993, S. 17 ff.

52 Vgl. *Jaycox* (Anm. 31), S. 4. Neuerdings fordern aber auch deutsche Institutionen der Entwicklungspartnerschaft einen verstärkten Einsatz entsandter Kurzzeitexperten bzw. eines verstärkten Einsatzes lokaler Fachkapazitäten zu Lasten von Langzeitexperten, vgl. hierzu die Zeitschrift Entwicklung und Zusammenarbeit, Nr. 7, 1994 sowie den GTZ – Jahresbericht 1993.

53 Siehe *Hansjörg Elshorst,* PZ mit Schwerpunkt Management und Innovation. Hilfe nach dem Prinzip des geringsten Eingriffs, in: Entwicklung und Zusammenarbeit, 1987, Nr. 12, S. 10 f.

54 Siehe *Jaycox* (Anm. 31), S. 4. Für den Einsatz von Kurzzeitexperten siehe auch *Jolly* (Anm. 1), S. 21 ff.; *Gebhard Kerckhoff,* Personelle Zusammenarbeit im Wandel, in: Entwicklung und Zusammenarbeit, Nr. 12, 1987, S. 4 ff. sowie *Bernhard Schweiger,* Technische Zusammenarbeit vor neuen Herausforderungen, in: Entwicklung und Zusammenarbeit, Nr. 10, 1990, S. 6 ff.

55 Vgl. *Urban/Mezger* (Anm. 1), S. 64.

56 *Ulrich Popp,* Thesen zu künftigen Instrumenten und Modellen einer Trägerstrukturförderung nationaler Dienste in den Ländern des Südens, Fachgespräch des Arbeitskreises Lernen und Helfen in Übersee am 11. 3. 1993 in Bonn, unveröffentlichtes Manuskript.

helfer, sondern der Umfang der Trägerstrukturförderung künftiges Leistungskriterium sein. Schließlich fordert er eine verstärkte Kooperation nationaler Organisationen der Entwicklungszusammenarbeit.

4. Änderungen des Entwicklungshelfergesetzes.

Diese Forderung ist bereits in den aufgeführten Punkten 1. und 3. implizit enthalten, soll aber an dieser Stelle noch einmal ausdrücklich erwähnt werden. Die Entwicklungsdienste haben demgegenüber und bisher immer darauf verwiesen, daß der § 1 des Entwicklungshelfergesetzes lediglich Deutschen Zugang zu den Entwicklungsdiensten gewähre.[57] Eine Untervertragnahme von Fachkräften aus den Partnerländern sei daher nicht möglich. Die schon heute praktizierte Form des Weltfriedensdienstes, einheimischen Fachkräften den üblichen Entwicklungshelfer-Dienstvertrag, jedoch ohne die üblichen sozialen Absicherungskomponenten zu gewähren, kann jedoch auch nicht zukunftsweisend sein. Will man die Entsendepraxis der deutschen Entwicklungsdienste ernsthaft überdenken, führt also kein Weg an einer Modifizierung des Entwicklungshelfergesetzes vorbei. Erst wenn die Streichung der Bestimmungen über die Staatsangehörigkeit in § 1 des Entwicklungshelfergesetzes erfolgt, können offene Stellen in den Einsatzländern mit lokalen Fachkräften besetzt werden.[58]

IV. Abschließende Bemerkungen

Gerade unter dem Aspekt eines eigenständigen und nachhaltigen Entwicklungsprozesses müssen die im Partnerland reichlich vorhandenen menschlichen Ressourcen genutzt und gefördert werden. Die deutsche Entwicklungszusammenarbeit versucht diesen neuen Anforderungen durch einen verstärkten Einsatz lokaler Fachkräfte in Projekten der Entwicklungspartnerschaft, der Rückkehrförderung und Reintegration der in Deutschland lebenden Menschen aus den Ländern des Südens als auch mit der Durchführung von Aus- und Fortbildungsprogrammen für einheimische Fach- und Führungskräfte gerecht zu werden.

Die Entwicklungszusammenarbeit wird sich in Zukunft vermehrt daran messen lassen müssen, wieviel eigenes Entwicklungspotential der Entwicklungsländer mobilisiert werden kann. Die immer stärkere Überleitung der Verantwortung an unsere Partnerländer ist Kennzeichen und Aufgabe einer gewandelten Entwicklungspartnerschaft, in deren Mittelpunkt die Personelle Zusammenarbeit steht.

---

[57] Seit 1986 haben bereits europäische Staatsangehörige Zugang zu deutschen Entwicklungsdiensten.
[58] Vgl. hierzu auch: Entwicklung und Zusammenarbeit, Nr. 1 - 2, 1991, S. 31.

Probleme und Perspektiven der Personellen Zusammenarbeit im Rahmen der deutschen Entwicklungspolitik

Von Günter Bonnet

I. Politische Zielsetzung

Internationale und nationale Analysen der Entwicklungszusammenarbeit (EZ) stimmen darin überein, daß der „menschliche Faktor" entscheidend ist für das Gelingen aller Entwicklungsanstrengungen. Nach dem richtungsweisenden Bundestagsbeschluß vom Dezember 1982 soll der Mensch daher auch im Mittelpunkt der deutschen Entwicklungszusammenarbeit stehen. Die Grundlinien der Bundesregierung von 1986 haben diese Forderung übernommen. Auch der Neunte Entwicklungspolitische Bericht von 1992 betont, daß sich das Ziel der wirtschaftlichen und sozialen Entwicklung in den Entwicklungsländern auf Dauer nur erreichen läßt, wenn die „eigenen Hilfsquellen der Entwicklungsländer, insbesondere die Fähigkeiten und Kenntnisse der Menschen, besser erschlossen und genutzt werden".

Auf dieser Grundlage ist in den letzten Jahren eine Politik der Personellen Zusammenarbeit (PZ) entwickelt worden, die sich an folgender Zielsetzung orientiert: Stärkung der Eigenverantwortung des einzelnen Menschen und seiner schöpferischen Fähigkeiten als Voraussetzung für die Entwicklung der eigenen Gesellschaft.

Personelle Zusammenarbeit ist keine gesonderte Form der deutschen Entwicklungspolitik neben z. B. Technischer oder Finanzieller Zusammenarbeit, sie sollte ein konstitutives Element aller Formen der Zusammenarbeit sein. Grundsätzlich lassen sich drei Kategorien der Personellen Zusammenarbeit unterscheiden:

Der Einsatz von ausländischen Fachkräften im Rahmen der EZ in den Ländern und Projekten des Südens. Dies ist die traditionelle Form der entsandten, in der Regel deutschen oder europäischen Fachkraft. Auf sie will ich heute nicht, bzw. nur so weit eingehen, wie sie von der dritten Kategorie, die im Mittelpunkt meiner Ausführungen stehen wird, direkt betroffen ist.

Eine zweite Kategorie ist die Förderung von Personalentwicklungsprogrammen in den Ländern des Südens, die eine qualitative und quantitative Verbesserung und Effektivierung einheimischer Beschäftigungsstrukturen zum Ziel haben.

Die dritte Kategorie, mit der ich mich heute vorrangig befassen möchte, ist die gezielte Individualförderung von Menschen in den Entwicklungsländern durch:

– Aus- und Fortbildung,

– Beschäftigung in den Projekten der EZ oder durch

– Förderung bei Arbeitsaufnahme oder Existenzgründung im Heimatland.

II. Aktuelle Situation

Während zu Beginn der Entwicklungszusammenarbeit vor mehr als 30 Jahren in den Entwicklungsländern noch ein ausgesprochener Mangel an Fachkräften bestand, findet sich heute, nicht zuletzt auch als Ergebnis der Kooperation, in den Regionen des Südens ein großes Potential ausgebildeter Fachkräfte. Viele der ausgewiesenen Fachkräfte finden jedoch keine angemessene Beschäftigung. Der taxifahrende Diplomingenieur in Accra ist hierfür das treffende Beispiel.

Die Ursachen für diese Entwicklung sind vielfältig. Ein wesentlicher Grund ist sicher die häufig nicht arbeitsmarktkonforme, meist theorielastige Ausbildung. Hinzu kommt die schwache Nachfrage nach Arbeit. Die ohnehin prekären Beschäftigungsmöglichkeiten im öffentlichen Sektor vieler Entwicklungsländer werden noch verschärft durch deren sinkende ökonomische Leistungsfähigkeit und die Auflagen der Strukturanpassungsprogramme bei gleichzeitig nur geringen Kompensationsmöglichkeiten des privaten Sektors. Dies schafft einen Mangel an Arbeitsplätzen für qualifizierte Arbeitskräfte, die erwerbslos bleiben, in andere, niederwertigere Arbeitsbereiche, insbesondere des informellen Sektors abwandern oder – und das in steigendem Maße – in andere Länder emigrieren. Letzteres ist je nach potentieller Rückkehrbereitschaft bzw. -möglichkeit als brain drain, d. h. dauerhafter Verlust an Humankapital oder brain bank, d. h. bei Nachfrage verfügbares Humankapital zu bewerten.

Die Problematik unzureichender und ungleichgewichtiger Arbeitsmärkte zeigt starke regionale Unterschiede. In einer Reihe südostasiatischer Länder besteht sogar schon ein ausgesprochener Mangel an hochqualifizierten Arbeitskräften. Andere verfügen zwar über ein Potential gut ausgebildeter Berufsanfänger, denen aber noch die Berufserfahrung fehlt. In einigen asiatischen Staaten, z. B. in Bangladesh, Pakistan, zum Teil auch in Indien, ist dagegen Arbeitslosigkeit qualifizierter Kräfte zu konstatieren. Für Lateinamerika läßt sich gleichfalls eine Erhöhung der Zahl besser ausgebildeter Menschen feststellen, deren Arbeitskraft nur zum Teil genutzt wird. Auch in Afrika südlich der Sahara ist die Zahl der qualifizierten Arbeitskräfte gestiegen. Allerdings liegt der Anteil der als hochqualifiziert einzustufenden Fachkräfte erst bei zwei Promille gegenüber 81 Promille in den Industrieländern. Trotz dieses niedrigen Niveaus finden viele keine Anstellung.

In den Entwicklungsländern ist also – regional unterschiedlich ausgeprägt – eine Beschäftigungssituation entstanden, in der ausgebildete Fachkräfte für qualifizierte Aufgaben vorhanden sind, aus verschieden Gründen aber nicht zum Einsatz kommen.

Trotzdem arbeiten in vielen dieser Länder teure ausländische Fachkräfte. Ihrer Präsenz wird teilweise die Verdrängung einheimischer Arbeitskraft vorgeworfen. In Afrika z. B. hat seit der Unabhängigkeitswelle die Zahl der ausländischen Experten immer weiter zugenommen, obwohl von Anfang an ein Grundkonsens bestand, daß ausländische Experten nur solange eingesetzt werden sollten, bis einheimische zur Verfügung stünden. Ursachen für diese Entwicklung sind sowohl Eigeninteressen der Geber als auch die Politik der Empfängerregierungen, die entsandten Fachkräfte im Paket der EZ wegen des mit ihnen verbundenen Mitteltransfers in Kauf zu nehmen, auch wenn dabei ihre Übernahme nationaler Verantwortung vernachlässigt wird und gleichzeitig einheimische Fachkräfte Schwierigkeiten haben, Stellen zu finden. Dies steht nicht nur im Widerspruch zum wichtigsten Grundsatz der EZ, der Hilfe zur Selbsthilfe, sondern auch zur Forderung der Subsidiarität entwicklungspolitischen Handelns und zum Ziel der Nachhaltigkeit.

Aus diesem Grunde verschieben sich in unserer Personellen Zusammenarbeit die Schwerpunkte. Insbesondere der Einsatz von einheimischen Fachkräften erhält zunehmende Bedeutung. Auch Vertreter internationaler Organisationen und der Entwicklungsländer (EL) selbst üben inzwischen Kritik an einer Politik, die knapper werdende Ressourcen durch hohe Gehälter für entsandtes Personal bindet, während hochqualifizierte einheimische Kräfte arbeitslos bleiben bzw. abwandern. Zwei ausgewiesene Afrikakenner, Elliot Berg von UNDP und der Vizepräsident der Weltbank Jaycox vertreten die These, daß die Geberländer gemeinsam mit den afrikanischen Regierungen den dortigen Aufbau von Planungs- und Entscheidungskapazitäten nicht nur nicht unterstützen, sondern eher verhindern, durch Programme und Projekte, deren Mittel schnell abfließen sollen und die fast vollständig von teuren ausländischen „Beratern" abhängen.

Die Forderung nach dem verstärkten Einsatz einheimischen Wissens und einheimischer Fachkräfte ist inzwischen unumstritten. Um diese Nachfrage zu befriedigen, werden von den verschiedenen Organisationen der EZ wachsende Anstrengungen unternommen. Ein tiefgreifender Wandel der Projektphilosophie und des Instrumentariums mit dem Ziel des „capacity building" zeichnet sich ab.

III. Aus- und Fortbildung einheimischer Fach- und Führungskräfte

Aus- und Fortbildung ist ein traditioneller, unverzichtbarer Bestandteil unserer Entwicklungszusammenarbeit. Aber auch dieses Instrument muß sich weiterentwickeln. Obwohl es in vielen Entwicklungsländern inzwischen auf einzelnen Feldern ein Überangebot an Fachkräften gibt, z. B. an Ingenieuren bestimmter Fachrichtungen, fehlt es nach wie vor fast überall am notwendigen anwendungsorientierten Wissen und den erforderlichen Management- und Planungsfähigkeiten. Der Grund hierfür liegt vor allem darin, daß die Ausbildungsangebote in den meisten Entwicklungsländern, insbesondere im tertiären Bereich, immer noch stark theorielastig sind.

Hier setzt das aktuelle Aus- und Fortbildungsprogramm des BMZ an, das vor allem von der Carl-Duisberg-Gesellschaft (CDG) und der Deutschen Stiftung für internationale Entwicklung (DSE) in Zusammenarbeit mit der Zentralstelle für Arbeitsvermittlung der Bundesanstalt für Arbeit (ZAV) durchgeführt wird. Es versucht, die genannten Defizite bei Fach- und Führungskräften aus entwicklungswichtigen Bereichen von Wirtschaft und Verwaltung auszugleichen.

Das heißt, wir qualifizieren Menschen aus Entwicklungsländern mit unseren Aus- und Fortbildungsmaßnahmen für bestehende Arbeitsplätze. Dementsprechend haben die Teilnehmer im Anschluß an die Fortbildung im allgemeinen auch keine Schwierigkeiten, eine angemessene Beschäftigung in ihren Heimatländern zu finden bzw. fortzusetzen. Sie müssen über eine abgeschlossene Ausbildung und mehrjährige Berufserfahrung verfügen und werden für eine bestimmte Funktion in der entsendenden Einrichtung qualifiziert. Diese Einrichtungen haben schon deswegen ein erhebliches Interesse an einer fortbildungsadäquaten Beschäftigung der Teilnehmer, weil sie während der Dauer der Fortbildungsmaßnahmen für den Lebensunterhalt der Familien aufkommen müssen.

In den vergangenen Jahren wurde das Programm weiterentwickelt. Es werden zunehmend Anstrengungen unternommen, über die Fortbildung einzelner Funktionsträger hinaus auch Einfluß auf entwicklungswichtige Strukturen zu nehmen, etwa durch die Unterstützung von Dezentralisierungsbemühungen in der Verwaltung oder den Aufbau verbesserter Berufsbildungssysteme oder -einrichtungen. Hierzu werden „Programmpakete" entwickelt, in deren Rahmen über einen mehrjährigen Zeitraum Kurz- und Langzeitmaßnahmen im In- und Ausland kombiniert werden.

Als Beispiele hierfür können genannt werden:
– der Aufbau eines Trainingssystems für das mittlere Management von Industriebetrieben in Ägypten, das nach Abschluß der Maßnahme ausschließlich mit einheimischem Personal weitergeführt werden soll;
– die Einrichtung einer berufsbegleitenden Meisterausbildung für Handwerker in Costa Rica;
– die Etablierung eines berufsbegleitenden Fortbildungssystems für Fertigungsleiter in Lateinamerika, das inzwischen von Fachkräften, die an dem Programm teilgenommen haben, selbständig auf kommerzieller Basis weitergeführt wird.

Eine weitere Neuerung bringt der Programmkatalog für 1995, dessen Maßnahmen auf höherqualifizierte Zielgruppen als in der Vergangenheit ausgerichtet ist.

Weiterentwickelt wurde und wird auch die Nachbetreuung, die Zusammenarbeit mit den Rückkehrervereinigungen ehemaliger Fortbildungsteilnehmer. In einigen

Fällen (Bolivien, Indien) werden zur Zeit von den Rückkehrervereinigungen selbstkonzipierte und -verantwortete basisnahe Fortbildungsprojekte unterstützt (angepaßter Wohnungsbau, Frauenförderung, Brunnenbau), die als Modell für ein ausbaufähiges, neues Tätigkeitsfeld des Programms dienen können. So bleiben die ehemaligen Stipendiaten, von denen manche in Führungspositionen aufsteigen, in Verbindung mit dem Industrieland Deutschland und nehmen teil an dessen weiteren Entwicklungen.

Ein neuer Weg soll auch bei dem von Bund und Ländern gemeinsam geförderten Fachhochschulprogramm beschritten werden. Es soll schrittweise in der Weise umgestaltet werden, daß an die Stelle des grundständigen Studiums Fortbildungsmaßnahmen für bereits ausgebildete Ingenieure treten. Dies kann in Form von postgradualen Studiengängen geschehen, für die es bereits einige Beispiele gibt. Vor allem aber ist an spezielle Fortbildungsprogramme für Jungingenieure aus Entwicklungsländern gedacht, die aus einer Kombination von anwendungsorientierten Kursen an Fachhochschulen in Verbindung mit gezielten Industriepraktika bestehen.

IV. Öffnung der Projekte und Programme der EZ für Einheimische

1. Forschungsvorhaben

Eines möchte ich hier voranstellen und unterstreichen: Schon von ihrer Größenordnung her können die Arbeitsmarktprobleme einheimischer Fachkräfte in Entwicklungsländern keinesfalls durch verstärkte Beschäftigung im Rahmen der Entwicklungszusammenarbeit gelöst werden. Durch eine solche verstärkte Beschäftigung könnten aber brachliegende Kapazitäten mobilisiert und die Eigenverantwortlichkeit der Partner gestärkt werden. Vor diesem Hintergrund wurde 1993 im Auftrag des BMZ ein Forschungsvorhaben „Die Instrumente der PZ und ihre Eignung für die Beschäftigung einheimischer Fachkräfte" durchgeführt. Es wurde gefragt, ob die zur Verfügung stehenden Instrumente der PZ geeignet sind, einheimischen Sachverstand stärker als bisher zu nutzen und dadurch zu vermehrter Beschäftigung einheimischer Fachkräfte im Rahmen der EZ, aber auch darüber hinaus, beizutragen. Zahlreiche neue Ansätze wurden bei den deutschen Durchführungsorganisationen bereits festgestellt, gleichzeitig auf weitere notwendige Änderungen in der Geschäftspolitik hingewiesen. Der Anpassungsprozeß an die veränderten Gegebenheiten wird sich über Jahre erstrecken. Er kann durch allmähliche Öffnung der deutschen Personalentsendeorganisationen für einheimische Fachkräfte sowie durch Einführung von mehr Kostenbewußtsein und Erfolgskontrolle gestärkt werden. Gleichzeitig ist mehr Mut zur Verlagerung von Verantwortung in einheimische Hände erforderlich.

2. Technische Zusammenarbeit

Langjährige Praxis steht einer verstärkten Einbeziehung Einheimischer in die deutsche EZ entgegen. Noch immer wird häufig, gerade auch in den Partnerländern, die Entsendung von Experten, verbunden mit Materiallieferungen, als Standardpaket der deutschen Technischen Zusammenarbeit verstanden. Gefördert wird dies noch durch die gewachsene, aber nicht mehr unbedingt zeitgemäße Trennung von FZ (KfW, Bereitstellung von Kapital) und TZ (GTZ als Personalentsendeorganisation, Know-how-Transfer).

Das Selbstverständnis der GTZ, die mit der fachlich-technischen Planung und Durchführung von Maßnahmen der Technischen Zusammenarbeit beauftragt ist, hat sich dagegen schon viel weiter entwickelt. Sie strebt an, „in allen Tätigkeitsbereichen eine qualitativ hochwertige Leistung zu wettbewerbsfähigen Preisen in optimaler Nutzung der verfügbaren Ressourcen zu erbringen". Die Qualität ihrer Arbeit mißt sie heute auch an folgendem Kriterium: Größtmögliche Eigenverantwortlichkeit und Nutzung der Ressourcen des Partners; Mobilisierung des im Partnerland vorhandenen Potentials, insbesondere durch den Einsatz einheimischer Fachkräfte und Produkte. Diese Zielsetzung ist im Personalbericht 1991 der GTZ zum ersten Mal in dieser Deutlichkeit formuliert worden und geht damit weit hinaus über den früher geltenden Grundsatz, Finanzmittel immer mit Beratung zu verbinden, die gleichzeitig auch Kontrolle bedeutete.

Zur Mobilisierung der Personalressourcen in EL versucht die GTZ zunehmend neue Wege. Sie reichen von der Beschäftigung ehemaliger Stipendiaten bis zum Aufbau und Einsatz von lokalen Consultingunternehmen. Seit längerem werden lokale Gutachter in Prüfungs- und Evaluierungsteams eingesetzt, deren Kenntnisse über lokale Institutionen und Interessenverflechtungen wichtig sind. Am deutlichsten ist die Entwicklung innerhalb des bestehenden Instrumentariums zu erkennen. Immer mehr einheimische Fachkräfte werden im Rahmen von TZ-Projekten ausgebildet und eingesetzt.

Dabei geht es auch um die Nutzung des verfügbaren lokalen Sachverstandes, der in den letzten Entwicklungsdekaden durch die EZ gezielt aufgebaut wurde. Die Zahl der lokalen Fachkräfte in den Projekten ist kontinuierlich gestiegen. 1988 kamen auf rund 1.700 Auslandsmitarbeiter der GTZ knapp 2.800 Ortskräfte. Bis 1993 sank die Zahl der Auslandmitarbeiter auf 1.600, die Zahl der Ortskräfte stieg dagegen auf über 5.600, es wurden also doppelt soviel Einheimische beschäftigt als fünf Jahre zuvor.

Von diesen 5.600 waren gut 2.000 Hilfskräfte, die übrigen knapp 3.600 waren qualifizierte Fachkräfte, von denen wiederum fast 300 der Führungsebene zuzurechnen waren. Diese qualifizierten Fachkräfte sind Staatsangehörige des Einsatzlandes oder eines Landes der Region. Sie werden „vor Ort" rekrutiert, von der GTZ unter möglichst marktüblichen Bedingungen unter Vertrag genommen und erbringen somit – analog zu den entsandten Fachkräften – Beratungsleistungen als „deutschen Beitrag" zu Vorhaben der Technischen Zusammenarbeit.

Es gibt sogar bereits Länder, in denen die Verantwortung für die EZ mit Deutschland weitgehend auf Einheimische übergegangen ist, durchweg mit guten Ergebnissen. Beispiel hierfür ist Nepal, wo fünf von 23 Projekten mit einheimischen Teamleitern besetzt wurden. Die administrative Unterstützung, z. B. bei den komplizierten Abrechnungsverfahren, erfolgt durch das GTZ-Projektverwaltungsbüro. Die nepalische Erfahrung ist im Rahmen der GTZ noch ungewöhnlich, macht aber Schule. Auf den Philippinen wird ein Sparkassenprojekt ausschließlich durch eine einheimische Fachkraft betreut, mit gutem Erfolg. Auch in Indien gibt es „expertenlose" Projekte, d. h. ohne entsandte Fachkraft. Ein Beispiel ist die „Qualitätsverbesserung indischer Elektronikprodukte", ein Projekt, in dem nur lokale Fachkräfte vornehmlich Klein- und Mittelbetriebe bei der Erreichung internationaler Qualitätsstandards unterstützen.

Als afrikanisches Beispiel ist die „Eingliederung von Vertriebenen, Ex-Soldaten und Flüchtlingen" in Äthiopien zu nennen. Die mit der Durchführung beauftragte deutsche Consulting beschränkt sich auf externe Steuerung und Projektbesuche, Projektleiter vor Ort ist ein Äthiopier.

Während hier ganz gezielt die Leitung der Projekte Einheimischen übertragen wurde, gibt es auch ein Beispiel für den nicht geplanten Rückzug der deutschen Fachkräfte: Peru, von wo Ende 1992 wegen der Sicherheitslage die deutschen Experten zurückkehren mußten. Die in der Durchführung befindlichen Projekte, z. B. das Integrierte Ernährungssicherungsprogramm in Arequipa, wurden daraufhin von einheimischen Ansprechpartnern weitergeführt, mit gutem Erfolg. Aus dieser Erfahrung hat die GTZ einen neuen Ansatz entwickelt, nach dem in Peru ausländische Fachkräfte nicht mehr in die Projekte entsandt werden, sondern nur noch als Fachleute für die einzelnen sektoralen Schwerpunkte, wie ländliche Entwicklung, Ressourcenschutz, Gesundheit etc. Sie sollen sowohl die lokalen Durchführungsorganisationen beraten, wie auch die Erfahrungen aus den Projekten in Politikberatung für das jeweilige Fachministerium umsetzen. Nach Beruhigung der politischen Lage konnten bereits zwei Deutsche mit solchen koordinierenden Funktionen entsandt werden.

Auch für Nepal diskutiert die GTZ jetzt ein ähnliches Modell: Einheimische Fachkräfte sollen in den vereinbarten Sektorschwerpunkten durch einen entsandten Experten, den Fachkoordinator, betreut werden. Er berät, organisiert und vernetzt die zum gleichen Sektor gehörenden Einzelprojekte und unterstützt im Umgang mit der GTZ-Zentrale.

Eine verstärkte Beschäftigung lokaler Fachkräfte hat vor allem dann eine Verbesserung von Qualität und Effektivität der Technischen Zusammenarbeit zur Folge, wenn lokales Know-how, lokale Sprachen und soziokulturelle Kompetenz für die Bewältigung der Aufgabenstellung erforderlich sind und vom lokalen Träger nicht bereitgestellt werden können. Insgesamt sind die Erfahrungen mit einheimischem Projektpersonal an leitender Stelle gut. Die vermehrte Nutzung einheimischen Fachwissens ist auch unter dem Gesichtspunkt der Nachhaltigkeit positiv zu bewerten. Das während der Tätigkeit erworbene Wissen bleibt zwar nicht unbedingt dem Projekt, zumindest aber dem Land erhalten.

Der Einsatz lokaler Fachkräfte ist aber auch mit Schwierigkeiten verbunden. Zu nennen wären insbesondere die Verwertungen in den Gehaltsstrukturen des Entwicklungslandes. Den lokalen Fachkräften der GTZ werden und müssen in der Regel deutlich höhere Gehälter gezahlt werden als ihren „Counterparts", den vergleichbaren Fachkräften in den lokalen Strukturen. Die Gehälter der einheimischen Teamleader in Nepal sind zum Beispiel weitaus höher als die, die auch renommierte Firmen und Banken ihren besten nepalischen Managern zahlen. Dennoch liegen sie rund um die Hälfte niedriger als jene für entsandte deutsche Fachkräfte. Probleme entstehen auch, wenn die lokale Fachkraft nur als deutscher Projektbeitrag eingesetzt wird, weil dem Projektträger die Mittel fehlen, das für seine Aufgaben notwendige Personal einzustellen. Ohne entsprechende Personalplanung für das Projektende entstehen so Risiken für die Nachhaltigkeit.

BMZ und GTZ arbeiten an einer gemeinsamen Konzeption für den verstärkten Einsatz einheimischer Fachkräfte. Deren Umsetzungsmöglichkeiten sind auch vom Entwicklungsstand des Landes abhängig. Mit der Herausbildung des lokalen Fachkräftepotentials haben sich auch die Aufgaben der GTZ und das Anforderungsprofil für die entsandten Fachkräfte verändert. Im Regelfall arbeiten bereits heute entsandte Kräfte nicht mehr in technischen Disziplinen, sondern sind auf neue und innovative Fachgebiete und auf Managementaufgaben konzentriert. Diese Orientierung findet ihren Niederschlag in der Ausbildungsstruktur der GTZ-Auslandsmitarbeiter. Noch 1989 verfügten 3,4 % über eine handwerkliche Ausbildung, und 62,8 % hatten einen Universitätsabschluß. 1993 hatten bereits 78,7 % einen Uni-Abschluß und nur noch 1,3 % eine handwerkliche Ausbildung. Für die Zukunft wird angestrebt, entsandtes Personal nur noch für besonders herausragende Positionen der Steuerung, für spezifische Maßnahmen der Politikberatung und dort, wo innovative Problemlösungen nötig sind, einzusetzen. Externe haben auch dann eine Funktion, wenn einheimische Kräfte starken ethnischen, sozialen oder religiösen Pressionen ausgesetzt sind. Hier bleiben weiterhin Aufgabenfelder für sensible und kommunikationsfähige internationale Experten.

3. Entwicklungsdienste

Das Entwicklungshelfergesetz sieht die Mitarbeit in den Entwicklungsdiensten nur für Deutsche vor. Daneben hat bei den Diensten schon immer die Förderung einheimischer Organisationen und Fachkräfte eine, wenn auch nachgeordnete Rolle gespielt (beim Deutschen Entwicklungsdienst (DED) „Zweiter Gesellschaftszweck"). Immerhin werden schon heute rund 200 einheimische Fachkräfte vom DED gefördert. Aufgrund des veränderten Angebotes an einheimischen Fachkräften wird zur Zeit bei den Entwicklungsdiensten die Weiterentwicklung ihrer Arbeit diskutiert.

Der DED beginnt gerade ein vierjähriges Pilotprogramm, mit dem er seine beiden Aufgaben – Entsendung von Entwicklungshelfern und Förderung einheimischer Organisationen und Fachkräfte – miteinander verbinden und seine entwicklungspolitische Wirksamkeit erhöhen will. In vier Ländern sollen 40 lokale Fachkräfte durch Gehaltszahlungen unterstützt werden. Wo potentiellen Arbeitgebern das Geld fehlt, um vorhandene qualifizierte Kräfte einzustellen, tritt der DED helfend ein, ohne selbst Arbeitgeber zu werden. Die durch dieses Instrument geförderten einheimischen Fachkräfte sollen Positionen besetzen, wie sie vergleichsweise auch von DED-Entwicklungshelfern wahrgenommen werden. Der DED wird hierbei nicht Arbeitgeber, das Vertragsverhältnis besteht zwischen einheimischer Organisation und einheimischer Fachkraft.

Ziel ist es, einen Beitrag zum Aufbau des nationalen Fachkräftepotentials ('capacity building') zu leisten. Die Förderung ist damit kein Beschäftigungsprogramm im arbeitsmarktpolitischen Sinne. Die zeitweise, maximal sechs Jahre dauernde Existenzsicherung des Geförderten ist Folge, nicht Ziel der Förderung. Geplant ist, einheimische Fachkräfte vor allem in jenen Programmbereichen einzusetzen, die Arbeitsschwerpunkte des DED in einem Land sind. Auf diese Weise können lokale und externe Fachkräfte sich gegenseitig unterstützen.

Längerfristig werden Entwicklungshelfer sich in den meisten Ländern aus den unmittelbar operativen Aufgaben zurückziehen und diese Funktionen in einheimische Hände übertragen können. Dies wird als Konsequenz eine Reduzierung der Zahl entsandter Helfer und gleichzeitig eine Zunahme einheimischer Fachkräfte mit sich bringen.

Auch die kirchlichen Entwicklungsdienste DÜ und AGEH tragen der veränderten Fachkräftesituation in den EL Rechnung. Zu neuen Formen der Zusammenarbeit zählen EH-Kurzzeitverträge, Berater auf Zeit und Süd-Süd-Vermittlungen für einheimische Fachkräfte. Hospitations-, Volontariats- und Praktikums-Programme erhöhen die entwicklungspolitische Kompetenz einheimischer Studienabsolventen und erleichtern den gesellschaftlichen und beruflichen Anfang in ihren Ländern. Die dabei gewonnenen Erfahrungen werden durchweg positiv beurteilt.

V. Reintegrationsprogramme

Abschließend möchte ich noch den dritten Bereich der Individualförderung ansprechen, die Förderung der Reintegration. Die Rückkehr- und Existenzgründungsprogramme wollen in Deutschland vorhandene personelle Ressourcen für die Entwicklung der Herkunftsländer mobilisieren. Ihre Ziele sind:

– Transfer von Know-how in EL – Umkehrung des „brain-drain";
– Schaffung von Arbeitsplätzen zur Verbesserung der Beschäftigungslage, Stärkung des Privatsektors und Entwicklung des Mittelstandes.

Weitere, eher nachrangige Ziele sind:

- Die Sicherung der Existenz der rückkehrenden Individuen und die ihrer Familien und – dies ist ein nicht unwesentlicher innenpolitischer Grund für die Bereitstellung der Mittel – die Verringerung des Zuwanderungsdrucks auf Deutschland.

Die Marginalität des letzten Punktes läßt aber schon ein kurzer Blick auf die Zahlen erkennen. Mit den nicht unerheblichen 72,5 Mio. DM, die 1993 in der Titelgruppe 02 des Einzelplans 23 für Reintegrationsmaßnahmen zur Verfügung standen, wurden rund 1.000 Rückkehrer gefördert – ausländer- und migrationspolitisch noch nicht einmal ein Tropfen auf den heißen Stein. Aber: Unter den in Deutschland lebenden 4,2 Mio. Menschen aus Entwicklungsländern (1,9 Mio. aus der Türkei) ist der Anteil an qualifizierten Kräften hoch. Hiervon 1.000 für die Entwicklung ihrer Heimat zu mobilisieren ist eine gute Verwendung der bereitgestellten Mittel. Für diese Aufabe wurden daher Instrumente zur Förderung der Rückkehr und beruflichen Eingliederung geschaffen, die aus der erwähnten Titelgruppe 02 des Einzelplans 23 finanziert werden. Fachkräfte aus Entwicklungsländern können folgende Unterstützung erhalten:

- Information und Beratung zur Rückkehr und beruflichen Eingliederung im Heimatland;
- Unterstützung bei der Arbeitsaufnahme, d. h. Vermittlung von Arbeitsplätzen, z. B. durch eine noch auszubauende Personalbörse;
- Finanzielle Rückkehr- und Eingliederungshilfen in Form von Einarbeitungszuschüssen für Berufsanfänger, Gehaltszuschüssen für Fachkräfte und durch Existenzgründungsförderung;
- Ausstattung des Arbeitsplatzes.

Zusätzlich zu diesen Individualförderungen wurden bilaterale Programme mit der Türkei, mit Chile, Vietnam, Eritrea, Slowenien und Kroatien vereinbart.

Hauptgegenstand dieser Abkommen sind Existenzgründungskredite. Durch Schaffung von gemeinsamen Kreditfonds, in welche die deutsche und die Partnerregierung gleichhohe Beiträge einzahlen, wird die Gründung von kleinen und mittelständischen Privatunternehmen unterstützt. Die deutschen Beiträge sind für Rückkehrer aus Deutschland bestimmt, während die einheimischen Mittel auch für vergleichbare Zielgruppen, z. B. Rückkehrer aus anderen Ländern verwandt werden können. Die deutschen Beiträge zu diesen Fonds betrugen 1993 41,4 Mio. DM. Mit der Durchführung wurde die Deutsche Ausgleichsbank beauftragt.

Bei den verschiedenen Hilfen für Existenzgründer – Zuschuß zum Eigenkapital, Beratung und günstige Kredite aus den Kreditsonderfonds – hat sich gezeigt, daß die Wirkung weit über die Existenzsicherung für eine Familie hinausgeht. Häufig werden Produkte und Dienstleistungen angeboten, die auf dem heimischen Markt knapp sind, vor allem aber werden Arbeitsplätze geschaffen. Ein besonders günstiges Beispiel: deutsche Einzahlung in den vietnamesischen Kreditfonds 1993: 7,0 Mio. DM, über 500 Unternehmensgründungen, mit weit mehr als 6.000 Arbeitsplätzen. In den anderen Abkommensländern sind die Relationen nicht ganz so günstig, können sich aber immer noch sehen lassen: In Chile wurden mit 10 Mio. DM und einem mit 42,6 Mio. DM sehr viel größerem chilenischen Eigenbeitrag 670 Unternehmen mit über 2300 Arbeitsplätzen gegründet. In Kroatien wurden ebenfalls 10 Mio. DM als deutscher Beitrag bereitgestellt, hiermit bisher aber nur ca. 60 Unternehmen mit knapp 600 Arbeitsplätzen geschaffen. In vergleichbarer Größenordnung bewegen sich die Zahlen für Slowenien. In Eritrea wurden erste Kredite über 2,6 Mio. DM ausgezahlt für 28 Existenzgründungen mit 130 Arbeitsplätzen.

Gehalts- und Einarbeitungszuschüsse sollen nicht nur den Wiederanfang in der Heimat erleichtern, sie verfolgen entwicklungspolitische Ziele. Dies geschieht im Rahmen der mit den einzelnen Ländern vereinbarten Fachkräfteprogramme durch:

– sorgfältige Auswahl durch die programmführende ZAV nach Qualifikationen des Bewerbers und sektoralen Prioritäten;

– Prüfung der entwicklungspolitischen Bedeutung des angestrebten Arbeitsplatzes durch eine Stelle im Rückkehrland;

– Angebot einer Materialausstattung des Arbeitsplatzes zur Steigerung der Arbeitseffektivität (seit 1993).

Die verstärkte Orientierung an den Notwendigkeiten der Arbeitswelt im EL gilt auch für das Ärzteprogramm. Es bietet Medizinern aus EL, die ihr Studium in Deutschland selbst finanziert haben, studienergänzende Maßnahmen und solche der Eingliederung in das Gesundheitswesen ihrer Heimatländer an. Gemäß der neuen Konzeption vom Oktober 1993 werden die einzelnen Ärzte auf entwicklungswichtige Tätigkeiten, insbesondere in den Schwerpunktländern, den LDCs in Afrika, vorbereitet. Durch die gezielte Auswahl der Arbeitsplätze soll ein merkbarer Beitrag zu einer armutsorientierten Gesundheitsversorgung geleistet werden.

Längerfristig ist daran gedacht, das Instrumentarium weiterzuentwickeln und Schwächen zu beseitigen. Insbesondere sollen die jeder Subvention innewohnenden Mitnahmeeffekte verringert werden. In diesem Sinne sollen z. B. die bisherigen Gehaltszuschüsse in Anlehnung an das Programm der Integrierten Experten zu einem Programm für Reintegrierte Experten fortentwickelt werden. Hochqualifizierte Fachkräfte aus Entwicklungsländern sollen in solche entwicklungspolitisch wichtigen Stellen ihrer Heimat vermittelt werden, für die ein ausländischer Experte angefordert wurde, weil auf dem heimischen Arbeitsmarkt dieser spezielle Bedarf nicht gedeckt werden konnte. Sehr viel stärker als bisher soll so die Mobilisierung des Know-hows, nicht die finanzielle Absicherung eines Individuums Ziel der Förderung werden. Die Überlegungen gehen hierbei in Richtung eines aufeinander abgestimmten Förderinstrumentes für deutsche und einheimische Fachkräfte. Bei Vorliegen gleicher Voraussetzungen sollte dann die einheimische Fachkraft Priorität genießen.

VI. Beschäftigung als Aufgabe und Wirkung der EZ

So wichtig es ist, die Rolle der einheimischen Fachkräfte in der Projektplanung und -durchführung zu stärken, so wird doch immer nur ein geringer Teil der ausgebildeten Eliten dort eine Anstellung finden können.

Viel entscheidender ist es, Strukturen aufzubauen, die adäquate Beschäftigung möglich machen. Die Strukturanpassungsprogramme der Weltbank, die aufgeblähte öffentliche Staatsapparate schrumpfen ließen, haben damit oft auch die öffentliche Verwaltung insgesamt geschwächt, indem die Besten in die Wirtschaft abgewandert sind. In seiner zu Beginn zitierten Kritik hat *Edward Jaycox* den vorrangigen Aufbau lokaler Planungs- und Managementstrukturen gefordert – „capacity building" statt Entsendung von Personal zur schnellen und reibungslosen Abwicklung von internationalen Programmen.

Der Aufbau von Trägerstrukturen, die Qualifizierung von Institutionen und Selbsthilfeorganisationen steht schon seit langem im Mittelpunkt der deutschen EZ. Ergänzend zur Beratung des Trägers sind in vielen Fällen Finanztransfers nötig, die im Aufbau befindlichen Institutionen erlauben, die für ihre Aufgaben benötigten Mitarbeiter anzustellen, fortzubilden, zu bezahlen und ihnen zumutbare Arbeitsbedingungen zu bieten.

Für eine Übergangsphase, bis die Staatsfinanzen saniert oder eine tragfähige Einnahmestruktur für öffentliche Dienstleistungen entwickelt worden ist, kann es nötig sein, laufende Kosten, auch für Personal, zu übernehmen. Die früher gültige Regel, daß laufende Kosten und solche in Landeswährung von den Partnern zu erbringen sind, muß heute den Realitäten angepaßt werden. Verschiedene neuere Grundsatzpapiere des BMZ, z. B. das Konzept für die EZ mit den Ländern Afrikas südlich der Sahara in den Neunziger Jahren, weisen ausdrücklich darauf hin, daß unter bestimmten Bedingungen, insbesondere im Gesundheits- und Bildungswesen, Personalkosten übernommen werden können. Solche Entwicklungen gibt es auch im multilateralen Bereich.

Die Weltbank hat für 1994 ein Programm „Start up and Transitional Budget Expenditures" für Palästina identifiziert, womit auch laufende Kosten einschließlich Beschäftigung finanziert werden sollen. Die EU-Kommission hat in diesem Rahmen 20,3 Mio. US$ für Universitäten und Krankenhäuser, einschließlich Gehälter, zugesagt. In den Sektorprogrammen der Weltbank geschieht ähnliches schon länger.

Ein vergleichbares Pilotprojekt wird z. Zt. von der GTZ in Sambia vorbereitet: „Fachkräfte für den Wassersektor". Voraussetzung hierfür ist die Reform der öffentlichen Wasserversorgung, insbesondere der Verlagerung von Verantwortung und Gebührenhoheit auf dezentralisierte Einheiten. Hierfür leistet die TZ Beratungshilfe, komplementär dazu wird das Pilotprojekt Gehälter oder incentives finanzieren bzw. on-the-job-training für die dringend benötigten Fachkräfte, die sonst zu besser bezahlten Stellen bzw. ins Ausland abwandern. Das Projekt ist degressiv geplant, die zukünftige Finanzierung soll durch die Einnahmen gesichert werden. Neben der Gewinnung der Fachkräfte ist ein weiteres wichtiges Ziel des Projektes die Erhaltung früher getätigter Investitionen aus FZ, die mangels kompetenter Wartung und Reparaturen viel zu schnell unbrauchbar werden.

In zwei anderen afrikanischen Ländern, deren öffentlicher Dienst durch Krieg und politische Wirren fast völlig darniederliegt, werden Projekte zur Beschäftigung einheimischer Fachkräfte begonnen. In Somalia und in Eritrea sind Regionalverwaltungen und Kommunen finanziell nicht in der Lage, den Wiederaufbau nachhaltig zu initiieren. Durch die deutsche Hilfe sollen Fachkräfte in ländlichen Gebieten und Kommunen Stellen mit adäquater Bezahlung erhalten, damit sie dort ein Basisangebot an Dienstleistungen für die Bevölkerung garantieren. Sie sollen dadurch in diesen Regionen gehalten werden und dazu beitragen, daß die Menschen dort bleiben können, anstatt in großen Zahlen abzuwandern. Somit dienen diese Projekte durch Beschäftigung auch der Fluchtursachenverminderung. Eine schrittweise Übernahme der Kosten durch die lokalen Arbeitgeber ist Teil der Projektkonzeption. Die Aufrechterhaltung der sozialen Infrastruktur ist eine Herausforderung für die gesamte Gebergemeinschaft, hier kann die Weltbank die Vorreiterrolle übernehmen.

Nicht nur derartige Projekttypen, sondern auch alle anderen Projekte werden in Zukunft nicht zuletzt auch daran gemessen werden, wieviel eigenes Know-how der EL sie mobilisieren und wie sie die Beschäftigungssituation im Lande verbessern können. Die immer stärkere Überleitung der Verantwortung an Einheimische ist Kennzeichen und Aufgabe einer gewandelten EZ am Ende des 20. Jahrhunderts. Dazu kann auch die vorübergehende Finanzierung von Fachkräften in einzelnen entwicklungswichtigen Sektoren oder auf dem Gebiet der Grundbedürfnisse gehören.

Probleme und Perspektiven der Personellen Zusammenarbeit – dargestellt am Beispiel der Volksrepublik China

Von Jiatai Ni[1]

I. Entwicklung der Personellen Zusammenarbeit zwischen der VR China und der Bundesrepublik Deutschland

Seit 10 Jahren haben die VR China und die Bundesrepublik Deutschland nicht nur bei der wirtschaftlichen und technologischen Zusammenarbeit, sondern auch innerhalb der Personellen Zusammenarbeit viele Erfolge erzielt. Dies hat in China den sozialen Fortschritt vorangetrieben und zu einer merkbaren wirtschaftlichen Effizienz geführt.

1978 trat die VR China mit der Durchführung der Reform- und Öffnungspolitik in eine neue historische Ära ein, in der die chinesischen und deutschen Beziehungen an Bedeutung gewonnen haben. Die Einführung von technischem Know-how und Produkten aus Deutschland hat zu einer steigenden Anzahl chinesisch-deutscher Joint-ventures geführt. Beim Aufbau und der Entwicklung von VW Shanghai, hat die Bundesrepublik Deutschland neben rund 200 Experten und Technikern auch moderne Technologien und Anlagen an die VR China geliefert. Dabei wurde nicht nur die Entwicklung der Automobilindustrie gefördert, sondern auch eine große Zahl chinesischer Experten und Techniker aus- und fortgebildet (insgesamt wurden knapp 2.000 chinesische Experten und Techniker in der Bundesrepublik Deutschland aus- und fortgebildet). Die Einführung von kompletten Maschinen und Anlagen sowie die Entsendung von Experten hat die chinesische Automobilindustrie auf ein neues Niveau gehoben, wobei auch der deutschen Automobiltechnologie ein Zugang zum großen chinesischen Markt ermöglicht wurde.

Angesichts des Bedarfs an Wirtschaftsaufschwung haben die VR China und die Bundesrepublik Deutschland in den letzten 10 Jahren bei der Aus- und Fortbildung hochqualifizierter Fachleute auf den Gebieten Betriebsmanagement, Buchhaltung, Technologie, Information und Beratung sowie dem Management von Wohnungs- und Grundstücksentwicklung gemeinsam viel Erfolg erzielt. Nimmt man Shanghai als Beispiel, so hat das chinesische und deutsche Zentrum für Management, das

---

[1] Überarbeitet von *Detlef Barth*. Die Vortragsform wurde weitgehend beibehalten.

von der deutschen Gesellschaft für internationalen Kulturaustausch und der Management School für Wirtschaftsfunktionäre Shanghai gemeinsam gegründet wurde, eine große Zahl von mittel- und hochqualifizierten Fachleuten auf den Gebieten der Wirtschaft und des Außenhandels fortgebildet. Das Fortbildungszentrum für Betriebsmanager, das von der Universität Konstanz und der Universität Jiatong in Shanghai gemeinsam gegründet wurde, hat in den letzten 10 Jahren 10 Kurse durchgeführt, in denen die chinesischen Teilnehmer nach der theoretischen Fortbildung anschließend in Deutschland ein Praktikum absolvierten. Es wurden nicht nur 200 chinesische exportorientierte Betriebsmanager fortgebildet, sondern auch die Beziehung und die Zusammenarbeit zwischen chinesischen und deutschen Unternehmen gefördert. Dabei konnte der Außenhandel zwischen beiden Ländern verstärkt sowie eine große Anzahl an Joint-ventures gegründet werden.

Die deutschen Stiftungen nehmen innerhalb der Personellen Zusammenarbeit zwischen China und Deutschland eine große Bedeutung ein. Zum Beispiel hat die Friedrich-Ebert-Stiftung die Fortbildung der Wohnungs- und Grundstücksmanager sowie die Fortbildung der Fachleute für Stadtplanung finanziert, indem sie einerseits deutsche Experten für Stadtplanung und Nahverkehr zum Vortrag nach Shanghai eingeladen hat, andererseits den chinesischen Fachleuten beim Informationsbesuch in Deutschland geholfen hat. Diese Projekte der Personellen Zusammenarbeit haben einen großen Beitrag zum Stadtauf- und -umbau Shanghais zur internationalen Metropole geleistet. Neben der FES beteiligen sich auch andere Stiftungen wie die Konrad-Adenauer-Stiftung, Friedrich-Naumann-Stiftung und Hanns-Seidel-Stiftung durch die Fortbildung der chinesischen Fachleute, die für eine weitere Entwicklung Chinas dringend gebraucht werden, als auch durch die Vergabe finanzieller Hilfen für die Aus- und Fortbildung chinesischer Studenten in Deutschland.

Der DAAD und andere deutsche Stiftungen vergeben jährlich Stipendien an 200 chinesische Studenten und Wissenschaftler für die Aus- und Fortbildung in Deutschland. Das besonders strenge deutsche Ausbildungssystem mit seiner effektiven Didaktik und fortschrittlichen Lehrkursen hat einen tiefen Eindruck bei den in Deutschland Studierenden hinterlassen. Das deutsche Ausbildungssystem dient als Vorbild bei der Aus- und Fortbildung hochqualifizierter Fachleute in der VR China.

II. Konzepte für eine Weiterentwicklung der Personellen Zusammenarbeit zwischen der VR China und der Bundesrepublik Deutschland

Auf Grundlage der Reform- und Öffnungspolitik wird für China bis in das 21. Jahrhundert ein stetiges und hohes Wirtschaftswachstum mit einer raschen Entwicklung auf den Gebieten der Technologie, Kultur und Ausbildung erwartet. Um dieses Entwicklungsziel zu realisieren, muß die VR China die fortschrittlichen Wissenschaften und Technologien sowie die Erfahrungen des Managements aus den entwickelten Ländern erlernen und rezipieren, dafür muß die internationale Personelle Zusammenarbeit und der internationale Personalaustausch verstärkt werden. Hier möchte ich Shanghai, die sich am schnellsten entwickelnde Stadt in der VR China mit ihrer typischen Bedeutung, als Beispiel nehmen. Gemäß der Staatsplanung wird sich Shanghai zu einem der internationalen Wirtschafts-, Finanz- und Handelszentren entwickeln. Das erfordert, daß Shanghai neben Kapital und Technologie auch Fachleute aus dem Ausland einlädt und gleichzeitig eigene, dringend gebrauchte Fachleute beschleunigt ausbildet. Nach einer Prognose ist der Bedarf an Fachkräften in Shanghai auf allen Gebieten wie folgt: 1,298 Mio. Personen für das Jahr 1995, 1,466 Mio. für das Jahr 2000 und 1,606 Mio. Personen für 2005. Davon werden insbesondere hochqualifizierte Fachleute für die öffentliche Verwaltung, für Wirtschaft, Finanzen und Handel gebraucht. Ferner werden strategische Investoren, Manager der Unternehmensgruppen, Vertreter für den internationalen Handel, Fachleute für den internationalen Finanzverkehr, hochqualifizierte Makler, Buchhalter und Termin-Market-Manager benötigt. Ob Shanghai das festgelegte Entwicklungsziel realisieren kann, hängt davon ab, ob der Bedarf an Fachleuten abgedeckt wird. Dazu bestehen folgende Lösungsmöglichkeiten: Einsatz von Fachleuten aus dem Ausland, Aus- und Fortbildung chinesischer Studenten und Fachleute im Ausland sowie die Aus- und Fortbildung chinesischer Fachleute durch ausländische Experten im Rahmen der Personellen Zusammenarbeit in der VR China. Nach einer Untersuchung und Befragung unter den betreffenden Institutionen und Zuständigen wurden folgende Maßnahmen als effektive Lösungsansätze bestätigt:

1. Nachfrage nach Fachleuten aus entwickelten Ländern wie den USA, der Bundesrepublik Deutschland und Japan als Dozenten und Berater in der VR China.

2. Zielgerichtetes Entsenden chinesischer Fachleute ins Ausland zur Aus- und Fortbildung. Die Fachleute auf den oben erwähnten Fachgebieten genießen Priorität.

3. Werbung um die chinesischen Studierenden im Ausland zur kurz- oder langfristigen Arbeit in China mit relativ besseren Einkommen und Arbeitsbedingungen.

4. Beschleunigung der Reform des Erziehungssystems und Umstrukturierung der Fach- und Forschungseinrichtungen sowie Bereitstellung von Lehrkräften zur Befriedigung des Bedarfs an dringend benötigten Fachleuten.

5. Kooperative Aus- und Fortbildung chinesischer Fachleute mit den entwickelten Ländern, wobei die Erfahrungen und Probleme bedacht werden, um fernerhin ein Netz kooperativer Aus- und Fortbildung mit den ausländischen Partnerstädten zu entwickeln. Ferner wäre die Erweiterung von Fachrichtungen und eine Erhöhung der Anzahl der Auszubildenden als auch die Implementierung einer

Aus- und Fortbildungsform zur Erhöhung der Effizienz der kooperativen Aus- und Fortbildung mit den entwickelten Ländern wünschenswert.

Bei der Durchführung dieser Maßnahmen ist die Personelle Zusammenarbeit zwischen der VR China und der Bundesrepublik Deutschland von besonderer Bedeutung, weil sich die Wirtschaftsmodelle beider Länder nahestehen. Die chinesische sozialistische Marktwirtschaft garantiert einen gleichberechtigten Wettbewerb auf dem Markt durch eine Allokation der Wirtschaftsfaktoren über den Markt. Innerhalb des chinesischen Wirtschaftsmodells nimmt die Regierung eine Koordinierungsfunktion wahr. Eine Sozialversicherung garantiert eine Mindestabsicherung der Arbeitnehmer. In den Betrieben wird die Mitbestimmung der Angestellten und Arbeiter gefördert. Aufgrund annähernder Parallelitäten beider Wirtschaftsmodelle sind die deutschen Erfahrungen in der Wirtschaftssteuerung und des betrieblichen Managements für die VR China besonders geeignet.

Das Rezipieren deutscher Erfahrungen hat eine aktuelle Bedeutung in der VR China:

– weil das Ausbildungssystem in der Bundesrepublik Deutschland dem sozialen Marktwirtschaftsmodell entspricht, die Struktur der Fachrichtungen in deutschen Hochschulen sachgerecht ist. Der Inhalt der Lehr- und Lerntätigkeiten ist realitätsnah, weil die jüngsten Entwicklungen aus Wissenschaft, Technologie und Wirtschaft reflektiert werden. Die Schulverwaltung ist streng und die Didaktik vielfältig. Die Praxis in der Vergangenheit hat bestätigt, daß sich die chinesischen Studenten in das deutsche Ausbildungssystem relativ schnell einarbeiten können. Was sie in Deutschland studiert haben, kann in ihrer späteren Tätigkeit in China angewandt werden. Die Resultate sind positiv.

– weil beide Länder in den letzten 10 Jahren in der Personellen Zusammenarbeit bereits positive Erfahrungen machen konnten. Die Konzeption deutscher Aus- und Fortbildungsveranstaltungen und die deutschen Experten vor Ort wissen den Bedarf Chinas und den Charakter der chinesischen Studenten richtig einzuschätzen. Dies alles ist eine gute Voraussetzung für eine weitere Entwicklung der Personellen Zusammenarbeit zwischen der Bundesrepublik Deutschland und der VR China.

– weil die Bundesrepublik Deutschland über fortschrittliche Technologien und kompetente Fachleute auf allen Gebieten verfügt, die den Bedarf Chinas befriedigen können. Es wird davon ausgegangen, daß die in Deutschland auszubildenden chinesischen Studenten nach Beendigung ihrer Ausbildung in Deutschland nach China zurückkehren und ihrer Heimat dienen. Deshalb besteht kein Problem eines „Brain-Drain" für die VR China.

– weil die deutschen Hochschulen keine Studiengebühren erheben. Ferner vergeben die deutschen Stiftungen Stipendien an chinesische Studenten. Das verringert die finanzielle Belastung der chinesischen Regierung und der chinesischen Studenten. Die chinesischen Studenten möchten gerne in Deutschland studieren.

Andererseits bietet die Personelle Zusammenarbeit auch der Bundesrepublik Deutschland Vorteile:

- Die VR China ist ein Land mit großem Wirtschaftswachstum und großen Märkten. Die Personelle Zusammenarbeit wird die allseitige Zusammenarbeit auf den Gebieten von Wirtschaft, Handel und Technologie sowie die Beziehungen beider Länder tatkräftig fördern. Bei der Entsendung deutscher Fachleute werden sicherlich deutsche Technologien und Anlagen miteingeführt werden. Durch die Verfügung über die großen Märkte in der VR China wird die Wirtschaftsentwicklung in der Bundesrepublik selbst gefördert.
- Die Personelle Zusammenarbeit und kooperative Aus- und Fortbildung zwischen beiden Ländern sowie die daraus resultierende Verstärkung der Zusammenarbeit auf den Gebieten der Ausbildung, Kultur und Forschung führen auch in der Bundesrepublik Deutschland zur Erhöhung des Inputs.
- Die Personelle Zusammenarbeit zwischen beiden Ländern hat bereits die Zusammenarbeit zwischen chinesischen und deutschen Unternehmen gefördert und wird sie sicherlich auch weiterhin fördern. Die Fortbildung der chinesischen Unternehmer in Deutschland könnte durch die Errichtung von Handelsfirmen oder Produktionsbetrieben größerer und mittlerer Unternehmen in den chinesischen Entwicklungszonen, insbesondere in Shanghai, ergänzt werden. Damit die deutschen Unternehmen gute Investitionsmöglichkeiten vorfinden, wird ihnen ermöglicht, die relativ billigen Grundstücke und Arbeitskräfte zu nutzen und dadurch wirtschaftliche Vorteile zu erzielen.

Die Personelle Zusammenarbeit zwischen beiden Ländern begünstigt den Austausch und das Verständnis zwischen beiden Völkern. Wenn die alte chinesische Zivilisation und der daraus entsprungene fortschrittliche Geist mit der deutschen fortschrittlichen Technologie kombiniert wird, führt dies nicht nur zu einem sozialen Fortschritt in China, sondern auch zu einer intensiven Freundschaft und Zusammenarbeit zwischen beiden Völkern, womit ein großer Beitrag zum Weltfrieden geleistet werden könnte.

III. Vorschläge zur Weiterentwicklung der Personellen Zusammenarbeit zwischen der VR China und der Bundesrepublik Deutschland

1. Es wird vorgeschlagen, daß die Regierungen beider Länder gemäß der Prognose des Bedarfs an der Entwicklung der Personellen Zusammenarbeit ein Abkommen über die Personelle Zusammenarbeit unterzeichnen. Die Regierungen beider Länder arbeiten jeweils ihre langfristigen Pläne über die Personelle Zusammenarbeit und den Personalaustausch sowie den kurzfristigen Durchführungsplänen aus. In den Plänen wird die Fachrichtung, Zahl, Qualifikation, Arbeitsfrist und Entgelt der von deutscher Seite entsandten Experten festgelegt. Es wird die Fachrichtung, Zahl, Qualifikation und Fortbildungsform der in Deutschland

auszubildenden Chinesen festgelegt. Das Arbeitssystem und Operationsverfahren der Personellen Zusammenarbeit soll vervollständigt werden.

2. Es wird vorgeschlagen, daß einige Standorte (Zentralstädte) in beiden Ländern als Aus- und Fortbildungsbasis für die Personelle Zusammenarbeit ausgewählt werden. In der VR China könnten das Peking, Shanghai, Guangzhou und Wuhan sein, hingegen in der Bundesrepublik Deutschland Berlin, Hamburg, Frankfurt und Köln. Shanghai kann zum Zentrum der Personellen Zusammenarbeit zwischen beiden Ländern werden.

3. In Peking, Shanghai, Guangzhou und Wuhan soll das Netz der kooperativen Aus- und Fortbildung zwischen beiden Ländern erweitert werden. Auf der Basis der Konsolidierung der bestehenden Ausbildungsstellen sollen einige Ausbildungszentren mit besseren Anlagen und fortschrittlicheren Verwaltungen errichtet werden, damit die von der Wirtschaftsentwicklung und dem technischen Fortschritt dringend gebrauchten Fachleute zielgerichtet aus- und fortgebildet werden. Zum Beispiel könnte in Peking ein Aus- und Fortbildungszentrum für Fachleute der Wirtschaftsverwaltung auf höherer Ebene errichtet werden, in Shanghai ein Aus- und Fortbildungszentrum für Fachleute auf dem Gebiet der internationalen Finanzen, des internationalen Rechts und des internationalen Handels sowie ein Zentrum für Berufsausbildung, in Guangzhou ein Aus- und Fortbildungszentrum für Fachleute der High-Tech und in Wuhan ein Aus- und Fortbildungszentrum für öffentliche Verwaltung und Buchhaltung.

4. Es wird vorgeschlagen, daß die Hochschulen und Forschungsinstitute beider Länder auf den Gebieten der Basis- und Angewandten Forschung zusammenarbeiten, insbesondere auf den Feldern der Energieressourcen, des Verkehrs, der Medizin, Molekularbiologie, Ökologie, Informationstechnik und Petrochemie. Die Partnerschaft kann durch den Austausch von Wissenschaftlern und Experten, insbesondere in Schlüsselpositionen intensiviert werden. Durch die kooperative Forschung werden Führungskräfte jüngerer Generationen heranwachsen.

5. Es wird vorgeschlagen, daß die deutschen Stiftungen und Hochschulen die Finanzierungsmöglichkeiten und Studienplätze für die chinesischen Studenten erweitern. Die deutschen Stiftungen können über ihre Vertretungen die Qualifikationen der chinesischen Stipendiaten überprüfen. Ferner sollen die Leistungen der chinesischen Stipendiaten beim Studium in Deutschland regelmäßig kontrolliert werden. Außerdem könnte vertraglich festgelegt werden, daß die chinesischen Stipendiaten nach der Aus- und Fortbildung in Deutschland in ihr Heimatland zurückkehren.

6. Die Personalbehörden bei den Regierungen beider Länder (einschließlich der Personalbehörden bei den Regierungen der Zentralstädte) sollen die Zusammenarbeit und den Austausch verstärken und weitere kooperative Möglichkeiten optimieren, um die Effizienz der Personellen Zusammenarbeit zu erhöhen.

Diskussion zu den Referaten
von Günter Bonnet und Jiatai Ni

Leitung: Rainer Pitschas

Bericht von Rosemarie Peters

Einleitend hob *Pitschas* auf die im Vortrag von *Bonnet* deutlich gewordenen strukturellen Defizite der Personellen Zusammenarbeit ab. Stehe für die chinesische Seite das Ziel der Entwicklung einer sozialistischen Marktwirtschaft im Mittelpunkt, so müsse dies von der Bundesrepublik Deutschland bei ihrem Engagement in China berücksichtigt werden. In der weiteren Diskussion müsse hierzu eine Konkretisierung versucht werden.

Diplom-Verwaltungswissenschaftler *Reinhard Koppe*, Referent des Diakonischen Werkes der Evangelischen Kirche in Deutschland, Hannover/Stuttgart, fragte daher nach den konkreten Aufgaben des Shanghai-Institute for International Studies (SIIS) für die wirtschaftliche Entwicklung Chinas. Jeder Entwicklungsprozeß habe seinen Preis, so daß die Aufgaben des Instituts doch sicherlich verstärkt im sozialen und ökologischen Bereich zu suchen seien. Eine so rasche wirtschaftliche Entwicklung, wie sie sich in China vollziehe, mache eine aktive Sozialpolitik notwendig, stellte *Ni* heraus. So arbeite das Institut an der Entwicklung sozial-politischer Institutionen mit, insbesondere im Bereich der Sozialversicherung. Zur genuin-politischen Aufgabe erklärte er, daß auf eine relative Verbesserung der Lebens- und Arbeitsbedingungen für im Ausland studierende Chinesen hinzuwirken sei. Ideelle und materielle Anreize seien das geeignetste Mittel, den „Brain-Drain" zu verhindern.

Jede erfolgversprechende Personelle Zusammenarbeit basiere auf einer auf die Arbeitsmärkte des jeweiligen Landes zugeschnittenen Bildungspolitik, erklärte Dr. *Abdeljabar Arach*, Mag. rer. publ., Rabat/Speyer. Welche Rolle spiele demnach die Bildungspolitik in der Kooperation zwischen der Volksrepublik China und der Bundesrepublik? Weiterhin sei die Quote der Akademikerarbeitslosigkeit eines Landes von Interesse. Sie sei zu verknüpfen mit der Frage nach der Rückkehrwilligkeit im Ausland ausgebildeter Bürger der Volksrepublik, denn jeder, der im Ausland studiert habe, könne nur dann mit gutem Gewissen zurückkehren, wenn er private wie berufliche Perspektiven in seinem Heimatland vorfinde. *Ni* erklärte unter Verweis auf das neue Gesetz über eine neunjährige Schulpflicht, daß sich das Ausbildungssystem parallel mit dem wirtschaftlichen Fortschritt entwickle. Im Bereich der Universitätsausbildung seien steigende Studentenzahlen zu verzeichnen. Neben einer besonderen Betonung der Berufsausbildung, belegt durch wachsende Ausbildungskapazitäten, sei die Einrichtung von Volkshochschulen als neues Instrument der Einführung eines zweiten Bildungsweges besonders hervorzuheben. Die Arbeitslosenquote liege für die gesamte Volksrepublik zwischen 2 und 4 %, wobei sie in Shanghai selbst auf Grund der hohen Lohnkosten etwas höher liege. Von Akademikerarbeitslosigkeit könne keine Rede sein, und alle, die im Ausland studiert hätten, kämen zur Zeit ohne weitere Schwierigkeiten auf dem chinesichen Arbeitsmarkt unter. Von Arbeitslosen i.e.S. könne eigentlich nur im Bereich der industriellen Produktion gesprochen werden. Nachfragend verwies *Arach* auf die Situation in Marokko, das wie eine Reihe von Entwicklungsländern nach seiner politischen Unabhängigkeit verstärkt auf die Bildungspolitik gesetzt habe und rund ein Drittel seines Staatsbudgets in den Bildungsbereich investiere. Diese enormen Anstrengungen seien nicht frei von Defiziten, was durch immerhin 100.000 arbeitslose Akademiker in Marokko belegt werde. Worin sähen nun die politischen Stiftungen, GTZ und BMZ ihre Aufgaben, um diesem Phänomen Abhilfe zu schaffen? Die Volksrepublik China versuche, erklärte *Ni*, sich durch stetige Regulierungen und flexible Reformen bildungspolitisch ständig den neuen Gegebenheiten anzupassen.

Bonnet stimmte *Arach* grundsätzlich zu. Zum Teil werde an den Arbeitsmärkten vorbei ausgebildet. Ziel des BMZ bei der Aus- und Fortbildung von Fach- und Führungskräften sei es daher, konkrete Defizite aufzudecken und auszugleichen. Aus diesem Grund sei auch eine verstärkte Tendenz von der Grundbildung hin zur spezialisierten Fortbildung festzustellen. Gerade Existenzgründungen über Reintegrationsmaßnahmen hätten eben nicht nur für den Rückkehrer selbst positive Wirkungen, sondern würden zusätzlich neue Arbeitsplätze im Heimatland schaffen.

Bisher seien alle Bemühungen mehr oder weniger bruchstückhaft, stellte *Pitschas* heraus, da sie zu wenig auf die notwendigen strukturellen Entsprechungen zwischen Bildungsangebot und realen Arbeitsmärkten Rücksicht nähmen. Rückkehrhilfen allein machten relativ wenig Sinn, solange in den Partnerländern nicht die Strukturbedingungen vorzufinden seien, bei denen das von Geberseite ausgebildete Instrumentarium greifen könne. Liberale Marktbedingungen seien unabdingbare Voraussetzung jeder Kooperation.

Bonnet stellte heraus, daß er sich bewußt auf die Individualförderung als einen Ausschnitt der Personellen Zusammenarbeit konzentriert habe, wohingegen *Pitschas* einwarf, daß der Ansatz einer reinen Individualförderung zu kurz greife. Wenn beispielsweise die chinesische Industrie kurzfristig 1.000 Biochemiker benötige, so handele es sich hierbei um Größendimensionen, die für die Bundesrepublik auch heute noch neu seien, so daß der deutsche Ansatz zwangsläufig zu kurz greife.

Benazzi fragte nach der Koordination deutscher Hilfe zwischen den Bundes-, Landes- und unteren Verwaltungsebenen auf der einen und den politischen Stiftungen auf der anderen Seite. Inwiefern verfüge der Bundesfinanzminister über eine

Weisungsbefugnis diesen Organisationen gegenüber und welche Interventionsmöglichkeiten besitze er. In der Antwort auf diese Frage stellte *Bonnet* die vielfältige Struktur der bundesdeutschen Entwicklungskooperation heraus. Aus dem BMZ-Haushalt würde sowohl die bilaterale staatliche Hilfe als auch die supranationale Hilfe und mittlerweile verstärkt auch Aktivitäten von NGOs finanziert. All diese Organisationen seien in ihrer Arbeit vollkommen selbständig, so daß eine Koordination nur über die Förderrichtlinien des BMZ möglich sei.

Direkt an die chinesischen Wissenschaftler gerichtet, erklärte *Benazzi*, daß nach seiner persönlichen Erfahrung die Kenntnisse einer fremden Kultur und Sprache doch sehr entscheidend für eine Fachkraft seien. Seien solche Zusatzkenntnisse für eine Karriere im chinesischen Kulturkreis eher von Vorteil oder eher behindernd? *Wang* erklärte hierzu, daß ein Auslandsstudium insbesondere in den Sozialwissenschaften immer noch die Ausnahme sei. Dennoch halte er das Kennenlernen anderer Kulturen für enorm wichtig. Er persönlich habe eine besondere Bereicherung durch die Beschäftigung mit Habermas und der Systemtheorie erfahren, wobei er trotz noch so unterschiedlicher Ansätze Parallelen zwischen dieser und der chinesischen Philosophie festgestellt habe. *Pitschas* schränkte ein, daß aber eine eigene Entwicklung gegen den Willen des Staates in der Volksrepublik China immer noch nicht möglich sei. Zusammenfassend hielt er fest, daß in China eben noch kein frei konvertibles System der Berufs- und Arbeitsmarktentwicklung bestehe. Aber im Gegensatz zu Nordafrika und insbesondere Marokko sei in Rechnung zu stellen, daß die kulturelle Prägung der chinesischen Gesellschaft stark kollektiv orientiert sei und darauf abziele, der Gemeinschaft bzw. dem Land zu dienen, was sich möglicherweise in Zukunft verändern werde.

Wegsteuernd von der doch stark kulturspezifisch orientierten Diskussion, betonte *Pitschas*, daß das deutsche Instrumentarium in seiner heutigen Ausprägung eben nicht auf alle Gegebenheiten, also nicht in allen Ländern des Südens anwendbar sei. So könne die Entwicklung in China sicherlich nicht als direktes Beispiel für die Entwicklung der Maghreb-Staaten dienen, und auch dort könnten die Instrumente bundesrepublikanischer Entwicklungskooperation nur in einer relativierten Form zum Einsatz kommen.

Nach neueren Überlegungen werde von Teilen der Fachwelt inzwischen versucht, die Personelle Zusammenarbeit als eigenständige Säule der Entwicklungszusammenarbeit neben die Technische Zusammenarbeit zu stellen, erklärte *Bolay*. Wie werde dieser Ansatz vom BMZ intern bewertet, und inwieweit entstünden dort konzeptionelle Arbeiten zu dieser Neuorientierung? *Bonnet* erklärte dazu, daß er die PZ eben nicht als gesonderte Säule, sondern als konstitutives Element der TZ betrachte, wenn auch mit ständig wachsender Bedeutung. Für das administrative Gefüge des BMZ oder auch der GTZ bedeute dies, daß verschiedene Referate bei der Neukonzeption einer solchen Querschnittsaufgabe zusammenarbeiten müßten. Hausintern sehe er bei der Kooperation zwischen den einzelnen Referaten keine Schwierigkeiten. Die Frage von *Bolay* aufnehmend, erklärte *Pitschas*, daß doch wohl ein revolutionärer Wandel festzustellen sei. Von eher technischen Teilstrukturpolitiken sei eine Verlagerung zu eher weichen, ganzheitlichen Ansätzen, den Menschen in den Mittelpunkt rückenden Orientierungen festzustellen. Die TZ verändere sich insofern, als sie eben nicht mehr nur reines Politikinstrument sei. Eine stärkere Nachfrageorientierung, geleitet von den Bedürfnissen der Partnerländer, müsse Grundlage jeder Neuorientierung der TZ sein, die nur allzu oft Spielball politischer Interessen gewesen sei. Müsse nicht die Personelle Zusammenarbeit schon allein deshalb als eigenständige Säule der Entwicklungskooperation betrachtet werden, weil sich sowohl die Technische wie auch die Finanzielle Zusammenarbeit der Ressource „Mensch" bedienen müsse, ohne diese selbst bedingen oder vorbereiten zu können? Dies mache erhebliche Veränderungen der strukturellen Verhältnisse in den Institutionen der Bundesrepublik nötig, so daß sich die Frage der Koordination nicht nur zwischen Bund und Nicht-Regierungsorganisationen stelle, sondern insbesondere für das Verhältnis zwischen Bund und Ländern, woraus eine Aufforderung an die Bundesländer erwachse, eine eigene PZ zu betreiben. Daraus entstehe ein neuer vertikaler Koordinationsbedarf.

Bonnet hielt die Diskussion über eine neue Säule PZ für sehr akademisch, denn jede PZ, TZ oder FZ habe sich den Bedingungen in den Empfängerländern anzupassen. Ein integrativer Ansatz sei demnach nötig.

Auch in der Bundesrepublik hätten Strukturveränderungen hin zu einem schlankeren Staat stattgefunden, stellte Dr. *Sielke Sievers*, Referatsleiterin für Entwicklungszusammenarbeit in der Niedersächsischen Staatskanzlei, Hannover, fest, so daß sich die Frage stelle, inwieweit die vorhandenen Institutionen in ausreichendem Maße in die Entwicklungszusammenarbeit einbezogen würden. Besonders die Institutionen auf Länderebene verdienten eine stärkere Berücksichtigung in der Entwicklungszusammenarbeit. Exemplarisch verwies sie dabei auf die Kulturhoheit der Länder, weshalb insbesondere im Sektor Bildung den Ländern ein Vorrang beispielsweise vor den Stiftungen einzuräumen sei. Einen Paradigmenwechsel dahingehend die Eigenentwicklung stärker betonend und Ausbildungsleistung von Experten aus dem Süden in Institutionen der „entwickelten Länder" postulierend, stellte sie die Frage nach der Konzeption des BMZ zu einer vermehrten Einbindung vorhandener Länderstrukturen. Insbesondere die vermehrte Entsendung von durch Rückkehrgarantien des deutschen Beamtenrechts abgesicherten Mitarbeitern des öffentlichen Dienstes müsse verstärkt in Betracht gezogen werden. Neben der mangelhaften Einbindung bestehender Strukturen der Bundesländer kritisierte *Sievers* die noch immer nur in begrenztem Umfang stattfindende Einbindung der NGOs. Niedersachsen habe hierbei in den letzten Jahren insoweit eine Vorreiterrolle übernommen, als es verstärkt niedersächsische NGOs einbinde, die dann wiederum direkt mit Nicht-Regierungsorganisationen in den Partnerländern zusammenarbeiten würden.

Hierzu stellte *Bonnet* heraus, daß die NGO-Förderung schon seit längerem Priorität des BMZ sei. Die Länderaktivitäten stellten daher eine sinnvolle Ergänzung zur Entwicklungszusammenarbeit des Bundes dar. Insbesondere im Bereich der Fortbildung begrüße das BMZ das Engagement der Länder und fordere sie auf, ihre Potentiale weiter auszuschöpfen. Dabei stelle sich nach *Sievers* natürlich sofort die Frage der Finanzierung. Wenn die Länder zusätzliche Aufgaben wahrnehmen würden, dann seien sie auf zusätzliche Mittel aus dem BMZ-Haushalt angewiesen. Eine grundlegende Diskussion der Bund-Länderordnung könne, erklärte *Bonnet*, nicht Sinn und Zweck der Diskussion sein. Die Kulturhoheit der Länder werde wohl kaum dadurch gefördert, daß Aufgaben der Entwicklungszusammenarbeit im Kulturbereich von den Ländern wahrgenommen würden. Grundsätzlich lägen die außengerichteten Aufgaben doch wohl eher beim Bund, also dem BMZ, und weniger bei den Ländern. Tatsache sei doch, wendete *Sievers* ein, daß eine Reihe von Institutionen neu gegründet worden seien. Erklärend ergänzte *Pitschas*, daß ein altes Staatsabkommen zwischen Bund und Ländern die hier angesprochenen Zuständigkeiten regele und außenpolitisch die Kompetenzen dem Bund zuspräche, den Ländern dagegen beispielsweise für den Bereich der Kultur. Nicht geregelt seien dort Fragen der Finanzierung. Im Zuge der allgemeinen Kompetenzverlagerung vom Bund zu den Ländern müsse sich natürlich auch über den Bereich der Entwicklungspolitik Gedanken gemacht werden. Über eine neue Gewichtung und eine Umverteilung der Aufgaben sei eine konsensuale Einigung anzustreben.

Direkt an *Ni* und *Wang* gerichtet, fragte *Ghawami*, wie es zu erklären sei, daß trotz der angesprochenen zielorientierten Planung im Personalbereich im Rahmen der wirtschaftlichen Entwicklung Chinas allein 20.000 Akademiker in Australien und über 6.000 während der letzten Jahre in der Bundesrepublik geblieben seien. Der Gedanke des „Dienens für das Vaterland" und materielle Vergünstigungen allein reichten offensichtlich nicht aus, um dieses Akademikerpotential zur Rückkehr in die Volksrepublik China zu bewegen. Daneben interessiere ihn das angestrebte Entwicklungsmodell, das sich nicht nur auf eine Verbesserung der Lebensbedingungen in der VR China konzentrieren dürfe, sondern global ausgerichtet zu sein habe. Westlicher Lebensstandard und der damit verbundene Ressourcenverbrauch könne wohl kaum Ziel der Entwicklungsbestrebungen sein, denn dies führe unweigerlich in die ökologische Katastrophe. In Zeiten der Planwirtschaft, das heißt bis zur Einführung des Übergangsmodells zur aktuellen sozialistischen Martkwirtschaft 1992, legte *Ni* dar, war jährlich eine Abwanderung von rund 2.000 bis 3.000 Studenten ins Ausland zu beklagen. Nun unterliege aber auch jede Ausbildung einem gewissen Zyklus. Zwischenzeitlich hätten eine Reihe dieser chinesischen Auslandsstudenten ihre Ausbildung abschließen können, und seit 1992 kehrten mehr und mehr Studenten nach China zurück. So seien allein im letzten Jahr rund 1.000 von ihnen nach Shanghai zurückgekommen, ein Trend, der sich in Zukunft noch verstärken werde. Auch wenn die Volksrepublik China über enorme Ressourcen verfüge, so sei man sich der ökologischen Probleme, die mit einer Erhöhung des Lebensstandards verknüpft seien, bewußt. Daher verfolge man eine ressourcenverträgliche Entwicklungsstrategie.

Anknüpfend an den Beitrag von *Arach*, hob *Theres* im Rahmen einer verstärkten Individualförderung die Relevanz von Reintegrationsmaßnahmen und -konzepten hervor. Er sehe seine Aufgabe unter anderem darin, ehemaligen Absolventen den

Zugang zu adäquaten Einsatzmöglichkeiten zu eröffnen. Auch in Europa habe man mit stark zentral orientierten Bildungspolitiken schlechte Erfahrungen gemacht, da sie mit einer starken Einschränkung der individuellen Freiheit verbunden seien. Marokko habe nun demgegenüber einen liberaleren Ansatz im Bildungsbereich gewählt, verknüpft selbstverständlich mit einem höheren individuellen Risiko. Auch wenn die Schätzungen schwankten, so sei doch von 60.000 bis 70.000 arbeitslosen Akademikern in Marokko auszugehen, die in erster Linie einen rein arabischen Studiengang absolviert hätten und von Wirtschaft und Verwaltung nicht angenommen würden. Erachte man die Reintegration als wichtig, so sei es notwendig, Netzwerke zu bilden. Dies habe sich im Rahmen seiner persönlichen Tätigkeit zum Teil schon sehr bewährt, indem beispielsweise die Stiftung die Stipendiaten mit auswähle, die DSE die Finanzierung übernähme, die Hochschule in Speyer für die Ausbildung zuständig sei und die Stiftung dann wiederum sowohl finanzielle Unterstützung bei der Reintegration leiste als auch bei der Suche nach einem adäquaten Arbeitsplatz behilflich sei. Nur im Rahmen einer solchen integrierten Gesamtkonzeption sei ein mehrjähriges Stipendium und die damit verbundene Ausbildung in einem Industrieland sinnvoll. *Bonnet* räumte ein, auch das BMZ ziele selbstverständlich darauf ab, erworbenes Know-how zu mobilisieren und die Reintegration zu fördern. Inweiweit darauf aber schon bei der Auswahl von Stipendiaten geachtet werden könne, bleibe zweifelhaft, da jeder Arbeitsmarkt seine eigene Dynamik entwickle. Nicht zu unterschätzen sei die Tatsache, daß im Rahmen der freien Zugangsmöglichkeiten zu Ausbildungsstätten in der Bundesrepublik eine Reihe von Absolventen aus eigener Anstrengung und auf eigene Kosten kämen, deren Integrationsschwierigkeiten später in ihren Heimatländern nachweislich höher seien. *Pitschas* ergänzte, daß eine stärkere Kontingentierung von Studienplätzen schon auf Grund von Art. 12 Abs. 1 GG unmöglich sei. Dennoch müsse bei der Reintegration verstärkt Rücksicht auf bestimmte Schwerpunktländer und eine stärkere Zielorientierung, beispielsweise im Verwaltungssektor, Wert gelegt werden.

Koppe stellte nochmals heraus, daß von den rund 53.000 Studenten aus Entwicklungsländern in der Bundesrepublik rund 85 % Selbstzahler seien. Gerade hier liege die Aufgabe der kirchlichen Personalentwicklungsdienste, wobei er auf sehr positive Erfahrungen eines neuen Hospitations- und Voluntariatsprogramms in den Heimatländern der jeweiligen Studenten verweisen könne. Das Ziel des verstärkten Einsatzes einheimischer Fachkräfte in den Entwicklungsländern werde hierbei beispielhaft verwirklicht. Im Hinblick auf ein neues Entwicklungshelfergesetz erklärte er, dies dürfe nicht nur auf die soziale Absicherung entsandter deutscher Experten abzielen, sondern habe den verstärkten Einsatz einheimischer Fachkräfte legislativ zu normieren. Für besonders problematisch erachte er die unterschiedlichen Gehaltsstrukturen innerhalb eines Projektes. Vollkommen zu verhindern sei dies wohl nie. Doch habe er selbst erlebt, daß innerhalb eines Projekts vier verschiedene Gehaltsstrukturen vorzufinden gewesen seien, was zu solch heftigen Reibungen geführt habe, daß eine konstruktive Projektarbeit nicht möglich gewesen sei. Auch *Bonnet* gestand die Problematik ungleicher Gehaltsstrukturen ein. Vollkommen ausschließen ließen sich diese zwar auch in der Zukunft nicht, doch müsse hier schrittweise Abhilfe geschaffen werden. Er selbst erachte eine Änderung des Entwicklungshelfergesetzes als nicht zwingend notwendig, da heute noch nicht alle bestehenden Entsendemöglichkeiten voll ausgeschöpft würden. Das Gesetz sei seiner Intention nach eher nach innen ausgerichtet und ziele beispielsweise auf die soziale Absicherung entsandter Kräfte ab. Auf die Nachfrage von *Koppe* nach den Möglichkeiten einer staatlichen Mit- oder Mischfinanzierung von NGO-Maßnahmen erklärte *Bonnet*, er halte dies in erster Linie für ein haushaltstechnisches Problem. Die Personelle Zusammenarbeit von Nicht-Regierungsorganisationen sei ein ebenso konstitutives Element der EZ, weshalb er die Förderrichtlinien in diesen Segmenten für überprüfenswert halte.

Ghawami erklärte auf die Frage von *Franz Joseph Pollmann*, Zentrum für Internationale Migration und Entwicklung (CIM), Frankfurt am Main, nach den konkreten Zahlen von Hospitanten und Voluntären der von ihm angeführten Programme, daß die Nachfrage nach solchen Plätzen enorm stark sei. Die anfängliche Befürchtung, diesen angehenden einheimischen Experten fehle die Autorität, wie sie einer entsandten Fachkraft innewohne, habe sich als gegenstandslos erwiesen. *Koppe* bedauerte ergänzend, daß aktuell lediglich 2 Mio. DM aus kirchlichen Mitteln für dieses erfolgreiche Programm zur Verfügung ständen, also aktueller Finanzierungsbedarf für das BMZ bestehe.

Nochmals auf die oben angeschnittene Diskussion unterschiedlicher Gehaltsstrukturen, das heißt eines ungleichen Lohnniveaus eingehend, erklärte *Ghawami*, er halte diese nicht nur für ungut, sondern für kontraproduktiv. Notwendig sei eine allgemeine Stellenbewertung, der dann eine globale Ausschreibung zu folgen habe, so daß der angestrebte „Weltarbeitsmarkt" immer realistischer werde. Hierzu erklärte *Bonnet*, daß von „gerechtem Lohn" nicht die Rede gewesen sei, sondern von verschiedenen ineinandergeschraubten Arbeitsmärkten.

Abschließend kam *Monika Offermann*, M.A., Speyer, nochmals auf die geringe Zahl von rückkehrwilligen im Ausland ausgebildeten Chinesen aus der Volksrepublik zurück. Rein materielle Anreizsysteme reichten wohl kaum aus, wenn die Möglichkeiten der persönlichen Entfaltung auch und gerade im politischen Bereich noch sehr beschränkt seien. Inwieweit gebe es Ansätze eines modernen Personalmanagements, insbesondere für rückkehrende Absolventen aus dem Ausland in China? Hierzu beschrieb *Ni*, daß es in Shanghai ebenso wie in anderen Großstädten der Volksrepublik besondere Institutionen gebe, die sich speziell um zurückkehrende Studenten kümmerten und bei der Arbeitsplatzvermittlung behilflich seien. Objektiv sei eine deutliche Verbesserung der Arbeitsbedingungen festzustellen.

ZWEITER TEIL

**Personelle Zusammenarbeit durch Politikberatung –
Ein Beitrag zur Entwicklung der Menschenrechte**

Politikberatung als ein Instrument der Personellen Zusammenarbeit unter besonderer Berücksichtigung der Menschenrechte

Von Detlef Barth

I. Einleitung

Soziale und wirtschaftliche Verelendung großer Teile der Bevölkerung und die Nichtbeachtung politischer Freiheitsrechte durch die jeweiligen Regierungen kennzeichnen einen nicht unwesentlichen Teil der Probleme der Entwicklungsländer[1]. Bevor auf die Politikberatung als ein Instrument der Entwicklungszusammenarbeit der Bundesrepublik Deutschland unter besonderer Berücksichtigung der Menschenrechte näher eingegangen werden kann, ist der Zusammenhang zwischen wirtschaftlicher Entwicklung und Menschenrechten[2] zu klären. Vor allem die wirtschaftlichen und sozialen Menschenrechte[3] stehen bei der Betrachtung von Entwicklung (bzw. von Nichtentwicklung und der mit ihr einhergehenden Armut) im Vordergrund.[4]

---

[1] In diesem Beitrag werden Sammelbegriffe wie: „Entwicklungsländer", „Länder des Südens", „Dritte Welt" synonym verwendet, ohne diese inhaltlich weiter zu differenzieren. Eine Diskussion über die Terminologie findet sich in: *Dieter Nohlen/Franz Nuscheler*, „Ende der Dritten Welt", in: dies. (Hrsg.), Handbuch der Dritten Welt, Bd. 1, Grundprobleme, Theorien, Strategien, Bonn 1992, S. 14-30, sowie der dort aufgeführten umfangreichen Literatur.

[2] Es wird von einem Menschenrechtsverständnis ausgegangen, wie es sich in der Allgemeinen Erklärung der Menschenrechte und den beiden UN-Menschenrechtspakten von 1966 widerspiegelt.

[3] An dieser Stelle soll auf das Problem aufmerksam gemacht werden, daß „die Untersuchung ganzer Wirtschafts- und politischer Systeme unter dem Gesichtspunkt der Verwirklichung der wirtschaftlichen und sozialen Rechte – und was hier genau eine Menschenrechtsverletzung darstellt – (...) noch methodologisch weitgehend unterentwickelt (ist)." Siehe: *Wolfgang S. Heinz*, Ursachen und Folgen von Menschenrechtsverletzungen in der Dritten Welt, Saarbrücken/Fort Lauderdale 1986, S. XII. Vgl. ferner *Sabine Jecht*, Progressiver Abwehrkampf: Soziale Menschenrechte – Modethema oder Initiative gegen Verelendung?, in: blätter des iz3w, September 1996, S. 10 f.

[4] In diesem Beitrag wird auf eine völkerrechtliche Diskussion über die sozialen und wirtschaftlichen Menschenrechte sowie über das Recht auf Entwicklung verzichtet, da er den entwicklungspolitischen Aspekt von Menschenrechten in den Vordergrund stellen will. Eine vorzügliche Darstellung über die völkerrechtliche Diskussion findet sich in: *Eibe H. Riedel*, Theorie der Menschenrechtsstandards, Berlin 1986; siehe aber auch die Ausführungen in:

II. Wirtschaftliche Entwicklung und Menschenrechte

Das Verhältnis zwischen wirtschaftlicher und politischer Entwicklung[5] war schon zu Beginn der Entwicklungsforschung Gegenstand ihrer Untersuchungen. Demokratie und Menschenrechte galten für *Löwenthal* noch als Bremse des Wirtschaftswachstums, welches er auf die vielzitierte Formel brachte: „Jeder Grad an Freiheit wird mit etwas Verlangsamung der Entwicklung, jeder Grad an Beschleunigung mit etwas Verlust an Freiheit bezahlt."[6] Einen zwingenden Zusammenhang zwischen materiellem Fortschritt und politischer Demokratie – ein ökonomischer Fortschritt der Entwicklungsländer sei mit einer zunehmenden Demokratisierung verbunden – versuchte *Lipset*[7] in seiner Studie nachzuweisen. Seine Thesen stießen nicht nur aufgrund der methodologisch unzulässigen Gleichsetzung statistischer Korrelationsergebnisse mit Kausalzusammenhängen auf Widerspruch, sondern wurden zu Beginn der siebziger Jahre durch die Geschichtsforschung relativiert.[8]

Weitere Untersuchungen folgten, die zu dem Ergebnis kamen, daß das Verhältnis zwischen politischer und wirtschaftlicher Entwicklung und der Einhaltung der Menschenrechte keine signifikante Korrelation von Indikatoren sozialer und wirtschaftlicher Entwicklung mit den Menschenrechten aufzeigen.[9] Gestützt wurden diese Ergebnisse durch die vergleichende Politikforschung[10], die deutlich macht, daß demokratisch orientierte Staaten ebenso ökonomisch erfolgreich sein können wie Diktaturen. Umgekehrt zeigt die Entwicklung autoritärer Staaten, daß Diktaturen langfristig kein höheres wirtschaftliches Wachstum erbringen als demokratische Staaten,[11] sondern eher zu einer Selbstbereicherung kleiner Eliten führen[12].

Martin Hecker, Völkerrecht und Nord-Süd-Problematik vor der Generalversammlung. Wirtschaftsvölkerrecht und Menschenrecht auf Entwicklung, in: Vereinte Nationen Nr. 2, 1980, S. 41-47; *Christian Tomuschat*, Das Recht auf Entwicklung, in: Jahrbuch für Internationales Recht, Vol. 25, 1982, S. 85-112; *Armin Barthel*, Entwicklung und Menschenrechte, Aachen 1986.

5 (Entwicklungs)Diktatur vs. Demokratie mit ihren spezifischen Auswirkungen auf die Menschenrechte.

6 *Richard Löwenthal*, Die Demokratie im Wandel der Gesellschaft, Berlin 1963, S. 187.

7 *Seymour M. Lipset*, Some Social Requisites of Democracy: Economic Development and Political Legitimacy, in: The American Political Science Review, Vol. 53, Nr. 1, 1959, S. 69-105.

8 Vgl. *Dieter Oberndörfer*, Wirtschaftliches Wachstum und Demokratisierung in Entwicklungsländern, in: Probleme der Demokratie heute, PVS Sonderheft 2, Opladen 1971, S. 420 – 464.

9 *James C. Strouse/Richard P. Claude*, Empirical Comparative Rights Research: Some Preliminary Tests of Development Hypotheses, in: Richard P. Claude (Hrsg.), Comparative Human Rights, Baltimore/London 1976, S. 51-67.

10 Vgl. u. a.: *Dirk Berg-Schlosser*, Zu den Bedingungen von Demokratie in der Dritten Welt, in: Franz Nuscheler (Hrsg.), Dritte Welt-Forschung, Entwicklungstheorie und Entwicklungspolitik, PVS Sonderheft 16, Opladen 1985, S. 233-266.

Eine Ausnahme allerdings bilden die ostasiatischen „kleinen Tiger". Deren Entwicklungserfolg steht insbesondere im Zusammenhang von konfuzianischer Kultur bzw. den spezifischen asiatischen Werten[13] in Verbindung mit einem massiven ausländischen Einfluß (vor allem der USA), welche die erfolgreiche Entwicklungsdiktatur (starker, handlungsfähiger Staat) maßgeblich beeinflußten[14].

Bedauerlicherweise scheint die entwicklungspolitische Praxis diese Erkenntnis zu ignorieren, wenn auf der einen Seite die Vertreter der wichtigsten Industrienationen (G7-Länder) auf dem Weltwirtschaftsgipfel in Houston betonen, daß Freiheit und wirtschaftlicher Wohlstand eng miteinander verbunden seien und sich gegenseitig bedingen würden;[15] auf der anderen Seite Länder wie Singapur, Indonesien, Malaysia, aber auch die VR China die Unterdrückung politischer Freiheitsrechte mit der Begründung zu legitimieren versuchen, daß wirtschaftlicher Wohlstand politische Stabilität, die nur ein starker Staat zu gewährleisten vermöge, voraussetze.[16]

1. Wirtschaftliche und soziale Menschenrechte

Nachdem in Grundzügen auf die Spezifika von politischem System und wirtschaftlicher Entwicklung hingewiesen werden konnte, soll im folgenden der Widerspruch zwischen dem normativen Menschenrechtsverständnis, wie es in der Allgemeinen Erklärung der Menschenrechte und insbesondere im Internationalen Pakt über wirtschaftliche, soziale und kulturelle Rechte zum Ausdruck kommt, und der in den Ländern der Dritten Welt offensichtlichen Armut deutlich gemacht werden.

---

[11] *Larry Sirowy/Alex Inkeles*, The Effects of Democracy on Economic Growth and Inequality: A Review, in: Studies in Comparative International Development, Vol. 25, Nr. 1, 1990, S. 126-157; *Georg Sorensen*, Democracy, Dictatorship and Development. Economic Development in Selected Regimes of the Third World, Houndmills 1991; Alex Inkeles (Hrsg.), On Measuring Democracy, New Brunswick 1991.

[12] *Jürgen Rüland/Nikolaus Werz*, Von der „Entwicklungsdiktatur" zu den Diktaturen ohne Entwicklung – Staat und Herrschaft in der politikwissenschaftlichen Dritte Welt – Forschung, in: Nuscheler (Anm. 10), S. 211-232.

[13] Zu den asiatischen Werten siehe u. a. *Dieter Senghaas*, Über asiatische und andere Werte, in: epd-Entwicklungspolitik, 4/1995 (Februar), S. 24-29.

[14] *Dirk Messner*, Die südkoreanische Erfolgsstory und der Staat, Berlin 1992, DIE, mimeo; *Hermann Sautter*, Ordnung, Moral und wirtschaftliche Entwicklung. Das Beispiel Taiwan, Köln 1990.

[15] Vgl. *Franz Nuscheler*, Menschenrechtliche Doppelstandards in der Entwicklungspolitik, in: Rainer Tetzlaff (Hrsg.), Menschenrechte und Entwicklung, Bonn 1993, S. 79-95.

[16] Eine Ausnahme bildet Taiwan. Nach vierzig Jahren autoritär herrschender Kuomintang beginnt in diesem Land allmählich eine demokratische Öffnung. Vgl. u. a.: *Jörg Meyer-Stamer*, Taiwan – die anhaltende Erfolgsstory, in: Internationale Politik und Gesellschaft, Nr. 1, 1994, S. 47-56; *Gabriele Venzky*, „Man muß mit der Zeit gehen", in: Die Zeit, Nr. 51, v. 16.12.94; *Jochen Buchsteiner*, Ein Elefant steht auf, in: Die Zeit, Nr. 48, v. 25.11.94.

Bereits die Allgemeine Erklärung der Menschenrechte[17] enthält eine Reihe von wirtschaftlichen und sozialen Rechten, die vor allem in den Artikeln 22 (Soziale Sicherheit), 23 (Recht auf Arbeit und gleichen Lohn, Koalitionsfreiheit), 24 (Erholung und Freizeit) sowie 25 (Soziale Betreuung) Erwähnung finden.

Erheblich erweitert und modifiziert wurden diese Rechte im Internationalen Pakt über wirtschaftliche, soziale und kulturelle Rechte vom 19. Dezember 1966. Enthalten sind insbesondere Bestimmungen über ein Recht auf Arbeit (Art. 6), gerechte und günstige Arbeitsbedingungen (Art. 7), Bildung von und Beitritt zu Gewerkschaften einschließlich eines Streikrechts (Art. 8), Recht auf soziale Sicherheit (Art. 9), auf einen angemessenen Lebensstandard (Art. 11), auf körperliche und geistige Gesundheit (Art. 12) sowie das Recht auf Bildung (Art. 13).

2. Armut, Grundbedürfnisse und Menschenrechte

Die nachfolgende Auswahl an Daten kann nur einen groben Eindruck über die soziale und wirtschaftliche Situation in den Ländern der Dritten Welt vermitteln. Dennoch zeigen sie eindrücklich, wie weit diese Länder von der Verwirklichung sozialer und wirtschaftlicher Menschenrechte entfernt sind, wenn:

– 1,3 Mrd. Menschen in absoluter Armut leben;

– die Hälfte der Bevölkerung Afrikas unterhalb der Armutsgrenze lebt;

– ein Viertel der Menschen ohne Obdach ist oder in Elendsquartieren wohnt;

– 800 Mio. Menschen hungern;

– 1,5 Mrd. Menschen keinen Zugang zu Gesundheitsdiensten haben;

– jeden Tag 34.000 Kinder durch Unterernährung und Krankheit sterben;

– einer von vier Erwachsenen nicht lesen und schreiben kann.[18]

Die Zahlen verdeutlichen, daß Armut[19] die Lebenssituation einer Mehrheit der Bevölkerung in den Ländern der Dritten Welt bestimmt und diese Staaten nicht in der Lage sind, die Befriedigung der Grundbedürfnisse[20] zu gewährleisten.

---

17 In der von der Generalversammlung der Vereinten Nationen am 10. Dezember 1948 beschlossenen Fassung.

18 Vgl. zu den aufgeführten Daten: UN Chronicle June 1994; *Ekkehard Launer*, Datenhandbuch Süd – Nord, Göttingen 1993, 2. Aufl.; United Nations Development Programme (UNDP), Human Development Report 1993, New York/Oxford 1993.

19 Unterschieden wird zwischen absoluter und relativer Armut. Relative Armut liegt dann vor, wenn Untersuchungseinheiten im Vergleich zu näher zu spezifizierenden anderen arm sind. Von absoluter Armut wird gesprochen, wenn das Leben durch physische oder soziokulturelle Mangelerscheinungen beeinträchtigt wird, wie z. B. keine hinreichende Nahrungsversorgung, hohe Kindersterblichkeit, geringe Lebenserwartung, geringe Bildungschancen, schlechtes Trinkwasser, fehlende Gesundheitsvorsorge, unzumutbare Unterkünfte, fehlende aktive Beteiligung an Entscheidungsprozessen. Vgl. BMZ, Neunter Bericht zur Entwick-

Im dargelegten Kontext drängt sich die Frage auf, ob Grundbedürfnisse ein Menschenrecht darstellen und der Zustand von Armut Menschenrechte verletzt?[21]

Green etwa vertritt die Position, daß die Befriedigung der Grundbedürfnisse an sich ein Recht darstellt.[22] Eine mangelhafte Befriedigung der Grundbedürfnisse berührt die Menschenrechte, da die unzureichende Versorgung elementarer Grundbedürfnisse den Menschen die Kraft nimmt, überhaupt politische Rechte wahrnehmen zu können. Ein Mangel an allgemeiner Bildung – insbesondere durch die hohe Zahl an Analphabeten – und unzureichende Ausbildung für die Mehrheit der Bevölkerung in der Dritten Welt behindern die Entwicklung von Fähigkeiten und Fertigkeiten, die als intellektuelle Voraussetzungen für die Wahrnehmung der klassischen Freiheitsrechte betrachtet werden müssen.[23]

III. Entwicklungszusammenarbeit und Menschenrechte

Das dargestellte Problem der Armut wird in der internationalen entwicklungspolitischen Diskussion, aber auch in der praktischen Entwicklungszuammenarbeit verstärkt im Zusammenhang einer Gewährleistung von Freiheits- und Menschenrechten gesehen.[24] So machten Gebernationen und -institutionen in den letzten Jahren, insbesondere seit dem Scheitern des real existierenden Sozialismus, die

---

lungspolitik der Bundesregierung, Bonn 1992; *Renate Schubert*, Armut in Entwicklungsländern – Begriff, Ausmaß, Konsequenzen, in: Hans-Bernd Schäfer (Hrsg.), Armut in Entwicklungsländern, Berlin 1994, S. 13-39. Vgl. auch *Günther Oldenbruch*, Zur Strategie der Erfüllung von Grundbedürfnissen, Bad Honnef 1978, 14 ff.

20 Unterschieden wird zwischen materiellen Grundbedürfnissen (basic needs) wie: Ernährung, Gesundheit, Wohnen/Unterkunft, Trinkwasser und den immateriellen Grundbedürfnissen (basic human needs) wie: Grunderziehung, soziale Sicherheit, sinnvolle Arbeit, soziale Fürsorge, gesunde Umwelt, kulturelle Identität sowie politische Partizipation. Vgl. hierzu: *Franz Nuscheler*, »Befriedigung der Grundbedürfnisse« als neue entwicklungspolitische Lösungsformel, in: Dieter Nohlen/Franz Nuscheler (Hrsg.), Handbuch der Dritten Welt, Bd. 1, Unterentwicklung und Entwicklung: Theorien – Strategien – Indikatoren, 2. überarb. u. erg. Ausg., Hamburg 1982, S. 332-358; *Schubert* (Anm. 19), S. 15 f.; vgl. auch *Oldenbruch* (Anm. 19), S. 20 ff.

21 Siehe die in *Riedel* (Anm. 4), S. 189 ff. dargestellte internationale Diskussion. Vgl. ferner: *Nuscheler* (Anm. 20), S. 332-358.

22 Vgl. *Reginald Herbold Green*, Basic Human Rights and Basic Needs: Some Problems of Categorical Translation and Unification, in: International Commission of Jurists Review, Vol. 27, 1981, S. 53-58.

23 Vgl. *Lothar Brock*, Menschenrechte und Entwicklung, in: Aus Politik und Zeitgeschichte, B 27/85, 6. Juli 1985, S. 3-16.

24 Eine besondere Rolle spielt hier der Ansatz des ‚good governance'. Vgl. hierzu u. a. OECD Symposium on corruption and good governance, OECD working papers, Vol. 4, No. 78, Paris 1996; Konrad Ginther (ed.), Sustainable development and good governance, Dordrecht 1995; Development Assistance Comittee (DAC), DAC orientations on participatory development and good governance, OECD working papers 2,2, Paris 1994.

Vergabe von Entwicklungshilfe verstärkt von Demokratie und der Beachtung der Menschenrechte in den Partnerländern abhängig. Dabei steht vor allem die gewachsene Erkenntnis im Vordergrund, daß nachhaltige Entwicklung deutliche Veränderungen der politischen Rahmenbedingungen voraussetzt.[25]

So unterstreicht der Wissenschaftliche Beirat beim Bundesminister für wirtschaftliche Zusammenarbeit in seiner Stellungnahme über die Grundsätze für die Entwicklungszusammenarbeit in den neunziger Jahren insbesondere die Bedeutung der politischen Rahmenbedingungen für die Entwicklung in den Partnerländern.[26] Er geht von folgenden Prämissen aus:

– daß sich die Entwicklung des gesellschaftlich-politischen Systems keineswegs als notwendige Konsequenz aus Erfolgen im wirtschaftlichen Bereich ergibt,

– daß wirtschaftliche Defizite jedoch auch eine Folge von Fehlentwicklungen im gesellschaftlich-politischen Bereich sind.[27]

Aus dieser Erkenntnis heraus leitete das BMZ für seine weitere Entwicklungszusammenarbeit mit den Partnerländern folgende Kriterien ab:

– Beachtung der Menschenrechte,

– Beteiligung der Bevölkerung am politischen Prozeß,

– Gewährleistung von Rechtssicherheit,

– Schaffung einer Wirtschafts- und Sozialordnung,

– Hinwendung zu einem entwicklungsorientierten staatlichen Handeln.[28]

Das BMZ hat damit Rahmenkriterien geschaffen, die eine zentrale Grundlage für die Armutsbekämpfung – als vorrangiges Ziel der deutschen Entwicklungspolitik – bilden. Priorität hat die Schaffung menschenwürdiger Lebensbedingungen, die Förderung und der Aufbau demokratischer Gesellschafts- und marktwirtschaftlich orientierter Wirtschaftsordnungen, in deren Mittelpunkt die Gewährung der Menschenrechte sowie die Teilhabe der Armen an den wirtschaftlichen und gesellschaftlichen Entscheidungen stehen.[29]

---

[25] Vgl. *Klemens van de Sand/Ralf M. Mohs*, Neue politische Kriterien des BMZ, in: Entwicklung und Zusammenarbeit, Nr. 10, 1991, S. 4-5.

[26] Wissenschaftlicher Beirat beim Bundesminister für wirtschaftliche Zusammenarbeit, Grundsätze und Schwerpunkte der deutschen Entwicklungszusammenarbeit in den 90er Jahren, Bd. 102, Köln 1992, insb. S. 4-13, 37 f.; BMZ, Grundsätze für die Entwicklungszusammenarbeit in den 90er Jahren: Notwendige Rahmenbedingungen. Eine Stellungnahme des Wissenschaftlichen Beirats beim Bundesminister für wirtschaftliche Zusammenarbeit, in: BMZ aktuell, Juli 1990.

[27] BMZ aktuell, Juli 1990, S. 5.

[28] BMZ, Neunter Bericht zur Entwicklungspolitik der Bundesregierung, Bonn 1992, S. 32.

[29] Vgl. BMZ (Anm. 27), S. 33; vgl. auch *Gero Jentsch*, Grundlagen einer armutsorientierten Politik, in: BMZ/GTZ (Hrsg.), Politikberatung, Dokumentation der 8. Gesamttagung der Regierungsberater und -beraterinnen in Bad Honnef vom 27.6. bis 2.7.1993, Eschborn 1994, S. 54-69.

In der Außenpolitik[30] der Bundesregierung zeigt sich allerdings eine Divergenz zwischen dem Anspruch, den die neuen politischen Kriterien des BMZ hinsichtlich der Berücksichtigung von Menschenrechten implizieren und anderen Politikfeldern der deutschen Außenpolitik, insbesondere der Wirtschafts- und Sicherheitspolitik. Zu beobachten ist, daß die Anliegen der Menschenrechte häufig den wirtschaftlichen und sicherheitspolitischen Interessen untergeordnet werden. Eine mögliche Erklärung ist, daß sich die Bundesregierung aufgrund der unterschiedlichen Interessen, die sich vor allem im Außen- und Wirtschaftsministerium manifestieren, bisher auf keine gemeinsame und einheitliche Menschenrechtspolitik gegenüber den Partnerstaaten verständigen konnte oder wollte. Bei den neuen politischen Kriterien handelt es sich somit auch nicht um ein von der gesamten Bundesregierung getragenes Konzept, sondern lediglich um einen Orientierungsrahmen des BMZ. Insofern ist die deutsche Außenpolitik inkonsequent, wenn im Rahmen der Entwicklungszusammenarbeit Aspekte der Demokratisierung und der Menschenrechte in den Mittelpunkt gerückt werden sollen, diese aber in anderen Bereichen der Außenbeziehungen nur eine marginale Bedeutung erlangen bzw. ignoriert werden.

Für die Entwicklungszusammenarbeit stellen sie allerdings ein brauchbares Instrument für die Art und das Ausmaß der Partnerschaft dar.[31] Die Kriterien sind behilflich bei der Entscheidungsfindung, mit welchen entwicklungspolitischen Instrumentarien und in welchen Bereichen eines Partnerlandes es zur Zusammenarbeit kommen soll. Dabei kann die Politikberatung als ein Instrument der Personellen Zusammenarbeit einen maßgeblichen Beitrag liefern.

IV. Politikberatung und Menschenrechte

1. Begriffsbestimmung

Allgemein kann Beratung verstanden werden als ein Mittel zur Lösung von Problemen von Personen oder Gruppen. Durch persönliche Kommunikation soll zielgerichtet auf deren Verhalten eingewirkt werden. Dabei stellt die Beratung ein komplexes Sozialgeschehen dar, das zahlreiche Sinngehalte umfaßt.[32] Innerhalb der offiziellen Entwicklungszusammenarbeit ist der Begriff der Politikberatung noch relativ neu. Er wurde auf einer gemeinsamen BMZ/GTZ-Tagung[33] 1993 ein-

---

[30] Die Entwicklungszusammenarbeit stellt einen Teil der Außenpolitik dar und muß daher im Gesamtkontext der deutschen Außenpolitik betrachtet werden.

[31] Vgl. *Volker Ducklau*, Demokratie, Rechtsstaatlichkeit, Partizipation – neue Herausforderungen und Chancen für die EZ und die Regierungsberatung, in: BMZ/GTZ (Hrsg.) (Anm. 28), S. 33-40.

[32] Vgl. *Horst Dutt*, Entwicklungszusammenarbeit durch Rechtsberatung: Unterstützung von Wirtschaftsreformen in den Entwicklungsländern am Beispiel der Maghreb-Staaten, Berlin 1994, S. 57.

geführt, wobei allerdings eine einvernehmliche Definition in Abgrenzung zur Regierungsberatung nicht gefunden werden konnte.[34] Er resultiert aus dem Anspruch, daß sich in einer pluralistischen Gesellschaft die Beratung nicht mehr auschließlich auf die Regierung konzentrieren sollte, sondern alle politischen Akteure der Gesellschaft einbeziehen muß, um einen nachhaltigen Entwicklungsprozeß zu unterstützen.[35] Somit erhält die Politikberatung eine Schlüsselstellung innerhalb der Entwicklungszusammenarbeit. Die Politikberatung konkretisiert entwicklungspolitische Ziele, verdeutlicht Handlungsspielräume und entwickelt Politikinstrumente. Damit sollen politische Entscheidungen der Partnerregierungen auf eine rationale Grundlage gestellt werden.[36]

2. Politikberatung in der Entwicklungszusammenarbeit

Als Instrument der Entwicklungszusammenarbeit verfolgt die Politikberatung insbesondere vier Ziele:

1. Beratung von politischen Akteuren in den Partnerländern.
2. Aufbau von Kapazitäten der Politikberatung in den Partnerländern.
3. Vermittlung der entwicklungspolitischen Ziele der Geber.
4. Beratung der Geberinstitutionen.[37]

Die Politikberatung setzt in der Regel auf der Makroebene an, wo allgemeine Rahmenbedingungen für die Entwicklung von Staat, Wirtschaft und Gesellschaft institutionalisiert sind. Im Mittelpunkt stehen in erster Linie die wirtschafts- und sozialpolitische sowie die rechts- und verwaltungspolitische[38] Beratung.[39]

Legt man zugrunde, daß die öffentliche Verwaltung in den Ländern der Dritten Welt eine entscheidende Grundlage für den sozialen und wirtschaftlichen Fortschritt[40] und insbesondere für die Sicherung demokratischer Verfassungsstrukturen

---

[33] 8. Gesamttagung der Regierungsberater und -beraterinnen in Bad Honnef vom 27.6. bis 2. 7. 1993.

[34] BMZ/GTZ (Hrsg.), Politikberatung, Dokumentation der 8. Gesamttagung der Regierungsberater und -beraterinnen in Bad Honnef vom 27.6. bis 2. 7. 1993, Eschborn 1994, S. 19.

[35] *Elmar Kleiner*, Einführung, in: BMZ/GTZ (Hrsg.) (Anm. 28), S. 5.

[36] Vgl. *Paul Bernd Spahn*, Zum Leitbild der Politikberatung: Prinzipien, Profile, Methoden, in: BMZ/GTZ (Hrsg.) (Anm. 28), S. 101-118.

[37] Vgl. *Kleiner* (Anm. 34), S. 6.

[38] Bspw. im Sinne einer Ordnungspolitik der öffentlichen Verwaltung.

[39] Vgl. *Kleiner* (Anm. 34), S. 8.

[40] Vgl. *Rainer Pitschas*, Verwaltungszusammenarbeit vor neuen Herausforderungen, in: ders. (Hrsg.), Zukunftsperspektiven der Verwaltungszusammenarbeit. Erstes Werkstattgespräch zur Verwaltungsförderung, Bd. 1, München/Berlin 1993, S. 5-15.

bildet[41], so erhält die Politikberatung im Rahmen der Verwaltungsförderung eine besondere Bedeutung. Sie stellt ein elementares Instrument zur Durchsetzung rechtsstaatlicher Strukturen dar.[42] Eine leistungsfähige öffentliche Verwaltung kann sich allerdings nur in einer implementierten Rechts- und Verfassungsordnung entfalten.[43] Für die Institutionenförderung zeigt sich daher eine besondere Bedeutung des Rechts als Schlüsselvariable für den Entwicklungserfolg, indem es als Institution und Garant staatlicher Verfaßtheit zu betrachten ist.[44] Rechtsberatung führt zu einer Veränderung der ökonomischen und soziopolitischen Rahmenbedingungen und wird somit zum Instrument der Demokratisierung von Macht.[45]

Festzuhalten ist, daß innerhalb der neuen entwicklungspolitischen Konzeption, in der es vorrangig um die Armutsbekämpfung[46] durch die Förderung demokratischer Strukturen in den Partnerländern geht, die Politikberatung nicht nur ein wichtiges Instrument für die Entwicklungszusammenarbeit darstellt, sondern vielmehr in deren Mittelpunkt gerückt werden muß.

V. Abschließende Betrachtungen

Abschließend bleibt festzuhalten, daß die oben genannten menschenrechtlich relevanten Rahmenkriterien des BMZ unglaubwürdig werden, wenn sie nur in Einzelfällen Anwendung finden, was vorzugsweise bei außenpolitisch und außenwirtschaftlich uninteressanten, rohstoffarmen schwarzafrikanischen Staaten zu beobachten ist.[47] Andere „realpolitische" oder Partikularinteressen hingegen, wie die massive Subventionierung deutscher Unternehmen durch Entwicklungshilfegelder, beispielsweise für den U-Bahn-Bau in Shanghai durch AEG und Siemens[48], unterhöhlen den Anspruch der Entwicklungspolitik.[49]

---

41 Vgl. *Rainer Pitschas*, Steuerung der Nachhaltigkeit von Projekten der Verwaltungszusammenarbeit, in: Reinhard Stockmann/Wolf Gaebe (Hrsg.), Hilft die Entwicklungshilfe langfristig? Bestandsaufnahme zur Nachhaltigkeit von Entwicklungsprojekten, Opladen 1993, S. 55-74.

42 Vgl. *Reimund Sollfrank*, Demokratisierung von innen, in: Entwicklung und Zusammenarbeit, Nr. 4, 1993, S. 96-97. Am Beispiel der Hanns-Seidel-Stiftung siehe insbesondere den Beitrag von *Jürgen Theres* in diesem Tagungsband.

43 Vgl. *Rainer Pitschas*, Einführung: Soziale Sicherung und Umweltmanagement im Süden als Aufgabe der Institutionenentwicklung, in: ders. (Hrsg.), Entwicklungsrecht und sozial-ökologische Verwaltungspartnerschaft, Berlin 1994, S. 19-30.

44 Die Bedeutung des Rechts im Entwicklungsprozeß wird insbesondere hervorgehoben durch: *Rainer Pitschas*, Recht und Gesetz in der Entwicklungszusammenarbeit, in: Verwaltungsarchiv, Nr. 4, 1990, S. 465-491.

45 Vgl. *Wolfgang S. Heinz*, Positive Maßnahmen zur Förderung von Demokratie und Menschenrechten als Aufgabe der Entwicklungszusammenarbeit, Deutsches Institut für Entwicklungspolitik, Berichte und Gutachten 4/94, Berlin 1994, S. 10.

46 Armutsbekämpfung als Querschnittsaufgabe. Vgl. BMZ (Anm. 27), S. 33.

47 Vgl. *Rolf Hofmeier*, Politische Konditionierung von Entwicklungshilfe in Afrika, in: Africa Spectrum, Nr. 2, 1990, S. 167-177.

Neben der oben dargestellten Entwicklungspolitik und der besonderen Bedeutung der Politikberatung läßt sich Entwicklung auf Dauer nicht ohne institutionell-organisatorische Veränderungen in den Ländern der Dritten Welt verwirklichen.[50] Das heißt, die Verantwortung für die eigene wirtschaftliche und soziale Entwicklung liegt in erster Linie in den Ländern der Dritten Welt selbst. Ohne überzeugende Eigenanstrengungen und der Bereitschaft zu strukturellen Veränderungen kann die Politikberatung nicht viel bewirken.[51]

Die Notwendigkeit von Eigenanstrengungen der Entwicklungsländer entbindet die Industrieländer hingegen nicht von ihrer Verpflichtung, Verantwortung für eine Verbesserung der Lebensbedingungen für den größten Teil der dort lebenden Bevölkerung zu übernehmen.[52] Eine Entwicklungszusammenarbeit, wie sie oben dargestellt wurde, in der die Politikberatung eine bedeutende Funktion einnimmt, muß begleitet werden durch modifizierte Formen einer Neuen Weltwirtschaftsordnung. Dies setzt voraus, daß alle Länder einen ungehinderten Zugang zu den Weltmärkten erhalten. Dabei soll sich der Beitrag der Entwicklungsländer nicht allein auf die Rolle eines billigen Rohstofflieferanten des Nordens reduzieren.[53] Der Export verarbeiteter und veredelter Produkte (Fertigwaren) aus dem Süden darf im Rahmen eines freien Weltmarktes nicht durch hohe Zölle oder andere Handelshemmnisse (Protektionismus) der Industriestaaten behindert oder gar verhindert werden.

Eine Modifizierung der Weltwirtschaft würde durch verbesserte externe Rahmenbedingungen zu einer nachhaltigen Verbesserung der wirtschaftlichen und sozialen Situation in den Entwicklungsländern führen.[54] Auf diese Weise muß die Neuordnung der Weltwirtschaft auf eine internationale Sozialordnung hinwirken,

---

48 Vgl. *Christian Wernicke*, Sündenfall Shanghai, in: Die Zeit, Nr. 40, v. 30. 9. 1994.

49 Siehe zum „doppelten Standard" in der Entwicklungspolitik ferner: *Franz Nuscheler*, Menschenrechtliche Doppelstandards in der Entwicklungspolitik, in: Rainer Tetzlaff (Hrsg.), Menschenrechte und Entwicklung, Bonn 1993, S. 79-95; *Gero Erdmann*, Demokratisierung in Afrika und Menschenrechtskonditionalität der Entwicklungshilfe. Neue alte Aufgaben für Nichtregierungsorganisationen, in: Tetzlaff (Hrsg.) (Anm. 15), S. 123-148.

50 Vgl. *Rainer Pitschas*, Vom Wandel der Verwaltungszusammenarbeit: Herausforderung an die Vergleichende Verwaltungswissenschaft, in: Die Verwaltung, Bd. 25, 1992, S. 477-488.

51 Vgl. *Gerd Wichelmann*, Grundlagen marktwirtschaftlicher Entwicklungen – Sozialverpflichtung als ein Kernelement, in: BMZ/GTZ (Hrsg.) (Anm. 28), S. 47-53.

52 So auch festgehalten in der Erklärung der UN-Menschenrechtskonferenz von 1993 in Wien. Siehe hierzu: *Pia Bungarten*, Die Rechte der Menschen und die Interessen der Staaten. Die UN-Menschenrechtskonferenz von 1993, in: Internationale Politik und Gesellschaft, Nr. 1, 1994, S. 72-83.

53 Entsprechende Zahlenangaben finden sich in: Belinda Coote/Oxfam (Hrsg.), Der Unfaire Handel: die Dritte Welt in der Handelsfalle und mögliche Auswege, Stuttgart 1994, S. 14 f.

54 Über den Zusammenhang des „Rechts auf Entwicklung" und der Verwirklichung einer Neuen Weltwirtschaftsordnung siehe *Harald Hohmann*, Recht auf Entwicklung in der internationalen Diskussion, in: Vereinte Nationen Nr. 2, 1982, S. 59-64.

in der die breite Mehrheit der Bevölkerung in den Entwicklungsländern eine größere Chance hat, ihre Grundbedürfnisse zu befriedigen und in der sich somit auch die Situation der politischen, insbesondere aber der wirtschaftlichen und sozialen Menschenrechte verbessert.[55]

---

[55] Vgl. *Brock* (Anm. 23), S. 11.

Politikberatung in der Entwicklungszusammenarbeit am Beispiel des Verhältnisses der Bundesrepublik Deutschland zur Volksrepublik China

Von Wang Weida[1]

I. Politikberatung

Im folgenden Beitrag ist unter Politikberatung die Mitwirkung von Wissenschaftlern und Experten bei politischen und administrativen Entscheidungsfindungen zu verstehen. Dabei werden den Regierungen die notwendigen Prognosen, Argumente und Maßnahmen auf allen Ebenen zu allen bedeutenden sozioökonomischen Gegebenheiten an die Hand gegeben. Je entwickelter die Gesellschaft ist, desto komplizierter sind ihre sozioökonomischen Gegebenheiten und desto schwieriger werden die politisch-administrativen Entscheidungsfindungsprozesse. Dadurch gewinnt die Politikberatung eine immer größere Bedeutung.

II. Die Entwicklung der Politikberatung in China

Im Jahre 1979 hat China mit der Reform- und Öffnungspolitik als Entwicklungsstrategie begonnen. Im Zuge der marktorientierten Wirtschaftsreform, durch die Realisierung des Modernisierungsprogramms und durch die Bemühungen um eine Integration in die Weltwirtschaft wurden die chinesischen Regierungen auf zentraler und lokaler Ebene mit einer Reihe von bedeutenden Entscheidungsfindungsprozessen konfrontiert. Entscheidungsfindung war sowohl im Bereich der langfristigen Planung als auch bei situativen Steuerungsmaßnahmen notwendig. Sie fiel auf der politischen Ebene und auf der Ebene technischer Problemlösungen an.

Angesichts der negativen Wirkung von subjektiver und willkürlicher Entscheidungsfindung während der Planwirtschaft hat die chinesische Regierung im Zuge der marktorientierten Wirtschaftsreform eine verstärkte Politikberatung durch Wissenschaftler und Experten bei der Entscheidungsfindung für notwendig erachtet. Anfang der 80er Jahre kam eine verstärkte Diskussion über die Rolle der Politikberatung auf, wobei ihr eine erhebliche Bedeutung für die Entscheidungsfindung der

---

[1] Überarbeitet von *Detlef Barth*. Die Vortragsform wurde weitgehend beibehalten.

Regierung beigemessen wurde. Aufgrund dieser Debatte hat sich China für eine Intensivierung der wissenschaftlichen Politikberatung entschieden. In der Zentralregierung wurden deshalb Beratungsinstitute errichtet. So entstanden innerhalb des Staatsrates viele ständige Beratungsinstitute wie:

das „Forschungszentrum für Entwicklung der Landwirtschaft Chinas",

das „Forschungszentrum für internationale Studien",

das „Forschungszentrum für Wirtschaftsrecht beim Staatsrat",

das „Forschungszentrum für Entwicklung der Wirtschaft und Technologie" und

das „Forschungszentrum für Entwicklungsstrategie" usw.

sowie viele nicht-ständige Beratungsgremien wie:

der „Rat der Sachverständigen für Sicherheit und Kernenergie" und

der „Rat für Umweltschutz".[2]

Entsprechende Beratungsinstitute wurden von den Regierungen auch auf unterer Ebene errichtet. Neben staatlichen Institutionen werden Aufgaben der Politikberatung auch von Nichtregierungsorganisationen wahrgenommen. Bis Ende 1981 waren in den 22 Provinzen bereits 98 Beratungsinstitute gegründet worden, die Aufträge der Politikberatung von der Regierung erhielten.[3] Damit wurde ein Netz der externen Beratungsinstitutionen gespannt.

China als Entwicklungsland fehlen jedoch die Kapazitäten eigener Wissenschaftler und Experten, die bei den marktorientierten Wirtschaftsreformen und der Integration der chinesischen Wirtschaft in die Weltwirtschaft ihr Wissen einbringen könnten. Statistischen Angaben zufolge kamen 1982 auf 100.000 Einwohner nur 599 Akademiker, während die Zahl der Wissenschaftler 1985 bei rd. 975 bezogen auf eine Millionen Menschen lag.[4] Aufgrund der langjährigen Praxis mit der Planwirtschaft in der Vergangenheit hat die Zahl der Wissenschaftler und Experten, die über Fachkenntnisse in der Marktwirtschaft und den internationalen Gepflogenheiten verfügen, abgenommen. Diese Beratungskapazität konnte und kann den Bedarf der marktorientierten Wirtschaftsreform nicht abdecken. Unter diesen Umständen ist die chinesische Regierung dazu übergegangen, bestehend auf dem Prinzip des ‚Auf-sich-selbst-Verlassens', konstant ausländische Wissenschaftler und Experten in die Politikberatung einzubeziehen.

Herr Deng Xiaoping, der ‚Chef-Architekt' der chinesischen Wirtschaftsreform, hat bereits 1983 darauf hingewiesen, „daß ein großes Land wie China sich nicht von externem Know-how abhängig machen lassen darf, sondern sich beim Aufbau in erster Linie auf sich selbst verlassen sollte. Das heißt ‚auf eigenen Füßen ste-

---

2 *Po Xingzu*: Gegenwärtiges chinesisches Politiksystem, Shanghai 1990, S. 199.

3 Forschungsinstitut für Management bei der Hochschule für Eisenbahnverkehr Shanghai: Entscheidungsfindung und Beratung, Shanghai 1986, S. 109.

4 *Zhu Xueshang*: Grunddaten des sozialistischen China, Shanghai 1990, S. 184 ff.

hen'. Aber davon abgesehen, muß es sich auch nach außen öffnen und durch ausländisches Kapital und Technologie in seinem Entwicklungsprozeß helfen lassen".[5] Gleichzeitig hat er darauf hingewiesen, daß China „ausländische Think-Tanks braucht, um in Schlüsselprojekten den Aufbau zu fördern, da wir selbst nicht über ausreichende eigene Erkenntnisse und Entschlossenheit verfügen. Zum Aufbau einer modernen Gesellschaft fehlen uns Erfahrungen und Kenntnisse. In der Vergangenheit waren Bankette und Höflichkeiten wichtiger als Bitten um Beratung. Wir haben zu wenig (ausländische Think-Tanks), die uns bei unserer Arbeit helfen".[6] Danach war die Politikberatung durch ausländische Sachverständige neben der Einführung ausländischen Kapitals und ausländischer Technologie ein unerläßlicher Bestandteil der Wirtschaftsreform und der Öffnungspolitik Chinas.

III. Wende zur Politikberatung als Instrument der Entwicklungszusammenarbeit

Die Entwicklungspolitik in den entwickelten Ländern ist in den 80er Jahren zu einem Wendepunkt gelangt. Aus den negativen Erfahrungen in den vorangegangenen letzten Entwicklungsdekaden ist man zu der Erkenntnis gekommen, daß Kapital und technisches Know-how als Intrumente der Entwicklungszusammenarbeit allein nicht ausreichend sind. Die effektive und effiziente Verwendung von Kapital und technischem Know-how der Gebernationen im Empfängerland zu entfalten, hing davon ab, ob das Partnerland fähig war, eigenes Entwicklungskräftepotential zu entfalten, wobei qualifiziertes Personal und die richtige Politik eine entscheidende Rolle spielten. Insofern sind Personelle Zusammenarbeit und Politikberatung in den Mittelpunkt der Entwicklungspolitik der entwickelten Länder gerückt. Die ‚Hilfe zur Selbsthilfe' wurde zum neuen Prinzip der Entwicklungspolitik der entwickelten Länder erklärt. Die Bundesrepublik Deutschland befürwortet seit Anfang der 80er Jahre vor allem diese Strategie. Damit wurde eine gute Voraussetzung für die Politikberatung in der Entwicklungszusammenarbeit zwischen China und Deutschland geschaffen.

IV. Politikberatungsmodell in der Entwicklungszusammenarbeit zwischen China und Deutschland

China als Empfängerland verfolgt in der Entwicklungszusammenarbeit das von Herrn Deng Xiaoping befürwortete Prinzip einer Zusammenarbeit auf der Basis des ‚Auf-sich-selbst-Verlassens', während Deutschland das Prinzip der ‚Hilfe-zur-Selbsthilfe' favorisiert. Das führt dazu, daß das Politikberatungsmodell in der Ent-

---

[5] *Deng Xiaoping*: Ausgewählte Schriften, Bd, 3, Shanghai 1993, S. 78.
[6] Ebenda S. 130.

wicklungszusammenarbeit zwischen China und Deutschland auf ‚engineering' oder ‚problem-solving' basiert. Die chinesische Seite arbeitet am eigenen Entwicklungsziel aufgrund spezifischer Gegebenheiten, während die deutschen Berater aus ihren eigenen Erfahrungen entsprechende Vorschläge und Lösungsmodelle erarbeiten.

V. Politikberatung in der Entwicklungszusammenarbeit mit Shanghai

In den letzten zehn Jahren hat die chinesische Regierung auf allen Ebenen mit der Politikberatung durch ausländische Experten Erfahrungen gemacht. Die Politikberatung hat einen großen Beitrag zur marktorientierten Wirtschaftsreform und der Realisierung des Modernisierungsprogramms geleistet, in der die deutschen Experten eine bedeutende Rolle gespielt haben:

- weil die Beziehungen zwischen China und Deutschland traditionell gut sind und die deutschen Experten über reiche Erfahrungen bei der Steuerung der Wirtschafts- und Sozialentwicklung verfügen,
- weil sie das Prinzip der ‚Hilfe-zur-Selbsthilfe' verfolgen und nicht zuletzt,
- weil China die soziale Marktwirtschaft als Bezugsmodell für die Umsetzung ihrer Wirtschaftsreform gewählt hat.

Heute möchte ich gern exemplarisch über einige konkrete Projekte der Politikberatung in der Entwicklungszusammenarbeit von Shanghai sprechen, an der deutsche Experten beteiligt sind.

Shanghai gilt als das größte Wirtschaftszentrum Chinas. Die Industrieproduktion machte 1992 allein 1/15 des Gesamtproduktes Chinas aus. Das Hafenumschlagsvolumen lag bei 1/4, die Produktion von Exportprodukten bei 1/7, die Finanzeinnahmen bei 1/12 der Gesamtsumme Chinas. Das Bruttosozialprodukt pro Kopf liegt 29 mal höher als das durchschnittliche Bruttosozialprodukt Chinas.[7]

Shanghai war eine der ersten nach außen geöffneten Küstenstädte und stellt somit eine Vorhut der Wirtschaftsreform dar. Viele Reformmaßnahmen wurden zunächst in Shanghai getroffen und durchgeführt, wie z. B. das Pachten von Grundstücken, die Emission von Wertpapieren und die Gründung einer Börse. 1990 wurde der Stadtteil Putong zur Entwicklungszone erklärt, in der die Wirtschaftsmechanismen sich völlig nach dem Marktprinzip entwickeln können.

Shanghai bemüht sich, bis zum Jahr 2000 zu einem internationalen Wirtschafts-, Finanz- und Handelszentrum aufzusteigen. Die Stadt hat auch aufgrund ihrer historischen Wurzeln diese entscheidende Mission zur Ankurbelung der Wirtschaftsentwicklung, nicht nur für die Yangtze-Region, sondern für ganz China eingenommen.

---

[7] Jahrbuch für Wirtschaftsstatistik China 1993, Peking 1994, S. 15.

Unter diesen Umständen befaßt sich Shanghai mit einer Reihe von bedeutenden Politikentscheidungen in bezug auf Wirtschaftsreform, Wirtschaftsaufbau und Wirtschaftsrenovation sowie der Stadtumgestaltung und -entwicklung.

Innerhalb der Wirtschaftsreformen und der Wirtschaftsentwicklung in Shanghai nimmt die Politikberatung durch ausländische Experten eine Schlüsselrolle ein. So hat der Oberbürgermeister, Herr Huang, darauf hingewiesen: „um das langfristige Entwicklungsziel zu realisieren, braucht Shanghai die ständigen Bemühungen seines Volkes, die Unterstützung durch das Kapital, technisches Know-how und Informationen von Sachverständigen aus aller Welt."[8] Deshalb verstärkt die Regierung in Shanghai nicht nur die Politikberatung durch interne Experten, sondern auch die Politikberatung durch ausländische Experten. Sie entwickelte verschiedene Beratungsformen. Davon werde ich einige als Beispiel anführen:

1. Politikberatung im Rahmen der Entwicklungszusammenarbeit mit der Friedrich-Ebert-Stiftung

Im Rahmen der Wirtschaftsreformen beschäftigte sich die Küstenstadt Shanghai vor allem mit den Fragen:

– Wie kann man die Marktentwicklung fördern?
– Wie kann man einen Marktmechanismus aufbauen?
– Wie kann man das Investitionsklima verbessern?

Da die Bundesrepublik bei ihrem Aufbau nach dem 2. Weltkrieg positive Erfahrungen mit der sozialen Marktwirtschaft gemacht hat und Wirtschaftserfolge erzielen konnte, achtet die Regierung Shanghais besonders die deutschen Erfahrungen. Vor diesem Hintergrund hat die Shanghaier Regierung 1984 ein Partnerschaftsabkommen zwischen dem Shanghai-Institute for International Studies und dem Forschungsinstitut der Friedrich-Ebert-Stiftung abgeschlossen. Nach dem Vertrag hat die FES in Shanghai ein ständiges Büro gegründet, das mit dem Shanghai-Institute for International Studies (SIIS) die Politikberatungsprojekte der Regierung in Shanghai koordiniert. Beide Institutionen erarbeiten durch entsprechende Arbeitsgruppen die Jahresplanung für die Bereiche der Politikberatung aus. Das Vorschlagsrecht liegt auf chinesischer Seite. So schlägt das SIIS anhand der dringenden Probleme Beratungsprojekte vor, die die Regierung im Zuge ihrer Wirtschaftsreformen und -entwicklung umsetzen muß. Die FES lädt die notwendigen deutschen Wissenschaftler und Experten nach Shanghai zu Seminaren ein, wobei der Regierung die deutschen Erfahrungen anhand theoretischer Modelle und konkreter Maßnahmen vorgestellt werden.

---

[8] *Huang Qui*: Rede bei der Eröffnung der internationalen Beratungskonferenz des Oberbürgermeisters von Shanhai, in Tageszeitung „Befreiung" vom 10. 11. 1993.

Außerdem werden mit den chinesischen Wissenschaftlern, Experten und Beamten die Probleme diskutiert, wobei Übertragungsmöglichkeiten der deutschen Erfahrungen auf die Situation in Shanghai überprüft werden.

Ein Überblick über die Beratungsprojekte der letzten 10 Jahre zeigt, daß es bei der Politikberatung oft zu Umsetzungsproblemen kommt. Zu Beginn der Wirtschaftsreform 1985/86 wurde eine Seminarserie mit dem Thema „Marktmechanismen und Globalsteuerung" veranstaltet, wobei die deutschen Wissenschaftler, Experten und Beamten das theoretische Modell der deutschen sozialen Marktwirtschaft und Wirtschaftspolitik darstellten und der chinesischen Regierung bzw. der Regierung in Shanghai für eine Entscheidung über das Zielmodell der chinesischen Wirtschaftsreform bzw. den Reformmaßnahmen, ein Bezugs- und Vergleichsmodell anboten. Zur Zeit befassen sich die Beratungstätigkeiten mit konkreten Problemen wie:

– Unfallverhütung/Unfallversicherung,

– soziale Einrichtungen in den Betrieben,

– Wohnungsbaugenossenschaften,

– öffentlicher Personennahverkehr,

– die Rolle der Gewerkschaften in der Marktwirtschaft sowie

– die Handelskammern als Instrument zur Stärkung internationaler Zusammenarbeit.

Diese Entwicklungstendenz der Beratungsprojekte zeigt die Erfolge der Politikberatungstätigkeiten der Anfangszeit.

2. Internationale Beratungskonferenz des Oberbürgermeisters von Shanghai

Aufgrund der vielen politischen Entscheidungsfindungsprozesse hat Shanghai, als internationale Metropole mit einer der bedeutendsten lokalen Regierungen Chinas, nicht nur bei der Reformstrategie Probleme, sondern auch bei der konkreten Durchführung dieser Strategie. So ist die Transformation des Wirtschaftssystems mit konkreten Problemen einer Verbesserung des Investitionsklimas, einer Förderung der Marktentwicklung und einer Einführung des ausländischen Kapitals, des technischen Know-hows und des Personals verflochten.

Die politische Entscheidungsfindung der Regierung sollte nicht nur von den Gegebenheiten der Stadt ausgehen, sondern auch internationale Bedingungen berücksichtigen. Die Shanghaier Regierung benötigt für eine Intensivierung der Wirtschaftsreform und eine Erweiterung der Öffnungspolitik dringend internationale Erfahrungen. Deshalb wurde im Oktober 1989 eine ständige Beratungsinstitution, die „Internationale Beratungskonferenz des Oberbürgermeisters von Shanghai", gegründet, deren Aufgabe es ist, den Oberbürgermeister hinsichtlich der Stadtentwicklung und des -aufbaus zu beraten.

Die Beratungskonferenz besteht aus den Vorstandspräsidenten und den Generalmanagern von 18 großen Unternehmensgruppen aus Deutschland, Frankreich, Italien, Großbritannien, der Schweiz und den USA. Der Vorstandspräsident der Chinese International Consulting Co. ist der Vorsitzende der Konferenz, der Vizedirektor der Kommission für ausländische Investitions- und Zusammenarbeit nimmt die Position des Chefsekretärs der Konferenz ein.

Einmal im Jahr treffen sich die Mitglieder in Shanghai oder im Ausland, wobei bisher folgende Themenschwerpunkte diskutiert wurden:

1990   „Wiederherstellung des Finanzzentrums in Shanghai",

1991   „Verbesserung des Investitionsklimas",

1992   „Wiederbelebung der Staatsunternehmen",

1993   „Entwicklung der Telekommunikation und des Luftverkehrs" und

1994   „Stadtentwicklung und Human Resources".

Für die politischen Entscheidungsfindungen, die im Rahmen der Wirtschaftsreform und -entwicklung dringend zu treffen sind, hat die Beratungskonferenz bisher durchführbare und operationalisierbare Lösungen vorgeschlagen, die von der Regierung in Shanghai angenommen wurden. So haben auf der Beratungskonferenz 1990 die ausländischen Berater zu verschiedenen Aspekten der Finanzen für die Wiederbelebung der Wirtschaftsentwicklung in Shanghai Stellung genommen. Im Oktober 1990 wurde aufgrund eines Vorschlags der Konferenz ein Seminar über Finanzwesen in Shanghai veranstaltet. Diese beiden Beratungstätigkeiten haben die Reform des Finanzwesens stark beeinflußt. Ende 1990 wurde die erste Börse in China nach 1949 gegründet. Viele ausländische Banken und Finanzinstitute und Versicherungsunternehmen haben sich in Shanghai niedergelassen. Das Ergebnis ist ein sich rasch entwickelndes Finanzwesen.

3. Die Tätigkeit des „Amtes zur Einführung eines ausländischen Think-Tanks" in der Politikberatung

Um den zunehmenden Bedarf an der Politikberatung durch ausländische Experten abzudecken, wurde das „Amt zur Einführung eines ausländischen Think-Tanks" bei der Shanghaier Regierung errichtet, das zuständig ist, die ausländischen Berater und andere dringend benötigten Personen für Beratungstätigkeiten konkreter Fachgebiete zu organisieren und koordinieren. Hierfür hat das Amt inzwischen mit mehr als 20 Institutionen in Deutschland, Frankreich, Großbritannien, Japan, USA, Hong Kong usw. geschäftliche Beziehungen aufgenommen und eine Datenbank für internationale Human Resources errichtet und somit einen Beitrag zur Politikberatung in der Entwicklungszusammenarbeit geleistet.

VI. Erfahrungen

1. Die Politikberatung in der Entwicklungszusammenarbeit und deren Erfolge, die sich durch eine Wirtschaftsentwicklung wiederspiegeln, haben bestätigt, daß eine reine Nutzung von Kapital und technischem Know-how aus den entwickelten Ländern für die Entwicklungsländer nicht ausreichend ist. Kapital und technisches Know-how können nur das Problem der ‚hardware' lösen. Ob aber diese ‚hardware' effektiv und sinnvoll eingesetzt wird, hängt von der ‚software' ab, nämlich davon, ob die Entwicklungsländer einen leistungsfähigen politischen Entscheidungsmechanismus entwickelt haben. Hierfür ist die Politikberatung ein unentbehrlicher Bestandteil. Somit wird die internationale Politikberatung zu einem wichtigen Instrument der Entwicklungszusammenarbeit. Sowohl die Entwicklungsländer als auch die entwickelten Länder sollen der Politikberatung entsprechende Aufmerksamkeit widmen.

2. Schwerpunkt der internationalen Politikberatung in Shanghai ist vor allem das Organisieren von Seminaren, an denen ausländische und chinesische Berater gemeinsam teilnehmen, wobei die ausländischen Berater nach der von chinesischer Seite vorgestellten Themen die theoretischen Modelle und Lösungsmechanismen erarbeiten und mit den chinesischen Beratern und ggf. chinesischen Beamten die Erfahrungen und Meinungen austauschen. Diese Vorgehensweise vermeidet sowohl die mögliche Einmischung in die internen Angelegenheiten als auch die Defizite des reinen ‚engineering' oder ‚problem-solving' Modells. Sie gestaltet einen Dialog und einen wechselseitigen Lernprozeß und entwickelt sich somit zu einem interaktiven Prozeß, der über das reine ‚problem-solving' hinausgeht und einen Resonanzboden für Reflektionen künftiger Entwicklungen gibt.

3. Die chinesische und deutsche Seite haben ständige Institutionen errichtet, die für die Koordination der Politikberatung zuständig sind. Die ausländischen ständigen Institutionen können eingehend die Gegebenheiten und den Beratungsbedarf des Entwicklungslandes verfolgen und den lokalen Beratern entsprechende Kenntnisse und Informationen vermitteln. Das steigert die Effizienz der Beratungstätigkeiten und die Kontinuität der Politikberatung.

4. Weil sich die politische Entscheidungsfindung nicht nur auf politisch-administrative Problemfelder beschränkt, sondern auch die der Wirtschaftsobjekte einbeziehen will, sollten die internationalen Berater sich nicht nur aus den Bereichen der Politik und Wirtschaft rekrutieren. Dies gilt um so mehr in der heutigen, immer mehr verflochtenen Weltwirtschaftsentwicklung.

VII. Probleme

Aus dem Dargestellten ergeben sich für die Politikberatung in der Entwicklungszusammenarbeit zwischen China und Deutschland folgende Probleme:
1. Aufgrund der unterschiedlichen politischen Systeme Chinas und Deutschlands, differenter Ideologie und Kultur und nicht zuletzt auch des unterschiedlichen Entwicklungsstandes reden beide Partner manchmal in bestimmten Sachfragen aneinander vorbei.
2. Einige ausländische Berater kennen die besonderen chinesischen Gegebenheiten nicht. Ihre Beratung ist deshalb nicht auf die Spezifika in China zugeschnitten.
3. Noch fehlt ein Evaluierungsmechanismus für die Erfolge der Politikberatung.

VIII. Perspektive

Seitdem China im Jahre 1992 erklärte, eine sozialistische Marktwirtschaftsordnung aufzubauen, bemüht sich das Land, diese neue Wirtschaftsordnung zu etablieren. Wie andere Länder in ihrer großen Reformzeit, braucht auch die chinesische Regierung bei ihren Entscheidungen über die neue Politik, die sich an die neue Wirtschaftsordnung anpassen möchte, dringend internationale Erfahrung. Deshalb besteht für China ein großer Bedarf an internationaler Politikberatung.

Die sozialistische Marktwirtschaftsordnung hat neben ihrem chinesisch geprägten sozialistischen Charakter auch einen gemeinsamen Charakter der Marktwirtschaftsordnung.

Es bestehen besonders viele Vergleichbarkeiten mit der deutschen sozialen Marktwirtschaft. Deshalb hat die Politikberatung durch deutsche Experten für China eine besondere Bedeutung. Es kann davon ausgegangen werden, daß der Bedarf insbesondere an deutscher Beratung zunehmen wird.

Abschließend bleibt festzuhalten, daß sich China im Zuge des Modernisierungsprozesses verstärkt mit Problemen wie Stadtplanung, Umweltschutz, Sozialproblemen usw. befassen muß. Dies gilt insbesondere für Shanghai als internationale Metropole. Unter Berücksichtigung der bereits angedeuteten vielfältigen Probleme wird die Politikberatung in der Entwicklungszusammenarbeit zwischen Deutschland und China bzw. Shanghai weiterhin von großer Bedeutung sein.

Diskussion zum Referat von Wang Weida

Leitung: Albrecht Stockmayer

Bericht von Detlef Barth

Nach einführenden Worten des Diskussionsleiters ging zunächst *Aloysius Madja*, Mag.rer.publ., Indonesien/Hochschule für Verwaltungswissenschaften Speyer, der Frage nach, was mit dem Modell einer sozialistischen Marktwirtschaft in China gemeint sei und wie es sich in der Praxis von dem der sozialen Marktwirtschaft unterscheide.

Wang wies in seiner Antwort auf die über 30jährigen Erfahrungen Chinas mit der Planwirtschaft hin, die durch die im Jahr 1979 begonnenen Wirtschaftsreformen eine grundlegende Bedeutung für das neue Modell einer sozialistischen Marktwirtschaft erlangt hätten. Dieses unterscheide sich im wesentlichen durch sein spezifisches Eigentumsrecht. Im Gegensatz zu der Dominanz des Privateigentums in anderen Modellen basiere die sozialistische Marktwirtschaft auf einem gemeinsamen Eigentumsrecht, d. h., daß das Staatseigentum eine wesentliche Stellung in der gesamten Wirtschaft einnehme. Gemeinsamkeiten mit der sozialen Marktwirtschaft seien vor allem in der Funktionsweise der Marktmechanismen (die Allokation erfolge in der Regel über den Markt) unter Berücksichtigung sozialer Aspekte zu sehen.

Wie die Politikberatung in China funktioniere, wollte *Ali Diomandé*, Mag.rer. publ., D.E.A., Attaché Administratif, Ministère de l'Emploi et de la Fonction Publique, Côte d'Ivoire/Speyer, an Beispielen erläutert wissen.

Politikberatung in China finde, so *Wang*, nicht durch das Entsenden von ausländischen Beratern in die Ministerien oder andere öffentliche Institutionen statt, sondern durch Partnerschaftsabkommen, wie sie beispielsweise zwischen dem Shanghai-Institute for International Studies und dem Forschungsinstitut der Friedrich-Ebert-Stiftung bestünden. Anhand gemeinsam organisierter Seminare werde sowohl Wissenschaftlern als auch Beamten ein Forum geboten, aktuelle Probleme zu diskutieren und Übertragungsmöglichkeiten ausländischer Erfahrungen auf die spezifische Situation der Volksrepublik China zu überprüfen. Da Politikberatung eine sehr sensible Angelegenheit sei, vermeide die vorgestellte Form der praktizierten Politikberatung in China sowohl die Einmischung in die inneren Angelegenheiten des Landes als auch die Defizite des „Problem-solving-Modells".

Bezogen auf die Berücksichtigung spezifisch chinesischer Hintergründe und Umstände in der Politikberatung, warf *Norbert Chauvistré*, Konrad-Adenauer-Stiftung, Sankt Augustin, die Frage nach einem sinnvollen Einsatz von ausländischen Beratern, insbesondere von Kurzzeitexperten, auf.

Nach *Wang* sei es für die ausländischen Berater im allgemeinen sehr schwierig, die Komplexität der Probleme in China zu erkennen und diese in ihrer Tätigkeit entsprechend zu berücksichtigen. Dennoch könne festgestellt werden, daß bei der Lösung von rein technischen Problemen, wie z. B. dem U-Bahn-Bau in Shanghai, aber auch bei der Stadtplanung, die ausländischen Experten in ihrer Tätigkeit weniger die kulturellen Eigenheiten des Gastlandes zu berücksichtigen hätten als beispielsweise bei der Beratung zur Sozialgesetzgebung.

Gia bemerkte, daß Vietnam wie China auf dem Weg von einer Staatswirtschaft in die Marktwirtschaft sei. Wie der Beitrag von *Wang* zeige, verlaufe dieser nicht ohne Probleme. Für die weitere Entwicklung Vietnams stelle sich die Frage, inwieweit aus den Erfahrungen Chinas zu lernen sei. Im Vordergrund des Interesses stünden vor allem folgende Aspekte:

– die Modifizierung des Eigentumsrechts;

– die Stärkung der Verwaltung auf der Basis von Recht und Gesetz;

– die Frage nach der staatlichen Kontrolle gegenüber der Wirtschaft.

Die Eigentumsfrage, erläuterte *Wang*, sei in China ein heikles Problem. Grundprinzip der sozialistischen Marktwirtschaft sei das Gemeinschaftseigentum (Staatseigentum), wobei man zwischen Eigentumsrecht und Verfügungsrecht unterscheiden müsse. So befänden sich Grundstücke im Eigentum des Staates, die durch langfristige Pachtverträge privaten Unternehmen zur Verfügung gestellt würden. Insgesamt spiele der Staat immer noch eine führende Rolle für die wirtschaftliche Entwicklung Chinas, doch könne er in dem bereits eingeleiteten Prozeß der Öffnung nicht mehr in allen Bereichen intervenieren, wie es ihm früher möglich gewesen sei.

Mit der Öffnung Chinas habe, nach Auffassung von *Hiramani Ghimire*, Mag. rer.publ., Nepal/Hochschule für Verwaltungswissenschaften Speyer, die politische Beratung durch ausländische Experten zugenommen, die aufgrund ihrer Unabhängigkeit von der chinesischen Regierung sachorientierter (d. h. objektiver) beraten könnten, als dies durch einheimische Experten möglich wäre. Die Erfahrungen anderer Länder mit der Politikberatung zeigten, daß es dennoch zu Problemen kommen könne. So würden zum Beispiel die zum Teil extremen Einkommensunterschiede zwischen ausländischen Experten und ihren einheimischen Counterparts zur Nichtakzeptanz eines Projektes durch die einheimische Bevölkerung und letztendlich zum Scheitern führen.

Nach *Wang* schließe gerade das chinesische Modell der Politikberatung das angesprochene Problem nahezu aus. Politikberatung in China werde in der Regel, wie im Beitrag erläutert, in Form von Seminaren durchgeführt und sei deshalb kein einseitiger, sondern ein interaktiver Prozeß.

Mohan ging der Frage nach, ob es für die Entwicklung Chinas nicht besser wäre, aus den Erfahrungen seiner asiatischen Nachbarländer wie Taiwan, Süd-Korea und Japan zu lernen, als amerikanische oder europäische Modelle zu rezipieren.

Wang erläuterte, daß China als asiatisches Land eine engere kulturelle Beziehung zu seinen asiatischen Nachbarländern habe, als zu anderen Nationen. Sie alle aber könnten aufgrund ihrer spezifischen Entwicklungswege als Orientierung für eine eigenständige chinesische Entwicklung dienen.

Les Implications de la Coopération sur le Développement Institutionnel et le Renforcement des Droits de l'Homme au Maroc

Par Ali Sedjari

I. Les Atouts du Maroc

Depuis l'acquisition de son indépendance en 1956, le Maroc, contrairement à d'autres pays en développement, a choisi le camp du monde libre en adoptant un système politico-économique fondé sur les valeurs de l'idéologie libérale et de l'économie de marché. Et c'est à partir de ce choix que le Maroc va organiser son système de coopération avec les pays libéraux et principalement l'Europe occidentale.

Mais ce choix préférentiel n'a pas empêché la diplomatie marocaine de diversifier ses réseaux de coopération et d'entretenir des rapports de cordialité avec l'ensemble des Etats du monde.

Ce souci de diversification qui utilise avec finesse tous les avantages qu'un pays indépendant peut tirer d'une compétition feutrée entre différents partenaires et bailleurs d'aide, s'est notamment vérifié par le maintien de rapports solides et denses avec la C.E.E., devenue l'Union Européenne, et surtout la France avec laquelle le Maroc, pour des considérations historiques et culturelles, entretient des liens profonds et une coopération privilégiée.

En revanche, devenu acteur actif sur le plan international, le Maroc va très vite faire de la coopération une priorité. Grâce à la perspicacité de sa diplomatie et au rôle du Roi dans la scène internationale, le Maroc est devenu un centre de décisions pour de nombreuses questions arabes, islamiques et internationales. Il est le pays hôte de plusieurs dizaines de sommets arabes, islamiques et internationaux au cours desquels d'importantes décisions furent prises. L'organisation de la conférence du GATT en avril 1994 à Marrakech, où est née l'Organisation Mondiale du Commerce, était une preuve supplémentaire pour la confirmation des choix économiques fondamentaux et de l'attachement du Maroc à l'économie de marché. Le Maroc s'apprête aussi à abriter durant les prochains mois deux importantes rencontres, à savoir la Conférence Economique Internationale sur le Proche-Orient et l'Afrique du Nord ainsi que le Sommet Islamique.

Tout cela témoigne de l'intérêt qu'accorde le Maroc à la paix, à l'amitié entre les peuples et à la coopération entre les Etats.

Si ce choix était dicté par des considérations stratégiques, il est peut-être utile de rappeler que les recherches des appuis extérieurs et des soutiens variés étaient nécessaires pour le renforcement de la légitimité politique du pouvoir, qui ne pouvait, en retour, faire l'impasse sur les pressions ou les conseils de la coopération. L'apport externe était déterminant, voire même sollicité pour telle ou telle entreprise. Il s'est établi alors des réseaux de conseils et d'influence qui ne cessent d'orienter, d'agir, de proposer ou carrément de transformer des décisions négatives en décisions positives.

Depuis l'indépendance, le Maroc a construit sa propre image, a toujours essayé de la préserver, et n'a donc jamais cessé d'être attentif et prudent à l'égard des conseils de coopération.

De nombreux dossiers encombrants ont été solutionnés grâce au canal de la coopération et sous la pression des chancelleries, des Etats ou des organismes gouvernementaux ou non-gouvernementaux. La coopération a toujours été un élément influent dans le processus décisionnel, mais elle a été aussi d'un impact inestimable dans le domaine du développement institutionnel et celui des Droits de l'Homme en particulier.

Par ailleurs, pays forcément original à plus d'un titre (par rapport aux autres Etats arabes et africains en particulier), le Maroc a toujours eu les regards tournés vers le Nord. De par sa position géographique, sa proximité européenne, et surtout méditerranéenne, sans rien renier cependant de son arabité, il cultive profondément sa vocation européenne par l'élargissement de sa coopération avec l'ensemble des pays européens. Son système politique a évolué, depuis 1956, d'une manière surprenante et les réformes apportées au dispositif institutionnel, fonctionnel et normatif, de manière spontanée ou sous pression externe, lui ont permis de redorer davantage son blason sur le plan international.

Le pays dispose d'un système administratif véritablement moderne dont l'architecture ressemble étroitement au modèle libéral français. Le système économique est lui aussi performant, avec ses acteurs, ses opérateurs, son droit, ses instruments d'action et de régulation ... De manière générale, la physionomie du système politico-économique est profondément imprégnée de la logique libérale ... La Société, elle aussi, connaît des changements en profondeur et combine à la fois le repli sur la marocanité et l'ouverture culturelle à la mondialisation (Méditerranée, Europe, ...) en l'inscrivant dans un projet global de modernité et d'ouverture.

Cette évolution maîtrisée du système politique lui a permis d'instaurer dans la durée une stabilité politique sans faille, renforcée par une approche consensuelle de gestion de pouvoir entre les différents partenaires politiques. Le Maroc offre des capacités énormes pour jouer un rôle actif et dynamique sur la scène inernationale. Pour cela, il est dans l'intérêt de tous les pays du monde libre de soutenir l'option marocaine en apportant aide et conseil au grand chantier de réformes qui s'inscrivent en filigrane dans la logique de la mondialisation et de l'internationalisation du capital.

Conscient des changements qui ont affecté le monde depuis l'effondrement du bloc communiste et l'instauration du Nouvel Ordre Mondial, le Maroc a entrepris des réformes en profondeur dans les différents secteurs du politique, de l'économique, de l'institutionnel et du social. Il a apporté des réponses concrètes aux exigences des bailleurs de fonds et des partenaires traditionnels particulièrement dans deux directions essentielles et problématiques, à savoir l'ajustement structurel et l'épineuse question des Droits de l'Homme.

L'effort entrepris est important depuis une dizaine d'années. Dans cette partie de la Méditerranée et du Maghreb, le Maroc a pris la bonne direction. Evoluant dans un contexte maghrébin très défavorable, le Maroc joue un rôle de stabilisateur et d'amortisseur du choc dans cette zone géographique en ébullition et sous tension intégriste. Le pays a besoin d'être soutenu dans sa défense des valeurs de liberté, de droit, de démocratie et de tolérance.

Les menaces réelles qui pèsent sur le Maghreb sont périlleuses pour la région et sa proximité, à savoir l'Europe. De nouvelles formules de coopération doivent être esquissées pour juguler le fléau et soutenir les valeurs du progrès et du développement. C'est une responsabilité collective pour laquelle l'Allemagne est appelée à reconsidérer sa position face au Sud et particulièrement le Maghreb. Au Maroc, la coopération avec l'Allemagne est très récente mais connaît un ralentissement; le travail de conseil et d'assistance qui est accompli mérite l'approfondissement et un engagement plus concret.

II. La Consolidation d'une Cooperation en Gestation

Sur le plan politique, les deux pays n'ont jamais cessé de plaider pour l'amorce d'une coopération permanente et intense. Mais l'Allemagne, selon un partage issu de l'ère des colonisations et de la guerre froide, s'est peu intéressée au Maghreb considéré comme une région placée sous influence française.

Peut-être le facteur culturel avait une part d'explication, mais il n'est pas exclusif puisque l'Allemagne n'a jamais eu de politique méditerranéenne ni maghrébine, si ce n'est par le canal des organes de la C.E.E. Sa zone d'influence et ses centres d'intérêts se situent soit au Nord de l'Europe soit vers les ex-pays de l'Est communiste.

Pour le Maroc, les prémisses d'une coopération concrète remontent au début des années 80 grâce à l'installation des Fondations allemandes sur le sol marocain. Timide au début, cette coopération va se diversifier de manière progressive pour toucher de nombreux secteurs.

Disposant d'un système de gestion souple et efficace, armées d'une approche pragmatique et réaliste des problèmes, ignorant les mécanismes de tutelle et de bureaucratie, les Fondations allemandes (Konrad Adenauer, Hanns Seidel, Friedrich Ebert, Friedrich Naumann) ainsi que la GTZ et la D.S.E., ciblent des centres d'intérêt, attirent les partenaires et créent des réseaux de communication particulièrement à l'intérieur de l'administration et parmi la communauté scientifique et universitaire où la coopération est plus appréciée et de plus en plus sollicitée. Leurs méthodes de travail se sont avérées plus efficaces que celles des rouages classiques de la chancellerie ou des consulats.

En dix ans d'existence, le système des Fondations est bien enraciné disposant de ses propres réseaux et d'interlocuteurs sur lesquels il a exercé un impact psychologique compte tenu de la nature de leurs interventions et de l'efficacité de leur démarche. Des objections commencent à se formuler à propos de la coopération française, tatillonne, bureaucratique, lente et parfois démagogique. Les défenseurs d'un renforcement de la coopération avec l'Allemagne sont devenus de plus en plus nombreux et un intérêt particulier pour le rapprochement et la connaissance de l'Allemagne commence à se manifester très nettement. Des séminaires comparatifs sont organisés dans ce sens, des initiatives individuelles sont prises dans tel ou tel domaine (stages de formation, apprentissage de l'allemand, etc. . . .)

L'annonce par le Roi, en 1988, de construire un modèle régional à l'image du système allemand va relancer le débat et l'engouement pour la connaissance de l'Allemagne, particulièrement son système administratif, fédéral et territorial. De nombreux séminaires sont organisés dans ce sens, les étudiants des Facultés de Droit choisissent des sujets de recherche comparative, des conférences régulières sont animées par des spécialistes et experts allemands. Le travail se fait lentement mais positivement. On découvre progressivement la culture allemande qui a toujours eu chez les Marocains un effet de fascination. La tradition germanique est entrée en compétition avec la tradition jacobine française et l'on semble magnifier la première au détriment de la seconde.

Dans le chapitre du développement administratif, l'assistance apportée par la Fondation Hanns-Seidel a enregistré des résultats non négligeables dans les domaines de la formation (ENA, Centres de formation administrative), de la publication, de la recherche, des stages, de l'organisation des séminaires et des forums divers. Les résultats sont tangibles, mais il reste beaucoup à faire pour vaincre les difficultés, atténuer les obstacles et contribuer à la réussite du projet de modernisation administrative.

La coopération ne se limite pas seulement à l'aide et à l'assistance, mais elle exige des hommes qualifiés, habiles, intelligents et mieux pénétrés de l'environnement. On ne saurait apprécier les résultats de la coopération sans l'efficacité des hommes qui en ont la charge.

Dans l'ensemble, alors que la coopération inter-Etats piétine dans les discours et les intentions, les Fondations ont fait des avancées spectaculaires dans les domaines du conseil et de l'assistance, même si aujourd'hui les fonds ont été sensiblement réduits du fait du coût initialement sous-estimé de la réunification allemande et aussi de la priorité qu'accorde l'Allemagne aux ex-pays de l'Est communiste.

Mais il serait dommageable de ralentir les efforts en cours au moment où le modèle rhénan exerce un effet de séduction chez de nombreux opérateurs et secteurs, publics et privés. Les partisans d'une coopération permanente et concrète avec l'Allemagne sont de plus en plus nombreux. Cette coopération se justifie davantage par le contexte international dans lequel le Maroc est pleinement engagé dans la défense des valeurs du monde libre.

Dans le chapitre du développement institutionnel, le champ d'application de cette coopération peut englober les besoins suivants:

– formation continue

– conseil et assistance au projet de modernisation administrative

– échange de formateurs, de stagiaires, d'expertise et de savoir-faire

– décentralisation et pouvoir local

– finances locales

– management et relations publiques

– politiques urbaines et gestion des villes

– gestion des projets

– environnement

– recherche scientifique et universitaire

– soutien aux ONG

– droits de l'Homme

– communication et information

– apprentissage de la langue allemande.

Il s'agit d'un vaste programme de coopération qui pourrait conduire les deux pays à l'établissement d'un partenariat susceptible de renforcer les liens d'amitié entre les deux peuples et surtout apporter un soutien direct aux efforts que fait le Maroc pour s'adapter aux conditions nouvelles de la mondialisation.

Celle-ci entraîne à son tour un changement de mentalités des pays développés à l'égard du Sud pour contribuer au développement des zones de stabilité, de paix et de sécurité.

Le Maroc est l'un des rares pays du Sud qui a compris l'enjeu des mutations du système mondial en mettant sur le chantier un vaste programme de modernisation administrative, de privatisations, de décentralisation, de démocratisation, de promotion de l'Etat de Droit et de renforcement des Droits de l'Homme.

Les Droits de l'Homme sont devenus en effet l'un des axes prioritaires de l'action publique au même titre que la lutte contre le chômage ou la nécessité du développement infrastructurel national. Cette réalité nouvelle transparaissait à travers les discours des plus hautes autorités du pays, mais c'est surtout la grâce royale amnistiante décidée en juillet dernier et l'abrogation du dahir répressif de 1935 qui ont véritablement lancé la politique marocaine des Droits de l'Homme aux yeux de l'opinion publique nationale et internationale qui, assurément, fait du Maroc un exemple positif pour tous ceux qui considèrent qu'il ne saurait y avoir de développement national et de prospérité sans démocratie et respect des Droits de l'Homme.

Qu'en est-il donc de cette question épineuse de l'Etat de Droit et des Droits de l'Homme pour lesquels la coopération était toujours impliquée et dont le soutien est encore plus important que par le passé?

III. La Promotion de l'Etat de Droit

Depuis le début des années 80 jusqu'au discours royal du 8 juillet 1994 à l'occasion de la fête de la jeunesse, des avancées spectaculaires ont été réalisées dans le domaine de l'amélioration qualitative des rapports entre l'Etat et la société.

La conjoncture internationale y était pour beaucoup dans cette mutation. Une nouvelle approche de gestion de pouvoir est expérimentée au niveau de l'appareil d'Etat et on a même fait appel à une personnalité politique de grande envergure, *A Azoulay,* Conseiller de Sa Majesté le Roi, pour lui confier la mission de rehausser l'image de marque du Maroc sur le plan international et mettre en oeuvre tous les moyens appropriés pour rétablir la confiance et le dialogue avec les Etats ou les organismes internationaux.

La recherche des investissements étrangers, l'intervention directe de la Banque mondiale et du Fonds Monétaire International (FMI) dans le secteur de l'économie par le biais du plan d'ajustement structurel, ainsi que l'accès aux marchés des pays industrialisés ont entraîné un changement politique notoire dans le comportement de l'Etat face au dossier épineux des Droits de l'Homme. Pas de coopération internationale sans Etat de Droit et pas de „business" sur le plan international sans respect des Droits de l'Homme. Le Maroc a tenu à être garant du respect de cette conduite en organisant sur son sol à Marrakech la conférence du GATT au mois d'avril 1994.

C'est clair, le Maroc épouse désormais la philosophie des droits de l'homme et décide d'aller de l'avant pour prendre des mesures concrètes.

Depuis le début des années 90, on observe à toute une série de mesures tendant à accroître le respect des droits de l'homme et à promouvoir l'Etat de droit. L'impact de ces mesures est diversement apprécié puisque le dossier des prisonniers politiques continuait d'empoisonner les rapports du Maroc avec ses partenaires extérieurs ainsi qu'avec les partis politiques, notamment l'opposition, les syndicats et une frange importante de la Société civile.

Soucieux d'aller de l'avant et afin de décrisper une situation politique bloquée, c'est à l'occasion de la fête de la Jeunesse que S. M. le Roi dans un discours prononcé le 8 juillet 1994 et qualifié d'historique, a décidé de „*tourner définitivement la page de ce que l'on appelle les prisonniers politiques afin que, lorsqu'un Marocain affirmera que „le Maroc est un Etat de Droit", il puisse voir „ses dires corroborés par des actes"*.

La décision de l'amnistie générale est spectaculaire. Elle intervient pour mettre un terme à un dossier qui a empoisonné les rapports avec certains amis ou alliés ainsi qu'à l'intérieur de la Société marocaine elle-même.

Loin d'être isolé, le „grand pardon" du 8 juillet 1994 est en effet l'aboutissement d'un processus initié le 8 mai 1990 lors de la mise en place du conseil consultatif des droits de l'homme.

C'est une décision historique parce qu'elle a mis un terme à tant de surenchères et de critiques aussi bien sur le plan national qu'international. Le pouvoir marocain s'est efforcé de rapprocher l'Etat de Droit des droits de l'Etat. Désormais, il semble qu'on se soit écarté de l'approche de séduction vis-à-vis de l'étranger pour adopter une démarche plus pragmatique et bénéfique, surtout que la configuration de l'espace mondial a beaucoup changé, mais c'est aussi – et cela mérite d'être souligné – parce que la physionomie de la Société marocaine a elle aussi beaucoup évolué. Outre le militantisme des multiples associations des droits de l'homme, la vulgarisation d'un discours novateur et porteur des droits de l'homme, c'est surtout l'accès à une citoyenneté pleine et globale, jouissant de tous les droits et de toutes les libertés, qui est devenu le crédo de la société civile et de plus en plus exprimé sous différentes formes.

Les critiques extérieures, s'étant faites plus rares depuis la libération de quelques personnalités emblématiques, l'on semble accorder une note de bonne conduite à l'Etat marocain. Des perspectives nouvelles sont à exploiter et le Maroc travaille à fond pour construire un système de coopération où le droit l'emportera sur le reste. *Le Maroc adhère aux valeurs du monde libre.*

Mais il est forcé d'aller dans ce sens pour prendre acte de l'évolution de la Société marocaine elle-même où, les partis politiques, les associations et toute la frange jeune et moderne d'une société civile en plein développement prennent le relais.

Cette pression renouvelée a débouché, au cours des six premiers mois de 1994, sur des résultats non négligeables : indemnisation discrète des anciens bagnards de Tazmamart, interviews non censurées d'opposants en exil, suppression du Dahir répressif de 1935 autorisant les arrestations arbitraires, discours novateur du nouveau Premier Ministre *A. Filali* plaçant son action sous le signe de la „*promotion de l'Etat de Droit*", gestes d'apaisement envers les militants berbéristes. Une succession d'avancées explique la détermination des pouvoirs publics à ouvrir une nouvelle page de son histoire en mettant un terme à un blocage politique préjudiciable pour le Maroc tant sur le plan national qu'international.

L'examen du dispositif en faveur des droits de l'homme, mis en place depuis le début des années 90, pourrait témoigner de cette détermination.

IV. L'Evolution Recente en Faveur des Droits de l'Homme

S'appuyant sur des valeurs civilisationnelles et sur ses engagements internationaux, le Maroc a pris de manière progressive une série de mesures sur les plans normatif et institutionnel pour accroître le respect des droits de l'homme.

1. Mesures normatives (constitutionnelles, conventionnelles, législatives)

La Constitution du 4 septembre 1993 qui élargit les prérogatives du parlement et renforce son pouvoir de contrôle sur le gouvernement, réaffirme dans son préambule „*l'attachement du Royaume du Maroc aux droits de l'homme, tels qu'ils sont universellement reconnus.*"

– Le 21 juin 1993, le Maroc a ratifié les *Conventions internationales* suivantes :

– Convention contre la torture et autres peines ou traitements cruels, inhumains ou dégradants

– Convention sur l'élimination de toutes les formes de discrimination à l'égard des femmes

– Convention sur les droits de l'enfant

– Convention sur la protection de tous les travailleurs migrants et les membres de leur famille.

Par ailleurs, le Souverain a signé le 3 février 1992 la déclaration internationale pour la survie, la protection et le développement de l'enfant et le Maroc a adhéré en 1993 à la Conférence de la Haye de Droit International Privé.

2. Mesures législatives

L'orientation libérale de la politique criminelle a été consolidée par de nouvelles mesures législatives. :

C'est ainsi que la *durée de la garde à vue* a été raccourcie (Dahir du 30 décembre 1991) et des garanties nouvelles ont été accordées à l'inculpé pendant la durée de la garde à vue : assistance d'un avocat et assistance médicale.

La durée de la *détention préventive* ne peut excéder deux mois. Les prolongations ne peuvent être faites que dans la limite de cinq fois et pour la même période (Dahir du 30 décembre 1990)

Des dispositions nouvelles en faveur de la *mise en liberté provisoire* de l'inculpé ont aussi été adoptées (Dahir du 10 septembre 1993)

Par ailleurs, l'abrogation par le parlement (juillet 1994) du Dahir du 29 juin 1935 relatif à la répression des manifestations contraires à l'ordre et des atteintes au respect de l'autorité constitue une autre illustration de la nouvelle politique criminelle et une avancée considérable dans le domaine des droits de l'homme.

Dans la perspective d'assurer une meilleure justice, plus indépendante et impartiale, la collégialité a été introduite au sein du tribunal de première instance où la justice est désormais rendue par 3 magistrats (Dahir du 10 septembre 1993). Par ailleurs, la création des tribunaux administratifs (Dahir du 10 septembre 1993) et leur mise en place sont venues renforcer le contrôle de la légalité et de l'action administrative.

La condition juridique de la femme a connu des améliorations sensibles (Dahir portant loi du 10 septembre 93). C'est ainsi que la contrainte matrimoniale a été supprimée. De nouvelles garanties concrétisent le consentement de la femme au mariage, avant, et lors de la rédaction de l'acte. La polygamie a été soumise à autorisation judiciaire. La répudiation unilatérale prononcée par le mari a été rendue plus difficile et son utilisation abusive sanctionnée par l'octroi d'une indemnisation. La mère majeure accède, au décès, ou après incapacité du père, à la tutelle légale.

Les droits de l'enfant ont été renforcés. Une loi est venue traiter de l'enfance abandonnée et du recueil légal (Kafala) par un couple, un organisme ou organistion à caractère social reconnu d'utilité publique (Dahir portant loi du 10 septembre 1993).

La loi permet désormais à la femme fonctionnaire qui le désire, de bénéficier d'une retraite anticipée après quinze ans d'ancienneté au lieu de 21 ans (Dahir du 9 novembre 1992) traduisant ainsi l'adpatation de la législation à la conditions particulière de la femme.

Sur le plan des droits sociaux, la prévention, le diagnostic, le traitement, l'éducation, l'instruction, la formation, la qualification, l'insertion sociale des handicapés ont été consacrés par la loi promulguée par le Dahir du 10 septembre 1993.

3. Mesures institutionnelles

Le Conseil consultatif des Doits de l'homme, *créé le 8 mai 1990* a pour rôle d'assister le chef de l'Etat sur toutes les questions concernant les droits de l'homme.

Il a joué un rôle important en initiant certaines formes législatives (garde à vue, détention préventive, ...). Il vient de procéder à l'examen du projet du code de procédure pénale. Il est appelé à examiner d'autres textes législatifs (code du travail, information ...) et à donner son avis sur les questions qui lui sont soumises par Sa Majesté le Roi.

Le Conseil constitutionnel

Parmi les principales innovations apportées par la consitution de 1992, figure en bonne place la création d'un Conseil consultatif chargé de contrôler la constitutionnalité des lois et la régularité des élections législatives.

Le Conseil National de la Jeunesse et de l'Avenir

Créé en juillet 1990, cet organisme consultatif a marqué le paysage institutionnel et démocratique marocain par la diversité de sa composition, l'originalité de sa démarche et par la réflexion prospective et multidimensionnelle qui caractérise l'ensemble de ses actions.

Le Ministère chargé des Droits de l'Homme

Créé en novembre 1990, il concrétise l'intégration institutionnelle du respect, de la défense et de la promotion des droits de l'homme à la politique du gouvernement.

Sa mission essentielle consiste à assurer la concertation avec les citoyens et les groupements et instruire les requêtes, ainsi qu'inciter au respect des droits de l'homme. Il veille en outre à assurer la conformité du droit interne aux instruments internationaux et à diffuser la culture des droits de l'homme dans le corps social.

Le Haut Commissariat aux Handicapés

Créé au mois de mars 1994, cet organisme a pour mission de prendre en charge les handicapés physiques et mentaux et de mettre en oeuvre les mesures nécessaires à leur protection et à leur insertion sociale.

Association Marocaine de Défense des Droits de l'Homme

Depuis 1972, quatre associations ont été créées et exercent à l'heure actuelle leurs activités :

– Ligue marocaine des droits de l'homme (1972)

– Association marocaine des droits de l'homme (1979)

– Organisation marocaine des droits de l'homme (1988)

– Comité de défense des droits de l'homme (1992)

V. Conclusion

Pays ouvert, tolérant et prospère, le Maroc a toujours veillé à son image de marque sur le plan international. De nombreuses réformes ont été enclenchées sous l'impulsion de la coopération. Le système politico-économique s'est toujours positionné par rapport à l'ordre mondial. Il s'en est directement inspiré quant aux règles d'organisation et de fonctionnement.

Les choix politiques inspirés de l'idéologie libérale lui ont permis de construire une société pluraliste fondée sur le travail, le droit et la démocratie. Les choix économiques empruntés de l'économie de marché lui ont permis de bâtir un système économique moderne fondé sur la libre propriété, la libre entreprise et la libre concurrence. Et, par son adhésion aux accords du GATT, il a confirmé ses choix économiques fondateurs.

Ainsi compte tenu de sa position géo-stratégique et de ses choix politico-économiques, le Maroc mérite à plus d'un titre un traitement de faveur de la part de tous ceux qui défendent les valeurs du monde libre, y compris l'Allemagne. Il est nécessaire pour l'intérêt des deux peuples d'approfondir les amitiés et de diversifier les échanges par la mise au point d'une politique de coopération offensive où les Fondations peuvent jouer un rôle d'avant-garde, compte tenu de leur expérience et de leur efficacité.

L'établissement d'un réseau permanent de communications pourrait offrir la possibilité aux différentes ressources de mieux piloter le système de coopération en créant les conditions favorables à l'émergence d'un partenariat maroco-allemand fondé sur le respect, la considération, la réciprocité et l'estime mutuelle.

La Coopération en vue du Développement Institutionnel au Maghreb: l'Exemple de la Mauritanie

Par Lakhdar Benazzi

I. Introduction

Il y a lieu tout d'abord de clarifier ce qu'on entend par développement institutionnel, de rappeler quelques réalités concernant le Maghreb et de présenter la Mauritanie.

a) Les pays en voie de développement ont toujours inclu dans leurs efforts l'organisation de l'Etat et de ses institutions. Dans la phase qui a suivi la décolonisation, notamment en Afrique à partir de la fin des années 1950, ce souci, qui concernait à la fois et nécessairement les structures et les hommes, constituait même une priorité.

Les trois décennies qui se sont écoulées depuis ont certes permis à ces pays de consolider l'Etat, de créer ou développer l'administration et d'y mettre les hommes pour les faire fonctionner. Mais l'évolution de ces pays ainsi que les exigences à la fois de la vie nationale et de l'existence sur la scène internationale font qu'ils ont toujours besoin de l'apport de la coopération dans ce domaine, même si ce besoin a d'une part changé quant à son contenu et à ses objectifs et d'autre part évolué selon des conditions différentes d'un pays à un autre.

Il s'agit, d'une manière générale, de poursuivre le renforcement et le développement des structures et institutions publiques afin de pouvoir concrétiser l'action gouvernementale et d'être au service du citoyen où qu'il se trouve. Mais cette action qui ne concerne pas seulement les structures, mais également et surtout les acteurs, ne peut malheureusement et dans de nombreux cas, se réaliser avec les seuls moyens nationaux: un recours à la coopération demeure nécessaire pour intervenir dans le domaine de la formation de ces supports.

b) Le Maghreb n'échappe pas à cette réalité, mais présente des situations différentes.

1. On rapproche souvent la Tunisie, l'Algérie et le Maroc, qui partagent plusieurs données: la rive sud de la Méditerrannée, une présence française dans les institutions, la culture et la vie sociale, une civilisation citadine ancienne, une ad-

ministration présente sur tout le territoire, enfin un niveau de vie qui se situe parmi les meilleurs de ceux dit „à revenu intermédiaire", sinon des pays en développement en général.

Ayant couvert pratiquement tous les domaines au lendemain de leur indépendance, la coopération a rapidement évolué pour se concentrer sur les aspects économiques, scientifiques et technologiques.

2. La Mauritanie, bien que partageant les données historiques et culturelles caractérisant la Tunisie, l'Algérie et le Maroc (population arabo-berbère, religion, culture, sahara, administration française du début du siècle jusqu'à l'indépendance en 1960) se distingue par des aspects qui lui sont propres. Outre sa situation géographique (entre les 15° et 27° degrés de latitude Nord) qui la place dans la zone aride sub-tropicale, malgré une longue façade sur l'océan atlantique, la Mauritanie reste dans sa grande partie un immense désert peu peuplé et où les communications et les infrastructures demeurent difficiles ou inexistantes. Ouvert davantage sur le Sud (le Sénégal) et l'Est (le Mali) et comptant dans sa population une proportion importante de négro-africains qui ont conservé leur langue et leur mode de vie, la Mauritanie, bien plus que les autres pays du Maghreb, constitue incontestablement un lieu de rencontre du monde arabe et de l'Afrique. Mais ce qu'il y a lieu d'observer en matière de coopération est que le pays en raison de ses modestes ressources, de la dispersion de sa population dans un vaste territoire, se trouve encore dans le besoin d'un large apport extérieur pour son développement non seulement économique mais également institutionnel.

3. La Libye se distingue encore des quatre autres pays qui constituent actuellement le Maghreb politique.

Bien que de par sa population et son espace géographique, elle reste proche de l'ensemble maghrébin, elle n'a pas connu la présence et la culture françaises et se trouve dans une situation de transition entre le Maghreb et le Machrek (Orient arabe). Comptant sur ses resources pétrolières et n'étant pas marquée par des relations historiques avec l'Europe, comme le sont les autres pays du Maghreb, la Libye semble voir dans la coopération essentiellement un cadre de relations économiques et technologiques pour développer son infrastructure, subvenir à ses besoins et marquer sa présence sur la scène régionale et internationale.

c) Ainsi une première remarque semble, à priori, s'imposer: si de la Libye au Maroc on ne peut toujours pas se passer de coopération, mais, soit qu'on la limite à des domaines particuliers ou à des niveaux de développement avancés, soit qu'on la considère comme un cadre de contact nécessaire et permanent, la Mauritanie, se trouve encore, en raison de la modestie de ses ressources et de l'insuffisance de ses structures, avoir un besoin vital de la coopération, bilatérale ou mullatérale, en vue d'un développement qui touche à la fois l'infrastructure, l'économie, les problèmes sociaux ainsi que l'administration (une fiche jointe présente sommairement le pays).

Si l'exemple de la Mauritanie paraît intéressant à plus d'un titre, le développement institutionnel constitue incontestablement un aspect important de la coopération parce qu'il soutient ou conditionne même le développement global du pays.

Il ne s'agit guère de se substituer à l'Etat pour organiser ses structures ou former ses hommes, mais apporter un concours utile et rationnel à cet effet.

Evoquant d'abord la formation (II.) ainsi que ses supports (III.), il y a lieu de formuler, par la suite les observations utiles quant à l'adaptation et la rationalisation de la coopération dans ce domaine (IV.).

II. La Formation

On constate tout d'abord que les programmes de développement, qu'ils soient nationaux ou émanant de la coopération et autres formes d'aide, insistent généralement sur la formation en tant qu'élément de base du développement. Il convient cependant d'en distinguer les différents aspects avant de formuler certaines observations.

Si, en principe, la formation doit être réalisée dans les pays, celle qui s'effectue à l'étranger n'est pas à exclure.

1. Formation dans le pays

L'apport de la coopération en matière de formation ne s'effectue pas dans le vide, mais s'insère dans l'activité d'institutions existantes. Il serait utile par la suite d'en identifier aussi les bénéficiaires, avant de conclure par quelques reflexions.

a) Nous voulons ici tout d'abord parler des institutions de formation.

Lorsqu'on évoque la formation, on pense généralement à des structures extérieures au système traditionnel de l'Education nationale.Dans les pays en développement et particulièrement en Mauritanie où une population de deux millions d'habitants se trouve dispersée sur plus d'un million de km2, les structures de l'éducation jouent un rôle primordial en matière de formation et il serait juste de le rappeler avant de signaler les autres institutions.

1. Le système de l'éducation nationale, malgré ses insuffisances de structures et de moyens, fait de gros efforts soit pour donner une base solide à une formation professionnelle supérieure (c'est le rôle de l'Université), soit pour préparer les jeunes à un emploi immédiat et c'est ce que vise l'enseignement technique au niveau des lycées et collèges.

La coopération, devenue traditionnelle et topujours bien accueillie dans ce secteur, se situe en fait à plusieurs niveaux et prend différentes formes.

1.1. L'Université, et ce n'est pas propre à la Mauritanie, reste le lieu commun, sinon la base de la formation supérieure. A son cycle classique qui comprend le droit, l'économie et les lettres, il faut ajouter des institutions spécialisées qui, relevant aussi du Ministère de l'Education Nationale, préparent directement à l'emploi et sont ainsi marquées par l'aspect formation. Il faut citer en particulier le Centre Supérieur d'Enseignement Technique[1], l'Institut Supérieur Scientifique[2], l'Ecole Normale Supérieure[3].

1.2. Les lycées ou collèges techniques, bien que peu nombreux, préparent au baccalauréat technique, mais ceux qui n'obtiennent pas ce titre qui leur permet d'accéder à l'enseignement supérieur, auront toutefois acquis une formation, notamment dans le domaine de la comptabilité, du secrétariat ou de l'informatique, qui les prépare directement à l'emploi.

Il n'est pas nécessaire de montrer l'impact de l'enseignement supérieur et même secondaire sur le développement institutionnel.

1.3. Qu'il s'agisse du niveau universitaire ou de l'enseignement technique secondaire, la coopération, qu'elle soit bilatérale ou multilatérale, rencontre de nombreux aspects qui lui sont favorables:

– Un interlocuteur connu, structuré, unique et stable: le Ministère de l'Education Nationale.

– Découlant de cette première donnée, une politique cohérente et des programmes d'action suffisamment élaborés et coordonnés.

– Enfin, un domaine qui, malgré les gros efforts qui y sont faits par l'Etat, reste largement ouvert à l'apport extérieur. Il suffit de rappeler que l'Université de Nouakchott – la seule du pays – a été créée seulement en 1981[4], que son enseignement s'arrête à la maîtrise (Bac + 4), que le taux de scolarité à l'échelon national a ateint seulement 60% et que les classes de l'enseignement fondamental public atteignent couramment une centaine d'élèves !

1.4. La coopération se manifeste ici généralement et depuis toujours selon les deux formules bien connues:

– la coopération technique bilatérale qui fournit des enseignants et experts à différents niveaux et qui est parfois renforcée par des équipements pédagogiques. Elle est essentiellement française, bien qu'elle compte une participation maghrébine et notamment algérienne.

---

[1] Le C.S.E.T. forme des techniciens supérieurs et des professeurs d'enseignement technique.

[2] L'I.S.S. fait office de Faculté des Sciences, en attendant la création de celle-ci, et comporte plusieurs filières. Outre l'enseignement du type universitaire qu'il assure, il organise et accueille des stages de perfectionnement.

[3] A côté de l'Ecole Normale qui forme des maîtres de l'enseignement fondamental, l'E.N.S. forme des professeurs et des inspecteurs de l'enseignement secondaire.

[4] Décret n° 81-208 du 16 septembre 1981.

- L'aide multilatérale formalisée par le PNUD, l'UNESCO et d'autres organisations internationales et qui se concrétise surtout par des projets concernant des interventions déterminées et éventuellement dotées d'experts.

1.5. Mais si cette coopération reste toujours utile, elle semble évoluer davantage selon la routine et la solution de facilité qu'en tenant compte des priorités et de la nature des besoins.

- D'une part, la coopération technique bilatérale, qui fournit des enseignants, des conseillers et techniciens divers, tend à se soucier principalement de la présence du pays donneur et à conserver un cadre d'emploi pour de nombreux agents pour lesquels il est souvent difficile de trouver un cadre d'accueil dans leur pays.
- D'autre part, la coopération multilatérale offre des projets conçus et décidés aux multiples niveaux de ses nombreuses instances, projets par lesquels des experts justifient leur intervention.
- Enfin, quel peut être l'intérêt pour le développement institutionnel si la coopération, en vue de former, envoie des hommes, sans se soucier de l'existence ou des capacités des structures ou des équipements ? Si dans les autres pays du Maghreb, le besoin dans ce domaine se situe essentiellement au niveau scientifique et technologique, il est certain qu'en Mauritanie, l'aide à la construction et à l'équipement des structures (écoles, établissements de formation, services publics) constitue ce qui répond le mieux aux problèmes actuels et urgents du développement institutionnel.

2. Cette situation se retrouve peut être avec une moindre ampleur dans d'autres structures de formation dont il faut citer en particulier l'Ecole Nationale d'Administration.

2.1. Depuis sa création en 1966[5], l'Ecole Nationale d'Administration a formé des centaines d'agents[6] de différents niveaux et destinés aux différentes administrations. Assurant la formation aussi bien des fonctionnaires de conception (Administrateurs civils, Magistrats) que des agents d'application et d'exécution (jusqu'au personnel de secrétariat), elle centralise, à juste titre, la formation administrative au sens large, aussi bien celle dite longue ou initiale que celle dite continue qui se réalise par les séminaires et les sessions de perfectionnement.

Outil par excellence de la fourniture et du développement de l'élément humain sur lequel reposent les institutions de l'Etat et les services publics, elle a permis, et continue à le faire, de doter l'administration de cadres et d'agents des différents corps et niveaux et participe ainsi largement non seulement à l'édification et à la consolidation des institutions, mais également au développement du pays en général. Ainsi, peut-on observer, en s'arrêtant au seul niveau de responsabilité, que le

---

[5] Loi n° 66-142 du 21 juillet 1966.
[6] Un peu plus de 2.100 cadres et agents pour la seule formation initiale.

Premier Ministre actuel, de nombreux Ministres, Walis (Gouverneurs), Ambassadeurs, Directeurs d'Etablissements (dont celui de l'E.N.A.) sont issus de l'Ecole Nationale d'Administration.

L'Ecole a ses propres moyens qui lui permettent de fonctionner normalement par rapport aux structures du pays: locaux, budget, professeurs permanents, agents nationaux de différents corps et niveaux.

En matière de coopération, si de par le passé elle a eu besoin d'un appui substanciel de professeurs, notamment français, elle fonctionne depuis plusieurs années avec un personnel totalement mauritanien.

2.2. L'exemple de l'Ecole Nationale d'Administration mérite incontestablement un intérêt particulier car il illustre l'évolution en quelque sorte majeure de la coopération en matière de formation.

- Il y a lieu de souligner tout d'abord que le fonctionnement de l'établissement et l'activité de formation qu'il mène sont assurées par ses propres moyens qui sont mauritaniens: budget, enseignants permanents ou vacataires, personnel, etc.
- La coopération technique n'est plus une condition de fonctionnement, mais peut apporter un cadre d'échanges plus large ou un complément d'expérience. Ainsi en 1994, on compte trois cadres étrangers:
- Un coopérant français qui suit la formation continue et permet par l'intermédiaire des services de la coopération française de donner une dimension internationale aux séminaires et sessions de perfectionnement[7]
- Un coopérant algérien venu pour la réorganisation et la relance du secteur de la documentation et de la recherche. Apportant son expérience dans ce domaine, il assure aussi des enseignements dans les deux langues arabe et française[8]
- Un professeur tunisien exerçant dans le cadre d'un contrat de droit local et assurant des enseignements de droit social dans les deux langues arabe et française.[9]
- Par ailleurs, l'Ecole bénéficie des concours divers de la coopération multilatérale ou venant de différentes organismes étrangers. On peut en souligner en particulier les suivants en se limitant aux cinq dernières années (1989-1994):

---

[7] Michel Viou, qui a d'abord assuré cette mission de 1989 à 1993 dans le cadre du Projet DIAR financé par la Banque Mondiale, participe à la fois à l'organisation des séminaires de perfectionnement et aux enseignements de l'Ecole.

[8] Lakhdar Benazzi, professeur de droit et de science administrative à Alger, a été sollicité en raison de son expérience nationale, régionale et internationale: professeur à la Faculté de droit d'Alger et à l'E.N.A. d'Alger, Directeur du Centre de Documentation et de Recherche Administratives de l'E.N.A. d'Alger, Directeur du Centre Maghrébin d'Etudes et de Recherches Administratives (Alger), Président de l'Association Internationale d'Information et de Documentation en Administration Publique (1983-1992).

[9] *Abdelkader Miladi* exerce à l'Ecole depuis plus d'une dizaine d'années, si l'on exclut MM *Benazzi* et *Viou*, qui ont d'autres activités dans le fonctionnement de l'Ecole, il est le seul professeur étranger parmi 20 professeurs permanents mauritaniens.

- Le Projet DIAR (Développement Intitutionnel et Administratif et de la Réforme) financé par la Banque Mondiale a justement inclus l'E.N.A. pour deux actions importantes: la création et le fonctionnement d'une Cellule du perfectionnement et de la formation (qui est devenue à partir de 1993 l'un des départements de l'Ecole), et l'équipement du Centre de Documentation et de Recherche[10]
- La Fondation allemande Hanns Seidel qui a commencé à offrir son concours à l'E.N.A. d'une manière informelle depuis 1991 intervient à partir de 1993 sur la base d'une convention et d'un programme annuel établi avec l'Ecole et comprenant le soutien à des séminaires de formation et de perfectionnement, la participation à des colloques et congrès internationaux (comme ceux organisés par l'Institut International des Sciences Administratives), l'enrichissement du fonds de bibliothèque ainsi que la dotation en équipement pédagogique.

Grâce au soutien de cette fondation, l'E.N.A. a pu participer au Congrès International des Sciences Administratives de Vienne (en 1992) et à la Conférence Internationale de Toluca (1993), organisés tous deux par l'Institut International des Sciences Administratives, et d'autre part prolonger son action vers l'intérieur du pays au bénéfice des collectivités locales: le séminaire organisé en mai 1994 à Kiffa, à 600 Km de la capitale, a été, à cet égard un exemple, surtout lorsqu'on sait les difficultés de communication et l'isolement de nombreuses communes.

- L'Ecole attend, enfin, le bénéfice d'autres programmes de coopération comme celui arrêté avec des institutions canadiennes (PRIMTAF), ou en cours d'études par le Fonds Européen de Développement (FED).

2.3. Après cette présentation des aspects principaux de la coopération dont bénéficie l'E.N.A., on peut formuler les observations essentielles suivantes:

- Tout en restant favorable à la coopération avec ses différentes formes, en la recherchant même, l'E.N.A. la conçoit et l'utilise comme un cadre durable et non conjoncturel d'ouverture vers l'extérieur, même si cette coopération comprend une aide appréciable à l'accomplissement de sa mission
- Cette opération ne se réalise pas seulement avec le Nord, comme c'est généralement le cas dans les pays en développement à faible revenu, mais également avec le Sud et notamment avec les pays du Maghreb.[11]
- L'apport de la coopération ne se concentre pas sur des assistants techniques, formateurs, experts ou techniciens, mais constitue un soutien dans les aspects divers de la formation et l'information scientifique: organisation de séminaires, documentation et même aménagement ou renforcement des structures de la formation

---

[10] Cet aspect de l'opération réalisé en 1993 comprenait l'installation de rayonnages pour la bibliothèque, des équipements de reprographie et l'acquisition d'ouvrages pour l'enrichissement du fonds de bibliothèque.

[11] L'exemple de l'algérien *Lakhdar Benazzi* est particulièrement significatif.

– Enfin, les programmes de coopération sont conçus par l'Ecole même en vue de mieux accomplir sa mission de participation active au développement des capacités des institutions. Mieux encore, les actions d'apport extérieur sont maintenant déterminées et prévues dans un programme pluriannuel approuvé par le Conseil d'Administration et le Ministère de tutelle.[12]

3. Il existe bien entendu d'autres structures de formation, mais l'Université et l'E.N.A., constituent les cadres où la coopération se manifeste principalement en vue du développement institutionnel.

b) On peut maintenant se demander quels seraient les bénéficiaires véritables de cette coopération en matière de formation dans le pays.

1. Directement, ceux qui reçoivent cette formation: étudiants, élèves de lycées techniques, et même enseignants, car la formation des formateurs est devenue aussi une action courante dans les institutions soucieuses de la qualité de leurs moyens humains et pédagogiques.

S'agissant, en particulier d'un établissement comme l'E.N.A., qui répond directement à la demande de l'Administration, l'action de formation touche d'abord et partiquement tous les servives publics: administration centrale, administration territoriale, établissements publics, justice, etc. Elle concerne par ailleurs, non seulement les candidats à une formation en vue d'un emploi, mais également des agents ou cadres dèjà formés auxquels il est proposé, dans des séminaires ou cycles de perfectionnement, une mise à jour de leurs connaissances techniques ou des informations renforçant leurs capacités professionnelles.

Un séminaire organisé récemment (juin 1994) sur le travail gouvernemental et parlementaire a réuni des Secrétaires Généraux de Ministères, Directeurs de Cabinets et des membres de l'Assemblée Nationale et du Sénat: les travaux y ont été animés à la fois par des cadres mauritaniens et de spécialistes français venus par le canal de la coopération.

2. Mais la formation et la promotion de l'élément humain, bien qu'elle s'adresse d'abord aux hommes et leur donnent d'avantage de chances pour trouver un emploi ou prétendre à une meilleure situation professionnelle, profite nécessairement, quoique indirectement, au milieu du travail et au développement institutionnel.

Il n'y a guère lieu de démontrer l'impact sur le fonctionnement et les prestations de sa structure d'un gestionnaire d'hôpital ou d'un secrétaire général de mairie qui a été spécialement formé pour son emploi.

Il est également évident qu'un responsable d'un service ou d'un établissement quand bien même sa formation aurait été de haut niveau, se trouve frappé d'incapacité dans un environnement professionnel marqué par inaptitude au travail.

c) Indispensable, prioritaire, ayant un impact profond dans l'espace et dans le temps sur le développement institutionnel et même le développement en général,

---

[12] Programme triennal 1994-1996.

la formation doit être ramenée à une conception et à une mesure plus rationnelles et plus justes.

1. La formation ne doit pas être un „mythe". Si le lendemain de l'indépendance, les nouveaux Etats se heurtaient d'abord au manque d'hommes aptes à diriger et faire fonctionner les institutions, cette situation a, depuis, largement évolué dans l'ensemble des pays en développement. Bien plus, la difficulté de trouver un emploi pour les jeunes diplômés et l'insuffisance des structures des services publics imposent un ajustement de la formation, aussi bien qualitatif que quantitatif.

Il est intéressant de signaler, à cet égard, deux faits significatifs en Mauritanie:

– Depuis 1986, un arrêt de recrutement externe dans la fonction publique a été décidé, les effectifs du personnel ayant été jugés largement suffisants ou même dépassant les besoins, au moins quantitatifs, de l'administration. Il en est résulté une adaptation nécessaire de la mission de l'E.N.A., laquelle doit ainsi d'une part limiter la formation initiale au profit d'agents en fonction, qui accèdent ainsi à un grade supérieur, et d'autre part, développer la formation continue à tous les niveaux. Cette évolution n'est pas d'ailleurs propre à la Mauritanie mais se retrouve dans de nombreux pays où le développement des structures n'a pas suivi celui de la formation.

L'intérêt pour la formation continue (séminaires et sessions de perfectionnement) ne doit pas toutefois aller jusqu'à devenir une „mode", qui donne plus d'importance au fait qu'à son objectif et sa qualité.

Il n'est pas étonnant de constater alors et dans de nombreux cas le peu d'empressement à participer à ces séminaires qui se succèdent et dont l'effet sur l'amélioration de la situation professionnelle ou sur le fonctionnement des structures n'est pas bien compris.[13]

– La Délégation Générale chargée des Mauritaniens à l'Etranger et de l'Insertion s'est intéressée, dès sa création, en avril 1993, à l'insertion des jeunes diplômés. Un colloque organisé par cette institution à ce sujet, en décembre 1993, avec le concours de l'Université, a fait clairement ressortir l'inévitable inadéquation entre la formation et l'emploi et l'insuffisance des structures et activités génératrices d'emploi, qu'elles soient publiques ou privées. Même l'enseignement technique qui semblent mieux préparer au marché du travail ne permet pas de dépasser 60% d'insertion dans la vie active.

2. Il faut distinguer toutefois entre le domaine de l'éducation au sens traditionnel du terme et celui de la formation entendue généralement en vue de l'exercice d'une activité professionnelle. L'adéquation formation-emploi, qui concerne en principe les seules institutions et actions qui préparent à une profession ou un emploi déter-

---

[13] Aprés le premier jour d'ouverture qui attire par sa solennité et la curiosité qu'il suscite, l'assiduité des participants aux travaux des séminaires se trouve parfois marquée par une désinvolture fort gênante. Il est vrai que ces séminaires ne sont pas généralement sanctionnés par un titre ayant un effet réglementaire sur la carrière.

miné, ne doit guère remettre en question la vocation de l'Ecole et de l'Université qui, indépendante de l'emploi et de la conjoncture, constituent la base vitale de tout développement. Tout ce qu'on peut exiger du système de l'éducation c'est d'être adapté à la société et l'avenir du pays à la fois dans un contexte national, régional et mondial.

3. Enfin si la formation dans le pays doit constituer la situation normale, la formation à l'étranger ne doit guère être exclue ou négligée.

2. Formation à l'étranger

Au lendemain de leur indépendance, les pays en développement, même les plus favorisés ne disposaient pas de structures répondant à leur immense besoin de formation. Si bien que les premiers administrateurs, universitaires, ingénieurs, médecins, magistrats, etc, ont été dans une large mesure formés à l'étranger, et en particulier dans l'ancien pays colonisateur, celui-ci présentant un double avantage: sa langue et sa culture dèjà connues et la large coopération qu'il offre.

Cette situation a, bien entendu, évolué, les pays demandeurs s'étant dotés rapidement d'Universités, d'Ecoles d'Administration, de Centre de Formation divers. La Mauritanie, de son côté, indépendante en 1960, a créé son Ecole Nationale d'Administration dès 1966 pour former des cadres et des agents de différents niveaux pour l'Etat et les services publics.

Peut-on dire pour autant que la formation à l'étranger ne se justifie plus? On considère qu'il faut l'écarter chaque fois qu'elle est possible dans le pays et ou qu'elle répond à un besoin, sinon, outre qu'elle est onéreuse, elle crée plus de problèmes qu'elle n'en résoud. Cette logique semble bien partagée par les pays demandeurs et ceux qui sont susceptibles d'offrir cette formation.

On ne peut, toutefois, faire de cette position de ce principe une règle rigide et exclusive.

a) D'une part, il est inexact que tous les pays en développement, quel que soit leur niveau d'évolution, puissent assurer par leurs propres structures toute la formation dont ils ont besoin. Le cas de la Mauritanie mérite une attention particulière.

1. L'Université de Nouakchott se limite encore à la Faculté des Sciences Juridiques et Economiques, à la Faculté des Siences Humaines et à un Institut Scientifique qui préfigure une Faculté des Sciences. La formation de médecins, de pharmaciens, d'ingénieurs de différentes branches doit s'effectuer forcément à l'étranger.

2. Même lorsqu'il existe, l'enseignement supérieur s'arrête à la maîtrise (Bac + 4). Les études approfondies en vue d'un magister ou d'un doctorat, nécessaires pour les activités d'enseignement ou d'encadrement au sein de l'Université et de toute institution de formation à ce niveau, ne peuvent se faire qu'à l'étranger.

L'Ecole Nationale d'Administration a formé de 1991 à 1993 des magistrats recrutés sur concours avec une maîtrise en droit: quel formateur national pourrait y participer s'il n'a pas, auparavant, complété son cycle d'études après la maîtrise ?

3. L'Etat mauritanien, quels que soient l'intérêt politique et l'effort financier qu'il accorde à la formation, ne peut répondre à ses besoins et ceux de tous les postulants des études à l'étranger. Il faut observer que la coopération du Nord qui devrait normalement trouver ici le champ privilégié de son intervention semble plutôt accuser un retrait de plus en plus remarqué. L'on sait que les pays du Nord manifestent depuis plusieurs années une certaine réticense à accueillir des étudiants des pays en développement en dépit des liens historiques, culturels et économiques qui continuent à les lier à eux.

Bien que la coopération Sud-Sud reste parfois active dans ce domaine[14], elle ne peut remplacer et relayer complètement celle des pays développés.

b) Il y a, d'autre part, un autre aspect de la formation par lequel on a besoin d'un apport extérieur: il s'agit des stages pratiques, des sessions de perfectionnement et des visites d'études et d'information.

1. Les stages pratiques constituent habituellement un complément au cycle de formation théorique. Ils font partie généralement de tout programme de formation professionnelle et les Ecoles d'Administration en font une application traditionnelle lorsqu'il s'agit de formation initiale. L'E.N.A. de Nouakchott tient également à observer cette pratique malgré les difficultés d'organisation et les charges qu'elle implique.

Mais l'option préalable à faire c'est le choix du cadre d'accueil: les structures du pays ou l'étranger. Il est évident que le stage pratique à l'extérieur offre des avantages et un attrait incontournable:

– D'une part, les stagiaires, qui, pour la plupart, ont déjà connu le fonctionnement des services du pays, découvrent ainsi un milieu professionnel différent et une expérience enrichissante.

– D'autre part, et en particulier pour la Mauritanie où l'administration reste, en dehors des services centraux des Ministères, peu développée, les stages pratiques à l'étranger constituent un réel complément de formation.

– Enfin, pour de nombreux stagiaires, c'est l'une des rares occasions de sortir du pays et de connaître des sociétés et des milieux professionnel réellement différents.

Toutes ces considérations donnent incontestablement à la formation une autre dimension que celle résultant du seul effort accompli dans le pays.

---

[14] L'Algérie a toujours offert à la Mauritanie, chaque année, des dizaines, voire des centaines de bourses pour l'enseignement supérieur et la formation professionnelle.

Là encore, l'apport de la coopération est particulièrement recherché, car pour un groupe de stagiaires, le budget d'une institution de formation ne peut supporter la charge de frais de voyage et de séjour durent plusieurs semaines.

La coopération du Nord étant plutôt et malheureusement déficiente, c'est le recours à celle du Sud qui a permis de réaliser de telles opérations. Citant encore l'exemple de l'E.N.A. durant ces dernières années, une promotion de gestionnaires d'hôpitaux a été répartie en 1990 en deux groupes de dix dirigés l'un vers la Tunisie, l'autre vers l'Algérie ; quant à celle des administrateurs civils sortie en 1992 et au nombre de 14, elle avait effectué son stage pratique en Algérie. Dans ces différents cas, l'E.N.A. de Nouakchott prend en charge le voyage, celles des pays d'accueil s'occupant du séjour.

2. Les sessions de perfectionnement lorsqu'elles s'imposent à l'étranger, parce qu'elles s'intègrent dans une activité en cours ou qu'elles exigent des structures et des équipements qui n'existent pas dans le pays, se heurtent aux mêmes difficultés. Mais dans ce domaine, ce sont les pays du Nord qui sont sollicités, mais qui hésitent à offrir leur coopération, ce qui rend plutôt rare la réalisation de cet aspect de la formation, pourtant bien bénéfique.

3. Enfin, les visites d'études et d'information, qui intéressent généralement les cadres et responsables et qui permet de connaître les expériences nouvelles et les techniques de pointe utilisées dans de nombreux secteurs d'activité. Effectués sous forme de missions de petits groupes ou individuelles, ces déplacements de courte durée vers les pays du Nord sont généralement pris en charge par le pays d'origine, les institutions d'accueil se contentant le plus souvent d'organiser le séjour. Là encore la coopération fait peu d'efforts et n'observe même pas la réciprocité, si l'on pense aux largesses qui entourent les visites dans les pays du Sud.

Après avoir évoqué les différents aspects de la formation qu'elle s'effectue dans le pays ou à l'étranger, peut-on conclure qu'il suffit de réajuster la coopération et corriger ses insuffisances, celles qui viennent d'être signalées en particulier, pour réussir l'essentiel du développement institutionnel ?

III. Prolongements et Supports de la Formation

On ne peut concevoir une quelconque formation sans y inclure ses prolongements et ses supports. Toute politique, ainsi que toute coopération, dans ce domaine doit tenir compte de cette réalité.

La formation ne peut se réaliser pleinement ou raisonnablement, sans documentation, sans intérêt pour la recherche et surtout sans un minimum d'infrastructures et d'équipements.

1. La documentation est un outil indispensable de la formation aussi bien pour les candidats à la formation que pour les formateurs eux-mêmes

Que valent un enseignement supérieur ou une formation dans une grande Ecole, s'ils ne s'appuient sur une documentation disponible et suffisante ?

a) La coopération peut faire beaucoup dans ce domaine, particulièrement en Mauritanie, et pour plusieurs raisons:

1. La faiblesse des crédits consentis à ce chapitre dans les budgets des établissements.

2. La dépendance du marché extérieur, aussi bien pour les ouvrages que pour les périodiques, l'offre locale étant d'une indigence décourageante.

3. L'achat à l'extérieur se complique aussi par les difficultés ou la procédure de transfert des paiements, que l'apport de la coopération permet justement d'éviter.

4. Enfin, la situation est telle qu'un enseignant sérieux ou un étudiant préparant à distance un dilpôme supérieur, ne peut effectuer valablement son travail, même auprès des deux bibliothèques les mieux dotées de Nouakchott: celle de l'Université et celle de l'Ecole Nationale d'Administration.

b) En raison de ce déficit, la demande est pressante et constante, mais la coopération n'y semble pas, et curieusement, très sensible.

1. La coopération bilatérale, pour laquelle l'apport dans ce domaine devrait relever de la routine et constitue, en tout cas, une charge souple et toujours possible, y intervient plutôt d'une manière accessoire et conjoncturelle.

2. La coopération multilatérale, notamment celle émanant d'organisations internationales, néglige simplement ce support de la formation.

Il a fallu, par exemple, à l'E.N.A., le bénéfice du Projet DIAR financé par la Banque Mondiale, pour acquérir en 1993 auprès d'éditeurs étrangers quelques 300 ouvrages.

3. Il faut citer, toutefois, le programme de coopération entre l'E.N.A. et la Fondation Hanns Seidel, qui prévoit désormais chaque année, une dotation d'ouvrages acquis à l'extérieur selon le choix de l'établissement.

En tout cas, il n'est guère nécessaire de rappeler qu'une formation acceptable ne peut se faire sans que son environnement ne comprenne une documentation non seulement suffisante quant à sa nature et à son contenu mais également mise à jour, car que vaut sinon pour l'histoire, un ouvrage sur l'économie ou les relations internationales s'il date déjà d'une dizaine d'années?

*2. La formation ne peut s'accomplir valablement lorsqu'elle se situe
à un niveau supérieur, sans être soutenue par une activité de recherche*

Sans en faire un domaine réservé aux grands maîtres du savoir, il y a lieu d'en rappeler les diverses formes et niveaux et y situer la part de la coopération.

a) La réalisation d'études sur des thèmes d'intérêt national: c'est le fait d'universitaires, de chercheurs et même d'étudiants qui élaborent une mémoire ou une thèse qu'exige leur cycle d'études. Si la recherche de cette nature paraît une activité ordinaire s'effectuant dans l'environnement national, l'apport extérieur s'avère bénéfique et parfois indispensable. L'étude touchant un problème régional ou international exige l'accès à des informations et données qui ne peuvent être obtenues, le plus souvent, qu'à partir d'institutions extérieures. Elle nécessite alors soit un déplacement à l'étranger, soit des relations avec des structures ou des spécialistes se trouvant à l'étranger. Dans les deux cas, la coopération permet ou facilite cette action.

b) L'organisation de colloques sur un thème intéressant le pays ou la région: bien qu'il s'agisse là d'une activité entrant dans le programme d'action normale des institutions de formation, à travers, s'il y en a, leur structure d'études et de recherche, l'apport de la coopération permettrait de faciliter la participation plus souhaitable de spécialistes extérieurs. La prise en charge de leur voyage, de leur séjour et éventuellement d'indemnités compensant leur effort, n'est guère à la portée des institutions qui nourrissent, à juste titre, cette ambition.

c) Plus aléatoire encore est la participation à des rencontres scientifiques à l'étranger. On ne peut poursuivre une activité de formation et de recherche en vase clos et les congrès, conférences et colloques régionaux ou internationaux offrent, outre l'intérêt scientifique, l'occasion de se situer par rapport à ce qui se passe dans le monde et de nouer des liens d'échanges bien bénéfiques. Quels que soient ses besoins et ses moyens, on ne peut être sans cesse présent à ce genre de rencontres, même si l'intérêt qu'elles présentent est réellement indiscutable.

On ne doit pas manquer cependant, pour un pays comme la Mauritanie, celles organisées par des organismes dont on est membre et auxquels on verse une cotisation, comme le Centre Maghrébin d'Etudes et de Recherche Administratives (CMERA, Alger), le Centre Africain de Formation et de Recherche Administratives pour le Développement (CAFRAD, Tanger), l'Organisation Arabe pour le Développement Administratif (OADA, Le Caire), et surtout l'Institut International des Sciences Administratives (IISA, Bruxelles) qui organise, outre les réunions de ses groupes de recherche et de ses associations internationales[15], une rencontre internationale majeure chaque année: conférence, table ronde, congrès.

---

[15] L'Association Internationale des Ecoles et Instituts d'Administration (AIEIA) et l'Association Internationale d'Information et de Documentation en Administration Publique (AIIDAP).

L'Ecole Nationale d'Administration qui est pour la Mauritanie le correspondant et le partenaire scientifique de ses organismes ne dispose pas des moyens financiers suffisants pour participer à leurs manifestations organisées dans la région ou un peu partout dans le monde.[16]

C'est grâce à l'aide de la Fondation Hanns Seidel que la Mauritanie a pu participer au Congrès International des Sciences Administratives en 1992, à Vienne, et à la Conférence de Toluca (Mexique) organisée aussi par l'Institut International des Sciences Administratives en 1993.

Les institutions, les universitaires et les chercheurs des pays en développement, notamment à revenu encore faible, rencontrent plus d'une difficulté pour participer à ces rencontres de l'IISA: outre les frais de voyage et de séjour, il faut payer des droits d'inscription[17], sans oublier des droits de visa, qui ne sont guère négligeables.

La coopération bilatérale s'estimant non concernée, à l'exception peut-être du pays d'accueil qui pourrait faire un effort pour réaliser une large audience de la manifestation qu'il organise, c'est l'intervention des organisations non gouvernementales qui vient, fort heureusement, offrir son aide dans ce domaine.

On assiste en tous cas à une absence ou une marginalisation, de plus en plus accentuée, des représentants des pays à faible revenu, à ces rencontres où l'on aime parler de coopération et d'aide au développement.

d) Il est enfin d'autres prolongements et de supports de la formation, qui non seulement ne doivent pas être négligés, mais qui constituent souvent des priorités, voire une condition de l'action de formation: il s'agit de l'équipement et de l'infrastructure.

1. D'abord l'équipement: que peut faire un assistant technique qualifié et consciencieux s'il ne dispose d'un minimum de matériel lui permettant d'assurer sa mission de formation en milieu de travail ? Comment peut-on former des formateurs sans utiliser les moyens techniques modernes devenus courants, tel que la retroprojecteur, la vidéo ou même simplement la télécopie ?

Par ailleurs faire fonctionner une cellule de statistiques, de comptabilité ou de fichier documentaire, sans l'outil informatique, devient une illusion.[18]

---

[16] Il est parfois des situations fort gênantes: la Mauritanie qui fournit un Directeur Général à l'Institut International des Sciences Administratives (Mme *Turkia Ould Daddah*, depuis 1991), ne peut participer par ses propres moyens aux rencontres internationales majeures organisées par cette institution.

[17] A la dernière Table Ronde organisée à Helsinki du 5 au 8 juillet 1994, les droits d'inscription étaient les suivants (en francs belges):
Membres: 7.500 FB (payés avant le 31 mai), 9.500 FB (payés après)
Non-membres: 9.000 BF (payés avant le 31 mai), 11.500 FB (payés après)
Personnes accompagnantes: 4.500 FB.

[18] Il est intéressant d'évoquer le cas de *Lakhdar Benazzi*, venu dans le cadre de la coopération algéro-mauritanienne à l'E.N.A. réorganiser la documentation et la recherche. Sans

Et pourtant, là aussi la coopération semble peu sensible aux besoins courants et immédiats en dehors des projets plus spectaculaires, mais nécessitant des années de discussion et de mise en oeuvre.

2. Mais la formation, même appuyée de l'équipement nécessaire, ne peut se réaliser, ni même se concevoir, sans l'infrastructure d'accueil. Et c'est là, malheureusement, le problème primordial auquel se heurtent les pays à faible revenu, dont la Mauritanie. C'est aussi la condition de base du développement d'une manière générale.

L'absence ou l'insuffisance de classes, de structures de travail, de communication, au niveau de la formation ou de l'accueil après la formation, rend purement théorique la volonté de développement institutionnel.[19]

Pourquoi, par exemple, faire l'effort de former des agents pour l'administration locale, lorsque certaines communes rurales ne disposent pas de locaux pour leur mairie.[20]

La dimension de l'aide possible dans ce domaine fait le plus souvent reculer la coopération bilatérale, sous prétexte que l'intervention à ce niveau est du ressort de la politique du pays. Quant à la coopération multilatérale mise en oeuvre par les organisations internationales, elle se manifeste généralement par des projets concernant l'aménagement du territoire, la santé, la population, la conservation des sites anciens, l'équipement, mais rarement l'infrastructure de la formation et de l'accueil du produit de la formation.

Le développement institutionnel, malgré l'intérêt qu'on lui accorde, aussi bien à l'intérieur que de l'extérieur, se trouve ainsi dans une situation de déséquilibre chronique entre l'action de formation et les structures qui l'accompagnent ou lui servent d'objectif.

La coopération qui adhère largement à cette situation y serait-elle alors inadaptée ?

---

l'équipement informatique (2 micro-ordinateurs et des imprimantes), qu'il avait pu obtenir avec l'aide de son ambassade à Nouakchott, il n'aurait pu réaliser la formation sur place d'une équipe et l'engagement de travaux de documentation divers, dont un fichier législatif.

[19] Le rapport de la Banque Mondiale sur le développement dans le monde 1994, insiste sur l'infrastructure comme condition du développement administratif.

[20] Grâce à l'aide de la Fondation Hanns Seidel, l'E.N.A. a pu organiser à l'intérieur du pays (à Kiffa, à 600 km de la capitale) un séminaire de perfectionnement de 6 jours à l'intention des secrétaires généraux de mairies et percepteurs communaux de la région, avec pour objectif le renforcement des connaissances pratiques des règles de fonctionnement des municipalités, ainsi que de la rédaction des actes administratifs courants. Il a été constaté que plusieurs responsables de communes parmi les représentants ne disposaient pas de locaux pour leur mairie et que leur souci majeur était l'eau et les communications, ce qui rendait ce séminaire d'un intérêt secondaire pour certains d'entre eux.

IV. Adaptation et Rationalisation de la Cooperation

On a toujours pensé et déclaré, d'un côté comme de l'autre, que la coopération doit être adaptée aux besoins. C'est là une évidence. Il faut aussi, autant que possible, la rendre rationnelle.

1. Adaptation de la coopération

Il n'est pas inutile de rappeler, en les ajustant, un certain nombre de principes bien connus qui régissent ou doivent régir la coopération, qu'elle soit bilatérale, multilatérale ou le fait d'organisations non gouvernementales, tout en se limitant au domaine du développement institutionnel.

a) Elle est tout d'abord évolutive. Elle ne constitue pas, comme on le constate parfois, un véritable système qui fonctionne d'une manière autonome et selon des règles établies: un coopérant remplace un autre, un champ couvert, surtout au niveau des centres de décision, doit être conservé, on ne peut chaque année changer de programme, etc.

Les besoins du pays demandeur évoluent nécessairement, parfois rapidement, et dans de nombreuses situations grâce à la coopération même. Lui imposer une rigidité qui est le fait de la politique ou de la bureaucratie du pays partenaire est pour le moins contraire à l'objectif de la coopération.

Généralement des commissions mixtes à différents niveaux évaluent et ajustent régulièrement les programmes de coopération.

b) Elle doit être adaptée à plus d'une exigence.

1. D'abord à la demande: bien que ce soit là une évidence, on constate qu'en raison de l'ampleur des besoins, c'est l'offre déterminée par des considérations stratégiques, économiques ou culturelles qui provoque souvent la demande.

2. Aux priorités: l'observation faite ci-dessus fait passer dans de nombreux cas la priorité conçue par le pays donateur au second plan.

3. Aux réalités sociales: il n'est pas rare de constater que le travail de coopération ou l'acteur étranger qui l'effectue font abstraction des règles de vie et des besoins réels du milieu d'accueil. La coopération doit normalement s'intégrer à la société qu'on cherche à aider, mais si tel n'est pas le cas, elle ne doit pas au moins être une véritable nuisance dans l'environnement social qui la reçoit.

4. A l'offre, aussi, en se plaçant alors du côté du pays bénéficiaire, car celui-ci se trouve souvent et paradoxalement confronté à des offres des différentes origines.

En effet, et en particulier dans les pays à faible revenu et présentant une situation géographique et stratégique intéressante, comme la Mauritanue, la coopération, sous ses différentes formes (gouvernementale, non gouvernementale, multilatérale) entretient sa présence en proposant sans cesse des programmes d'aide de toutes sortes, et à tous les niveaux de la décision.

Cette situation, qui ressemble à une compétition du côté des partenaires mêmes, ne correspond pas toujours à la demande et les institutions bénéficiaires sont ainsi contraintes de faire des choix forcés: la tentation est grande d'accepter un équipement informatique, même s'il ne répond pas à la configuration souhaitée.

S'adapter à l'offre ne veut pas dire cependant s'y soumettre: l'autorité ou la structure bénéficiaire conserve toujours la possibilité de la décliner ou de la rapprocher de la demande. On se trouve, en fait, face à la nécessité de rationaliser la coopération.

2. Rationalisation de la coopération

Pour qu'elle profite au pays demandeur, la coopération doit, comme il vient dêtre souligné, non seulement s'adapter aux besoins du bénéficiaire, mais aussi être rationalisée. Cette rationalisation comprend différents aspects et suscite diverses observations:

1. On s'accorde à rechercher voire réclamer une coordination de la coopération. D'un côté comme de l'autre des partenaires, on s'en occupe à partir de plusieurs institutions et sous différentes formes: Ministères des Affaires Etrangères et de la Coopération, du Plan, des Finances (pour ne citer que les départements chargés de la décisions et de la coordination au niveau national), structures concernées lorsqu'il s'agit de relations directes entre institutions, etc.

On a tendance à considérer que la coordination fait surtout défaut du côté du pays bénéficiaire. La réalité montre plutôt le contraire, notamment dans un pays comme la Mauritanie où l'information, la consultation et la coordination suivent un circuit rapide et connu.

Cette insuffisance de coordination est encore plus grave dans l'action des organisations internationales qui suscite parfois des interrogations sur la source et l'objectif de leur intervention.

2. Pour qu'elle soit véritablement rationnelle, la coopération en vue du développement institutionnel doit s'adapter aux priorités du pays demandeur et non à la simple disponibilité du partenaire qui offre l'aide.

Des experts et des formateurs, quels que soient leur nombre et la durée de leur intervention, demeurent peu efficaces s'ils ne s'appuient pas, comme cela a été évoqué, sur des équipements indispensables et des structures matérielles suffisantes.

3. La coopération bilatérale et celle des organisations internationales se chevauchent et ne se complètent pas souvent. Bien au contraire, elles se complaisent à

s'ignorer. La rationalisation de leurs actions respectives reviendraient au pays bénéficiaire, mais malheureusement celui-ci n'a pas toujours la position de force lui permettant de le faire.

4. Bien que la coopération Sud-Sud puisse occuper maintenant une place appréciable dans le développement institutionnel, surtout en raison de la facilité de communication et de compréhension mutuelle culturelle et sociale, notamment entre les pays du Maghreb, la demande reste surtout tournée vers le Nord pour des commodités diverses et souvent inavouées, ce qui laissera à la coopération entre le Nord et le Sud une mesure non négligeable d'irrationalité.

5. Enfin, voulue par le partenaire qui offre l'aide et acceptée avec ou sans enthousiasme par le pays bénéficiaire, la publicité tapageuse qui entoure les actions de coopération relègue à l'arrière plan ses objectifs, sa mise en oeuvre et son impact.

L'échange de discours et les interviews relatées par la télévision, la radio et la presse, à l'occasion d'un démarrage d'un projet, de la signature d'un accord ou de l'ouverture d'un séminaire, constituent ainsi un aspect essentiel de ces actions.

En conclusion, il y a lieu de rappeler que le développement institutionnel constitue une dimension du développement global du pays et se fait nécessairement quel que soit le niveau qu'il a atteint et les ressources dont ils disposent. La coopération n'est plus un simple moyen d'obtenir un apport extérieur, mais aussi et de plus en plus un cadre permanent d'échanges et d'ouverture.

Indispensable et notemment entre le Nord et le Sud, la coopération est une forme de partenariat et le développement institutionnel ne sert pas seulement le pays aidé, mais permet également de mieux s'ouvrir au partenaire.

Diskussion zu den Referaten
von Ali Sedjari und Lakhdar Benazzi

Leitung: Albrecht Stockmayer

Bericht von Abdeljabar Arach

Die Diskussion, die nach den gehaltenen Referaten stattfand, befaßte sich überwiegend mit der Menschenrechtspolitik in den Ländern des Südens. Die Erörterung der Situation der Menschenrechte im Königreich Marokko im Lichte der Entwicklungszusammenarbeit mit der EU bildete dabei einen Schwerpunkt. In Anknüpfung an diesen Gegenstand der Diskussion wurde die Nord-Süd-Beziehung betrachtet. Hier stand die Überordnung der wirtschaftlichen Interessen seitens der Industrieländer gegenüber der Einhaltung der Menschenwürde und der Förderung bzw. Durchsetzung wirtschaftlicher, sozialer, bürgerlicher und politischer Rechte im Vordergrund.

Anknüpfend an die Ausführungen von *Sedjari*, interessierte *Christian Pitschas*, LLM., Berlin, zum einen die offizielle Anerkennung der internationalen Menschenrechtsnormen seitens Marokko. Diesbezüglich richtete er die Frage an *Sedjari*, ob dem von der Afrikanischen Charta der Menschenrechte zu errichtenden Gerichtshof bzw. die Anerkenntnis seiner Rechtsprechung eine ähnlich festigende und fördernde Rolle hinsichtlich der Etablierung der Menschenrechte wie dem EuGH mittels der Bindungswirkung seiner diesbezüglichen Entscheidungen auf die nationalen Gerichte der Mitgliedstaaten zukommen werde. Zum anderen wollte er in Erfahrung bringen, ob Marokko in puncto Verwaltungszusammenarbeit mit der EU für eine bilaterale Kooperation zwischen den einzelnen Mitgliedstaaten der EU und Marokko oder für eine multilaterale Zusammenarbeit zwischen den maghrebinischen und europäischen Organisationen optiere.

In seiner Antwort verwies *Sedjari* zunächst darauf, daß eine offizielle afrikanische Menschenrechtserklärung fehle. Zu *Christian Pitschas'* erster These nahm *Sedjari* Stellung und hob dabei zwei Phasen, die die Menschenrechtssituation in Marokko erfuhr, hervor: Die erste Phase (1958 bis 1980) war dadurch gekennzeichnet, daß Marokko – wie jeder neu in die Unabhängigkeit entlassene Staat auch – zwecks nation-building bzw. Bewahrung der territorialen Einheit und Integrität eine zentralistische staatliche Organisationsform wählte, zumal die zentrifugalen Kräfte, sprich die oppositionellen Bewegungen stets präsent und gefährlich waren. Der junge Staat hat sich, so *Sedjari*, die notwendigen Mittel gegeben, um die Politik zu regulieren, die Bevölkerung und das Territorium zu kontrollieren und dadurch die Integration aller politischen und sozialen Kräfte nolens volens zu ermöglichen. Als Resultat dieses politischen Kurses bezeichnete *Sedjari* die Menschenrechtsverletzungen, welche dem Ansehen Marokkos und nicht zuletzt der internationalen Kooperation großen Schaden zugefügt hatten.

Die zweite Phase (seit Anfang der 80er Jahre) markiere das Einsetzen eines Reformprozesses, der nicht nur das politisch-administrative System und dessen Institutionen anvisiere, sondern auch eine graduelle politische und wirtschaftliche Anpassungspolitik der die diesbezüglichen internationalen Normen umfasse. *Sedjari* konstatierte, daß nach Auflösung des kommunistischen Blocks und dem Ende der Bipolarität die Menschenrechte, welche im kalten Krieg als ideologische Waffe eingesetzt wurden, im Zentrum der Auseinandersetzungen zwischen dem reichen Norden und dem armen Süden stehen. Die internationale westliche Gemeinschaft ist dann dazu übergegangen, die Menschenrechte mit Entwicklungszusammenarbeit zu verknüpfen. Diese unauflösliche Wechselbeziehung zwischen Menschenrechten und Entwicklungszusammenarbeit wurde zur „force de frappe" der Industrieländer. Dies bewirkte, daß die Staaten, die eher in einer ökonomisch oder politisch schwachen Position sind, einsichtig wurden. So hat Marokko beispielsweise alle Menschenrechtskonventionen unterzeichnet, sich zu universellen Menschenrechten bekannt sowie alle politischen Gefangenen freigelassen.

Zur zweiten Frage bemerkte *Sedjari*, daß die multilaterale Zusammenarbeit die bilaterale nicht ausschließe. Gerade der Bilateralismus ebne den Weg für die Internationalisierung der wirtschaftlichen und politischen Wertvorstellungen.

Ein weiterer Punkt der Diskussion war die islamische Konzeption der menschenrechtlichen Belange. Dr. *Horst Dutt*, Rechtsanwalt, Stutensee, warf die Frage auf, ob die islamische Menschenrechtserklärung bzw. die islamische Menschenrechtskonzeption den universell anerkannten menschenrechtlichen Werten entsprächen. *Sedjari* ergänzte hierzu, daß die islamische Menschenrechtserklärung keinen offiziellen Charakter aufweise. Weiterhin verwies er darauf, daß viele islamische Staaten sich der Argumentation der sozio-kulturellen Spezifizität bedient haben, um bestimmte Tendenzen und Verhaltensweisen im Bereich der Menschenrechte zu legitimieren. In dieser Hinsicht klagte *Sedjari* die politische Scheinheiligkeit bzw. die pure Heuchelei einiger westlicher Staaten an, die sich nicht nur in der selektiven Einforderung der Menschenrechte, sondern auch in der Passivität gegenüber menschenrechtsverletzenden Regimen ausdrücke. Hierzu führte er aus, daß Frankreich, um sich Wirtschaftsprojekte in China und Erdöleinfuhren aus Saudi Arabien zu sichern, gegenüber beiden Staaten, welche die Rechte und Bedürfnisse der Bevölkerung mit Füßen treten, zu einer Strategie der Konzilianz und nicht der Sanktionsverhängung wie im Falle Marokkos griff. Denn kritische Partner laufen Gefahr, disruptive Effekte heraufbeschwören zu lassen und dabei sich das Geschäft zu verderben. *Sedjari* gab zu bedenken, daß diese differenzierende Behandlung und das Zurücktreten der menschenrechtlichen Anliegen hinter anderen Zielen der internationalen Gemeinschaft je nach Opportunität die abendländischen demokratischen und menschenrechtlichen Wertvorstellungen geradezu in einem eklatant verfehlten und widerspruchsvollen Bild erscheinen lassen.

In Ergänzung der Ausführungen von *Sedjari* vertrat *Rainer Pitschas* auch die Ansicht, daß die Bewältigung der zwischen dem Norden und dem Süden existierenden Kommunikationsprobleme eine Voraussetzung für eine wirksame Zusammenarbeit sei. Warum Frankreich mit China verhandele und sich nicht Marokko aufschließe, führte er auf die Tatsache zurück, daß Marokko sich im Zusammenhang mit der europäischen Zusammenarbeit über Frankreich definiere. Auf die Frage von *Rainer Pitschas*, inwieweit die maghrebinische Gemeinschaft bei der Identitätssuche Nordafrikas eine Rolle spiele und warum es Nordafrika anders ergehe als anderen Staaten des asiatischen Raumes, unterstrich *Sedjari*, daß die südasiatische Region bestimmte Werte aufweise, die ihr den Prozeß der Öffnung und Umstrukturierung erleichtere und damit die Entwicklungszusammenarbeit ermögliche. Er fügte hinzu, daß ein träger und nicht effizienter Verwaltungsapparat das Vorantreiben der Entwicklungszusammenarbeit zwischen Marokko und der EU hemme. Diese Unstimmigkeit zwischen dem politischen Diskurs des Staates und der Wirklichkeit der alltäglichen Verwaltungspraxis wolle die marokkanische Regierung im Rahmen des gesamten Modernisierungsvorhabens der politischen, rechtlichen und institutionellen Rahmenbedingungen des Staates entgegenwirken. Hinsichtlich der Sorgen der EU bezüglich der Schwierigkeiten, die den Maghreb bei seiner Identitätssuche konfrontieren, pflichtete *Sedjari Rainer Pitschas* bei und erläuterte, daß trotz soziokultureller, religiöser und zivilisationeller Konvergenz, die die Maghreb-Staaten kennzeichne, die „Union du Maghreb Arabe" alles andere sei als eine handlungsfähige und nach außen hin einheitliche supranationale Gemeinschaft. Ein wahrhaftiger Zusammenschluß und Zusammenhalt sei gerade in diesen Zeiten für die Maghreb-Staaten vonnöten, zumal sie der Gefahr des borniterten Fundamentalismus ausgesetzt seien. In diesem Zusammenhang betonte *Sedjari*, daß die EU im Bereich der Entwicklungszusammenarbeit mit den nordafrikanischen Staaten eine präventive Kooperationspolitik betreiben sollte.

Zum Referat von *Benazzi* räumte *Rainer Pitschas* ein, daß die Industrieländer in der entwicklungspolitischen Diskussion vierzig Jahre lang sich dieselben Fragen gestellt und womöglich sich vierzig Jahre lang die gleichen falschen Antworten gegeben hätten. In Übereinstimmung mit *Benazzi* merkte *Rainer Pitschas* an, daß in dieser Hinsicht das westliche Konzept der Menschenrechte nicht zu Ende gedacht sei. Auf die Frage von *Rainer Pitschas*, was der Süden sei und ob es überhaupt einen einheitlichen Süden gebe, erklärte *Benazzi*, daß es eine allgemein verbindliche Definition bzw. Klassifizierung des Begriffs „Süden" nicht gebe. Dies ließe sich daran erkennen, daß die Bezeichnung dieser Region ständig geändert wurde: Von Dritte Welt über Entwicklungsländer (einschließlich ärmste Entwicklungsländer) bis hin zum Nord-Süd-Dialog und zu Nord-Süd-Kooperation. Im Gegensatz zu der historisch gewachsenen und nach den volkswirtschaftlichen Kriterien orientierten Einteilung wirke die geographische Bezeichnung nicht verletzend, so

Benazzi. Außerdem ist sie zwar neutral, aber nicht systematisch gemacht worden, denn es gibt asiatische und lateinamerikanische Staaten, welche dieser Klassifizierung nicht entsprechen.

Mohan brachte das marokkanische Verwaltungssystem in die Diskussion und fragte *Sedjari*, inwieweit sich das von Frankreich übernommene marokkanische Verwaltungssystem entwickelt und verändert hat bzw. inwieweit es durch einen eigenen Verwaltungstyp ersetzt wurde. *Sedjari* entgegnete, das Verwaltungssystem in Marokko könne und dürfe – auch wenn Marokko sich nach der Unabhängigkeit von dem französischen Muster inspirieren ließ – nicht als eine französische Abbildung abgestempelt werden. Im Gegenteil, es wäre gar nicht abwegig zu behaupten, daß das politisch-administrative System aufgrund seiner Dynamik und Anpassungsfähigkeit, die sich in der Privatisierung, Dezentralisierung und Regionalisierung niederschlägt, ein internationales Verwaltungssystem sei.

Abschließend merkte *Diomandé* an, daß das staatliche Modernisierungsvorhaben unvermeidlich gravierende soziokulturelle und wirtschaftliche Disparitäten mit sich bringe, wenn die Trägerschaft bzw. die Experten der kulturellen Vielfalt nicht Rechnung trügen in dem Sinne, daß sie mit der Bevölkerung zusammenarbeiten und ihre differenzierenden Meinungen und Wünsche in den Konzipierungs- und Entscheidungsprozeß miteinbezögen. Weiterhin fragte er *Sedjari*, ob die kulturelle Vielfalt Marokkos die Reformanstrengungen behindern werde und ob die Entscheidungsträger Gegenmaßnahmen ergriffen hätten. *Sedjari* verwies zunächst darauf, daß die Problematik und die Gefahr der kulturellen Differenzierung sich in der marokkanischen Gesellschaft nicht stelle, da Marokko immer ein Land des kulturellen Pluralismus war und ist. Die Unzulänglichkeiten und Dysfunktionalitäten und damit auch die institutionellen Disparitäten (die Ministerien für öffentliche Arbeiten, Finanzen und Privatisierung funktionieren beispielsweise wie jedes italienische, deutsche oder französische Ministerium auch, im Gegensatz zu den Ministerien für Gesundheit und nationale Erziehung) würden mit der Zeit behoben, denn jede Verwaltungsreform sei ein schwieriges und langwieriges Unterfangen, so *Sedjari*.

Die Beratungsfunktion der politischen Stiftungen in der Verwaltungszusammenarbeit – dargestellt am Beispiel der Hanns-Seidel-Stiftung

Von Jürgen Theres

I. Einleitung

In den 90er Jahren hat das vierte Jahrzehnt der Entwicklungszusammenarbeit begonnen. Entgegen den optimistischen Erwartungen, die vor allem in den 70er Jahren gehegt wurden, haben sich viele Länder, vornehmlich südlich der Sahara, in keinster Weise so entwickelt, wie man es erwartet und erhofft hatte.[1] Nur im asiatischen Raum läßt sich eine positive Entwicklung konstatieren, während in immer mehr Ländern Afrikas die staatlichen Strukturen zerfallen, sich Bürgerkriege und Chaos ausbreiten und die Wirtschaftsleistung immer schwächer wird.[2]

Das Elend und der hunderttausendfache Tod in vielen Entwicklungsländern ruft bei einer großen Zahl von Menschen, die sich in diesen Regionen engagiert haben, Frustration, Enttäuschung und sogar Wut hervor. Dies führt teilweise zu der Überlegung, daß nur eine Form internationaler Rekolonisierung den weiteren Niedergang Afrikas verhindern könne. Auch wenn man diese Überlegungen ablehnt, muß man sich fragen, wie man diese Entwicklung umkehren kann.

Neben verschiedenen anderen Organisationen widmen sich in Deutschland die politischen Stiftungen der Entwicklungshilfe. Seit den 60er Jahren übernahmen sie sukzessive im Rahmen der beginnenden Entwicklungszusammenarbeit der Bundesrepublik insbesondere im gesellschaftspolitischen Bereich Entwicklungshilfeprojekte.[3] Die von den politischen Stiftungen in eigener Verantwortung durchgeführten Projekte werden fast ausschließlich aus dem Bundeshaushalt des Bundesministeriums für wirtschaftliche Zusammenarbeit finanziert, womit der dezentralpluralistische Charakter der deutschen Entwicklungshilfe dokumentiert wird.[4]

---

[1] Die Aussagen dieser Veröffentlichung sind ausschließlich diejenigen des Verfassers und müssen deshalb nicht den Auffassungen der Hanns-Seidel-Stiftung entsprechen.

[2] Die Länder Afrikas südlich der Sahara ohne Südafrika haben eine Bevölkerungszahl von etwa 500 Mio. Einwohnern, aber sie produzieren weniger als 10 Mio. Belgier und exportieren weniger als der Stadtstaat Hong-Kong. s. Jeune Afrique v. 8.9.94 S. 26.

[3] Vgl. *Langguth*, Politische Stiftungen und politische Bildung in Deutschland, in: Politik und Zeitgeschehen, 20. 08. 1993, S. 40.

Es gibt z.Zt. fünf politische Stiftungen, die den im Bundestag vertretenen politischen Parteien nahestehen, von diesen jedoch unabhängig sind.[5] Da die Förderung von rechtsstaatlichen Organisationsstrukturen in den Entwicklungsländern zu den Aufgaben der politischen Stiftungen gehört, führen einige Stiftungen auch Projekte in der Rechts- und Verwaltungszusammenarbeit durch.[6]

Die Hanns-Seidel-Stiftung dürfte mit z. Zt. 16 Projekten die meisten Aktivitäten in diesem Bereich haben. Die Projekte werden in folgenden Ländern durchgeführt: eins in Asien, in Südkorea, drei in Südamerika, und zwar in den Ländern Ecuador, Venezuela und Paraguay, sechs in Osteuropa, in den Ländern Ungarn, der Tschechischen Republik, der Slowakischen Republik, Rumänien, Bulgarien und der Ukraine und sechs Projekte in Afrika: im Kongo, in Benin, in der Elfenbeinküste, im Niger, in Tunesien und in Marokko. Insoweit ist die Hanns-Seidel-Stiftung die einzige Entwicklungshilfeorganisation, die in diesem Bereich einen Schwerpunkt ihrer Entwicklungszusammenarbeit setzt, während ansonsten die Rechts- und Verwaltungszusammenarbeit eher ein „Schattendasein" führt.[7]

Der Verfasser leitet zur Zeit das Regionalbüro Rabat in Marokko und befaßt sich mit der dortigen Rechts- und Verwaltungsreform. Aus diesem Grunde sollen hier im besonderen Maße die praktischen Erfahrungen bei der Umsetzung von Rechts- und Verwaltungsförderungsprojekten dargestellt werden.

Vorab sei bemerkt, daß konkrete Projektmaßnahmen naturgemäß von der jeweiligen gesellschaftspolitischen Situation und dem Stand der Rechtsentwicklung in den angeführten Ländern abhängen.[8] Dennoch lassen sich Projektziele definieren, die allen Entwicklungshilfemaßnahmen im Rechts- und Verwaltungsbereich gemein sind.

---

4 Vgl. dazu *Kirchhoff*, Stand der Verwaltungsförderung zur Unterstützung besserer Rahmenbedingungen – Erfahrungen mit dem Sektorpapier „Verwaltungsförderung": Zwischenbilanz nach zehn Jahren und Zukunftsperspektiven, aus: Pitschas (Hrsg.), Zukunftsperspektiven der Entwicklungszusammenarbeit, München 1993, S. 19 f.

5 Ebenda.

6 Vgl. dazu *Spranger*, Konzept für die entwicklungspolitische Zusammenarbeit mit den Ländern des Nahen Ostens und des südlichen und östlichen Mittelmeerraumes, in: BMZ aktuell 6/93, S. 22.

7 So *Wolff*, Entwicklung durch Verwaltung? aus: Oberndörfer/Hanf (Hrsg.), Entwicklungspolitik, S. 140.

8 Darauf verweist das vom BMZ 1983 herausgegebene „Sektorpapier Verwaltungsförderung", abgedruckt in Jahrbuch für Afrikanisches Recht Bd. 3, S. 251 ff.; s. auch die „Grundlinien der Entwicklungspolitik der Bundesregierung" vom 19. 3. 1986, hrsg. vom BMZ, März 1991; s. dazu auch *Bolay/Koppe*, Die neue Konzeption der Verwaltungsförderung der Bundesrepublik Deutschland, in König (Hrsg.), Öffentliche Verwaltung und Entwicklungspolitik, 1985, S. 363 ff.

II. Die Ziele der Rechts- und Verwaltungsförderung der politischen Stiftungen

Nach dem Scheitern sozialistischer Staatsformen und der Evidenz zentralplanwirtschaftlichen Mißmanagements bleibt für viele unterentwickelte Länder nur noch die Hoffnung, die durch die Unterentwicklung hervorgerufene Armut, die Umweltzerstörung, die Überbevölkerung und die mangelnde Bildung durch eine neue Qualität von Entwicklung zu durchbrechen. Dabei spielt die Neugestaltung der institutionellen Rahmenbedingungen, zu denen auch die öffentliche Verwaltung gehört, eine bedeutende Rolle.[9] Denn nur auf der Grundlage berechenbaren Rechts, der Möglichkeit der Rechtsdurchsetzung, einer kalkulierbaren, nach formalen Regeln handelnde Verwaltung und mit einer demokratisch-partizipativen Regierung kann ein funktionierendes Wirtschafts- und Sozialsystem entwickelt werden.[10]

Ein Technologie- und Ressourcentransfer alleine hat nur einen unzureichenden Einfluß auf die sozioökonomische Entwicklung einer Gesellschaft. Ohne die Entwicklung rechtsstaatlicher, pluralistischer Strukturen, die eine Beteiligung der Bevölkerung an der politischen Willensbildung und eine Kontrolle der politisch-administrativen Machtausübung erlauben, kann sich keine Gesellschaft über eine bestimmte Entwicklungsstufe hinaus entwickeln.[11] Sie bliebe durch die Antagonismen einer vorindustriellen Ordnung blockiert.

Eine solche Stagnation der Entwicklung, die in der Realität wegen der schnell wachsenden Bevölkerungen eine ständig schlechter werdende Lebensqualität bedeutet, wird jedoch von vielen Menschen nicht mehr hingenommen.[12] Das zeigt sich z. B. in Algerien, wo die Ursache für die Unterstützung der fundamentalistisch-islamischen Bewegung durch einen beachtlichen Teil der Bevölkerung vielmehr in der sozioökonomischen Misere als in dem Wunsch nach einer totalitären Herrschaft auf religiöser Grundlage zu sehen ist.

---

[9] Diese Ansicht dürfte sich in den letzten zehn Jahren endgültig durchgesetzt haben. S. nur *Pitschas*, Verwaltungszusammenarbeit vor neuen Herausforderungen aus: Pitschas (Hrsg.), Zukunftsperspektiven der Entwicklungszusammenarbeit, München, 1993, S. 6 f.; vgl. *König*, Zum Konzept der Entwicklungsverwaltung, ders. (Hrsg.), Verwaltungs- und Entwicklungspolitik, 1986, S. 11, S. 33.

[10] Vgl. *Schäfer*, Bürokratietheorie und Autonomie aus: Windhoff-Héritier, Verwaltung und ihre Umwelt, 1987, S. 45 f; s. *Pitschas*, Recht und Gesetz in der Entwicklungszusammenarbeit, in: VerwArch. 1990, S. 466, 471; s. *Stahlmann*, Ursachen von Wohlstand und Armut, 1992, S. 64; vgl. *Wolff*, (FN 6) S. 141, 145; s. schon *Siffin*, Two decades of public administration in developing countries, in: Public Administration Review Nr. 1/2 1976 S. 31, 64; s. *Ould Daddah*, Valeurs socio-culturelles et administration publique, in: Afrique contemporaine Paris Nr. 125 (1983) S. 3, 34.

[11] Vgl. *Oberndörfer*, Politik und Verwaltung in der Dritten Welt, aus: Oberndörfer/Hanf (Hrsg.), Entwicklungspolitik, S. 132.

[12] Vgl. *King*, in: E+Z 8/1994, S. 192.

Aus diesem Grunde entsteht – zumindest bei den rational handelnden Regierungen – der Wunsch, ihre staatlichen Strukturen rechtzeitig und evolutiv an die Erfordernisse einer modernen, in den Welthandel eingegliederten Wirtschaft anzupassen, um so eine Verarmung und Radikalisierung ihrer Bevölkerung zu vermeiden. Die politischen Stiftungen können diesen Reformdruck nutzen, um in einem Entwicklungsland berechenbare, rationale Rechtsstrukturen zu fördern.

Die Entwicklungszusammenarbeit der politischen Stiftungen sollte deshalb die Förderung einer friedlichen, evolutionären Entwicklung der Länder der Dritten Welt zu demokratisch-partizipativen, rechtsstaatlichen, sozialen und wirtschaftlich leistungsfähigen Gesellschaftsstrukturen zum Ziel haben. Aufgrund der unumgänglichen Einbindung der Entwicklungsländer in die Weltwirtschaft müssen diese Strukturen die wesentlichen Grundsätze eines liberal-westlichen Rechtsstaatsmodells respektieren.[13] Daneben sollten jedoch traditionelle soziokulturelle Werte der jeweiligen Gesellschaften berücksichtigt werden, soweit diese mit den Prinzipien einer rechtsstaatlich kontrollierten Machtausübung vereinbar sind.[14]

Recht, das von einer Gesellschaft dauerhaft akzeptiert und internalisiert werden soll, muß stets das Produkt einer eigenständigen, sozialen Entwicklung der rechtsetzenden Gemeinschaft sein.[15] Das bedeutet, daß die Stiftungen bei ihrem Engagement in diesem Bereich nicht fertige Rechtsmodelle transferieren können, sondern den lokalen Akteuren des Rechtsetzungsverfahrens helfen müssen, eine Harmonisierung der herkömmlichen rechtlichen Strukturen mit den Erfordernissen eines modernen Rechts zu erreichen.

Schwerpunkte der Förderung rechtlicher Strukturen in den Projekten der Hanns-Seidel-Stiftung sind z. B. die Entwicklung des Verfassungsrechts sowie der Verfassungsinstitutionen, die Dezentralisierung und die Festigung der lokalen Demokratie sowie die Stärkung von staatlichen Kontrollinstanzen wie Verwaltungsgerichte, Rechnungshöfe oder unabhängige Justizorgane.

III. Instrumentarium

Nach der Formulierung der Ziele der Zusammenarbeit im Rechts- und Verwaltungsbereich muß geprüft werden, wie deren Verwirklichung durch die Instrumen-

---

[13] Alle anderen theoretischen Ansätze haben sich spätestens in der Praxis als untauglich erwiesen. S. *Zippelius*, Juristische Methodenlehre, 4. Aufl., S. 3; s. *Badura*, Bewahrung und Veränderung demokratischer und rechtsstaatlicher Verfassungsstrukturen in den internationalen Gemeinschaften, VVDStRL 23, S. 38; s. *Schäfer* (FN 9) S. 47.

[14] Vgl. *Darbon*, Pour une socioanthropologie administrative en Afrique, in: Revue française d'administration publique, 1985, S. 458; vgl. *Dutt*, Entwicklungszusammenarbeit durch Rechtsberatung, 1994, S. 52.

[15] Vgl. *Wolff*, Entwurf einer Konzeption der deutschen Verwaltungshilfe, in: Die Verwaltung Nr. 1 (1979) S. 53.

tarien der Entwicklungszusammenarbeit gefördert werden kann. Die vergangenen Jahrzehnte haben in ausreichendem Maße gezeigt, daß es sich bei der Entwicklung von partizipativ-rechtsstaatlichen Strukturen nicht so sehr um ein Problem des instrumentalisierbaren, technologischen Wissentransfers, sondern um einen langfristigen gesellschaftspolitischen Prozeß handelt.[16] Kurzatmige Versuche, neue administrative Technologien in den Entwicklungsländern zu implantieren, sind gescheitert.[17] Diese Versuche mußten scheitern, da Entwicklungen im Rechts- und Verwaltungsbereich primär durch die Änderung von Werten und Verhalten bedingt werden.[18]

Nach diesen Vorüberlegungen stellt sich die Frage, inwieweit die Bedingungsfaktoren der rechtlichen Entwicklung mit den Instrumentarien der Stiftungen beeinflußt werden können.

1. Die Reformbereitschaft

Als erste Voraussetzung für eine Reform im Rechts- und Verwaltungsbereich muß in den gesetzesinitiierenden Institutionen und in den gesetzgebenden Organen eine grundsätzliche Reformbereitschaft vorhanden sein.

Wie oben schon erwähnt, ist dieser Reformdruck zumindest bei den vorausschauend handelnden Regierungen in den letzten zehn Jahren stark gewachsen, da das enorme demographische Wachstum die Anforderungen der Gesellschaft an Staat und Wirtschaft schnell größer werden läßt.[19] Seit dem Ende des Ost-West-Konfliktes kommt der sich immer stärker auswirkende Druck internationaler Kreditgeber, wie des Internationalen Währungsfonds und der Weltbank, dazu. Rücksichtnahmen aus geostrategischen Überlegungen sind für die Geber weitgehend entfallen.

Aber die zunehmende, von einzelnen Staaten kaum noch lenkbare Informationsflut durch die modernen Medien wie z. B. Fernsehsatelliten, macht die Bevölkerungen mit den Realitäten anderer Länder verstärkt bekannt und intensiviert damit deren Anspruchshaltung. Die Menschen in den Entwicklungsländern sind immer weniger bereit, unzureichende wirtschaftliche und soziale Verhältnisse hinzunehmen.

---

[16] Vgl. *Oberndörfer* (FN 10) S. 131.

[17] Dabei sind insbesondere entsprechende Versuche der amerikanischen Entwicklungshilfe in den 60er und 70er Jahren zu erwähnen. Vgl *Avenarius*, Öffentliche Verwaltung und Fortbildung in Kenia, S. 60 f.

[18] Vgl. *Kevenhöster*, Entwicklungsbeiträge durch Dialog und Training, 1988, S. 23; s. *Pitschas*, Die Reform der Öffentlichen Verwaltung als Organisationsentwicklung durch Fortbildung, in: Verw-Archiv 1981, S. 13.

[19] Vgl. *Opitz*, Dimensionen und Ursachen der weltweiten Flüchtlings- und Migrationsbewegungen in: Hanns-Seidel-Stiftung (Hrsg.), Entwicklungspartnerschaft, S. 25-34.

2. Die möglichen Zielgruppen

Da Reformen nicht oktroyiert werden können, müssen die Stiftungen vor Projektbeginn Ansätze suchen, inwieweit sie innerhalb der gegebenen Verhältnisse eines Entwicklungslandes Reformmaßnahmen fördern können.[20] Eine solche Trägeranalyse kann natürlich auch zu dem Ergebnis führen, daß unter den gegebenen Umständen mit dem den Stiftungen zur Verfügung stehenden Instrumentarium in keinster Weise ein Fortschritt im Rechts- oder Verwaltungsbereich erreicht werden kann, was dann kein Engagement zur Folge hat.[21]

So muß in jedem einzelnen Land analysiert werden, mit welchen Zielgruppen die Projektziele erreicht werden können. Am einfachsten können Rechtsreformen initiiert werden, wenn es gelingt, innerhalb der bestehenden politisch-administrativen Entscheidungsstrukturen der Entwicklungsländer Personen zu finden, die willens und in der Lage sind, die vorgeschlagenen Reformen einzuleiten und auch durchzuführen.[22]

Gegen eine Zusammenarbeit mit den etablierten Herrschaftsstrukturen der Entwicklungsländer wurde teilweise vorgebracht, diese seien generell reformfeindlich, da sie wegen ihres traditionellen Beharrungsvermögens neue Verhältnisse und die damit eventuell verbundene Verschiebung von Machtstrukturen fürchteten. Eine solche monolithische Betrachtungsweise entspricht nicht unbedingt den Tatsachen. Die Geber müssen sich vielmehr darum bemühen, reformbereite Entscheidungsträger auszusuchen und diese gezielt zu fördern.

Reformvorlagen werden, wie auch in Deutschland, in den meisten Entwicklungsländern von der Ministerialbürokratie und den ihnen angeschlossenen speziellen Ministerkabinetten vorbereitet. Aus diesem Grunde können politische Stiftungen die Reformbereitschaft dadurch unterstützen, daß sie reformbereiten Ministern und deren unmittelbaren Mitarbeitern Studienreisen anbieten, wobei diese gelungene Beispiele für entwickelte Rechtssysteme kennenlernen können.[23]

---

[20] Zu den historischen Erfahrungen mit oktroyiertem Recht s. *Alliot,* Über die Arten des „Rechts-Transfers" aus: Fikentscher/Franke/Köhler (Hrsg), Entstehung und Wandel rechtlicher Traditionen, 1980, S. 161, 211 ff.; vgl. *Ould Daddah,* Valeurs socio-culturelles et administration publique, in: Afrique contemporaine Paris Nr. 125 (1983) S. 14; s. *Scholler,* Vom vorkolonialen zum modernen afrikanischen Staat, in: Verfassung und Recht in Übersee, 1983/II, S. 107 f.; s. *Darbon* (FN 13) S. 463.

[21] So z. B. in einem totalitären orthodox-islamischen Staat, der das allein gültige islamische Recht als unveränderbar begreift; s. dazu *Tibi,* Der Islam und das Problem der kulturellen Bewältigung sozialen Wandels, 1991, S. 83.

[22] Vgl. *Kirchhoff,* Stand der Verwaltungsförderung zur Unterstützung besserer Rahmenbedingungen – Erfahrungen mit dem Sektorpapier „Verwaltungsförderung": Zwischenbilanz nach zehn Jahren und Zukunftsperspektiven, aus: Pitschas (Hrsg.), Zukunftsperspektiven der Entwicklungszusammenarbeit, München 1993, S. 18 ; vgl. *Theres,* Die Evolution der politisch-administrativen Strukturen in Togo, 1989, S. 175.

[23] Vgl. dazu *Bryde,* The politics and sociologiy of african legal development, S. 32.

Diese Reisen können auch dazu dienen, daß die politischen Repräsentanten mit deutschen Homologen in einen Politikdialog treten und auch von dieser Seite zu Reformen ermuntert werden. Allgemein darf die Bedeutung eines flankierenden Politikdialogs auf einer eher persönlichen Basis nicht geringgeschätzt werden, da in vielen Entwicklungsländern aufgrund der oralen, personenbezogenen Kommunikationstradition Reformen eher durch persönliche Kontakte als durch ausgefeilte Studien angeregt werden können.[24]

Zu einem Politikdialog sind aber auch Reisen deutscher Politiker und Verwaltungsrepräsentanten in die Entwicklungsländer nötig, damit das Interesse der deutschen Gesellschaft an der evolutionären, friedlichen Entwicklung dieser Länder dokumentiert wird. Im Rahmen einer entstandenen Zusammenarbeit kann dann auch erfolgreicher auf bestehende Mißstände, wie zum Beispiel Menschenrechtsverletzungen, hingewiesen werden.

Leider findet ein Politikdialog deutscher Repräsentanten aufgrund ihres geringen Interesses an Entwicklungsländern nur in unzureichendem Maße statt. Zudem konzentriert sich seit dem Ende des Ost-West-Konfliktes das außenpolitische Interesse zu einseitig auf Osteuropa. Diese Haltung müßte in Anbetracht der gestiegenen Verantwortung Deutschlands für eine friedliche Welt dringend überdacht werden.[25]

Auch die führenden Beamten der Ministerien, die Reformvorhaben erarbeiten, sollten von den Stiftungen in den Überzeugungsprozeß miteinbezogen werden. Sie können ebenfalls entweder durch Studienreisen oder durch Round-Table-Gespräche erreicht werden. Besonders bewährt haben sich in diesem Zusammenhang Mittag- oder Abendessen, bei denen ein Vortrag von einem Experten gehalten wird, über den anschließend diskutiert wird (Déjeuner-débat und dîner-débat). Dabei empfiehlt es sich, einen deutschen Experten einzuladen, der durch die Darstellung eines erfolgreichen Rechtssystems die Teilnehmer motivieren kann.

So ist z. B. nicht jeder unbedingt davon überzeugt, daß ein Zusammenhang zwischen der Entwicklung des Rechts und derjenigen der Wirtschaft besteht. Häufig ist es nicht sofort einsichtig, daß Dezentralisierung auch die Verlagerung von Ressourcen und eine Verstärkung der Kontrollsysteme notwendig macht. Wird nun das Beispiel der Bundesrepublik Deutschland als ökonomisch erfolgreicher, dezentraler Staat dargestellt, so wird die Nützlichkeit und Realisierbarkeit von Reformen einsichtiger.

Nützlich können in diesem Zusammenhang auch Studienreisen oder Kontaktveranstaltungen mit Parlamentariern oder Politikern ohne staatliche Funktionen sein, falls von diesen in einem Land Reformanstöße erwartet werden können.

---

24 Vgl. *Bugnicourt*, Action administrative et Communication avec les administrés en Afrique, Revue française d'administration publique 1977, S. 151; vgl. *Theres*, Recht und Entwicklung in Afrika, aus: Philipps/Wittmann (Hrsg.), Rechtsentstehung und Rechtskultur, 1991, S. 116 f.

25 So auch *Danckwortt*, Wenig Interesse an Kulturen fremder Länder, in: E+Z 5/1989, S. 27.

Da die Anzahl der erfahrenen Juristen in den Entwicklungsländern meistens recht gering ist, arbeiten in den Kabinetten der Ministerien, die die Gesetzesvorlagen erstellen, vielfach Universitätsprofessoren nebenamtlich mit. Deshalb können Reformprozesse auch dadurch gefördert werden, indem Kontakte zu diesen Wissenschaftlern aufgenommen werden. Hier können Kolloquien unter internationaler Beteiligung dazu dienen, das Engagement der Wissenschaftler für Reformen zu vergrößern. In dieser Gruppe läßt sich die Reformbereitschaft am leichtesten fördern, da sie in der Regel aufgrund ihrer wissenschaftlichen Arbeit Neuerungen aufgeschlossener als andere Zielgruppen gegenüberstehen.

Eine Zusammenarbeit mit politischen Parteien in den Entwicklungsländern kann sinnvoll sein, wenn diese explizit rechtsstaatliche Reformen unterstützen oder wenn es bei Schwellenländern, wie z. B. Spanien in den 80er Jahren, um die Einübung demokratischen Verhaltens geht. Im allgemeinen ist es jedoch nicht unproblematisch, einseitig mit einer bestimmten politischen Partei zusammenzuarbeiten, da die Stiftungen dann zu sehr mit deren häufig unberechenbaren politischen Tendenzen identifiziert und in die innenpolitische Polarisierung miteinbezogen werden. Außerdem haben viele Staaten massive Vorbehalte gegen eine einseitige ausländische Unterstützung einer bestimmten politischen Kraft.[26]

Die Reformbereitschaft kann auch zusammen mit Nicht-Regierungs-Organisationen, wie z. B. Menschenrechtsgruppen, gesteigert werden, die Reformkonzepte durch Öffentlichkeitsmaßnahmen vorantreiben wollen.[27] Solche Organisationen findet man insbesondere in weiter entwickelten Schwellenländern, wobei häufig Personen aus dem Staatsapparat mitarbeiten, die ihre Reformvorstellungen innerhalb der staatlichen hierarchischen Ordnung nicht verwirklichen können. Diese Zielgruppen müssen vor allem dann verstärkt gefördert werden, wenn sich der staatliche Apparat zu reformfeindlich zeigt.

Zur Information interessierter Fachkreise dienen entweder Veröffentlichungen von Kolloquiumsergebnissen oder von Fachbüchern, die in besonderem Maße geeignet sind, Reformmaßnahmen anzustoßen. Hier sollten sich die Stiftungen insbesondere für die Veröffentlichung von regimekritischen Publikationen engagieren, die sonst nicht gedruckt werden könnten. Kalkulierte Konflikte mit den Machthabern müssen dabei in Kauf genommen werden.

Wissenschaftliche Veröffentlichungen haben jedoch den Nachteil, daß sie meist in einer Sprache verfaßt sind, die nur einschlägig vorgebildeten Menschen verständlich ist. Andererseits ist die Toleranz der Regierungen gegenüber wissenschaftlichen Veröffentlichungen oft erheblich größer, so daß in diesen Publikationen eine schonungslosere Analyse und weitergehende Reformvorschläge diskutiert werden können. Im Projekt Marokko haben wir z. B. in den letzten sechs Jahren 23 Bücher veröffentlicht, die im freien Handel erhältlich sind.

---

[26] So z. B. im Maghreb.
[27] Das betont auch das vierte AKP-EG Abkommen in Art. 20 Abs. 2.

Der Information einer breiteren Öffentlichkeit dienen auch regelmäßige Presseberichte über die oben geschilderten Bildungsmaßnahmen. Aufgrund der in den meisten Ländern herrschenden eingeschränkten Pressefreiheit ist es jedoch auf diese Art und Weise nur bedingt möglich, inhaltliche Informationen zu vermitteln oder gar fundierte Kritik an den herrschenden Verhältnissen zu äußern.

3. Rechtsberatung

Die Reformbereitschaft in der Regierung und in der Verwaltung eines Entwicklungslandes wird auch dann steigen, wenn ein entsprechendes Wissen um mögliche Lösungsansätze vorhanden ist. In vielen Ländern werden durch die zunehmende Entwicklung und die zunehmende Einbindung in die Weltwirtschaft nur noch komplexe Lösungsansätze im Rechts- und Verwaltungsbereich den Anforderungen gerecht. Das bedeutet aber gleichzeitig, daß viele Akteure Reformen nicht nur aufgrund des traditionellen Beharrungsvermögens der Verwaltung, sondern auch wegen ihrer schwer abschätzbaren Folgen nur zögerlich angehen.

Ist die Überwindung dieser Hindernisse ein Ziel, so bietet sich zunächst eine Einzelberatung an einem konkreten Reformvorhaben an. Wenn ein solcher Projektansatz gewählt wird, darf ein Einzelberater jedoch niemals alleine Entwürfe im Rechtsbereich erarbeiten und diese dann der Verwaltung vorlegen, zumal er kaum in der Lage sein dürfte, die politischen und kulturellen Implikationen einer Reformmaßnahme in ausreichendem Maße zu erfassen.[28] Es muß immer darauf geachtet werden, daß solche Entwürfe nur zusammen mit lokalen Experten erarbeitet werden, denn nur so kann eine Akzeptanz in der Verwaltung erzielt werden. Eine eventuelle Mißachtung des Selbstwertgefühls der mit der Rechtsreform befaßten Angehörigen der Entwicklungsländer wäre aus psychologischen Gründen fatal.[29] Selbst beste Reformentwürfe sind deshalb in Schubladen verschwunden.[30]

Ein solcher Einzelberatungseinsatz ist jedoch sicher die Ausnahme, da praktische Realisierungshindernisse dem entgegenstehen. Denn die Dauer von der Projektidee bis zu deren Realisierung, d. h. der Ankunft des Experten, beträgt bei den politischen Stiftungen mindestens eineinhalb Jahre. In anderen Organisationen, die noch mehr von bilateralen Abkommen abhängig sind, dauert dieser Prozeß bis zu drei Jahren. Aufgrund der sich sehr schnell ändernden, unwägbaren gesellschaftspolitischen Entwicklungen in den Entwicklungsländern scheint es jedoch mehr als unwahrscheinlich, daß über einen so langen Zeitraum konkrete Rechtsreformen geplant und dann tatsächlich durchgeführt werden können. Die Realisierung eines Gesetzgebungsprojektes hängt von zu vielen Faktoren und Einflüssen ab, als daß diese zeitlich kalkulierbar wären.[31]

---

[28] Vgl. *Dutt* (FN 13), S. 134.

[29] Eine Erfahrung, die auch Aufbauhelfer Ost machen mußten. S. allgem. *Scheppers*, Beratung in der entwicklungspolitischen Zusammenarbeit, 1978, S. 332 f.

[30] Vgl. das Beispiel bei *Dutt* (FN 13) S. 136.

Dauerexperten, die für solche konkreten Gesetzgebungsvorhaben engagiert wurden, waren häufig dazu verurteilt, nach der Vorlage ihrer ersten Entwürfe untätig zu sein. Teilweise waren sie gar nicht mehr im Land, als das Gesetzgebungsverfahren wieder aufgenommen wurde. Deshalb ist es sinnvoller, nur bei konkretem Bedarf Kurzzeitexperten für ein oder zwei Monate einzusetzen, die dann in einem Fachgremium ihr Wissen und ihre Erfahrung einbringen. Hier muß genügend Spielraum sein, um die Experten für Nacharbeiten jeweils nochmals einzuladen.

Bevor jedoch ausländische Experten eingesetzt werden, sollte zunächst in dem Land selbst oder in der Region eruiert werden, ob nicht mit den besonderen kulturellen Gegebenheiten vertraute, lokale Wissenschaftler verfügbar sind, die die Reformmaßnahmen unterstützen könnten.[32] Im vierten Jahrzehnt der Entwicklungshilfebemühungen sind in vielen Ländern der Dritten Welt ausreichend ausgebildete Wissenschaftler vorhanden, die mit einer geringen deutschen Unterstützung in der Lage sind, ausländisches Recht oder rechtsstaatliche Modelle zu analysieren und an die besonderen soziokulturellen Bedingungen der jeweiligen Länder anzupassen. Da sie in der Regel besser als ausländische Experten dazu geeignet sind, sollten diese im Sinne einer Verstärkung der Personellen Zusammenarbeit weitestgehend bei Reformmaßnahmen eingesetzt werden.[33] Das kann auch bedeuten, daß deren Einsatz aus Entwicklungshilfegeldern finanziert wird. Denn häufig sind gerade die besten und kreativsten Wissenschaftler wegen ihrer kritischen Haltung gegenüber dem Staatsapparat nicht in verantwortlichen Positionen. Da diese wichtige Katalysatoren für rechtliche Innovationsprozesse sein können, sollten sie, soweit möglich, seitens der Stiftungen in das Beratungsverfahren integriert werden.

4. Politische Umsetzung

Genau so wichtig, wie die Erarbeitung von Reformkonzepten ist auch die politische Umsetzung der Konzepte. Diese beginnt nicht erst mit der endgültigen Erarbeitung eines Reformkonzeptes, sondern muß von Anfang an mitbedacht werden.[34] Dies bedeutet, daß bei der Diskussion und der Erarbeitung von Reformkonzepten möglichst auch Personen beteiligt sein sollten, die als Multiplikatoren der Reformmaßnahmen im politischen Umfeld dienen können. Es ist auch Aufgabe eines Stiftungsprojektes, herauszufinden, welche Personen potentielle Multiplikatoren eines politischen Umsetzungsprozesses sein könnten. Diese müssen nach Möglichkeit aufgewertet werden, um so ihr politisches Ansehen und ihre Durchset-

---

[31] Zur Natur eines innovativen Gesetzgebungsprozesses s. *Kevenhörster*, Entwicklungsbeiträge durch Dialog und Training, 1988, S. 70.

[32] So schon *Bryde* (FN 22) S. 193.

[33] Vgl. *Pitschas*, Verwaltungsförderung und Personalentwicklung in: Die Verwaltung, 1989, S. 75 ff.

[34] Vgl. *Kevenhöster* (FN 30), S. 29; vgl. *Theres*, Droit et développement en Afrique, in: Revue de l'Ecole Nationale d'Administration Publique Rabat, 1990, S. 63.

zungsfähigkeit zu erhöhen. Das kann z. B. durch pressewirksame Auslandseinladungen, durch Kontakte mit deutschen Politikern, durch Vortragsveranstaltungen oder durch Unterstützung ihrer Publikationen geschehen.

5. Schulung der Angehörigen des öffentlichen Dienstes

Zur erfolgreichen Umsetzung einer Rechtsreform genügt nicht nur die Schaffung einer neuen gesetzlichen Grundlage und deren politische bzw. parlamentarische Umsetzung, sondern sie muß auch von den Angehörigen des öffentlichen Dienstes korrekt angewandt werden. In diesem Bereich der Rechtsdurchsetzung findet sich meist ein großes Hindernis für die Errichtung rechtsstaatlicher Verhältnisse, da viele Angehörige der Öffentlichen Verwaltung gar nicht oder nur unzureichend ausgebildet sind.

Aus diesem Grund ist die Förderung der Aus- und Fortbildung der Angehörigen des öffentlichen Dienstes ein Schwerpunkt der Projektaktivitäten der Hanns-Seidel-Stiftung in den oben aufgeführten Ländern.[35] Dabei werden Bildungsmaßnahmen niemals vom Projekt allein, sondern stets gemeinsam mit einer lokalen Bildungsinstitution, wie z. B. den Verwaltungshochschulen, durchgeführt, die dadurch in ihren Strukturen und Fähigkeiten gestärkt werden.[36] Im Sinne der Qualifizierung von lokalen Trägerstrukturen hat die Hanns-Seidel-Stiftung z. B. in Marokko zwei öffentlich-rechtliche Fortbildungszentren mitgegründet, in denen pro Jahr etwa 200 Seminarveranstaltungen mit etwa 4000 Teilnehmern stattfinden. Die Lehrinhalte variieren dabei von der Sensibilisierung für die rechtsstaatliche Anwendung von Gesetzen über die Vermittlung von Verwaltungstechniken bis hin zur Schulung im rationellen EDV-Einsatz in der Verwaltung.

6. Aufklärung und Beratung der Normadressaten

Wünschenswert ist nach einer erfolgreichen Rechtsreform auch die Aufklärung und Beratung der Normadressaten, um so eine integrierte Rechtsentwicklung sicherzustellen.[37] Solche breitenwirksamen Maßnahmen übersteigen jedoch meistens die finanziellen Möglichkeiten der Projekte.

---

[35] Auch der Beschluß des Bundestages zur personellen Hilfe von 1982 stellt auf die vorrangige Förderung menschlicher Lernprozesse ab; s. Handbuch für internationale Zusammenarbeit, Juni 1983, S. 321 f.

[36] Sog. capacity building; vgl. *Jaycox*, Capacity Building: The missing link in African development, transcript of adress to African-American Institute Conference „African Capacity Building: Effective and Enduring Partnerships", Reston 20.5.93; vgl. *Theres*, Die Verwaltungshochschulen der frankophonen Länder Westafrikas, in: Jahrbuch für Afrikanisches Recht 1985/86, Bd. 6, S. 21 f.

[37] Vgl dazu *Pitschas* (FN 9) S. 578; s. *Dutt* (FN 13), S. 47.

In Marokko wurde nach langer Vorbereitungszeit im März dieses Jahres eine Verwaltungsgerichtsbarkeit eingerichtet, mit deren Hilfe sich der Bürger gegen rechtswidrige Entscheidungen des Staates zur Wehr setzen kann.[38] Zu diesem Thema wurden zwei Kolloquien durchgeführt, und im Anschluß daran wurde die neue Reform in mehreren Pressekommuniqués und Interviews dargestellt. Damit wurde eine erste Information der Normadressaten erreicht.

In diesem Sinne werden auch Fortbildungsseminare für Bürgermeister und Gemeinderäte durchgeführt, in denen diese über die neuen Rechte, die ihnen durch das Dezentralisierungsgesetz zustehen, informiert werden. Gleichzeitig werden sie dabei aufgefordert, sich auch politisch zusammenzuschließen, um somit das Gewicht der Gemeinden gegenüber der Zentralgewalt zu stärken.

IV. Projektorganisation

Um die mit den Partnerländern vereinbarten Projektansätze zu realisieren, ist eine bestimmte Projektorganisation notwendig. Zunächst einmal ist festzuhalten, daß die Projektziele weniger institutionen- als personenzentriert verfolgt werden müssen.[39] Das bedeutet, daß es zur erfolgreichen Steuerung eines Projektes notwendig ist, zumindest einen Teil der Akteure der Reformprozesse zu kennen und einzuschätzen. Ein Projekt muß flexibel genug angelegt sein, um sich auf veränderte Verhältnisse einstellen zu können. Es kann häufig beobachtet werden, daß reformbereite Personen Einfluß verlieren oder Institutionen, die bisher reformfreudig waren, mit einer neuen Führung besetzt werden, die eine gegenteilige Position einnehmen. Aus diesem Grunde strebt die Hanns-Seidel-Stiftung möglichst flexible Rahmenverträge mit den Regierungen an, die das Tätigwerden mit verschiedenen Akteuren im Rechts- und Verwaltungsbereich erlauben.[40]

Der jeweilige Projektleiter benötigt nicht nur ein fundiertes Fachwissen und eine interkulturelle Lernbereitschaft, sondern auch eine Sensibilität für gesellschafts-

---

[38] Auch wenn die Klagemöglichkeiten noch begrenzt sind, ist die Einführung einer Kontrollmöglichkeit des Bürgers gegenüber dem Staat doch ein bedeutender Fortschritt in der rechtsstaatlichen Entwicklung. Vgl. *Theres*, Marokko, aus: GTZ/DSE, Verwaltungsprofil Marokko 1992, S. 77 f.

[39] Aus diesem Grunde können konkrete Projektansätze nur bei einer gewissen Mindestpräsenz eines Beauftragten der Geberorganisation, der ausnahmsweise bei entsprechender Loyalität auch lokale Fachkraft sein kann, vor Ort erfolgreich realisiert werden. Projekte ohne Projektfachkräfte, wie z. B. neuerdings von der DSE/ZÖV geplant, werden nur Finanzierungsinstrumente mit unzureichendem Innovationspotential bleiben. S. auch *Staewen*, Kulturelle und psychologische Bedingungen der Zusammenarbeit mit Afrikanern, Köln 1991, S. III; vgl. *Theres*, Die Verwaltungsförderung der Hanns-Seidel-Stiftung in: Verwaltungswissenschaftliche Informationen, 1983, Sonderheft 6, S. 39 f.

[40] Sog. Trägerdiversifizierung.

politische Vorgänge.[41] Um eine Akzeptanz seiner Person zu finden, muß er umso mehr fachübergreifendes Wissen mitbringen, je weiter ein Land entwickelt ist. Insoweit braucht man zur Steuerung dieser innovativen Prozesse nicht so sehr den einseitig spezialisierten Juristen als vielmehr den „Rechtsmanager", wie dies vergleichbar auch in anderen Entwicklungshilfebereichen der Fall ist.

V. Finanzierung

Bei der Finanzierung der Projektmaßnahmen sollte stets auf eine Beteiligung der Projektpartner geachtet werden. Die Beteiligung kann zwischen 10% und 80% schwanken, je nachdem, über wieviel Eigenmittel die Partnerinstitution verfügt. Im übrigen muß bei der Anschubfinanzierung mehr investiert werden als bei einem laufenden Programm. In den Fortbildungszentren der Hanns-Seidel-Stiftung konnte teilweise erreicht werden, daß sich diese durch eine Gebührenerhebung bei den Seminarteilnehmern bzw. deren Arbeitgebern bis zu 80% selbst finanzieren.[42]

Da oben bereits gezeigt wurde, daß die Projektmaßnahmen wegen der generellen Mittelknappheit häufig mit relativ wenig Geldmitteln verwirklicht werden müssen, soll erwähnt werden, daß ein Projekt in der Regel mit etwa DM 300.000 Investitionsmittel pro Jahr und Land auskommen muß.

VI. Zusammenarbeit der Geberorganisationen

Die dezentrale Organisation der deutschen Entwicklungszusammenarbeit wird im internationalen Vergleich wegen ihrer relativ unbürokratischen, flexiblen und dynamischen Organisationsprozesse positiv beurteilt. Zu ihrer Effektivität bedarf eine solche dezentrale Struktur aber gleichzeitig einer Harmonisierung und eines gegenseitigen Austausches von Wissen und Erfahrung. Kein Entwicklungshilfeprojekt kann isoliert betrieben werden.

---

[41] Vgl. dazu *Staewen* (FN 38) S. 218 f.; s. *Boesch, Ernst*, Zwiespältige Eliten, 1970, S. 267; s. *Bolay*, Verwaltungsrecht und Rechtsberatung in der Technischen Zusammenarbeit – Grundlagenpapier – GTZ 1984, s. 90 f.; s. *Weiss* in E+Z 1994/8 S. 189; vgl. *Kevenhöster* (FN 30) S. 71; zu den Problemen der selektiven Wahrnehmung der gesellschaftlichen Umwelt durch Experten vgl. *Elwert*, Abschottung und Integration: Zum Umfeld der Expertenarbeit in Entwicklungsländern aus: Kohnert, Preuß, Sauer (Hrsg.), Perspektiven zielorientierter Projektplanung in der Entwicklungszusammenarbeit, 1992, S. 141 f.

[42] Damit ist es am Ende der Projektlaufzeit im Sinne der notwendigen Nachhaltigkeit unproblematisch möglich, die Zentren alleine durch die lokalen Träger fortführen zu lassen. Vgl. *Pitschas*, Steuerung der Nachhaltigkeit von Projekten der Verwaltungszusammenarbeit, aus: Stockmann/Gaebe (Hrsg.), Hilft Entwicklungshilfe langfristig ?, 1993, S. 55 f.

Ein verstärktes Netzwerk von Beziehungen zwischen all denjenigen, die sich in der Entwicklungszusammenarbeit engagieren, wäre notwendig. Die Projekte in den Entwicklungsländern könnten den aus Deutschland agierenden Organisationen ihre Erfahrungen der örtlichen Verhältnisse zur Verfügung stellen und könnten gleichzeitig von deren stärkeren inländischen Präsenz profitieren. In diesem Sinne sollte über eine Verstärkung eines unabhängig von bürokratischen Strukturen bestehenden Netzwerks der in diesem Bereich Engagierten nachgedacht werden.

Ein solches Netzwerk erscheint umso dringender notwendig, da in Europa ein supranationaler Geber, der offensichtlich sehr zentralbürokratisch arbeitet und die Zusammenarbeit mit erfahrenen nationalen Entwicklungshilfeorganisationen zu scheuen scheint, im Entwicklungshilfebereich immer mehr Kompetenzen übernimmt.

VII. Zusammenfassung

Zusammenfassend kann festgestellt werden, daß die Durchführung von Rechts- und Verwaltungsreformmaßnahmen in den Entwicklungsländern als Voraussetzung für die Etablierung einer wirtschaftlich prosperierenden und sozial ausgewogenen Gesellschaft an Bedeutung gewinnt.

Die Konkretisierung der Unterstützung hängt dabei davon ab, auf welche Art und Weise Projektziele mit dem geringsten Mitteleinsatz erreicht werden können. Dabei gibt es eine ganze Anzahl von möglichen Zielgruppen, die von den Spitzen der Staatsverwaltung bis zu oppositionellen Nichtregierungsorganisationen oder den Normadressaten selbst reichen. Dabei kann festgestellt werden, daß Reformmaßnahmen umso schneller, effektiver und mit geringerem Mitteleinsatz erfolgreich realisiert werden können, je höherrangiger vorhandene reformbereite staatliche Strukturen als Zielgruppen ausgewählt werden können. Bei der in einzelnen Staaten durchaus sinnvollen Unterstützung von nichtstaatlichen Organisationen muß einkalkuliert werden, daß damit nur langfristig gesellschaftspolitische Prozesse im Hinblick auf Rechts- und Verwaltungsreformmaßnahmen erfolgreich unterstützt werden können.

Die Projektansätze sollten mehrdimensional sein und müssen genau eruiert werden. Sie verlangen in der Regel eine möglichst aktuelle Kenntnis der gesellschaftspolitischen Vorgänge und deren Akteure vor Ort. Da diese sich häufig schnell ändern, müssen flexibel angelegte Projektansätze immer wieder auf ihre Realisierbarkeit hin überprüft werden.

Ein größeres Entwicklungshilfeengagement im gesellschaftspolitischen Bereich erscheint, insbesondere in Anbetracht der jüngsten, wenig erfreulichen Tendenzen in vielen unterentwickelten Staaten der Welt, notwendig, damit diese Gesellschaften rechtzeitig Mechanismen des friedlichen Interessenausgleichs und der Konfliktbewältigung finden, bevor größere Teile eines Kontinents im Chaos versinken.

Auch sollten wir nicht nur davon reden, was die Entwicklungsländer zur Verbesserung ihrer sozialen und ökonomischen Situation tun können, sondern wir sollten auch uns selbstkritisch fragen, was wir durch unserere Wirtschaftspolitik an autonomer Entwicklung in der Dritten Welt verhindern.[43]

---

[43] Deklarationen über eine Marktöffnung für Agrarprodukte der Mittelmeeranrainerstaaten, wie die Erklärung des EG-Rates für eine erneuerte Mittelmeerpolitik für die Jahre 1992 bis 1996, reichen alleine nicht aus.

DRITTER TEIL

Arbeitskreis A:
Angebotsdifferenzierung in der Personellen Zusammenarbeit

Personelle Zusammenarbeit als Gestaltungselement der Verwaltungspartnerschaft

Von Friedrich W. Bolay

I. Einführung in die Themenstellung

1. Gegenstand und Ziel des Beitrags

Personelle Zusammenarbeit ist ein Thema, das bis Ende der achtziger Jahre ohne engen Zusammenhang zur Verwaltungsförderung diskutiert wurde.[1] Dabei ist es eigentlich klar, daß Verwaltung ein personalintensives Unternehmen ist und der Personalfaktor deshalb eine Schlüsselrolle spielt. Ausbildung und Fortbildung hatten immer große Bedeutung für den Sektor, aber neuere Entwicklungen im Bereich Personelle Zusammenarbeit wurden kaum mit vollzogen. Es ist national und international heute allgemein akzeptiert, daß isolierte Fortbildung häufig nur „Belohnungscharakter" oder „Urlaubswert" hat. Fortbildung kann wirksam sein, wenn sie ein Element im Rahmen von Organisations-, Management- oder Personalentwicklung ist und strukturverbessernde Maßnahmen ergänzt. Parallele Erfahrungen schlagen sich auch in den Konzeptionen der Personellen Zusammenarbeit nieder. Eingangs sollen daher diese Entwicklungen und der Diskussionsstand Mitte der neunziger Jahre kurz skizziert werden. Dabei soll ein besonders interessanter, aber auch riskanter Ansatz, die Finanzierung laufender Personalkosten, mit einem Fallbeispiel vorgestellt werden. Im Anschluß werden Probleme der Verwaltungsförderung mit Schwerpunkt beim Partnerschaftsgedanken und dem Personalfaktor dargestellt. Im Bereich der Ausbildung und Fortbildung für die öffentliche Verwaltung steht nach wie vor die Zentralstelle für öffentliche Verwaltung (ZÖV) und die Diskussion um die Wirksamkeit ihres Instrumentariums im Mittelpunkt des Interesses. Hier soll mit einem weiteren aktuellen Fallbeispiel der Frage nach Möglichkeiten der Weiterentwicklung mit Blick zum Jahr 2000 nachgegangen werden. Die Verwaltungsförderung darf den Anschluß an die Diskussionen der Entwicklungszusammenarbeit nicht verlieren. Dazu sollen die folgenden Darstellungen und Überlegungen beitragen. Dabei geht es nicht nur darum, die bedrohte Existenzberechtigung des Sektors zu verteidigen, sondern auch um den Beitrag der Verwaltungsförderung zur Verbesserung der Wirksamkeit der Entwicklungszusammenarbeit insgesamt.

---

[1] Gezielt aufgenommen wird dieser Zusammenhang wohl erstmalig bei *Rainer Pitschas*, Verwaltungsförderung und Personalentwicklung, Die Verwaltung 1989, S. 75 ff.

2. Probleme und Ziele der Personellen Zusammenarbeit

Personelle Zusammenarbeit ist ein Teilbereich der bilateralen Zusammenarbeit, dem in den Konzeptionen und Berichten zur Entwicklungspolitik der Bundesregierung in der Regel ein eigenständiger Unterabschnitt gewidmet wird. Dabei wird immer wieder betont, daß „die menschliche Leistung der bestimmende Faktor für den wirtschaftlichen und sozialen Entwicklungsprozeß ist".[2] Personelle Zusammenarbeit wird bis Anfang der neunziger Jahre mit dem Fachkräftemangel in den Ländern der Dritten Welt begründet. Die Verfügbarkeit von einheimischen Fachkräften wird als Voraussetzung für die Realisierung von Entwicklungsplänen, die Absorption von finanzieller und technischer Hilfe und letztlich für eine nachhaltige nationale Wirtschaftsentwicklung angesehen.[3] Der Einsatz von Experten, die Ausbildung von einheimischen Fachkräften und das Zurverfügungstellen von Wissen, etwa in Form von Büchern, werden als wichtigste Formen eines Transfers von entwicklungswichtigem Wissen aus den Industrieländern oder von einem Entwicklungsland zum anderen bezeichnet. Personelle Zusammenarbeit ist ein Teil der Technischen Zusammenarbeit, die durch Wissenstransfer die Leistungsfähigkeit von Menschen und Organisationen verbessern soll.[4]

Die Betonung des Fachkräftemangels geht unter anderem auch auf bildungsökonomische Entwicklungsstrategien der sechziger Jahre zurück.[5] Verschiedene Methoden und Modellrechnungen versuchten, den zukünftigen Bedarf an qualifizierten Arbeitskräften zu ermitteln, der allerdings auf einer prognostizierten oder geplanten Wirtschafts- und Sozialentwicklung beruhte und folglich auch von der Realisierung dieser Prognose oder Planung abhing.[6] In der späteren Diskussion wird nur noch selten unterschieden zwischen einem aktuellen, empirisch feststellbaren Bedarf und einem prognostizierten zukünftigen Bedarf.

---

[2] Diese Formulierung wiederholt sich ständig; exemplarisch sei hier verwiesen auf den „Fünften Bericht zur Entwicklungspolitik der Bundsregierung" vom März 1983 (BT-Drucksache 9/2411).

[3] *Bernward Joerges*, Stichwort – Experten – Spalte 1227-1135, in: Hans Besters und Ernst E. Boesch (Hrsg.), Entwicklungspolitik, Handbuch und Lexikon, Stuttgart, Berlin, Mainz 1966.

[4] Leitlinien für die Finanzielle und Technische Zusammenarbeit vom Frühjahr 1984. Die Technische Zusammenarbeit hat die Aufgabe, die Leistungsfähigkeit von Menschen und Organisationen in den Entwicklungsländern zu verbessern, indem sie Kenntnisse und Fähigkeiten vermittelt, mobilisiert oder die Voraussetzungen für deren Anwendung verbessert. Sechster Bericht zur Entwicklungspolitik der Bundesregierung – Bonn, März 1985 (BT-Drucksache 10/3028), S. 55.

[5] *Friedrich W. Bolay*, Verwaltung und Entwicklung – Materialien zum Seminar „Die Bildungszusammenarbeit der Bundesregierung für Verwaltungsfachkräfte aus Entwicklungsländern", S. 47 ff. Bildungsstrategien der Entwicklungverwaltung, Speyer – Wintersemester 1981/82.

[6] *Günter Menges/Gert Elstermann* – Wissenschaftliches und technisches Personal – Methoden der Bedarfsermittlung, Schriftenreihe des Bundesministers für wissenschaftliche Forschung, Heft 8, Bonn 1968.

Seit Beginn der siebziger Jahre tritt das Problem der Reintegration stärker ins Bewußtsein. Im Bericht zur Entwicklungspolitik der Bundesregierung vom 9. 11. 1973 heißt es dazu:

> „Die sich zu Ausbildungs- oder Erwerbszwecken im Bundesgebiet aufhaltenden Staatsangehörigen der Entwicklungsländer, das heißt Akademiker, Fachkräfte der höheren und mittleren Ebene und auch Facharbeiter, stellen ein Potential dar, das zur Deckung des Bedarfs an Fachkräften im Entwicklungsprozeß der Heimatländer beitragen könnte. Der zweckentsprechende Einsatz dieser Fachkräfte im Heimatland ist ein noch weitgehend ungelöstes Problem. Die Bundesregierung hat daher damit begonnen, sich in Zusammenarbeit mit den Regierungen der betreffenden Länder um Lösungen zu bemühen.".[7]

Zu diesen Lösungsansätzen gehörten z. B. Reintegrations-Seminare und Informationen und Vermittlungsangebote der Zentralstelle für Arbeitsvermittlung. Anfänglich wurden Probleme der Beschäftigung auf Informationsdefizite und fehlende Rückkehrbereitschaft zurückgeführt. Es wurde aber immer deutlicher, daß die ausgebildeten einheimischen Fachkräfte zu Hause keine Anstellung und Beschäftigung fanden und die Leistungen so ins Leere gingen. Inzwischen ist das Instrumentarium, das aber primär auf den privatwirtschaftlichen Bereich zielt, ständig ausgebaut worden und um Existenzgründungsdarlehen, Gehaltszuschüsse usw. erweitert worden, also Maßnahmen, die der Schaffung von Arbeitsplätzen und Beschäftigung dienen.[8] Heute werden der Personellen Zusammenarbeit zugerechnet:

Aus- und Fortbildung von Angehörigen der Entwicklungsländer (Ergänzung der Bildungszusammenarbeit),

Förderung der Existenzgründung und beruflichen Eingliederung,

Entsendung, Vermittlung und Einsatz von Fachkräften und[9]

Nachwuchsförderung.

---

[7] BT-Drucksache 7/1236, in: Zur Sache – Entwicklungspolitik (I) 4/74, Bonn 1974, S. 87.

[8] Akzente 2/94 Aus der Arbeit der GTZ, S. 42-47, Rückkehrer: Frachttransfer ans Rote Meer (Eritrea). Rückkehrer erhalten zwei Jahre lang – je nach Qualifikation – einen monatlichen Zuschuß von 60 % ihres früheren Gehaltes und bis zu 12.000 DM einmaliges Wiedereingliederungsgeld. Seit 1989 wird ein Teil dieser Maßnahmen von der Deutschen Ausgleichsbank (DTA) durchgeführt. Journalistenhandbuch Entwicklungspolitik 1994 – Bonn 1993, S. 183

[9] Die wesentlichen Kategorien von Fachkräften sind:
– entsandte Fachkräfte,
– integrierte Fachkräfte,
– Entwicklungshelfer und
– verschiedene Formen der Nachwuchsförderung (Projektassistenten, beigeordnete Sachverständige bei internationalen Organisationen).
Bei den entsandten Fachkräften kann man weiter unterscheiden nach entsendenden Organisationen (GTZ, Consultingfirmen, politische Stiftungen, kirchliche und freie Träger) und zwischen Langzeit- und Kurzzeitfachkräften. Zur Unterscheidung und den Zahlenübersichten siehe Journalistenhandbuch FN 8.

Die Entsendung von Experten aus Industrieländern wurde immer als eine Übergangslösung dargestellt. In den achtziger Jahren hat man versucht, dies durch Regeln der Vorrangigkeit sicherzustellen. Der Einsatz von Fachleuten aus Industrieländern sollte dem Grundsatz des geringstmöglichen Eingriffs folgen und nur stattfinden, wenn keine einheimischen Fachkräfte zur Verfügung stehen und der Einsatz eines integrierten Experten nicht ausreicht. Aus- und Fortbildungsmaßnahmen vor Ort sollten Vorrang vor Maßnahmen in Industrieländern haben. Trotzdem wuchs die Zahl der Experten in die eine Richtung und der „brain drain" in die andere Richtung weiter.

„Heute befinden sich mehr hochqualifizierte Arbeitskräfte aus EL in den IL als umgekehrt Fachkräfte aus den IL in EL."[10]

Die Kritik, daß die Experten einheimischen Fachkräften die Arbeitsplätze wegnehmen, wurde noch verschärft durch die zunehmenden Zweifel an der Wirksamkeit der Entwicklungszusammenarbeit insgesamt.

Das Verhältnis von Personeller und Technischer Zusammenarbeit ist formell so definiert, daß Personelle Zusammenarbeit ein Teilbereich der Technischen Zusammenarbeit sein soll. So einfach stellt sich das jedoch in der Praxis nicht dar. Solche Begriffe und Zuordnungen verweisen auf die Zuständigkeiten und die Organisationsstruktur der Vorfeldorganisationen der Entwicklungszusammenabeit. Da ist nun die GTZ in erster Linie für die Technische Zusammenarbeit (mit Schwerpunkt Personalentsendung) zuständig und die CDG, DSE, DAAD usw. für Personelle Zusammenarbeit (mit Schwerpunkt Aus- und Fortbildung). Grundsätzlich handelt es sich bei den dem BMZ nachgeordneten Einrichtungen um ein System, das auf Arbeitsteilung und Zusammenarbeit angelegt ist. Erfahrungsgemäß ist jedoch das Ministerium mit seinen Kapazitäten zu schwach, eine Koordination der Vorfeldorganisationen sicherzustellen. Außerdem sind die Vorfeldorganisationen doch eher auf Bewahrung ihrer Eigenständigkeit oder sogar Konkurrenz um Mittel und attraktive Maßnahmen ausgerichtet. Man hat den Eindruck, daß Stellungnahmen zur Bedeutung und Eigenart der Personellen Zusammenarbeit oft die unterschwellige Stoßrichtung haben, das Arbeitsgebiet gegenüber der Technischen Zusammenarbeit abzugrenzen und so die organisatorische Unabhängigkeit zu legitimieren.[11] Es wird als undankbare Aufgabe empfunden, Unterauftragnehmer der GTZ zu sein. Das Ganze wird auch durch das unpassende Adjektiv „technisch" unterstützt, das manche im Sinne von technokratisch verstehen wollen, um einen Gegensatz zu personal oder human herauszuarbeiten. Technische Zusammenarbeit ist in ihrem Kern gleichwohl Personelle Zusammenarbeit. Sie beschränkt sich zwar nicht auf den Personaleinsatz, wird aber in ihrem Selbstverständnis nahezu vollständig davon

---

10 Vierter Bericht zur Entwicklungspolitik der Bundesregierung – Bonn, März 1980 (BT-Drucksache 8/3582), S. 30/31.

11 So ist etwa im 5. Bericht zur Entwicklungspolitik der Bundesregierung der Teil Personelle Zusammenarbeit ein eigenständiger Gliederungspunkt, ab dem 6. Bericht wieder ein Unterabschnitt (4.1.3.1) der Technischen Zusammenarbeit (4.1.3).

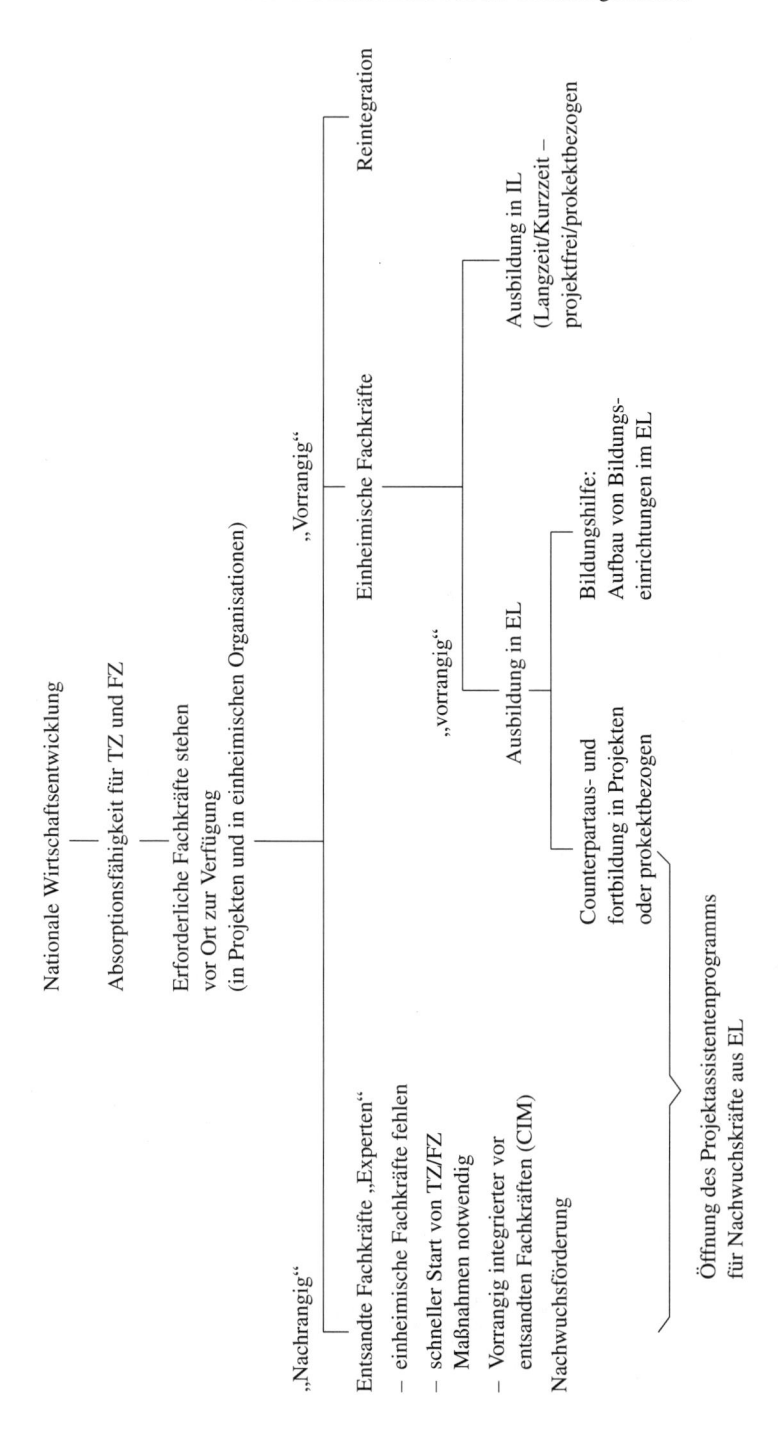

Personelle Zusammenarbeit als Gestaltungselement 151

Nationale Wirtschaftsentwicklung

Absorptionsfähigkeit für TZ und FZ

Erforderliche Fachkräfte stehen vor Ort zur Verfügung
(in Projekten und in einheimischen Organisationen)

„Nachrangig"   „Vorrangig"

Entsandte Fachkräfte „Experten"   Einheimische Fachkräfte
– einheimische Fachkräfte fehlen
– schneller Start von TZ/FZ   „vorrangig"
  Maßnahmen notwendig
– Vorrangig integrierter vor   Ausbildung in EL   Ausbildung in IL
  entsandten Fachkräften (CIM)   (Langzeit/Kurzzeit –
Nachwuchsförderung   projektfrei/prokektbezogen

                                    Counterpartaus- und   Bildungshilfe: Reintegration
                                    fortbildung in Projekten   Aufbau von Bildungs-
                                    oder projektbezogen   einrichtungen im EL

Öffnung des Projektassistentenprogramms
für Nachwuchskräfte aus EL

Schaubild 1: Personelle Hilfe / Zusammenarbeit

geprägt. Scherzhaft könnte man in Anlehnung an alte DDR-Witze formulieren – Personelle Zusammenarbeit ist die Zusammenarbeit von Menschen mit Menschen, in der Technischen Zusammenarbeit ist das umgekehrt. Damit soll zunächst nur verdeutlicht werden, daß eine begriffliche Klärung allein nicht weiterhilft, ohne eine Berücksichtigung des Systems der Entwicklungszusammenarbeit, in dem Begriffe weit mehr Funktionen haben, als die einer Klärung von Sachverhalten.

3. Gestaltung des Personalfaktors als Mittel der Zusammenarbeit

Ein Problem war immer nicht nur die Quantität, sondern auch die Qualität der entsandten Fachkräfte.

„Wegen der Arbeitsmarktlage in der Bundesrepublik Deutschland sind insbesondere qualifizierte und berufserfahrene Fachkräfte oft nicht bereit, einen sicheren Arbeitsplatz zugunsten eines zeitlich begrenzten Einsatzes in einem EL aufzugeben. Auch die hohe Vergütung für Experten reicht häufig als Anreiz nicht aus."[12]

Ergebnis war und ist, daß viele entsandte Fachkräfte den Anforderungen nicht entsprachen und nicht bereit und in der Lage waren, sich sozial und institutionell zu integrieren.

„Bei dieser Art der Personellen Zusammenarbeit haben sich mitunter Probleme ergeben. Sie liegen zum einen in der erforderlichen Einpassung der Experten in die gesellschaftliche Situation der Gastländer; zum anderen ist ihre Tätigkeit ohne stärkere Eingliederung in die Institutionen des Partnerlandes mit dem gestiegenen Selbstbewußtsein der Entwicklungsländer nur noch schwer vereinbar. Hinzu kommt, daß heute verstärkt Experten mit einer spezifischen Qualifikation benötigt werden."[13]

Antworten auf diese Probleme waren u.a.:

Verbesserung der Auslandsvorbereitung der Fachkräfte auf die Situation des Partnerlandes,

Intensivierung der Nachwuchsförderung und Förderung entwicklungsbezogener Studiengänge,

Weiterentwicklung des Anforderungsprofils an Fachkräfte der Technischen Zusammenarbeit in Richtung Sozial- und Beratungskompetenz, Kommunikations- und Teamfähigkeit einschließlich Verbesserung der Auswahlverfahren,

Entwicklung von Fortbildungsangeboten im Bereich soziokultureller Faktoren.

Evaluierungen des BMZ, die sich gezielt mit dem Instrumentarium der Personellen Zusammenarbeit befaßten.[14]

---

[12] Vierter Bericht zur Entwicklungspolitik der Bundesregierung, Bonn, März 1980 (BT-Drucksache 8/3582), S. 31.

[13] Dritter Bericht zur Entwicklungspolitik der Bundesregierung – Bonn, November 1977 (BT-Drucksache 8/1185), S. 29.

Die Frage der Qualität der entsandten Fachkräfte hängt entscheidend von der Definition der Anforderungen und des Auftrags ab. Dabei kann man folgende Entwicklungsstufen feststellen.

In der klassischen Begründung ersetzt der Experte fehlende einheimische Fachkräfte solange, bis diese ausgebildet bereitstehen. Er tut also übergangsweise das, was diese auch tun würden unter Einschluß von Vollzugsaufgaben. In dieser Vorstellung spielt dann die „Übergabe" eine wichtige Rolle.[15]

Mit zunehmenden Problemen wurde dann der Ausbildungsauftrag der entsandten Experten betont.

„Nicht immer wird jedoch das Fachwissen der besonderen Lage des Entwicklungslandes voll gerecht werden können. Erst wenn Angehörige des Landes (Counterparts) die ihnen auf diese Weise vermittelten Fertigkeiten den spezifischen Bedingungen ihrer Umwelt angepaßt haben, wird man von einer erfolgreichen Hilfe sprechen können."[16]

In dem Maße, wie immer besser qualifizierte einheimische Fachkräfte zur Verfügung standen, wurde dann in den achtziger Jahren die Beraterrolle betont. Dabei werden im wesentlichen zwei Bedarfssituationen formuliert[17]:

1. Es wird spezielles Fachwissen benötigt, das auch durch Kurzzeiteinsätze abgedeckt werden kann.
2. Es fehlt an der anwendungsorientierten Praxis, vor allem auch an der Planungs-, Organisations- und Managementkompetenz.

Die drei Funktionen Vollzug, Ausbildung und Beratung werden dann auch als Phasen auf der Zeitachse angeordnet.

„Unter etwas anderen Gesichtspunkten spricht man von Exekutiv- bzw. Beratungsfunktionen des Ex., und man hat für die Technische Hilfe die goldene Regel aufgestellt, daß

---

14 In einer 1976 begonnenen Serie im Rahmen des zentralen Evaluierungsprogramms des BMZ wurden die Formen der Personellen Zusammenarbeit untersucht:
Bundesministerium für wirtschaftliche Zusammenarbeit,
– Projektansätze des Deutschen Entwicklungsdienstes (DED), Querschnittsanalyse vom 20. 8. 1979
– Integrierte Experten als Instrument der deutschen Entwicklungspolitik, Hauptbericht vom 1. 4. 1979
– Funktionale Einbindung entsandter (Langzeit-)Fachkräfte in die Partnerinstitution in Entwicklungsländern – Konsequenzen für die Steuerung von TZ-Vorhaben – Hauptbericht vom 30. 9. 1980
– Der Einsatz von Kurzzeit-Fachkräften in der Entwicklungszusammenarbeit, Band 1 Hauptbericht, Band 2, Anhang, Bonn, den 1. Juni 1982.
15 *Hansjörg Neun*, Projektübergabe bei der Technischen Zusammenarbeit mit Entwicklungsländern, Augsburg 1985.
16 Bericht der Bundesregierung vom 9. 11. 1973, S. 86/87.
17 *Hans-Werner Mundt*, Entwicklung braucht den Austausch von Experten (TZ-Kritik aus der Sicht von CIM), GTZ-intern Nr. 20/Juni 1994, S. 4.

der Ex. immer nur beratende Aufgaben übernehmen, niemals jedoch in den Entscheidungsprozeß eingreifen soll. In der Praxis läßt sich diese Unterscheidung allerdings kaum aufrechterhalten. Die tatsächliche Funktion des Ex. wechselt stark mit seinem Verhältnis zu den einheimischen Counterparts und im zeitlichen Ablauf. So scheint die Regel sinnvoll zu sein, daß der Ex. bestrebt sein soll, einen möglichst engen, auch persönlichen Kontakt zu einheimischen Mitarbeitern zu suchen und sich sukzessiv von direkt durchführenden auf ausbildende und beratende Aufgaben zurückzuziehen."[18]

Eine wichtige Rolle in der Diskussion spielt auch bis heute die Funktion des Experten als Katalysator für Entwicklungsprozesse.

„Soziale Neuerung. Über beruflich umschreibbare Funktionen hinaus müssen dem Ex. soziale Neuerungsfunktionen zugeschrieben werden. Zunächst wirkt jeder Ex. als Repräsentant einer fremden Kultur durch sein Beispiel, seine Reaktionen oder aus bewußter Überzeugung auf vielerlei Weise auf die Menschen ein, die mit ihm in Berührung kommen. Darüber hinaus setzt sich die Einsicht durch, daß der Ex. neben der Vermittlung instrumentaler Informationen und Techniken eine positive Aufgabe hat im Bereich der gezielten Veränderung von Handlungsmotivationen. Jeder Ex. muß zugleich Sozialexperte sein, ein Ausdruck, der sich für diesen Funktionsteil einzubürgern beginnt. Die planvolle Einwirkung auf die Motivationslage von Gruppen, d. h. auf ihre Fähigkeit, entwicklungsrelevante Entscheidungen zu treffen, setzt beim Ex. über fachliche Qualifikationen hinaus ein Verständnis der Entwicklungsproblematik und der Verhaltensdynamik menschlicher Gruppen sowie spezifisch pädagogische Fähigkeiten voraus."[19]

Wenn man sich mit verschiedenen Fachkräften unterhält, die seit zwei, zehn oder zwanzig Jahren im Ausland arbeiten, findet man im Grunde alle genannten Varianten des Aufgabenverständnisses und noch weitere hier nicht dargestellte Positionen. Ein breiter Konsens über den Auftrag ist bis heute nicht erreicht worden.

II. Neue Wege der Personellen Zusammenarbeit

1. Öffnung der Projekte und Programme der Entwicklungszusammenarbeit für Einheimische

Anfang der neunziger Jahre veränderte sich die Problemsicht und die Bereitschaft, neue Lösungsansätze zu erproben. Es war klar, daß seit vierzig Jahren Fachkräfte aus Entwicklungsländern ausgebildet werden, viele aber nicht die Funktionen im Entwicklungsprozeß ihres Landes übernehmen, für die sie ausgebildet wurden. Das Potential ist eigentlich vorhanden, der Bedarf im Grunde auch, nur wird beides nicht zusammengebracht. Auf der gesamtwirtschaftlichen Ebene setzen hier

---

[18] Hans Besters und Ernst E. Boesch (Hrsg.), Entwicklungspolitik. Handbuch und Lexikon. Stuttgart-Berlin-Mainz 1966, Spalte 1128.

[19] Hans Besters und Ernst E. Boesch (Hrsg.), Entwicklungspolitik. Handbuch und Lexikon. Stuttgart-Berlin-Mainz 1966, Spalte 1128.

u. a. Strukturanpassungsprogramme an, die das Verhältnis von Staat und privatem Sektor neu zu ordnen versuchen.

Einen Teilbeitrag zur Beschäftigung einheimischer Fachkräfte sollte aber auch die Entwicklungszusammenarbeit selbst leisten. In der zweiten Hälfte der achtziger Jahre nahmen die sogenannten Ortskraftverträge zahlenmäßig zu. Dabei handelt es sich um Verträge mit dem Projekt oder dem Ansprechpartner/Projektleiter nach Landesrecht, die aus den Projektfinanzen bezahlt werden. Solche Verträge gab es schon immer, aber früher überwiegend für reine Hilfstätigkeiten, wie etwa Fahrer. Es ist dann über Jahre statistisch unübersichtlich, wie sich die Ortskraftverträge entwickelt haben im Hinblick auf den zunehmenden Einsatz von Fachkräften. Dabei muß man beachten, daß auch Europäer Ortskraftverträge haben konnten. Gegen Ende der achtziger Jahre fand diese Form immer mehr Anerkennung. Für 1993 werden 5.622 Ortskräfte genannt, davon 2.083 Hilfskräfte, 3.539 qualifizierte Fachkräfte, von denen 268 der Führungsebene zugerechnet werden.[20] Inzwischen gibt es zunehmend Projekte, in denen überhaupt keine entsandten Fachkräfte, sondern nur noch Ortskräfte eingesetzt werden. Diese Entwicklung ist teilweise aus der Not geboren, wie in Peru, wo etwa 80% des Projektpersonals einheimische Experten sind.[21]

Aber auch in Nepal sollen inzwischen 40% lokale Fachkräfte ausmachen. Es gibt immer mehr Projekte ohne ausländische Experten, die nur noch auf der Ebene von Sektoren oder Programmen als Koordinatoren eingesetzt werden.

Ähnlich verlief die Entwicklung im Bereich der Kurzzeitexperteneinsätze, wo lokale Consultants systematisch geschult, eingesetzt und zur Existenzgründung ermutigt wurden. Für Teilnehmer aus Entwicklungsländern wurde dann auch die Nachwuchsförderung, insbesondere das Projektassistentenprogramm geöffnet.

Die Entwicklungszusammenarbeit hat sich selbst für den Einsatz lokaler Fachkräfte geöffnet und damit einen Beitrag zur Beschäftigung geleistet. Das Problem der Beschäftigung von Fachkräften in den einheimischen Institutionen wurde dadurch aber nicht entscheidend beeinflußt.

2. Beitrag zu laufenden Personalkosten von einheimischen Institutionen

Ein klassischer Grundsatz der Entwicklungszusammenarbeit war immer, daß Projekte einmalige Vorhaben sind, die Investitionen oder Innovationen zum Gegenstand haben, Daueraufgaben und laufende Kosten aber durch das nationale

---

[20] Bundesministerium für wirtschaftliche Zusammenarbeit und Entwicklung, Informationsvermerk Nr. 10/94 für den Bundestagsausschuß für wirtschaftliche Zusammenarbeit. Neue Wege der personellen Entwicklungszusammenarbeit (PZ), Bonn März 1994, S. 7. Allerdings nennt die GTZ 1994 nur 4970 Ortskräfte (GTZ-intern Nr. 21/1994, Jahrespressekonferenz erstmals in Potsdam, S. 1 und 4).

[21] GTZ-intern Nr. 17/1994, S. 3, Lokale Fachkräfte als Ansprechpartner – Peru das alternative TZ-Programm.

156 Friedrich W. Bolay

Informationsvermerk Nr. 10/94
Neue Wege der Personellen Entwicklungszusammenarbeit (PZ)

Problemsicht (Ziffer 2 +3)

Kernproblem vor 30 Jahren: Mangel an Fachkräften
Heute: Potential vorhanden

Folgen ↔ Kernproblem ↔ Ursachen

- Fehlende Wirksamkeit und Nachhaltigkeit
- Mangelnde Fähigkeit zur Wartung und Instandhaltung von E-Investitionen
- knapper werdende Ressourcen werden durch hohe Gehälter für Experten gebunden
- Abwanderung hochqualifizierter Fachkräfte
- Aufbau einheimischer Planungs- und Entscheidungskapazitäten wird von Gebern und EL-Regierungen behindert
- Keine Übernahme nationaler Verantwortung (Elliot Berg/Jaycox)

→ Einheimische Fachkräfte ohne Beschäftigung ← Kernproblem

- Zunahme ausländischer Experten
- Regierungen: akzeptieren Experten im Paket mit Mitteln
- Geberinteressen
- Kontrollinteresse („Keine Mark ohne Mann")
- Rascher Mittelabfluß
- Anwendungsorientiertes Wissen und Management- und Planungsfähigkeit unzureichend
- Theorielastige Ausbildungsangebote
- Keine finanzielle und organisatorische Vorsorge für den Einsatz qualifizierten einheimischen Personals

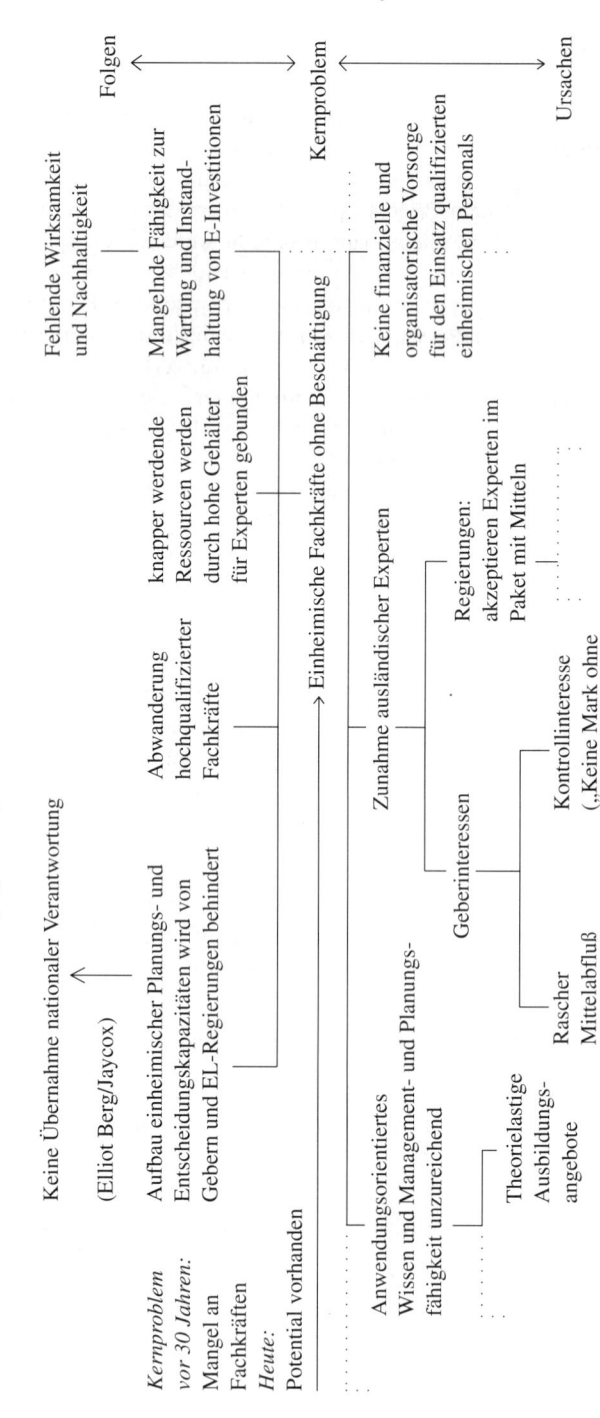

Schaubild 2

Budget finanziert werden. In der Praxis wurde dagegen ständig und systematisch verstoßen, der Grundsatz offiziell aber aufrecht erhalten. Im Rahmen der neuen Diskussion werden Beiträge zu Personalkosten zur Verbesserung der Beschäftigungssituation in einheimischen Institutionen für zulässig gehalten.[22]

Dabei muß man aber festhalten, daß auch die Technische Zusammenarbeit, häufig im Gegensatz zu offiziellen Regeln und Erklärungen, schon immer in erheblichem Umfang zu laufenden Kosten unter Einschluß von Personalkosten beigetragen hat. Die sogenannten Counterparts, die aus den einheimischen Verwaltungen in Projekte abgeordnet wurden, sollten eigentlich in der Regel aus den Budgets der entsendenden Organisationen weiterbezahlt werden. Dies ist vielfach, wie auch sonst in der Verwaltung, verspätet, unzureichend oder gar nicht geschehen. Es wurde eigentlich erwartet, daß die Mitarbeiter irgendwie im Projekt auf ihre Kosten kommen. Von der Geberseite wurde dem in vielen Formen Rechnung getragen. Es gab „topping-ups", „fringe benefits", „field allowances" bis hin zum monatlichen Sack Reis, der es der Familie der Projektmitarbeiter/Counterparts ermöglichte, zu überleben. Dazu gehört auch die Geschichte von einem afrikanischen Beamten, der seinen Beruf aufgab, weil es profitabler war, „professioneller" Seminarteilnehmer von internationalen Gebern zu werden. In den achtziger Jahren waren 60 - 70 US$ Tagegelder der Weltbank oder von USAID im südlichen Afrika bei sparsamer Verwendung ausreichend, um mit 3 - 5 Seminaren im Jahr ein Auskommen zu finden. Bei den sogenannten lokalen Fachkräften gibt es entsprechende Karrieremuster. Wer sich in einer einheimischen Organisation bewährt hat und gute Beziehungen hat, kann für ein Projekt nominiert werden. Nach einem bescheidenen Anfang in einem NGO-Projekt kann man über ein skandinavisches oder deutsches Projekt bis zu einem USAID- oder Weltbank-Projekt aufsteigen und nach einer Anstellung bei einer Internationalen Organisation (am besten Weltbank) endlich Minister einer neuen Regierung werden. Diese leicht ironische Darstellung soll nur andeuten, welche Verzerrungen die internationale Zusammenarbeit in den Personalbereich getragen hat. Dies hat auch alle Ansätze für eine systematische Personalplanung in Entwicklungsländern immer wieder im Keim erstickt. Das soll nicht heißen, daß die einheimischen Karrieremuster besser waren. Der Geberarbeitsmarkt war aber ein „Druckventil" für fachlich qualifizierte Mitarbeiter und hat so Veränderungsdruck in einheimischen Institutionen abgebaut.

*3. Anforderungen an den Beitrag zu laufenden Kosten
in der Entwicklungszusammenarbeit*

Die internationale Zusammenarbeit hat immer in verdeckter Form entgegen dem eigenen Anspruch und entgegen offiziellen Regeln laufende Kosten von Institutio-

---

[22] Bundesministerium für wirtschaftliche Zusammenarbeit und Entwicklung, Informationsvermerk Nr. 10/94 für den Bundestagsausschuß für wirtschaftliche Zusammenarbeit. Neue Wege der personellen Entwicklungszusammenarbeit (PZ), Bonn März 1994.

nen in Entwicklungsländern subventioniert. Die verdeckte Subventionierung durch Projekte und Experten war immer wesentlich unwirtschaftlicher, als es eine offene systematische und rationale Subventionierung hätte sein können. Die Partnerseite war eigentlich nur an den Fahrzeugen, dem Material und den finanziellen Zuschüssen interessiert, mußte aber das ganze „TZ-Paket" einkaufen, um das zu bekommen, worauf es ihr eigentlich ankam. Eine weitere negative Folge war die Atmosphäre permanenter Selbst- und Fremdtäuschung, die für die internationale Zusammenarbeit so typisch ist. Die verdeckte Subventionierung hat auch den Problemdruck von Partnerländern genommen und so dazu beigetragen, daß keine vernünftigen Finanzierungskonzepte für öffentliche Institutionen und Dienstleistungen, keine funktionierenden Steuerverwaltungen oder Institutionen der Finanzkontrolle aufgebaut wurden. Es spricht also vieles dafür, die Tabuisierung der Finanzierung laufender Kosten zu beenden, wenn gleichzeitig die Projektzusammenarbeit von verdeckter Subventionierung gereinigt und auf ihren eigentlichen Auftrag zurückgeführt wird. Die Finanzierung laufender Kosten muß so gestaltet sein, daß sie die Leistungsbereitschaft von Menschen und Organisationen nicht gefährdet. In diesem Zusammenhang ist eine Entwicklung richtig, die von der Unterstützung der Input-Seite zur Unterstützung der Output-Seite übergeht.[23]

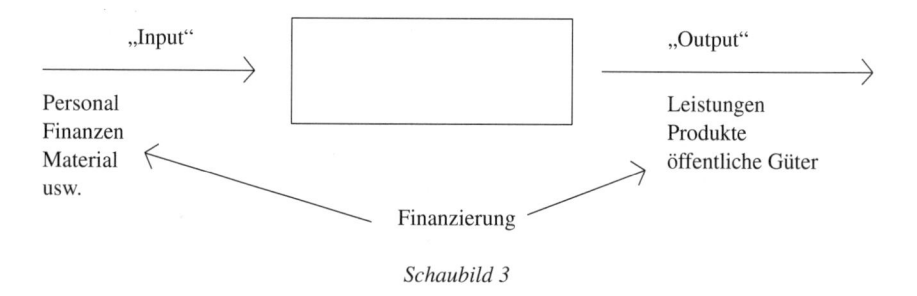

```
        „Input"                                    „Output"
    ─────────────→   ┌─────────────┐   ─────────────→
                     │             │
    Personal         │             │        Leistungen
    Finanzen         │             │        Produkte
    Material    ←────│             │────→   öffentliche Güter
    usw.             └─────────────┘
                       Finanzierung
```

Schaubild 3

Unterstützung und Finanzierungsmechanismen der Vergangenheit subventionieren in der Regel „Inputs". Seit einigen Jahren erkennt man, daß die Unterstützung der Output-Seite Vorteile hat.

> „To finance inputs makes an institution reliant and lazy. The selling or buying of „outputs" or „products" can create a performance oriented businesslike way of doing things. The buyer/donor can be more selective because he can define how much and which quality he wants to buy. He has not the responsibility for the institution as a whole. The institution becomes more independant if it is able to diversify its clients. (...) the shift to output financing can lead to financial sustainability in a sense that selling of good quality products to a diversified market of public, private and donor clients will create a performance and merit-based income".[24]

---

[23] Es ist anzumerken, daß TZ und FZ verschiedene Finanzierungsinstrumente kennen, die aber nur andere Mittel für investive und innovative Ziele sind und nicht zur Finanzierung laufender Kosten gedacht sind.

So erarbeitet beispielsweise die Ingenieurfakultät von Dar es Salaam/Tansania in Zusammenarbeit mit der GTZ Modelle, kostendeckende Studiengebühren zu erheben und dafür aktiv Stipendien von privaten Unternehmen, öffentlichen Einrichtungen und internationalen Gebern einzuwerben. Dafür wird auch die Einführung der Kostenrechnung geplant in Verbindung mit einem betriebswirtschaftlichen Managementsystem. Ein solcher Ansatz bietet reizvolle Möglichkeiten, Bildungszusammenarbeit, Stipendienvergabe und Personelle Zusammenarbeit zu verknüpfen.

Man kann also durchaus Anforderungen für Finanzierungsformen bestimmen, die Leistungsorientierung absichern und nicht untergraben. Dazu gehören:

1. Es müssen *Rahmenbedingungen* vorliegen, die eine leistungsorientierte Systemgestaltung zulassen. Dazu gehört beispielsweise dezentrale Kostenverantwortung und die Möglichkeit, eigene Einnahmen zu erzielen und selbst zu bewirtschaften. Dazu gehören weitere rechtliche, politische und personalwirtschaftliche Rahmenbedingungen.

2. Es muß ein *Entwicklungskonzept* für die Verbesserung der Leistungsfähigkeit der Organisation vorliegen, das einen klaren Stufenplan mit Leistungsindikatoren oder Kennzahlen enthält, die nachprüfbar sind.

3. Die Verbesserung der Leistungsfähigkeit der Institution muß in der Regel durch *Organisations- und Managementberatung* und durch weitere Maßnahmen der *Personalentwicklung* unterstützt werden.

4. Es muß ein tragfähiges *Finanzierungskonzept* entwickelt werden. Es genügt nicht zu sagen, daß Subventionen zeitlich degressiv sein sollen, sondern es muß klar sein, wodurch sie progressiv ersetzt werden.

5. Personalkostenzuschüsse dürfen das nationale *Besoldungssystem* nicht verzerren oder außer Kraft setzen, sondern dürfen es nur ergänzen. Instrumente der *Leistungsbeurteilung* müssen mit nationalem Recht und soziokulturellen Wertvorstellungen vereinbar sein.

6. Es muß sichergestellt sein, daß eine mitlaufende *Erfolgskontrolle* stattfindet, an der beide Seiten gleichberechtigt mitwirken. Beim Wegfallen von Reformvoraussetzungen oder nachhaltigen Verfehlen von Leistungszielen muß die Unterstützung abgebrochen werden.

Ein interessantes Beispiel für ein Pilotvorhaben, in dessen Rahmen solche „neuen Wege" erprobt werden sollen, ist das „Leistungsbezogene Anreizsystem im Wassersektor Sambia". Dieses Pilotvorhaben soll kurz geschildert und dann einige Fragen zur Diskussion gestellt werden.[25]

---

[24] GTZ – Auftragsberichte: *Friedrich W. Bolay*, Technical Cooperation in favour of the Faculty of Engineering, University of Dar es Salaam/Tanzania (PN 86.2232.6). Report on a ZOPP-Workshop from March 15th to 19th 1994 in Dar es Salaam, S. 8. Kienbaum Development Services GmbH, Final Report – Development of a Costing System for the Faculty of Engineering, University of Dar es Salaam, Dar es Salaam, Princeton und Düsseldorf 18 July 1993.

4. Fallbeispiel: Leistungsbezogenes Anreizsystem im Wassersektor Sambia

a) Rahmenbedingungen: Reform des Wassersektors

Die neue Regierung Sambias führt seit März 1993 ein „Public Sector Reform Programme (PSRP)" durch.[26] Dazu gehören auch eine umfassende Verwaltungsreform und die Reform des öffentlichen Dienstes. Im Rahmen der Rückführung des Staates auf seine Kernfunktionen und einer Verbesserung der Effizienz der Verwaltung findet unter anderem eine Reform des Wassersektors statt. Ein wichtiges Element dieser Reform ist die Umwandlung der Wasserver- und -entsorgung. Auf regionaler und kommunaler Ebene sollen verselbständigte Betriebe entstehen, die nach betriebswirtschaftlichen Grundsätzen geführt werden. In den Dokumenten wird von Privatisierung gesprochen, ohne die Rechtsform oder den Unterschied zwischen materieller und formeller Privatisierung deutlich zu machen. Soweit erkennbar, sollen jedoch wie in unserem System öffentliche Betriebe oder Unternehmen entstehen. Früher wurde die Wasserver- und -entsorgung durch Verwaltungsabteilungen durchgeführt. Die Reform des Wassersektors wird durch BMZ/GTZ und NORAD auf verschiedenen Wegen unterstützt. Vorgeschichte dafür war unter anderem die langjährige Zusammenarbeit mit der „Lusaka Water and Sewerage Company Ltd.". Die Reform des Wassersektors wird von einer interministeriellen Arbeitsgruppe (PCU – siehe Schaubild 4) gesteuert, die von einer Expertengruppe unterstützt und beraten wird (WSDG). Diese Gruppe, die bis auf eine europäische Fachkraft aus lokalen Fachkräften besteht, wird von GTZ und NORAD finanziert und soll am Ende der Reform aufgelöst oder übergeleitet werden. Prinzipien der Reform sind:

– Trennung der hoheitlichen wasserwirtschaftlichen Aufgaben von den Dienstleistungsfunktionen in der Wasserver- und -entsorgung.

– Trennung der Aufsichtsfunktion über Wasserver- und -entsorgungsunternehmen von den Unternehmen selbst.

– Übertragung von Verantwortung auf die örtlichen Gebietskörperschaften und den Privatsektor.

– Langfristig volle Kostendeckung für Wasserver- und -entsorgung durch Nutzergebühren.

---

[25] Ansätze für die Finanzierung laufender Personalkosten im Rahmen der Reform des öffentlichen Dienstes gibt es in Bolivien und Uganda (internationale Geber). Im Bereich der deutschen Entwicklungszusammenarbeit werden noch die Regionalverwaltungen und Kommunen in Somalia und Eritrea erwähnt (siehe Informationsvermerk, a. a. O. FN 22). Ein „Incentive Scheme" wird am Zentrum für Agrarentwicklung (CIAD) in Peking gefördert.

[26] *Patrick Harvey/Manfred Horr/Herrmann Schönmeier* in cooperation with *Bernard Chiwala* and Sangayakula Sanga, Performance Based Incentive Scheme (IS) for Employees of Zambian Water Supply and Sanitation Companies. Prefeasibility Study on a Pilot Project. Preliminary Findings. Saarbrücken April 1994.

- Investition in Humankapital mit dem Ziel, die Institutionen effektiver zu machen.
- Einsatz von an die örtlichen Bedingungen angepaßter Technologie.
- Höhere Priorität und Mittelzuweisung an den Sektor im Rahmen der sambischen Entwicklungspolitik.

Ein Instrument dieser Gruppe (WSDG) ist das „Leistungsbezogene Anreizsystem", wobei zu betonen ist, daß es eine Ergänzung und Unterstützung einer Reihe von anderen Maßnahmen und Vorhaben darstellt.[27]

b) Problemsicht des Pilotansatzes

Dieses Pilotprojekt wird im Informationsvermerk vom März 1994 als exemplarisch erwähnt und bezieht sich in seiner Begündung auf die den „Neuen Wegen" zugrundeliegende Kritik. Es heißt dort:

„In den vergangenen Jahrzehnten hat sich bei der Durchführung von Projekten der Technischen Zusammenarbeit die personelle Leistungsfähigkeit des öffentlichen Dienstes immer wieder als zentrales Problem erwiesen. Projektansätze gingen davon aus, daß das einheimische Personal der Projektträger durch diese so entlohnt werden, daß es seine volle Arbeitskraft in das Arbeitsverhältnis einbringt. Die Realitäten haben diesem Bild nur zum Teil entsprochen. Minimallöhne des öffentlichen Dienstes zwangen die Beschäftigten, zusätzliche Tätigkeiten aufzunehmen, um das wirtschaftliche Überleben zu ermöglichen. Abwesenheit vom Arbeitsplatz und niedrige Motivation waren häufig das Ergebnis. Um ein Mindestmaß an funktionierender Zusammenarbeit zu erreichen, wurde deshalb häufig neben der einheimischen Gehaltsstruktur eine projekteigene Gehaltsstruktur für einheimische Mitarbeiter aufgebaut. Dies führte in der Summe der Maßnahmen aller nationalen und internationalen Geber zu einem gespaltenen Arbeitsmarkt, bei dem einerseits nach nationalen Standards Minimallöhne, andererseits durch ein teilweise kaschiertes System Zusatzvergütungen gezahlt wurden, die erheblich über dem nationalen Standard lagen.

Die Übertragung eines derartigen Systems auf alle Mitarbeiter hätte die wirtschaftlichen Möglichkeiten der Staaten angesichts der Größenordnung des öffentlichen Dienstes erheblich überfordert. Erst die Diskussion um die Reduzierung der Aufgaben des Staates auf seine eigentlichen hoheitlichen Aufgaben, die Auslagerung anderer Aufgaben an halbstaatliche und private Träger sowie die Konzentration auf personalpolitische Aspekte haben den Weg frei gemacht für neue Möglichkeiten der Personalförderung."[28]

Im Grunde sind es also die Beschäftigungsbedingungen im öffentlichen Dienst, die dazu führen, daß ausgebildete Fachkräfte nicht in ihre Heimatländer zurück-

---

[27] Deutsche Gesellschaft für Technische Zusammenarbeit (GTZ) GmbH, Durchführungsangebote „Arbeitsgruppe zur Reform des Wasserver- und -entsorgungssektors" (PN 91.2239.1) und „Leistungsbezogenes Anreizsystem im Wassersektor" (PN 93.2190.2), Eschborn 10. August 1994.

[28] a. a. O. FN 27.

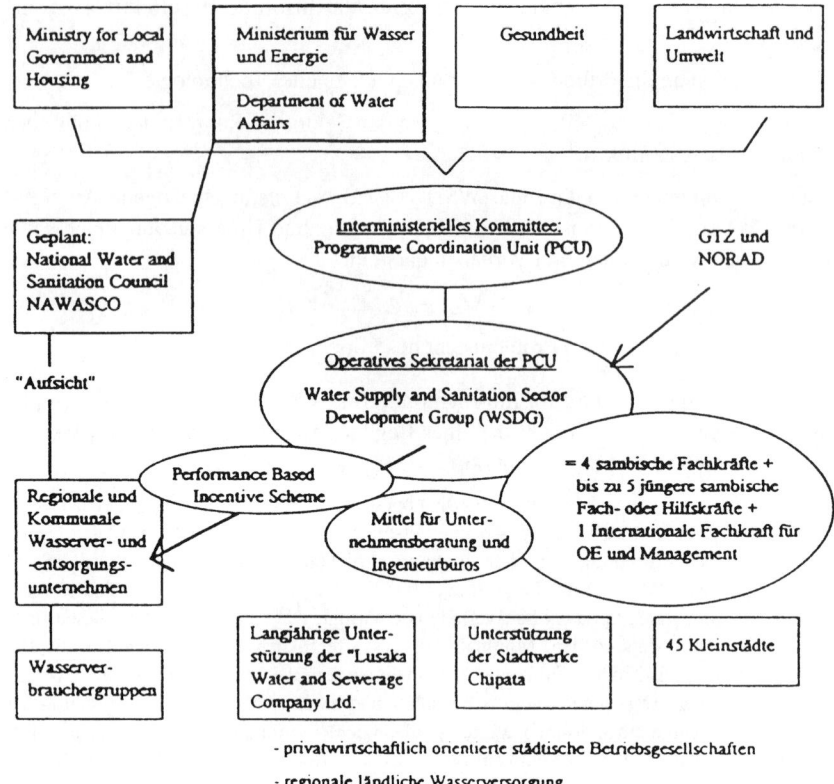

*Schaubild 4: Reform des Wassersektors in Sambia
(Water Supply and Sanitation sector – WSSS)*

kehren oder in anderer Form nicht das tun, wofür sie ausgebildet wurden. Dabei gehören zu den Beschäftigungsbedingungen durchaus nicht nur materielle oder finanzielle Leistungen, sondern auch alle anderen Elemente, die zu einer sinnerfüllten Tätigkeit gehören.

c) Konzeption des Pilotprojektes

Das Projekt sieht vier Ergebnisbereiche vor:

1. Entwicklung von Prinzipien, Instrumenten und Strukturmerkmalen für die öffentlichen Institutionen, Betriebe und Unternehmen des Sektors. Dazu gehören eine neue Aufsichtsbehörde (NAWASCO) und zunächst zwei (später plus zwei)

regionale Wasserunternehmen. Dafür liegt eine detaillierte Aktivitätenplanung in den Bereichen Recht, Finanzen, Organisation, Investitionen, Öffentlichkeitsarbeit und Bevölkerungsbeteiligung vor.

2. Ein nationaler Investitionsrahmenplan für die Rehabilitierung der Wasserver- und -entsorgungsanlagen soll erarbeitet und umgesetzt werden.
3. Eine Konzeption für Selbsthilfeansätze im Bereich der ländlichen Wasserversorgung soll erarbeitet und umgesetzt werden.
4. Ein Personalentwicklungskonzept für den gesamten Sektor soll entwickelt und umgesetzt werden. Dieses soll umfassen: Personalbedarfsermittlungen und andere personalwirtschaftliche Maßnahmen, Entwicklung des Vertrags- und Vergütungssystems, Fortbildung, Umsetzungs- und Übergangsmanagement und das Sektorpilotvorhaben „Leistungsbezogenes Anreizsystem".

Ziel des Pilotvorhabens ist es, daß für den Aufbau der selbständigen Wasserver- und -entsorgungsunternehmen Mitarbeiter eingesetzt werden, die qualifiziert, motiviert und dem Unternehmensziel verpflichtet sind. Indikator für die Zielerreichung ist ein deutlicher Rückgang der Personalfluktuation in den geförderten Unternehmen bis Ende 1997. Dafür wird ein Fonds von 1,75 Mio. DM zur Verfügung gestellt. Das Pilotprojekt wird durch Kurzzeitexperten fachlich begleitet, und es findet eine begleitende Wirkungsbeobachtung statt.

Der methodische Ansatz umfaßt folgende Elemente:[29]

1. Zweck des Fonds für ein leistungsbezogenes Anreizsystem.

Der Fonds soll als ein Instrument der strategischen Personalentwicklung für Beschäftigte selbständiger Wasserver- und -entsorgungsunternehmen dienen. Er soll einen Beitrag dazu leisten, daß qualifizierte sambische Fach- und Führungskräfte für diese Wasserunternehmen gewonnen und an sie gebunden werden können. Damit soll die strategische Entwicklung dieser Unternehmen erfolgreich abgesichert werden.

2. Konditionen für den Abruf von Mitteln.

Der Abruf von Mitteln ist an folgende Konditionen gebunden:

– Unternehmen
  Die Förderung ist für Personal von selbständigen Wasserver- und -entsorgungsunternehmen gedacht, deren Unternehmensplanung eine
  positive Geschäftsentwicklung erkennen läßt.

– Personenkreis
  Es sollen nur solche Fach- und Führungskräfte gefördert werden, die im Hinblick auf die Entwicklung der Wasserunternehmen eine strategisch wichtige Rolle spielen. Dabei soll auf die Förderung von Frauen besonders geachtet werden.

---

[29] a. a. O. FN 27.

- Potential- und Leistungsbewertung
  Für jeden potentiellen Empfänger für Mittel aus dem Anreizsystem muß eine qualifizierte positive Potential- und Leistungsbewertung vorliegen.

- Gestaltung der Zuwendungen
  Die Zuwendungen sollen so gestaltet sein, daß sie über den zeitlichen Verlauf abnehmen. Damit soll verdeutlicht werden, daß die langfristige strategische Personalentwicklung konzeptionell und finanziell eine der Hauptaufgaben der Wasserunternehmen ist.

3. Zielorientierung des Anreizsystems

   Damit das Anreizsystem zielorientiert angewendet wird, unterliegt es einer kontinuierlichen Wirkungsbeobachtung, wobei die Auswirkungen auf Frauen besonders zu berücksichtigen sind. Mit Hilfe eines Personalcontrolling sollen die Fördermaßnahmen gesteuert werden.

4. Art und Umfang der Mittelvergabe

   Im wesentlichen sind drei Arten von Zuwendungen vorgesehen:

   - befristete degressive Gehaltszuschüsse, um qualifizierte Fach- und Führungskräfte zu gewinnen;

   - Aus- und Fortbildungsmaßnahmen, um die Motivation und Leistungsfähigkeit von Fach- und Führungskräften zu erhöhen;

   - Maßnahmen, um Fach- und Führungskräfte langfristig an die Unternehmen zu binden.

   Bei einem durchschnittlichen Zuwendungsumfang von 8 bis 10 Tsd. DM je Fach- und Führungskraft können durch das Anreizsystem etwa 180 Beschäftigte gefördert werden.

5. Risiken und offene Fragen

Das Pilotvorhaben bedarf noch in vieler Hinsicht der Konkretisierung, deshalb ist auch eine Kritik nicht möglich, wohl aber ein paar Fragen. Ausgangspunkt sind die oben unter 3. formulierten Anforderungen.

Zunächst ist auf die verschiedenen Ebenen zu verweisen:

1. Die nationale und sektorale Ebene sind der Rahmen, ohne den das ganze Vorhaben nicht denkbar ist.

2. Die Ebene der einzelnen Betriebe oder Unternehmen ist der Ort, an dem die konkreten Dienstleistungen erbracht werden.

3. Die Ebene der Arbeitsplätze oder Schlüsselpositionen ist der Ansatzpunkt für die Zuschüsse.

Die Leistungsfähigkeit von Organisationen hängt vom Zusammenwirken aller Mitarbeiter und Führungskräfte ab. Es ist daher gefährlich, einzelne Positionen herauszugreifen, die ja doch in ihrer Leistung von anderen nicht Begünstigten abhängen. Es könnte sich also als Problem herausstellen, daß nicht der gesamte Personalkörper einbezogen wird.

Die Anreize lassen sich auf sektoraler Ebene nicht leistungsorientiert konkretisieren. Genauso problematisch ist es, das Leistungsprinzip an einzelnen Positionen, etwa über Leistungsbeurteilungen festzumachen. Auf der betrieblichen Ebene lassen sich Leistungsindikatoren noch am besten vereinbaren. Dabei kann man an Wasserverluste, Kostendeckungsgrade usw. denken.

Anstelle der Makroebene müßte stärker die Entwicklung der betrieblichen Leistungsfähigkeit in den Mittelpunkt gestellt und aktiv gefördert werden.

Nach den Unterlagen ist es möglich, daß auf diese oder andere Fragen gute Antworten vor Ort gefunden werden.

III. Verwaltungspartnerschaft in der Verwaltungsförderung

1. Verwaltungspartnerschaft: Instrument oder Philosophie?

Im Bereich der Verwaltung ist, wie auch in der Entwicklungspolitik insgesamt, mit Begriffen experimentiert worden. „Verwaltungshilfe", „Verwaltungszusammenarbeit", „Verwaltungsförderung" oder „Verwaltungspartnerschaft" sind Versuche, ein sich wandelndes Verständnis der internationalen Verwaltungsbeziehungen auf den „richtigen" Begriff zu bringen. Dabei ist vor allem die Philosophie der „Verwaltungspartnerschaft" interessant, die zu Beginn der neunziger Jahre von *R. Pitschas* entwickelt worden ist.

Den Inhalt des Partnerschaftsgedankens formulierte indessen schon das Sektorpapier Verwaltungsförderung von 1983 unter 7.2:

> „In der Verwaltungsförderung gilt in ganz spezifischer Weise, daß in einem längeren Prozeß des gegenseitigen Kennenlernens, des Dialogs und der Konsensbildung nicht nur die Lösungswege, sondern auch die Analyse und Definition der Probleme erarbeitet werden müssen. Die gemeinsame Einschätzung des Bedarfs und die Einordnung von Neuerungen in die gewachsenen Strukturen stellen ein Politikum dar, welches den Erfolg der Zusammenarbeit bestimmt."

Der Partnerschaftsgedanke könnte eigentlich gut zur Personellen Zusammenarbeit passen. Dort bezeichnen allerdings Begriffe wie Bildung und Beratung und erst recht der überholte Begriff des Experten eine Situation der Überlegenheit der einen über die andere Seite. Partnerschaft ist ohne Gleichberechtigung nicht denkbar. Der klassische Anspruch der Technischen und der Personellen Zusammenarbeit ist aber der des Wissenstransfers. Der ist nur sinnvoll, wenn man annimmt, daß wir über mehr oder überlegenes Wissen verfügen und daß dieses Wissen für die Lösung von Problemen in Entwicklungsländern auch brauchbar ist. Diese klassische Vorstellung des Wissenstransfers ist in der Technischen Zusammenarbeit heute im Grunde weggebrochen. Damit stellt sich allerdings die Frage, was der Auftrag und die Substanz der Technischen und damit auch der Personellen Zusammenarbeit ist. Das „Rethinking of Technical Cooperation", die Neuorientierung der Technischen und Personellen Zusammenarbeit ist noch nicht abgeschlossen.[30] Es gibt eine Vielzahl von Ansätzen, die versuchen, neue Inhalte und neue Instrumente zu entwickeln.[31] Dabei ist die Verwaltungsförderung sicher nicht unter den Spitzenreitern. In der Verwaltungsförderung gibt es zwar eine traditionelle Vorsicht und Zurückhaltung, die auf den Respekt vor der Eigenständigkeit anderer Verwaltungen und der Erfahrung beruht, daß Veränderungen langsam und langfristig sind. Dieser „natürliche Konservativismus" hat die Verwaltungsförderung vielleicht vor Fehlern bewahrt, die in anderen Bereichen gemacht wurden. Trotzdem trifft man viele Fachleute, die eigentlich doch letztlich mit der Überzeugung in die Zusammenarbeit gehen, daß unser Wissen und unsere Praxis besser sind.

Verwaltungspartnerschaften im Sinne von Dauerbeziehungen zwischen deutschen Behörden und Partnerverwaltungen haben schon eine Rolle gespielt, bevor nach dem Weltentwicklungsbericht 1983 das „Twinning" modern wurde. Solche Dauerbeziehungen entstanden teilweise aus der Begegnung in den internationalen Fachvereinigungen der Rechnungshöfe, Patentämter und Arbeitsverwaltungen. Große deutsche Verwaltungen haben zum Teil eigene Arbeitseinheiten, die für die internationale Zusammenarbeit zuständig sind, bis hin zu den Consultingunternehmen von Bahn und Post. Entsprechend wurden immer wieder Versuche gemacht, die Partnerschaften zu formalisieren und Abkommen abzuschließen. Erfolg und Dauerhaftigkeit solcher Bemühungen hingen immer von einzelnen Personen und der Verfügbarkeit von Haushaltsmitteln ab. Die Vereinbarung langfristiger Leistungen oder Beziehungen stößt dabei auf haushaltsrechtliche Restriktionen. Deshalb haben auch Verwaltungen, die die Zusammenarbeit häufig lieber allein machen, hin und wieder die Zusammenarbeit mit der Entwicklungspolitik suchen müssen, da hier die langfristige Planbarkeit vor allem bezogen auf die Verfügbarkeit von Finanzen besser war. Die Steuerprojekte der Technischen Zusammenarbeit sind ohne das fachliche Hinterland einzelner Landesverwaltungen nicht denkbar.[32] In

---

[30] *Elliot Berg*, Rethinking Technical Cooperation: Reforms for capacity development in Africa, UNDP Regional Bureau for Africa 1993. *Edward V. K. Jaycox*, Capacity Building: The Missing Link in African Development, Transscript of Address to the African-American Institute Conference „African Capacity Building: Effective and Enduring Partnerships", Reston, Virginia, May 20, 1993. GTZ-intern Nr. 17/1994, S. 9/10; Ist die TZ am Ende oder am Ende einer Epoche?

[31] Dazu gehören verschiedene partizipative und prozeßorientierte Ansätze. Ein neueres, interessantes Beispiel ist *Helmut Müller-Glodde*, Der Runde Tisch als Programm. Möglichkeiten und Grenzen der Institutionenförderung im Spannungsfeld von Umwelt und Entwicklung. Erstellt im Auftrag der GTZ, Eschborn 1994, Abteilung 402, Umwelt- und Ressourcenschutz, Pilotvorhaben Institutionen-entwicklung im Umweltbereich.

diesem Zusammenhang wurden Langzeit- und Kurzzeitexperten eingesetzt und vor allem auch das Instrumentarium der Zentralstelle für öffentliche Verwaltung genutzt. Dabei war das Verhältnis zwischen der deutschen Verwaltung und der Verwaltung des Entwicklungslandes häufig spannungsfreier als die Beziehung zwischen den deutschen Organisationen. Im entwicklungspolitischen Bereich besteht immer wieder die Notwendigkeit, sich mit aktuellen Themen auseinanderzusetzen, wie etwa „Frauen", „Umwelt" usw. Dies wurde im Gespräch von Fachmann zu Fachmann immer als störend empfunden. Weitere Probleme waren:

– eine stark technisch-fachliche Ausrichtung an der deutschen Verwaltungspraxis;
– ein fehlendes Verständnis für entwicklungspolitische Diskussionen und den Auftrag der technischen Zusammenarbeit;
– eine Übertragung der traditionellen Schwächen der deutschen Verwaltungspraxis in die Zusammenarbeit (fehlende betriebswirtschaftliche Orientierung, Schwächen im Bereich moderner Konzepte, wie etwa Organisationsentwicklung, Distanz zur Politik, Ablehnung von Wissenschaftlichkeit usw.);
– eine Neigung zum Transfer deutscher Modelle und Strukturen und
– Schwächen im Bereich Projektplanung und Projektmanagement.

In vielen Kontakten wurde deutlich, daß die eingesetzten Beamten die Zusammenarbeit mit der GTZ und die Einbindung in die Entwicklungspolitik eher als „notwendiges Übel" in Kauf nahmen, um bestimmte Finanzierungen zu bekommen. Diese etwas kritische Schilderung der „Partnerschaft" auf unserer Seite soll aber nicht verdecken, daß bei fast allen Beamten, die in diesem Bereich tätig wurden, ein starkes persönliches entwicklungspolitisches Engagement zu spüren war und institutionell eine Zusammenarbeit ohne die entsprechenden Fachinstitutionen gar nicht denkbar ist. Man muß sich aber darüber im klaren sein, daß Partnerschaften in diesem Bereich in der Regel Dreiecksbeziehungen sind, und so etwas ist nun mal kompliziert.

2. Probleme des Personalfaktors in der Verwaltungsförderung

Viele Verwaltungspraktiker, die in Projekten eingesetzt wurden, entsprachen eher dem traditionellen Bild des technisch-fachlich orientierten Experten. Die Vorstellung, daß beispielsweise sozialwissenschaftliche Qualifikationen eine Rolle spielen könnten, stießen zum Teil auf massiven Widerstand. Die Mitarbeiter in Projekten hatten große innere Distanz zur GTZ und fühlten sich mehr der „Heimatverwaltung" verbunden. In der GTZ wurde umgekehrt der Einsatz beurlaubter Be-

---

[32] Herbert Edling/Ernst Fischer (Hrsg.), Steuerverwaltung und Entwicklung, Baden-Baden 1991 und *Klaus König/Walter Schleicher und Friedrich W. Bolay*, Zur entwicklungspolitischen Zusammenarbeit mit der lateinamerikanischen Steuerverwaltung, in: Verwaltungsarchiv 1981, S. 316 ff.

amter mit Vorbehalten betrachtet, da die Steuerbarkeit dieser Fachkräfte durch die Zentrale schlecht war und wegen der Unabhängigkeit auch die notwendige Gefügigkeit fehlte. Bei den Bewerbern war immer ein hoher Prozentsatz von Personen, die sich aus Problemsituationen, beispielsweise enttäuschten Karriereerwartungen oder Lebenskrisen heraus für einen Einsatz im Ausland interessierten. Für einen Beamten, der persönlich zufrieden ist und der bei guter Qualifikation auch noch Aufstiegsperspektiven vor sich sieht, ist ein Auslandseinsatz in der Regel nicht attraktiv. Ein relativ großer Prozentsatz der Bewerber aus dem Verwaltungsbereich ist daher immer wieder bei den psychologischen Auswahlverfahren „durchgefallen", nicht wegen psychischer Probleme, sondern weil ihr Persönlichkeitsprofil zu wenig den personalpolitisch formulierten Anforderungen entsprach. Dabei mögen auch Merkmale der bürokratischen Sozialisation eine Rolle gespielt haben. Insgesamt muß man aber feststellen, daß die innere Distanz der Verwaltungsfachkräfte zu den formulierten inhaltlichen Ansprüchen der Technischen Zusammenarbeit in der Regel vergleichsweise groß war.

Aus diesen und anderen Erfahrungen hat der Fachbereich 722 „Allgemeine Verwaltungsberatung" der GTZ schon kurz nach seiner Einrichtung 1985 angefangen, Gutachterschulung und Personalentwicklung zu betreiben. Es war klar, daß Verwaltungsfachkräfte für Kurz- und Langzeiteinsätze besser an die Strukturen, die Arbeitsweise und die Gedankenwelt der Entwicklungszusammenarbeit herangeführt werden müssen, da in der Praxis die Akzeptanz von Person und Sache nicht getrennt wird. Das Konzept war, das Personalpotential zunächst mit der damals sehr aktuellen Methode der Zielorientierten Projektplanung (ZOPP) vertraut zu machen und dabei auch Kenntnisse über Organisationsstruktur, Auftragsverfahren, Projekt- und Partnerbezug zu vermitteln. Dabei wurde auch gefragt, wie Sozialkompetenz, Teamfähigkeit, Problemorientierung und Bereitschaft zur interkulturellen Kommunikation bei den Teilnehmern einzuschätzen sind. Geeignete Teilnehmer wurden in weiteren Schritten als Moderatoren und/oder Gutachter weitergeführt und durch Einladung zu Fachtagungen, Einbeziehung in Gutachterteams, Übertragung von Aufgaben usw. weiter gefördert. In den Turbulenzen der Reorganisation der GTZ ist viel der geleisteten Arbeit wieder verloren gegangen.

3. Nachwuchsförderung und Reintegration in der Verwaltungsförderung

Ebenso wie die Ansätze zur Personalentwicklung ist ein Versuch, die Personalkategorie des „Verwaltungsassistenten" zu entwickeln, in den Anfängen steckengeblieben und letztlich gescheitert. Die damaligen Überlegungen lassen sich wie folgt zusammenfassen:[33]

---

[33] Deutsche Gesellschaft für Technische Zusammenarbeit (GTZ) GmbH – Fachbereich 722 Allgemeine Verwaltungsberatung (Bearb. *F. Bolay*), Sicherung des Projekterfolgs durch Trägerstrukturentwicklung, Eschborn, Juni 1985, 5.1.5 Einsatz von Verwaltungsassistenten in Projekten (S. 70).

Arbeitszeitanalysen in Projekten zeigen, daß in Abhängigkeit von Art und Umfang der Maßnahmen Projektleiter/Ansprechpartner und Auslandsmitarbeiter oft über 50% mit rein administrativen Aufgaben befaßt sind. Dabei handelt es sich oft um hochqualifizierte Fachleute, deren Qualifikation in dieser Zeit ungenützt bleibt und deren Motivation beeinträchtigt wird. Da sie in organisatorisch-administrativen Detailfragen Laien sind, ist die Projektverwaltung häufig außerdem noch mangelhaft.

Das Projektassistentenprogramm dient vor allem auch der Nachwuchsförderung und bringt überwiegend fachlich-orientierte Berufsanfänger mit akademischer Ausbildung zum Einsatz. Diese „junior experts" verfügen über vergleichbare Fähigkeiten und Orientierungen wie die „senior experts" und entlasten diese nur in Teilbereichen. Es sollten daher zusätzlich Verwaltungsassistenten mit Fach- und Fachhochschulabschlüssen oder gleichwertigen Abschlüssen und Qualifikationen in Büro- oder Verwaltungsberufen eingesetzt werden.

Eine interessante Gruppe stellen die Inspektorenanwärter der Fachhochschulen für öffentliche Verwaltung von Bund und Ländern dar. Bei der Umwandlung der Verwaltungsschulen alten Typs in verwaltungsinterne Fachhochschulen sind moderne Lehrinhalte der Betriebs- und Volkswirtschaftslehre wie Planen und Entscheiden, Organisation und Management, Finanzen oder EDV und sozialwissenschaftliche Fächer in bemerkenswertem Maße in die Curricula aufgenommen worden. Die 3-4jährige Ausbildung besteht ungefähr zur Hälfte aus praktischem Training am Arbeitsplatz mit begleitendem Unterricht.

Diese Fachhochschulabsolventen müssen auf die Mitarbeit in der Technischen Zusammenarbeit vorbereitet werden. Ein Teil könnte im Rahmen einer Beurlaubung aus dem öffentlichen Dienst zeitlich begrenzt zum Einsatz kommen. Diese Lösung ist kostengünstig und führt nicht zu Reintegrationsproblemen. Nach der Ausbildung und etwas Berufserfahrung wäre der Verwaltungsassistent ungefähr 25 bis 30 Jahre alt und noch flexibel und aufgeschlossen für eine Tätigkeit in der internationalen Zusammenarbeit. Im Hinblick auf Maßnahmen der Trägerstärkung zur langfristigen Sicherung von Projekterfolgen könnte diese Gruppe der Verwaltungsassistenten auch die Funktion als Ansprechpartner übernehmen. Sie sind durchaus in der Lage, in Doppelfunktion neben der Projektverwaltung, die Ursachen von Schwierigkeiten bei der organisatorisch-administrativen Zusammenarbeit mit Partnerinstitutionen zu untersuchen und bei Bedarf und Bereitschaft der Beteiligten den entsprechenden Sachverstand anzufordern. In einfachen Fällen sind sie sicher in der Lage, Basisabläufe wie Posteingang, Aktenablage oder Kassenbücher zu organisieren und Counterparts am Arbeitsplatz zu trainieren und zu unterstützen.

Das Projektmanagement muß ein ganzheitliches Verständnis der Managementaufgabe unter Einschluß der institutionellen Entwicklungen haben. Es darf nicht zu einer Verlagerung der Trägerstrukturprobleme auf einen „Spezialisten" kommen.

Deshalb ist es wünschenswert, keine Vollakademiker einzusetzen, sondern Fachhochschulabsolventen, deren Ausbildung an der Verwaltungspraxis orientiert ist.

Es sollte angestrebt werden, daß die Auslandsvorbereitung der Verwaltungsassistenten auf die skizzierte Doppelfunktion ausgerichtet wird. Die Fachhochschuldozenten (Professoren und Praktiker) stellen im Bereich der Trägerstrukturentwicklung ein interessantes Gutachter- und Expertenpotential dar. Langfristig kann es zu positiven Querverbindungen zwischen Ausbildung, Forschung und Beratung kommen.

Im Rahmen eines inhaltlich definierten Konzeptes für den Einsatz in Projekten ist es wohl unproblematisch, eine Finanzierung aus Projektmitteln zu erreichen. Da die Verwaltungsassistenten aber auch als Nachwuchs für mittlere und gehobene Managementpositionen anzusehen sind, sollte auch eine Erweiterung des Projektassistentenprogramms in die Überlegungen einbezogen werden. Da so auch die Möglichkeiten für Berufsanfänger erweitert werden, erscheint auch eine Kostenbeteiligung der Bundesländer denkbar. Das Ziel der Nachwuchsförderung für Berufsanfänger und ein Austausch durch Arbeitsplatzwechsel oder Beurlaubung stehen nicht im Widerspruch zueinander. Es ist im Gegenteil wünschenswert, den Personalaustausch mit Praxisfeldern zu intensivieren und so einerseits das Personalpotential zu erweitern und andererseits auch Möglichkeiten des Berufseinstiegs wie des Aufstiegs zu eröffnen. Der Personalaustausch und die Zusammenarbeit mit dem öffentlichen Dienst sind auch geeignet, das Verständnis und die Unterstützung einflußreicher Gruppen für die Technische Zusammenarbeit zu verbessern.

Die neueren Elemente der Reintegration usw. sind nicht auf den Bereich der Verwaltungshilfe angewendet worden. Bei der Diskussion des Sektorpapiers „Verwaltungsförderung"[34] wurde die Frage erörtert, ob Staat und Verwaltung bei der Aufnahme von Rückkehrern eine aktive Rolle spielen sollten. Eine Aufnahme dieser Möglichkeit wurde jedoch mehrheitlich abgelehnt. Ein Grund war wohl, daß der Staat als Arbeitgeber für Rückkehrwillige nicht förderungswürdig erschien, da die Verwaltungen von Entwicklungsländern ohnehin als personell übersetzt galten. Wenn man den Begriff der Verwaltungspartnerschaft inhaltlich ausfüllen und instrumentell operationalisieren will, muß man erst noch eine ganze Reihe von Entwicklungen in der internationalen Zusammenarbeit aus- und nacharbeiten.

---

[34] Bundesminister für wirtschaftliche Zusammenarbeit (BMZ), Sektorpapier Verwaltungsförderung vom 12. 2. 1983 in: Kurt Madlener (Hrsg.), Jahrbuch für Afrikanisches Recht Bd. 3 (1982), Heidelberg 1984, S. 251 ff.

IV. Ausbildung und Fortbildung für die öffentliche Verwaltung von Entwicklungsländern

1. Konzeption, Struktur und Instrumente der ZÖV

Die Zentralstelle für öffentliche Verwaltung in Berlin besteht heute aus den Fachgruppen:

51 Umweltverwaltung,

52 Kommunalverwaltung und

53 Grundsatzfragen der Verwaltungszusammenarbeit (einschließlich Verwaltungsreformen), Verwaltungsschulen und Diplomatische Dienste.

Im Rahmen ihrer Aufgabenstellung bedient sich die ZÖV folgender Instrumente:

Seminare (SE) im In- und Ausland zum Erfahrungsaustausch und zur Vermittlung und Diskussion neuer Inhalte sowie methodischer Ansätze in spezifischen Verwaltungsbereichen, zum Teil in Verbindung mit einer fachbezogenen Informationsreise.

Trainingskurse als Kurzzeitprogramme (TK) oder Langzeit-Trainingskurse (LT) zur beruflichen Verwaltungsfortbildung.

Deutsche Tagungen (DT) zur Vorklärung konzeptioneller, inhaltlicher, methodischer und regionaler Aspekte der Verwaltungszusammenarbeit.

Internationale Tagungen (IT) zur Erörterung grundsätzlicher entwicklungspolitischer Probleme und zur Diskussion internationaler Maßnahmen der Verwaltungszusammenarbeit.

Nachkontaktmaßnahmen (NK) werden zum Zwecke der Bedarfskontrolle, Planungssteuerung und Evaluierung für vergleichbare und weiterführende Programme durchgeführt. Sie dienen darüber hinaus der Fachkontakthaltung und -auffrischung mit ehemaligen Teilnehmern.

Entsendung von deutschen Fachreferenten (RE) zu Veranstaltungen, die von Partnerinstitutionen in eigener Verantwortung durchgeführt werden.

Gutachten (GA) zur Bedarfspräzisierung, Abschätzung der Erfolgsaussichten und Auswirkungen sowie zur Detailplanung von Programmpaketen oder zur Bestimmung neuer Arbeitsschwerpunkte.

Kongreßreisen (KR) und Studienreisen (SR) zur beruflichen Fortbildung und Teilhabe am internationalen Erfahrungsaustausch und zur Planungsabstimmung mit Partnerinstitutionen, mit denen die ZÖV vor allem im Rahmen von Programmpaketen eine längerfristige Kooperation anstrebt.

Die ZÖV leistet Verwaltungshilfe seit 1960. Seit der Reorganisation und Gliederung in Fachgruppen im Jahr 1978 erarbeitet sie Konzeptionen für ihre Arbeit.[35]

Eine heftige Kontroverse um die Arbeit der ZÖV Ende der siebziger Jahre hat dann unter anderem zur Erarbeitung des „Sektorpapiers Verwaltungsförderung" geführt.[36] Die ZÖV hat immer wieder Fachgruppen an andere Abteilungen, insbesondere die Zentralstelle für Wirtschafts- und Sozialentwicklung verloren, zuletzt die Fachgruppe „Finanzverwaltung und Finanzkontrolle"[37]. Dies erklärt unter anderem, warum auch die konzeptionelle Arbeit der ZÖV immer defensiv ausgerichtet war und im wesentlichen der Legitimation und Verteidigung bestehender Arbeitsfelder diente.

Der Bereich Verwaltungsschulen und Verwaltungsinstitute muß im Grunde als Teil der Bildungszusammenarbeit, insbesondere der beruflichen Bildung verstanden werden, da er der Stärkung von Bildungseinrichtungen im Lande dient. Dieser Bereich ist aber mit Duldung des BMZ zu einer reinen Domäne der politischen Stiftungen geworden. Da inzwischen die Unterstützung von Demokratisierung und Verwaltungsreformen zu einer klaren und eindeutigen Vorgabe für die staatliche Entwicklungszusammenarbeit gemacht wurde, ist es notwendig, die Kriterien für eine Arbeitsteilung oder Zusammenarbeit zwischen politischen Stiftungen und staatlicher Entwicklungszusammenarbeit zu überdenken.

2. Entwicklung des Instrumentariums

Ein zentrales Problem der ZÖV war immer die Frage nach der entwicklungspolitischen Wirksamkeit ihrer Maßnahmen in Verbindung mit Erfolgskontrolle. Die Erwartungen im Bereich der Entwicklungszusammenarbeit sind ausgesprochen oder unausgesprochen immer darauf gerichtet, daß positive Veränderungen in den Partnerländern eintreten, genauer, daß sich die Leistungsfähigkeit der Verwaltungen verbessert. Die ZÖV hat sich immer dagegen gewehrt, sich an dieser Erwartung messen oder beurteilen zu lassen.[38] Dies hat jedoch die Erwartung nicht beseitigt und ein anhaltend kritisches Klima aufrechterhalten.

Man muß sich darüber im klaren sein, daß die überwiegende Mehrheit der entwicklungspolitischen „community" Verwaltung als Entwicklungshemmnis wahrnimmt (Effizienz 3). Daher kann man sich im Hinblick auf die strukturverbessern-

---

[35] Deutsche Stiftung für internationale Entwicklung/Zentralstelle für öffentliche Verwaltung – Berlin, Konzeptionspapier der Zentralstelle für öffentliche Verwaltung, 6. Fassung, 28. September 1993.

[36] *Reinhard Koppe*, Zur Praxis der Verwaltungshilfemaßnahmen der Zentralstelle für öffentliche Verwaltung (ZÖV) der Deutschen Stiftung für internationale Entwicklung (DSE), Berlin, Februar 1979, Dok 986 C.

[37] Ende der siebziger Jahre die Fachgruppe 55 „Organisation und Management im öffentlichen Sektor".

[38] *Joachim Krell/Joachim Müller*, Verwaltungsförderung in Entwicklungsländern, Verwaltung und Fortbildung 1987, S. 81 ff./S. 87 ff. („Über die Schwierigkeit des Erfolgsnachweises").

de Wirksamkeit von Fortbildung (Effizienz 2) nicht mit Vermutungen oder dem „Prinzip Hoffnung" begnügen.[39]

Überlegungen zur Verbesserung der Wirksamkeit des Instrumentariums werden seit Anfang der achtziger Jahre angestellt. Dazu gehört:

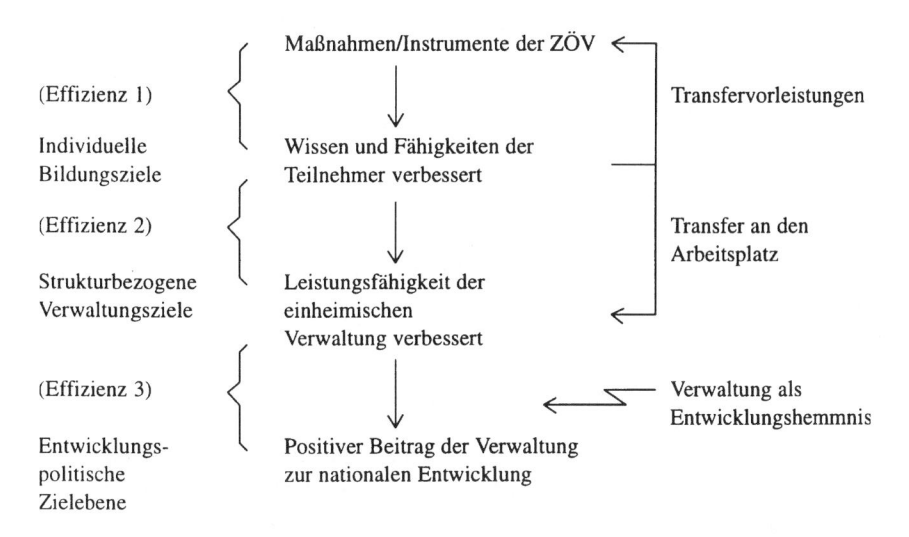

(Effizienz 1) Individuelle Bildungsziele	Maßnahmen/Instrumente der ZÖV ↓ Wissen und Fähigkeiten der Teilnehmer verbessert	Transfervorleistungen
(Effizienz 2) Strukturbezogene Verwaltungsziele	↓ Leistungsfähigkeit der einheimischen Verwaltung verbessert	Transfer an den Arbeitsplatz
(Effizienz 3) Entwicklungspolitische Zielebene	↓ Positiver Beitrag der Verwaltung zur nationalen Entwicklung	Verwaltung als Entwicklungshemmnis

Schaubild 5: Wirksamkeit der Verwaltungsförderung durch Fortbildung

– die konzeptionelle Arbeit und die Bildung von Arbeitsschwerpunkten, um das Angebot für die internationale Nachfrage transparenter zu gestalten;
– die Stärkung der internationalen institutionellen Dauerbeziehungen, unter anderem durch das Instrument des Nachkontakts;
– die Bündelung des Instrumentariums zu Programmpaketen und mehrjährigen Programmsequenzen;
– Entwicklungen im Bereich Methodik und Didaktik zur Verbesserung der Teilnehmerorientierung und des Transfers.

Im Mittelpunkt stand dabei die Verbesserung der Bedarfsorientierung, die durch eine bessere Programmvorbereitung erreicht werden soll.[40] Die ZÖV führt heute

---

[39] Zur Konzeption des Effizienzschemas siehe *Kurt Reding*, Die Effizienz staatlicher Aktivitäten, Baden-Baden 1981, S. 36 ff.

[40] Eine Pilotmaßnahme zur Verbesserung der Bedarfsorientierung war: *Friedrich W. Bolay/Josef Deckers/Ulrich Fanger* und *Reinhard Koppe*, Steuerverwaltung und dienstliche Aus- und Fortbildung in Afrika. Eine Bedarfsanalyse der Länder Obervolta, Elfenbeinküste, Botswana und Kenia. Berlin/Freiburg 1980, S. 115 ff, Bedarfsermittlung/Transfervorleistungen, Verbesserung der qualitativen Programmplanung.

zur Planung von Programmsequenzen sogenannte Ex-ante-Evaluierungen durch, die den Bedarf und die Chancen für Veränderungen (Effizienz 2) prüfen sollen. Im Rahmen einer mehrjährigen Zusammenarbeit sind dann auch noch mitlaufende Feinabstimmungen möglich.

Eine mehrjährige Planung wurde durch die Änderung des Rahmenplanverfahrens und das Sektorpapier Verwaltungsförderung ermöglicht. Dort heißt es unter 7.4:

> „Für Programme und Projekte ist eine mittelfristige fachliche Planung auch dann zu erstellen, wenn deren Finanzierung dem Jährlichkeitsprinzip der Bundeshaushaltsordnung unterliegt".

Vor dieser Festlegung war die Position immer die, daß eine Planung erst möglich sei, wenn die Zusage von Mitteln vorliegt. Das Prinzip, daß eine vernünftige Planung eine Voraussetzung für finanzielle Zusagen ist, hat sich nur langsam durchgesetzt.

3. „Neue Wege" der Verwaltungsfortbildung

Auch für die ZÖV besteht die Notwendigkeit, die Gedanken aufzugreifen, die im Rahmen der „Neuen Wege der Personellen Zusammenarbeit" angedacht worden sind. Dabei ist die Weiterentwicklung der Instrumente in folgender Richtung geplant:

Programme der Verwaltungszusammenarbeit sollen bedarfsgerecht, nachhaltig und breitenwirksam, prozeß- und teilnehmerorientiert sein. Diesen komplexen Anforderungen kann die praktische Programmarbeit nur genügen, wenn bestehende Programminstrumente gezielt genutzt und erweitert werden. Von besonderer Bedeutung für die ZÖV sind in diesem Zusammenhang folgende Instrumente:

Einsatz von Kurzzeit-Experten:

Um die Erfolge von Dialog- und Trainingsmaßnahmen abzusichern und zu ergänzen, sind kurzfristige Beratungsaufenthalte von Experten sinnvoll. Zur gezielten Institutionenberatung in den Arbeitsschwerpunkten der ZÖV soll die Entsendung von Experten für Zeiträume von bis zu zwei Monaten ausschließlich problemorientierter Fachberatung dienen, ohne daß formale Fortbildungsmaßnahmen veranstaltet werden.

Einsatz von Ortskräften:

Eine qualifizierte Programmsteuerung im Rahmen von Programmpaketen setzt nach den Erfahrungen der ZÖV die kontinuierliche Kontaktpflege zu Partnerinstitutionen vor Ort bzw. eine programmbegleitende Evaluierung im Hinblick auf den sich verändernden Fortbildungsbedarf voraus. Daher erscheint in begründeten Einzelfällen der Einsatz von Ortskräften zur organisatorisch-logistischen Unterstützung der Programmpaket-Durchführung sinnvoll.

Nachkontakt:

Eine systematische Nachkontaktpflege zu ehemaligen Langzeitteilnehmern der ZÖV, wie z. B. den Absolventen des Verwaltungswissenschaftlichen Studienprogramms Speyer, die über kompetente Fach-, Orts- und Sprachkenntnisse verfügen, ermöglicht in geeigneten Fällen ihren produktiven Einsatz als Counterpart, Consultant oder Lehrkraft im Rahmen laufender Programmpakete der ZÖV.[41]

Alle drei Punkte sind sinnvoll und notwendig, müssen aber konzeptionell noch klarer gefaßt werden. Wie dies aussehen könnte, soll mit folgendem Fallbeispiel verdeutlicht werden.

4. Fallbeispiel: Qualifikation von Verwaltungsnachwuchs in der Mongolei

a) Vorgeschichte und Rahmenbedingungen

Die Mongolei wird neben Vietnam schon im Konzeptionspapier von 1993 für eine Programmsequenz ins Auge gefaßt.[42] Persönliche Verbindungen ergaben sich unter anderem auch durch einen Teilnehmer am Magisterprogramm in Speyer. Im Mai 1994 fand ein Seminar „Öffentliche Verwaltung und Marktwirtschaft" in Berlin, Bonn und anderen Orten der Bundesrepublik Deutschland statt, an dem 20 Beamte aus der Mongolei teilnahmen. Im Juli/August 1994 hatte sich eine Gutachtermission zusammengefunden, die eine Ex-ante Evaluierung der Zusammenarbeit durchführte. Dieses Gutachten enthält Elemente, die einen Beitrag zur Weiterentwicklung des Instrumentariums der ZÖV leisten könnten.[43]

Die Mongolei ist etwa viermal so groß wie die Fläche der Bundesrepublik Deutschland und hat etwa 2,4 Mio. Einwohner. Davon leben knapp 60% in Städten (Hauptstadt Ulan Bator 1991 575 000 Einwohner), der Rest auf dem Land, überwiegend als nomadische Tierhalter. Das Land war in der Vergangenheit politisch und wirtschaftlich von der UdSSR abhängig und hat bis Ende 1989 80% seines Außenhandels mit der UdSSR abgewickelt. Die Mongolei hat sich früh politischen und wirtschaftlichen Reformen geöffnet und konnte so viel Sympathie und Unterstützung der internationalen Geber erhalten. Inzwischen ist es zu einer gewissen wirtschaftlichen Konsolidierung, aber auch zu einer Stagnation der politischen und wirtschaftlichen Reformen gekommen. Der Schwung der ersten Reformphase ist etwas verebbt, eine Reihe von wichtigen Reformgesetzen und Privatisierungsmaßnahmen sind verabschiedet, und nun beginnt die schwierige Umsetzungs- und

---

[41] a. a. O. FN 34, S. 43.

[42] a. a. O. FN 34,. S. 35.

[43] *Klaus König/Joachim Müller* und *Friedrich W. Bolay*, Qualifikation von Verwaltungsnachwuchs in der Mongolei. Gutachten zur Prüfung und Planung des Vorhabens im Auftrag der Deutschen Stiftung für internationale Entwicklung/Zentralstelle für öffentliche Verwaltung (DSE/ZÖV), Berlin/Speyer 1994.

Feinarbeit, auf die Regierung, Parlament und Verwaltung ungenügend vorbereitet sind. Bei den besser Ausgebildeten findet man viele, die in der ehemaligen DDR studiert haben und noch gut Deutsch sprechen oder verstehen. Im Verwaltungs- und Rechtsbereich möchte man sich bewußt an deutschen Institutionen orientieren. Dies gilt auch für den öffentlichen Dienst, für den ein Beamtengesetz in Vorbereitung ist.

b) Verwaltung und öffentlicher Dienst

Nach der neuen Verfassung von 1992 ist die Mongolei ein Einheitsstaat. Angestrebt wird eine weitgehende Dezentralisierung von Aufgaben, Kompetenzen und Finanzen auf eine Lokalverwaltung mit Selbstverwaltungselementen. Dieser Prozeß ist insbesondere im Bereich der großen Fachverwaltungen noch im Gange und wird von vielen Unklarheiten belastet. Tragende Einheiten sind die „Aimags" (Provinzen) und „Sum" (Kreise). Die Hauptstadt hat einen Sonderstatus. Im Mittelpunkt der Transformation steht die Trennung von wirtschaftlicher Leitung und Verwaltung, die im alten System in einer Hand lagen. So waren etwa die Direktoren der Bergwerke quasi „Bürgermeister" der umliegenden Bergwerkstadt, der Leiter der landwirtschaftlichen Produktionsgenossenschaft quasi „Bürgermeister" der Landgemeinde. Bei der neuen Arbeitsteilung von Staat und Wirtschaft gibt es viele konzeptionelle und praktische Probleme, die dazu führen, daß der Staat noch viele wirtschaftliche Funktionen wahrnimmt, ohne daß klar ist, ob es sich in einem spezifischen Fall um eine marktwirtschaftskonforme Funktion oder um eine Übergangs- und Notlösung handelt.

Ein Gesetz über den öffentlichen Dienst liegt im Entwurf vor und soll Ende 1994 verabschiedet werden. Darin ist ein Berufsbeamtentum kontinentaleuropäischer Prägung vorgesehen. Dies war politisch wohl nicht unumstritten. Die Diskussion darüber vollzog sich, soweit sich dies durch Außenstehende überhaupt erschließen läßt, innerhalb der herrschenden Mongolischen Revolutionären Volkspartei (MRVP), in der sich die Kontinuität der politischen Führungsschicht zeigt. Eine eher traditionelle Linie bevorzugte wohl im Sinne der Einheit von politischer Leitung und Vollzug einen personellen Wechsel in der Verwaltung bei politischem Wechsel in der Staatsleitung. Der Reformflügel strebt eine stabile und loyale Beamtenschaft an. Dabei spielt auch eine Rolle, daß die Führungselite des Landes bisher im Staatsapparat bzw. der Partei gearbeitet und davon auch gelebt hat. Sie sucht mit Verwaltung und öffentlichem Dienst einen neuen institutionellen Rahmen, der materielle Sicherheit und Einfluß bieten soll. Insgesamt findet keine Ablösung der alten Führungsgruppen, sondern eher eine Umorientierung und Umstrukturierung statt. Dabei strebt allerdings keine Gruppe die Rückkehr zu den alten Verhältnissen an. Diskussionen gibt es eher über Richtung und Geschwindigkeit der Entwicklung.

c) Ausbildung und Fortbildung

Bei der Ausbildung und Fortbildung für die öffentliche Verwaltung steht die Qualifizierung der Bediensteten für ihre neuen Aufgaben im Vordergrund. Durch einen Regierungsbeschluß wurden, bezogen auf Rang und Funktionen, dafür anspruchsvolle Qualifikationsvoraussetzungen formuliert, mit Studiengängen von bis zu zwei Jahren. Dafür fehlen aber die Voraussetzungen, sowohl die Kapazitäten der Bildungseinrichtungen auf der einen Seite als auch die Abkömmlichkeit der Bediensteten auf der anderen Seite. Deshalb hat sich ein unübersichtlicher „Fortbildungsmarkt" etabliert, an dem einheimische Institutionen und Geberorganisationen ihre Angebote machen. Zentrale Regierungseinrichtung ist das „Institut für Verwaltung und Managemententwicklung (IAMD)", das aus der ehemaligen Parteihochschule, der Akademie für Staats- und Gesellschaftswissenschaften und dem Forschungszentrum für Staatsleitung entstanden ist. Etwa 50 Lehrkräfte arbeiten in sechs Fachbereichen. Schwerpunkt der Fortbildungsangebote war bisher auch im Zuge der Privatisierungsmaßnahmen eher Ökonomie und Management. Das Angebot im Bereich Verwaltung muß quantitativ und qualitativ noch weiterentwickelt werden.

d) Probleme und Bedarf

Im Grunde steht die Verwaltung in allen Bereichen vor der doppelten Aufgabe, daß sie sowohl den Transformationsprozeß in Wirtschaft und Gesellschaft bewältigen, als auch ihre eigene Umwandlung vorantreiben muß. Bedarf gibt es im Bereich der Verwaltungsorganisation und des inneren Dienstbetriebes bei der Vorbereitung der Gesetzgebung, den Verwaltungskontrollen und im Personalwesen, einschließlich Ausbildung und Fortbildung. Dies sind auch nur besonders markante Beispiele. Wenn man Vorschläge für eine Zusammenarbeit machen soll, kommt man allein mit Problem- und Bedarfsargumenten in einer solchen Situation nicht weiter. Man muß auch fragen, welche Bedarfe decken andere ab, welche wichtigen Bedarfe werden übersehen, und was ist mit begrenzten Mitteln in begrenzter Zeit leistbar.

Dabei zeigt sich, daß das Problem der Rekrutierung und Qualifizierung von Verwaltungsnachwuchs wenig Aufmerksamkeit findet, da die vorhandenen Beschäftigten und ihr Fortbildungsbedarf alles überlagern. Das neue Gesetz für den öffentlichen Dienst sieht ein Qualifikationsexamen für die Rekrutierung vor. Dafür existieren aber noch keine konkreten Vorstellungen. Man muß davon ausgehen, daß dieser Punkt für den öffentlichen Dienst in der Mongolei von strategischer und langfristiger Bedeutung ist. Es muß festgelegt werden, was die Anforderungen an den mongolischen Beamten in der Zukunft sein werden und welche Prüfungsanforderungen, Befähigungsmerkmale und Qualifikationsinhalte davon abgeleitet werden. Wenn man dies tut, hat man auch klarere Maßstäbe für die aktuellen Fortbildungsangebote.

Als weiteres strategisch wichtiges Problem wurden die laufenden Gesetzgebungsvorhaben erkannt. Hier werden Weichen gestellt und Fehler können später nur mit Mühe korrigiert werden.

e) Vorschläge für die Zusammenarbeit

Im Gespräch mit dem IAMD wurde ein Projekt entwickelt, das durch die Maßnahmen der ZÖV unterstützt werden soll.

Oberziel:	Qualifizierte Beamte arbeiten in der Verwaltung
Projektziel:	Einführung eines zweijährigen Vorbereitungstrainings mit Qualifikationsexamen gemäß Art. 18 des Gesetzes über den öffentlichen Dienst am IAMD
Ergebnisse:	1. Curriculum erarbeitet 2. Lehrpersonal qualifiziert 3. Lehrmaterialien stehen zur Verfügung 4. Rechtsgrundlagen sind verbindlich 5. Personalverantwortliche sind fortgebildet 6. Praktische Ausbildung erprobt 7. Institutionsmanagement gestärkt

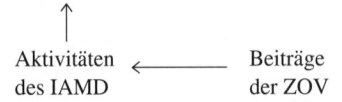

```
              ↑
       Aktivitäten  ←———  Beiträge
       des IAMD            der ZÖV
```

Schaubild 6: Projektplanung

Die erforderlichen Aktivitäten zur Erreichung von Ergebnissen und Zielen sind überwiegend von mongolischer Seite durchzuführen. Eine Aktivität ist beispielsweise eine Untersuchung über Anforderungen an den Beamten der Zukunft. Diese Untersuchung könnte durch ein Seminar „Einführung in die Curriculumentwicklung" unterstützt werden, zu dem die ZÖV zwei Fachleute entsenden würde. Zur Auswertung würde nach Abschluß der Untersuchung ein Workshop stattfinden, der den Entwurf eines Curriculums und eines Studienablaufs erarbeiten würde. Die Steuerung der Untersuchung, die Verantwortung und die Hauptlast der Arbeit würden beim IAMD liegen. In ähnlicher Weise wurden für die anderen Ergebnisse erste Vorstellungen zur Zusammenarbeit entwickelt. Im Sinne einer prozessorientierten Vorgehensweise wurde eine etwa fünfjährige Zusammenarbeit ins Auge gefaßt, mit einer Zwischenevaluierung Mitte 1997, die dann gegebenenfalls die weitere Zusammenarbeit und Beiträge der ZÖV plant.

Durch das Projekt des IAMD erhalten die Maßnahmen der ZÖV einen klaren Rahmen und eine verbesserte Zielorientierung. So wird es auch besser möglich sein, die Frage der Wirksamkeit zu beantworten.

Als Alternative oder Ergänzung wurde eine Programmsequenz zu aktuellen Gesetzgebungsvorhaben vorgeschlagen. Dabei wird es letztlich auf die Verfügbarkeit von Mitteln und die Entscheidung der zuständigen Stellen ankommen.

5. Verbesserung der Wirksamkeit des Instrumentariums

Die Wirksamkeit von isolierter und individueller Fortbildung wird auch bei uns, soweit es sich nicht um fachliche und arbeitsplatzbezogene Fortbildung handelt, nicht sehr hoch eingeschätzt. Sie hat oft den Charakter von Sonderurlaub und ein Transfer des Gelernten an den Arbeitsplatz wird eigentlich nicht erwartet. Dies ist anders, wenn qualifizierende Maßnahmen als Instrumente der Organisations-, Management – und Personalentwicklung eingesetzt werden. Eine solche Anbindung an Reformprogramme oder Verwaltungsentwicklungsprojekte wird von der ZÖV erwartet (siehe Schaubild 5, Effizienz 2). In den Begründungen für Maßnahmen wird die Verbindung zu aktuellen Entwicklungen im Lande auch immer hergestellt, aber oft zu wenig systematisch und zielorientiert.

Projekte sind im Verständnis der Technischen Zusammenarbeit immer Projekte des Partners. Dies wird heute mit dem Begriff der „Ownership" unterstrichen. Projekte können und sollen, wie eingangs dargestellt, in Zukunft ohne entsandte Fachkräfte durchgeführt werden. Es gibt daher keinen Grund, warum die ZÖV nicht gezielt Reformprogramme oder Verwaltungsentwicklungsprojekte der Partnerländer unterstützen sollte. Der Begriff der projektbezogenen Aus- und Fortbildung würde so einen neuen und zeitgemäßeren Sinn bekommen. Sie kann das mit dem bestehenden Instrumentarium ohne Veränderungen tun, wenn sie es zielorientiert bündelt. In diesem Zusammenhang sind kurze Beratereinsätze oder Ortskräfte gute Möglichkeiten, die Wirksamkeit des Instrumentariums weiter zu steigern. Dabei sollte dies nur als eine Möglichkeit unter anderen gesehen werden. Programmsequenzen oder einzelne Tagungen können von Fall zu Fall auch ihren Sinn haben. Man muß sich eben jeweils überlegen, was man erreichen will.

Es ist klar, daß die Anforderungen an die Planung und Steuerung durch die ZÖV bei einer solchen Vorgehensweise steigen. Der Vorteil wäre aber, daß sich die Transparenz für das BMZ verbessern würde. Durch einen besseren Projektbezug würde eine Grundlage geschaffen für die Beurteilung der Sinnhaftigkeit der Bildungs- und Verwaltungsziele und des Beitrags, den sie zu entwicklungspolitischen Zielen leisten.

V. Schlußbemerkungen

Die Verwaltungsförderung hat den Anschluß an viele konzeptionelle Entwicklungen, auch im Bereich der Personellen Zusammenarbeit, verloren und kaum eigenständige Entwicklungen hervorgebracht. Dies ist sowohl eine Folge als auch eine Ursache der Schwäche des Sektors. Es fehlt die „kritische Masse" im Bereich von Programmen und Projekten, die reiche und vielfältige Erfahrungen hervorbringen und Vergleiche und Selektionen ermöglichen würde. Damit fehlt auch eine breite empirische Basis für konzeptionelle Entwicklungen. Ohne diese Erfahrungsbasis kann man sich auch nicht mit intellektueller Anstrengung „am eigenen Schopf" aus der Misere ziehen. Ein weiteres Problem ist auch, daß sich die wichtigen Organisationen in diesem Bereich (BMZ, GTZ und ZÖV) die personellen und organisatorischen Kapazitäten, die die Verwaltungsförderung betreuen, in den letzten Jahren reduziert und aufgesplittert haben. All dies steht in Kontrast zur weltweiten Wahrnehmung von Problemen. Überall trifft man auf strukturelle Veränderungen, Reform des öffentlichen Dienstes, Dezentralisierung, Veränderung rechtlicher Rahmenbedingungen, „Gute Regierung" usw. Dabei handelt es sich um Programme und Politik auf gesamtstaatlicher Ebene. Die innere Struktur der deutschen Entwicklungszusammenarbeit ist aber so kleinteilig und fragmentiert, daß sie zu Problemen auf dieser Ebene kaum noch etwas beitragen kann. So sind etwa in der GTZ drei bis vier Fachabteilungen in diesem Themenfeld aktiv. Der frühere Bereich Verwaltungsförderung ist in Rechtsberatung, öffentliche Finanzen und Verwaltung aufgegliedert, mit entsprechenden Folgeproblemen für die Gesamtschau. Die strukturbedingte Unfähigkeit, zu institutionellen Entwicklungen beizutragen, ist im Hinblick auf politische Prioritätenentscheidungen konsequent. Die Entwicklungszusammenarbeit hat sich mit ihrer Konzentration auf Themen wie Umweltzerstörung, Bevölkerungswachstum, Wanderungsbewegungen usw. dafür entschieden, nicht an den Ursachen, sondern an den Folgen der Entwicklungsproblematik anzusetzen. Wenn man nach den Ursachen fragen würde, wäre es unmöglich, der Leistungsfähigkeit einheimischer Institutionen nicht einen zentralen Stellenwert einzuräumen. Die Praktiker wissen sehr wohl, daß die Wirksamkeit und Nachhaltigkeit der Entwicklungszusammenarbeit von der Umsetzung und Weiterführung durch einheimische Institutionen abhängt. Es ist aber politisch nicht opportun, dies in den Vordergrund zu stellen. Es wird daher ohne Veränderungen der politischen Vorgaben und Problemsicht kaum möglich sein, den Sektor zu stabilisieren oder weiterzuentwickeln.

Ansätze neuerer Entwicklungen in der Personellen Zusammenarbeit

Von Kambiz Ghawami

Die Aufgaben, die Herausforderungen der Entwicklungszusammenarbeit werden täglich definiert:

An jedem Tag ...

... wächst die Weltbevölkerung

um 250.000 Menschen

... wird die Erde mit

60.000.000 Tonnen Kohlendioxid

aus Kraftwerken, Schornsteinen und Auspuffrohren aufgeheizt

... wird die Fläche von

63.000 Fußballfeldern Regenwald

vernichtet

... werden

4.200.000.000 DM

für die Rüstung ausgegeben

... sterben

36.000 Kinder

an den Folgen des Hungers.

In über 40 Jahren der Entwicklungszusammenarbeit wurden Tausende von Fachkräften in Afrika, Asien und Lateinamerika aus- und fortgebildet und hierdurch der Fachkräftemangel der 50er und 60er Jahre im Süden in vielen Bereichen behoben, um den täglichen Herausforderungen der Entwicklung gerecht zu werden. So richtig es war, eventuell war, durch Aus- und Fortbildungsmaßnahmen und gleichzeitige Entsendung von Fachkräften aus dem Norden zur Deckung des Fachkräftebedarfs im Süden beizutragen, so wenig ist heutzutage eine weitere Entsendung von Fachkräften aus dem Norden notwendig.

Mit über 100.000 Fachkräften aus dem Norden in Afrika und gleichzeitiger hoher Arbeitslosigkeit von afrikanischen Fachkräften in Afrika und in Europa, im Norden ist die Zeit mehr als überreif, sind strukturelle Veränderungen in den Entsendeorganisationen herbeizuführen. Dies nicht nur aus arbeitsmarktpolitischen Gründen des Südens, sondern auch zur Erreichung einer nachhaltigen Entwicklung.

Nicht zu Unrecht hat der Vizepräsident der Weltbank für Afrika Edward V.K. Jaycox in einer vielbeachteten Rede am 20. Mai 1993 bei einer Konferenz des African-American-Instituts in Reston, Virginia zum Thema „Capacity Building" das Dilemma der fehlenden afrikanischen Trägerschaft der Entwicklung angesprochen, mangels des Einsatzes afrikanischer Fachkräfte in den diversen Projekten statt des Einsatzes der Experten aus dem Norden. Zu ähnlichen Ergebnissen kommt Elliot J. Berg in seiner Studie „Rethinking Technical Cooperation". Hierbei geht es nicht nur um das „*Einfühlungsvermögen*", sondern um die tatsächliche gleichberechtigte Übernahme der Programmverantwortung. Das BMZ hat bereits Mitte der 80er Jahre das Dilemma der „Expertenlastigkeit" gesehen und hierzu einige vernünftige Grundsätze unter dem Leitmotto „*Von der Objektförderung zur Subjektförderung*" entwickelt.

Hierbei ging das BMZ von der richtigen Erkenntnis aus, daß z. B. die Bildungsinvestitionen von ca. 1 Mrd. DM pro Jahr für Fachkräfte aus dem Süden in Deutschland nur dann zielorientiert für die Entwicklungszusammenarbeit genutzt werden können, wenn Absolventinnen und Absolventen stärker als bis dato für Maßnahmen der Entwicklungszusammenarbeit eingesetzt werden, da sie:

– durch die Kombination von einheimischer und deutscher Ausbildung für entwicklungspolitische Aufgaben im Heimatland qualifiziert sind,
– mit den politischen und soziokulturellen Bedingungen des Heimatlandes vertraut sind,
– befähigt sind, deutsche Methoden und Arbeitsweisen mit denen des eigenen Heimatlandes in Einklang zu bringen.

Wenn man sich vorstellt, daß gegenwärtig alleine die Stipendienorganisationen in Deutschland ca. 85.000 Adressen von „Ehemaligen" in ihren Nachkontaktdateien gespeichert haben, wird deutlich, welches Potential hier vorhanden ist. Hinzu muß man die unbekannte Anzahl der „Nichtstipendiaten" rechnen, jährlich schließen ca. 2.500 ausländische Studierende ihre Studien in Deutschland ab, sowie die große Anzahl der Ausbildungsabsolventen aus dem Süden, die in der DDR ausgebildet wurden, sowie die große Anzahl von aus Deutschland zurückgekehrten Arbeitnehmern und Arbeitnehmerinnen des Südens.

Eine besondere Personengruppe in diesem Zusammenhang sind die in Deutschland lebenden Flüchtlinge aus dem Süden, die, wie die Erfahrung der letzten Jahre zeigt, bei der positiven Änderung der politischen Rahmenbedingungen in ihre Länder zurückkehren und dort beim „Wiederaufbau" mitarbeiten. Hierzu wurde der programmatische Titel „Vom Flüchtling zum Entwicklungshelfer" gewählt.

Die hierzu geschaffenen „Instrumente" zur Förderung der Rückkehr und des beruflichen Einstiegs sind:

- Einarbeitungs- und Gehaltszuschüsse,
- Förderung der Existenzgründung,
- qualitative Verbesserung der Arbeitsplätze von rückkehrenden Fachkräften.

Hierzu sind seitens des BMZ die ZAV und die DtA beauftragt worden. Seit 1989, seit Inkrafttreten der „neuen" Richtlinien, sind gefördert worden:

- seitens der ZAV ca. 5.500 Personen,
- seitens der DtA ca. 1.000 Existenzgründungen.

Mit Staaten, aus denen eine größere Zahl rückkehrinteressierter Fachkräfte in Deutschland leben, wurden seit 1989 zusätzliche Vereinbarungen zur sozioökonomischen Reintegrationsförderung abgeschlossen, so z. B. mit Chile, Eritrea, Vietnam, Slowenien, Kroatien und hierzu sogenannte Kreditsonderfonds eingerichtet, um für rückkehrende Existenzgründer und nicht nur für aus Deutschland rückkehrende Flüchtlinge den Zugang zum Kreditmarkt zu ermöglichen. Mit diesen Existenzgründungsprogrammen konnten zusätzliche neue Arbeitsplätze pro Unternehmungsgründung in:

- Chile von 5,1 Arbeitsplätze,
- Eritrea von 4,75 Arbeitsplätze,
- Slowenien von 4,08 Arbeitsplätze,
- Vietnam von 6,5 Arbeitsplätze,

geschaffen werden.

Eine neue Qualität wurde mit der Entwicklung von FKPs geschaffen, die es erlauben, eine Bündelung von FZ und TZ mit Hilfe der PZ zu ermöglichen. Begonnen wurde solch ein FKP mit Afghanen 1989 unter Mitarbeit des WUS zur Vorbereitung auf den Tag X des Wiederaufbaues, damals definiert mit dem Abzug der Sowjetarmee und heute definiert mit dem Tag, an dem es zu einem Friedensschluß in Afghanistan bzw. in den Provinzen in Afghanistan kommt.

Vor dem nicht absehbaren Kriegsende in Eritrea hatten bereits 1990 eritreische Flüchtlinge in Deutschland in Zusammenarbeit mit WUS ein eigenes Konzept für ein entsprechendes FKP diskutiert und entwickelt. Hierzu wurden Potentialstudien zum eritreischen Fachkräfteangebot in Deutschland erstellt und nach dem Friedensschluß in Eritrea Ende 1991 eine entsprechende Bedarfsanalyse in Eritrea durchgeführt.[1]

---

[1] Vgl. hierzu die Schaubilder im Anhang.

Dieses FKP ist nun erweitert worden auf das Horn von Afrika, d. h. für Sudan, Äthiopien und Somalia. Das Beispiel Somalia verdeutlicht auch die Relevanz solcher Programme in der Flüchtlingskonzeption des BMZ.

Aber nicht nur der Bund hat die Sinnhaftigkeit der Förderung von Flüchtlingen als Entwicklungshelfer erkannt, sondern auch die Bundesländer. So hat z. B. das Land Hessen das Programm „Qualifizierung als Rückkehrhilfe" für in Hessen lebende Flüchtlinge, insbesondere aus Eritrea und Äthiopien mit einem Programmvolumen von DM 1 Mio pro Jahr eingerichtet, um all jene rückkehrinteressierten Flüchtlinge zu fördern, die die fachlichen Qualifikationsanforderungen der Bundesprogramme nicht erfüllen.

Die Länder und die Evangelische Kirche haben eigene „Förderinstrumente" der Fachkräfteförderung speziell aus dem Pool der Studierenden an bundesdeutschen Hochschulen aus Afrika, Asien und Lateinamerika in Zusammenarbeit mit dem WUS entwickelt. Hierzu zählt das Konzept der Studienbegleitprogramme (STUBE) und das Hospitations- und Volontariatsprogramm in Zusammenarbeit mit Diensten in Übersee.

Die STUBE-Programme in Baden-Württemberg, Hessen und Niedersachsen werden zu je 70% von den Ländern und zu 30% vom Kirchlichen Entwicklungsdienst der Evangelischen Kirche in Deutschland finanziert und bieten für die Gruppe der „Nicht-Stipendiaten":

– studienbegleitende Seminare, Akademien und Workshops zu entwicklungsrelevanten interdisziplinären Fragestellungen,

– Zwischenheimreisen zur Anfertigung heimatlandbezogener Studienarbeiten.

Für Studierende aus Afrika, Asien und Lateinamerika besteht in der zweiten Hälfte des Hauptstudiums an einer bundesdeutschen Hochschule die Förderungsmöglichkeit einer *Hospitation* von bis zu sechs Monaten in einem Projekt der Entwicklungszusammenarbeit im NRO-Sektor. Hochschulabsolventen haben die Möglichkeit eines *Volontariats* von bis zu 18 Monaten zur Sammlung erster Berufserfahrungen in Programmen der Entwicklungszusammenarbeit im NRO-Sektor. Beide Programme werden von Dienste in Übersee in Zusammenarbeit mit den STUBEN angeboten.

Was bleibt noch zu verbessern? Wo besteht dringender Handlungsbedarf?

1. Es muß eine Chancengleichheit bei der Bewerbung um offene Stellen im Rahmen der Entwicklungszusammenarbeit erreicht werden, d. h., nicht mehr die Staatsangehörigkeit sollte bei einer Personalauswahl maßgeblich sein, sondern die fachliche und persönliche Eignung. Dies kann z. B. durch eine entsprechende Novellierung des Entwicklungshelfergesetzes erfolgen.

2. Grundsatz sollte sein, daß eine Stellenbeschreibung samt Stellenbewertung erfolgt und danach die Stellenausschreibung und Stellenbesetzung. Dies bedeutet, gleicher Lohn für gleiche Arbeit.

3. Die „Nachwuchsförderungsprogramme" für angehende Fachkräfte der Entwicklungszusammenarbeit, z. B. das Projektassistentenprogramm der GTZ, sind für Absolventen und Absolventinnen bundesdeutscher Hochschulen aus Afrika, Asien und Lateinamerika zu öffnen, und die Trägerschaft des „Projektassistentenprogrammes" ist auf bundesdeutsche NROs zu erweitern.

4. Der Einsatz von Absolventen und Absolventinnen bundesdeutscher Hochschulen aus Afrika, Asien und Lateinamerika bei UNDP als Nachwuchskräfte ist seitens der BRD finanziell zu fördern, ähnlich wie dies die Regierungen in Holland, Italien und Kanada schon seit Jahren nach dem „vier-Augen-Prinzip" vorbildlich tun.

5. Es müssen, und dieser Prozeß hat bereits begonnen, bestehende Rückkehrervereinigungen qualitativ ausgebaut und deren Mitglieder fortgebildet werden, um sie für die Mitarbeit im Rahmen der Entwicklungszusammenarbeit zu qualifizieren.

6. Wir müssen lernen zu teilen, d. h. bereit zu sein, das Entwicklungsgeschäft gerechter zu verteilen, und wir müssen lernen zu *fragen*.

Anhang

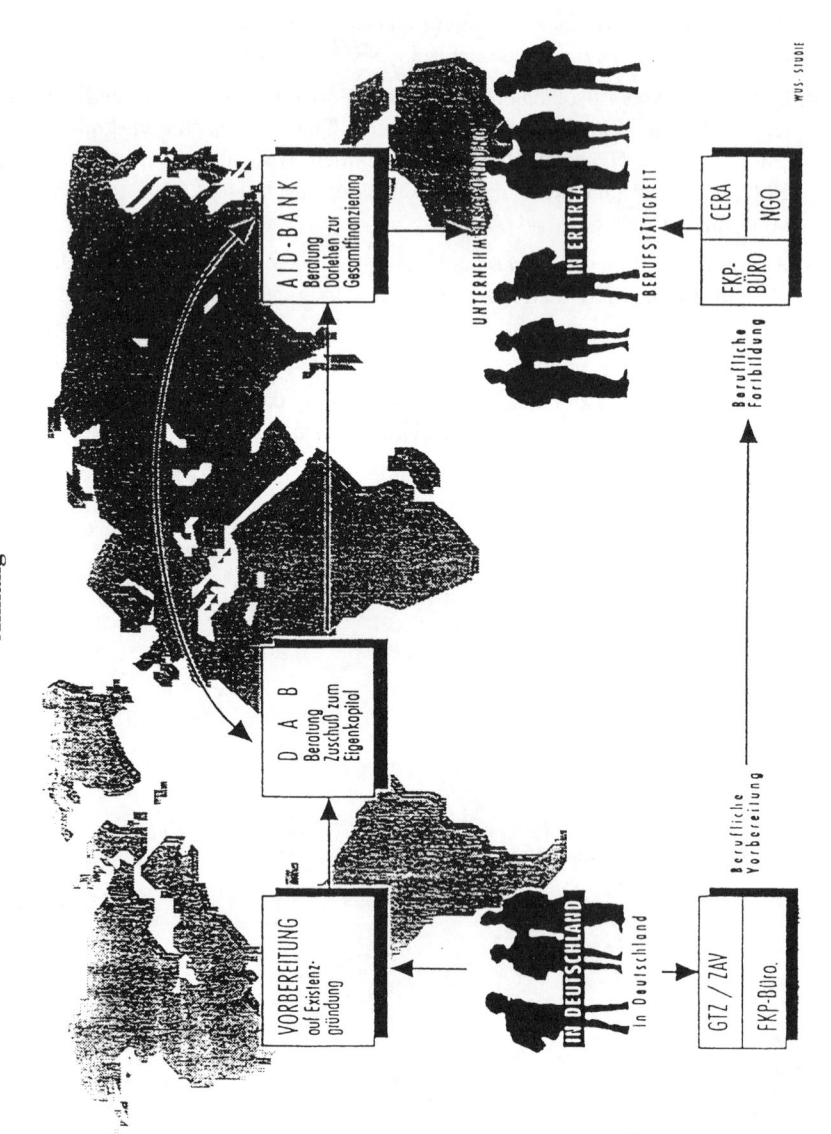

Ansätze neuerer Entwicklungen in der Personellen Zusammenarbeit 187

FKP HORN VON AFRIKA
FACHKRÄFTEBEDARF IN JEWEILIGEN LÄNDERN

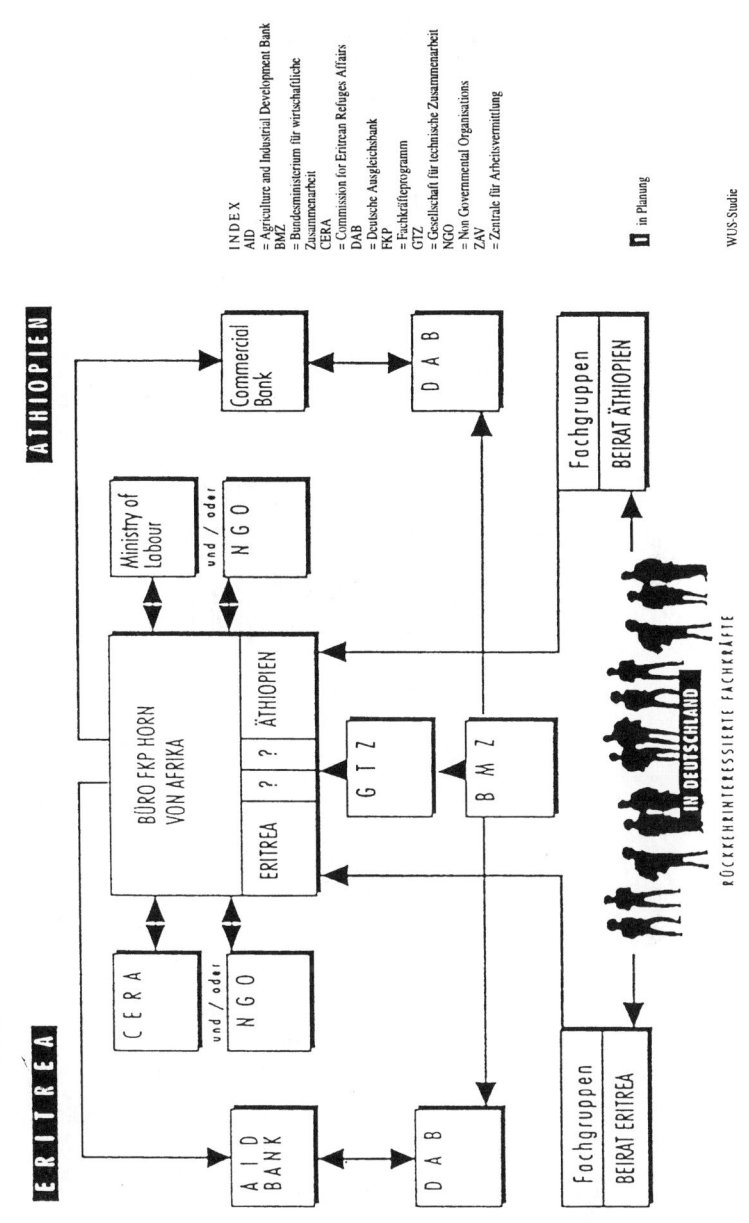

INDEX
AID = Agriculture and Industrial Development Bank
BMZ = Bundesministerium für wirtschaftliche Zusammenarbeit
CERA = Commission for Eritrean Refugees Affairs
DAB = Deutsche Ausgleichsbank
FKP = Fachkräfteprogramm
GTZ = Gesellschaft für technische Zusammenarbeit
NGO = Non Governmental Organisations
ZAV = Zentrale für Arbeitsvermittlung

▫ in Planung

WUS-Studie

ERITREA

CERA
und/oder
NGO
AID BANK
DAB

ÄTHIOPIEN

Ministry of Labour
und/oder
NGO
Commercial Bank
DAB

BÜRO FKP HORN VON AFRIKA
ERITREA ? ? ÄTHIOPIEN

GTZ
BMZ

Fachgruppen BEIRAT ERITREA
Fachgruppen BEIRAT ÄTHIOPIEN

IN DEUTSCHLAND
RÜCKKEHRINTERESSIERTE FACHKRÄFTE

SOZIOÖKONOMISCHE ENTWICKLUNG IN ERITREA
FACHKRÄFTENACHFRAGE

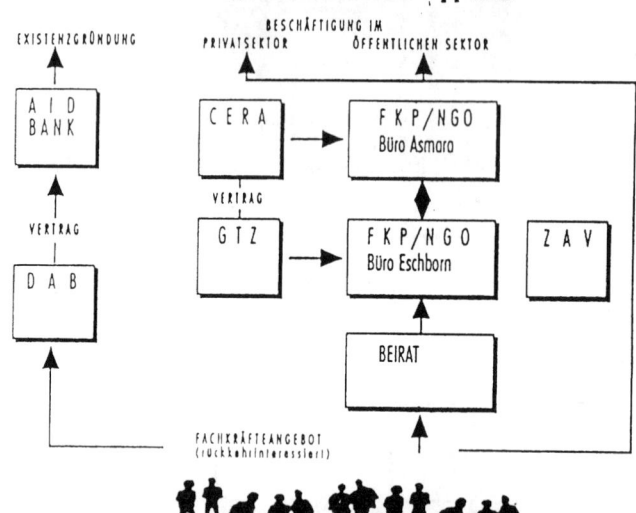

IN ERITREA

EXISTENZGRÜNDUNG

BESCHÄFTIGUNG IM
PRIVATSEKTOR   ÖFFENTLICHEN SEKTOR

AID BANK

CERA → FKP/NGO Büro Asmara

VERTRAG

VERTRAG

DAB

GTZ → FKP/NGO Büro Eschborn

ZAV

BEIRAT

FACHKRÄFTEANGEBOT
(rückkehrinteressiert)

IN DEUTSCHLAND

WUS-STUDIE

Einige Gedanken zu Möglichkeiten und Grenzen der Personellen Zusammenarbeit in den neuen Bundesländern – das Projekt ‚Brandenburg in der Dritten Welt'

Von Walter Hundt

I. Einführung

Für die Einladung zum Dritten Speyerer Forum zu Fragen der Entwicklungszusammenarbeit möchte ich mich recht herzlich bedanken. Neben namhaften Vertretern der entwicklungspolitischen Forschung und von wichtigen staatliche Entwicklungspolitik umsetzenden Institutionen aus den alten Bundesländern sowie aus zahlreichen Ländern der sogenannten Dritten Welt fühle ich mich ein wenig als „Exot". Das erstreckt sich v.a.:

– auf die seit der Wende nicht mehr bzw. kaum noch vorhandene Entwicklungsländerforschung im Osten Deutschlands;

– auf die Besonderheiten meiner Tätigkeit seit 1991 – also nach Abwicklung der in diesem Bereich existierenden wissenschaftlichen Einrichtungen in Ostdeutschland, darunter auch die, die „Personelle Zusammenarbeit" in der DDR betrieben –, einer Tätigkeit auf der Grenzlinie zwischen Wissenschaft und entwicklungspolitischer Praxis „vor Ort", also an der entwicklungspolitischen Basis in den neuen Bundesländern;

– und nicht zuletzt auch auf die sich daraus ergebende Spezifik meines heutigen Themas.

Ich möchte in meinen Ausführungen im wesentlichen auf drei Schwerpunkte eingehen:

1. auf Merkmale der entwicklungspolitischen Situation in den neuen Bundesländern heute;

2. auf Aspekte der eventuellen Verwertbarkeit von DDR-Erfahrungen auf dem Gebiet der Personellen Zusammenarbeit (dieser Begriff wurde in Ostdeutschland allerdings nicht verwandt);

3. auf Möglichkeiten und Grenzen der Personellen Zusammenarbeit in den neuen Bundesländern, besser: der derzeitigen Grenzen und denkbarer künftiger Möglichkeiten auf diesem Gebiet.

II. Merkmale der entwicklungspolitischen Situation in den neuen Bundesländern heute

Die entwicklungspolitische Situation auf der Landesebene und darunter ist in den neuen Bundesländern dadurch gekennzeichnet, daß sie notgedrungen abhängig ist von der Entwicklung auf politischem, wirtschaftlichem, kulturellem und sozialem Gebiet. Entwicklungspolitische Anstrengungen sind also eingebettet in den „Aufschwung Ost", der auf vielen Gebieten bisher leider ausgeblieben ist. Was die Entwicklungszusammenarbeit anbelangt, so traten mit der Wende – im Vergleich zu früher – völlig veränderte Fragestellungen in den Vordergrund. Das in der gesamten Bundesrepublik veränderte innenpolitisch-wirtschaftlich-soziale Umfeld wirkt sich ausgesprochen negativ aus, was sich in den neuen Bundesländern zusätzlich potenziert. Hier treten für erhebliche, nahezu permanent wachsende Teile der Bevölkerung neue situationsprägende Themenfelder auf: Niedergang der Wirtschaft, Massenarbeitslosigkeit, Wohnungs- und Mietprobleme, Verschiebung der Armutsgrenze, Abbau zahlreicher sozialer „Festpunkte" der Vergangenheit, durch ungeklärte Rechtsfragen bedrohte Existenz, aber auch Enttäuschung über nichterfüllte Politikerversprechen und Parteienverdrossenheit, gepaart mit Resignation und Lethargie, Skepsis und Mißtrauen sowie Entsolidarisierung, daneben für viele Perspektivlosigkeit und weitgehend fehlende lang- und mittelfristige soziale Sicherung überhaupt.

Dies führt zweifelsohne zu einer verstärkten Hinwendung zu „eigenen" Problemen. Wer in außergewöhnlichem Maße mit der Existenzsicherung beschäftigt ist, hat weniger oder keine Zeit für Politik, erst recht nicht für Entwicklungspolitik. Am allgemeinen Trend ändert auch nichts, daß bei Teilen der Bevölkerung angesichts bestimmter Entwicklungen in verschiedenen Konfliktzonen, vor allem in der Dritten Welt, die persönliche Betroffenheit zunimmt und im Zusammenhang mit dem Umwelt-Entwicklung-Komplex zunehmend die Verantwortung des Nordens partiell erkannt wird, wenn auch sehr widersprüchlich.

Zu wagen ist das Experiment, dennoch für das Politikfeld der Entwicklungszusammenarbeit halbwegs erfolgreich zu werben, trotzdem Menschen zu erreichen, ihnen neue Fragen zu erklären und ihr Verständnis zu wecken, sie möglichst sogar zu mobilisieren.

In der Zeit unmittelbar nach der Wende standen in den neuen Bundesländern naturgemäß wirtschaftliche und soziale Sorgen und Probleme bei den Menschen im Zentrum ihres Sinnens und Trachtens. Trotzdem gab es hier und da – ungeachtet der „Abwicklung" wirtschaftlicher und wissenschaftlicher Träger früherer entwicklungspolitischer Aktivitäten – eine ganze Reihe von Enthusiasten der Dritte-Welt-Arbeit an der Basis, die trotz der komplizierten Lage und zumeist des Nichtvorhandenseins finanzieller Mittel der Auffassung waren, daß es auch oder gerade unter den neuen Bedingungen ein unabdingbares Erfordernis sei, sich mit der Dritten Welt zu beschäftigen, da dies notwendig und nützlich für den Süden, besonders aber für den Norden selbst ist. Das waren Menschen, von denen man beispielsweise an der damaligen Brandenburgischen Landeshochschule sagte: „Wer sich in solchen Zeiten mit der Dritten Welt beschäftigt, ist ein ausgesprochener Exot, den man sich finanziell gar nicht leisten kann, zumal er sicher bald anfangen wird, nach Hilfsgeldern für Leute in den Entwicklungsländern zu fragen." Zweifelsohne handelt es sich hierbei um einen Fragenkomplex, der die Personelle Zusammenarbeit direkt berührt.

Es waren zumeist im kirchlichen und im (zu diesem Zeitpunkt institutionell gerade in der „Abwicklung" befindlichen) entwicklungspolitisch-wissenschaftlichen Bereich beheimatete Leute, die in Berlin und Rostock, in Potsdam und Dresden, in Leipzig und Magdeburg, in Halle, Ilmenau und anderenorts die Position vertraten, daß entwicklungspolitische Gedanken und Aktivitäten unverzichtbar seien, zumal verschiedene ostdeutsche Regionen auf wirtschaftlichem und kulturell-wissenschaftlichem Gebiet über eine ganze Reihe durchaus beachtenswerter Anknüpfungspunkte für Entwicklungspolitik/Entwicklungszusammenarbeit aus vergangenen Jahrzehnten verfügten. Da gab es Menschen unterschiedlichen Alters in den verschiedensten Berufsgruppen, die über ihre Industrie-, Landwirtschafts-, Handwerks- oder Handelsbetriebe, ihre Schulen oder Wissenschaftseinrichtungen, über Solidaritäts- oder Freundschaftsarbeit nicht zuletzt über Kirchen oder unter dem Dach der Kirche angesiedelte Gruppen Dritte-Welt-Kontakte in dieser oder jener Form, direkt oder indirekt gepflegt hatten. Auch eine für Probleme des Südens in gewisser Hinsicht sensibilisierte Öffentlichkeit mit der Bereitschaft zum Tätigwerden war vorhanden. Leider gab es im Prinzip kaum entwicklungspolitische Erfahrungen von Kommunen.

Eine herausragende Rolle bei der Durchsetzung der neuen entwicklungspolitischen Erfordernisse in den neuen Bundesländern und beim Versuch, dabei „Nutzbares" aus der DDR-Erfahrung partiell einfließen zu lassen, spielte der auch heute noch immer existierende zentrale Runde Tisch Entwicklungspolitik. Was die neuen politischen Parteien im Osten betraf, so zeigte sich schnell, daß – abgesehen von wohlklingenden entwicklungspolitischen Programm-Verbalien – hinsichtlich der Bereitschaft zur Unterstützung der lokalen Aktivitäten die Risse quer durch die Parteien verliefen.

Drei Jahre später zeichnen sich in den neuen Bundesländern einzelne gute und erfolgreiche Beispiele ab, sind andererseits Rückschläge und Tendenzen der Enttäuschung und der Desillusionierung kaum zu übersehen.

Wenn ich das Bundesland Brandenburg einmal ausklammere, weil ich im Verlauf meiner Ausführungen darauf noch ausführlicher zu sprechen komme, und davon ausgehe, daß in Berlin eine sehr spezifische, für die neuen Bundesländer nicht typische Situation herrscht (umfangreiche Erfahrungen in Westberlin, ohne daß es zwischen Gruppen zu einem uneingeschränkten breiten Zusammenwirken zwischen West und Ost gekommen ist, starke Landesstelle für Entwicklungszusammenarbeit beim Senat, große, sehr spezifische neue NGOs in Ostberlin u.a.m.), ist die Lage tatsächlich so, daß große Ermutigung nicht berechtigt ist, verhaltener Optimismus uns aber dennoch auszeichnet.

Positive Trends wurden in Mecklenburg-Vorpommern und Sachsen-Anhalt sichtbar. Im Norden trafen anfangs Mecklenburger Elan und vorhandene Potentiale, besonders in Rostock, zusammen mit der Hilfsbereitschaft und einem jahrzehntelangen Erfahrungsschatz des Bremer Landesamtes für Entwicklungszusammenarbeit sowie konstruktiv auftretende und wirksam werdende westdeutsche Initiatoren, vor allem im Wirtschaftsministerium, die über unschätzbare Erfahrungen in BMZ und DED, in ihrer Partei und in der evangelischen Kirche verfügten und diese einbrachten. Nachdem im Ergebnis der bekannten Abwicklungsprozesse der Kreis der Mecklenburger Aktivisten schnell dezimiert wurde, steht die fast existentielle Frage, wie lange es dauert bis die westdeutschen Spezialisten wieder zurückkehren.

In Sachsen-Anhalt gab es relativ zeitig entwicklungspolitische Aktivitäten im Landtag, besonders seitens der SPD. Infolge der entwicklungspolitischen Aufgeschlossenheit der zuständigen westdeutschen Mitarbeiterin im damaligen Europa-Ministerium und der Bereitschaft der Bonner Zentrale der Friedrich-Ebert-Stiftung, inhaltlich und finanziell zu unterstützen, traten relativ schnell verschiedene aktive Zentren aus Magdeburg und Halle mit unterschiedlichem Werdegang in Erscheinung. Aber auch ein erstaunlich großes kommunales und schulisches Interesse trat zutage.

Die eigentlichen Schwachpunkte im Osten sind meines Erachtens Sachsen und Thüringen. In Sachsen zeigen sich für uns keinerlei Anzeichen dafür, daß die Landesregierung die mustergültigen Aktivitäten an der entwicklungspolitischen Basis in Zentren wie Dresden und Leipzig und darüber hinaus zur Kenntnis nimmt, geschweige denn fördert oder unterstützt. Auf verschiedenen Veranstaltungen in der Landeshauptstadt zeigte sich, daß die Palette großer Einsatzbereitschaft von den Enthusiasten im INKOTA-Netzwerk der Kreuzgemeinde über das einfache PDS-Mitglied bis zum der CDU angehörenden Landtagsvizepräsidenten und Ausländerbeauftragten reicht.

Ähnlich bzw. noch trauriger ist die Situation in Thüringen, das bekanntlich ebenfalls von einem Ministerpräsidenten aus den alten Bundesländern regiert wird, der nach unserer Kenntnis am Zustandekommen des Ministerpräsidentenbeschlusses über Entwicklungszusammenarbeit der Länder seinerzeit maßgeblich beteiligt war. Gespräche in Erfurt mit Nord-Süd-Gruppen und in der Landesregierung zeigten, daß es in der Administration offensichtlich nicht einmal ansatzweise Auffassungen gibt, die diese bedauernswerte Situation als veränderungsbedürftig betrachten. Darüber können aktive Gruppen im Raum Erfurt/Ilmenau oder die sich offenbar herausbildende Insel kommunaler Entwicklungszusammenarbeit in Weimar keineswegs hinwegtäuschen. Für entwicklungspolitische Bildungs- und Öffentlichkeitsarbeit gibt es bisher keinerlei Mittelbereitstellung in Gestalt eines Haushaltsansatzes.

Für alle ostdeutschen Länder kann kritisch vermerkt werden, daß – soweit uns bekannt – Personalentscheidungen in den Administrationen im Interesse einer gedeihlichen entwicklungspolitischen Arbeit, besonders auch zur effektiven Stabilisierung an der Basis, angesichts des ABM-Dilemmas nicht getroffen wurden. Was die meßbaren Aktivitäten der politischen Parteien anbetrifft, so muß festgestellt werden, daß die Beschlüsse und Dokumente der Parteitage und der Zentralen in Bonn die eine Seite sind, die Haltung „vor Ort", auch der Landtagsfraktionen, eine ganz andere.

Verfügen die Menschen in den neuen Bundesländern auf der einen Seite über elementare entwicklungspolitische Eigenerfahrungen, wenngleich unter völlig andersgearteten gesellschaftlichen Bedingungen in der DDR gesammelt, so sind die neuen Bundesländer heute selbst Nutznießer von Personeller Zusammenarbeit. Besonders positiv können hier solche Institutionen hervorgehoben werden, wie das Mainzer Büro für kommunale Entwicklungszusammenarbeit, das Gustav-Stresemann-Institut Bonn, die verschiedenen Stiftungen, die Staatskanzlei Nordrhein-Westfalen, das Landesamt für Entwicklungszusammenarbeit Bremen und viele fleißige Einzelhelfer, die voller Tatkraft und in einer guten und kollegialen Atmosphäre ihre Erfahrungen einbrachten und zu guten Freunden wurden. Andererseits darf nicht übersehen werden, daß es aber im Rahmen der Personellen Zusammenarbeit in den „ostdeutschen Entwicklungsländern" auch zahlreiche Mißgriffe gab, die einhergingen mit Erscheinungen beispielloser Arroganz, des Mißtrauens und der Ignoranz, der Besserwisserei und des Kompetenzgerangels sowie mit peinlichen Rangeleien um die „Futterkrippen". Ob es solche Tendenzen ab und an wohl auch beim Auftreten gegenüber den Menschen in Ländern des Südens geben mag?!

III. Aspekte einer möglichen Verwertbarkeit von DDR-Erfahrungen auf dem Gebiet der Personellen Zusammenarbeit

Unser Brandenburger Neuanfang auf dem Gebiet der Entwicklungszusammenarbeit ging – trotz der Liquidierung des entwicklungspolitischen „Systems" der DDR – nicht in einem entwicklungspolitischen Vakuum vor sich und begann nicht bei Null. Was die Personelle Zusammenarbeit anbelangt, so hatte sie im Rahmen der Entwicklungshilfe unter der Bezeichnung der Personalhilfe bzw. der solidarischen Kaderausbildung, eingeordnet in die wissenschaftlich-technische Zusammenarbeit, einen großen Anteil. In einem seinerzeitigen Grundsatzdokument heißt es: „Die DDR konzentriert ihre solidarische Hilfe und Zusammenarbeit für Entwicklungsländer auf die Entwicklung der menschlichen Ressourcen." Dies ging in der Regel unentgeltlich vor sich. Angesichts der relativen wirtschaftlichen Schwäche und der allgemeinen Devisenknappheit war diese Form der Entwicklungshilfe in den Ländern des Südens, über UNO-Organisationen oder aber vor allem auch in der DDR eine hervorragende Möglichkeit des Wirksamwerdens in der Dritten Welt. Daran waren beispielsweise alle Universitäten, Hoch- und Fachhochschuleinrichtungen, Schulen der Genossenschaften in Landwirtschaft und Handel, aber selbst auch Betriebe beteiligt. In den Jahren zwischen 1970 und 1985 erfuhren ca. 80.000 Bürger aus Entwicklungsländern in der DDR eine berufliche Aus- und Weiterbildung. Etwa 20.000 absolvierten ein Studium, das über Stipendien gesichert wurde. Im gleichen Zeitraum waren etwa 25.000 Experten aus der DDR in Ländern des Südens im Rahmen der Ausbildungshilfe tätig. Bei der personellen Hilfe ging es um Ausbildungsformen auf unterschiedlicher Qualifikationsstufe, sie erstreckte sich sowohl auf den fachlichen wie auch auf den politischen Bereich. Die erforderlichen Mittel wurden durch den Staat bzw. durch gesellschaftliche Organisationen, auch aus Spenden der DDR-Bürger aufgebracht. Sie gingen in die Bilanz der gesamten DDR-Entwicklungshilfe ein, die sich im Durchschnitt in den 80er Jahren bei jährlich 2,3 Milliarden Mark bewegte, was etwa 0,9% des Nationaleinkommens ausmachte. Nach unseren Untersuchungen war der militärische Teil der Kaderausbildung finanziell in dieser Summe nicht enthalten. Eigenartigerweise wurde seitens der DDR-Organe bis Anfang der 80er Jahre der Gesamtumfang dieser Aufwendungen selbst gegenüber der UNO geheimgehalten. Der Versuch einer exakten Darstellung dieser Seite der DDR-Entwicklungspolitik wurde gerade mit der Herausgabe zweier Bände über die Beziehungen zwischen der DDR und den Ländern Afrikas unternommen. Ich meine die im LIT-Verlag Münster/Hamburg erschienenen Sammelbände „Die DDR und Afrika" und „Engagiert für Afrika". Die im wesentlichen ostdeutschen Autoren sind bemüht, kritisch und realistisch alle Seiten dieses Politikfeldes der DDR zu beleuchten.

Neben allen berechtigten Kritiken darf nicht übersehen werden, daß tausende Ärzte, Lehrer, Kulturschaffende, Ingenieure, Facharbeiter, Mitglieder von Jugendbrigaden in Ländern des Südens eine aufopferungsvolle Tätigkeit versahen. Für sie war solidarische Hilfe und Zusammenarbeit nicht nur Lippenbekenntnis, sondern Verfassungsgebot, wobei diese Form der Solidaritätsbekundung eben eine gewisse „DDR-Spezifik" hatte. Für einen Menschen in der DDR gehörte die „Entwicklungspolitik" bzw. die „Solidarität" eher in den Bereich des Alltäglichen als für die Mehrzahl der Bürger in den alten Bundesländern. Mehr oder weniger obligatorische Abzüge von Lohn und Gehalt in Form des sogenannten „Soli-Beitrags" sowie Sonderleistungen im Rahmen von zahlreichen Kampagnen – z. B. der Katastrophenhilfe – waren durchaus Bestandteil der Normalität. Stärker als im Westen Deutschlands stand als offizieller Legitimationsgrund für Entwicklungshilfe ihre außenpolitische und strategische Funktion im Vordergrund.

Diese „antiimperialistische" Funktion der Solidarität wurde in der DDR auch beim Namen genannt. Obwohl die Entwicklungshilfe der Bundesrepublik ihrerseits eine starke „antikommunistische" Funktion besaß, spielte letzteres aber bei der offiziellen Rechtfertigung von Entwicklungshilfe im Westen eine sehr geringe Rolle. Sie wurde offiziell mehr oder minder eingehüllt in den Schleier der christlichen Nächstenliebe. Auch in der Nachwendezeit ist in Darstellungen der westdeutschen

Entwicklungshilfe dieser Aspekt kaum zu finden und wird von Insidern mehr oder weniger noch immer nur hinter „vorgehaltener Hand" eingestanden. Diskussionen oder Auseinandersetzungen, ob solche Aktivitäten der DDR in Ländern des Südens durchgeführt werden sollten oder nicht, spielten eine ausgesprochen geringe Rolle. Allerdings ist die beachtenswerte Spendenbereitschaft der Bevölkerung ein gewisser Gradmesser, nicht zuletzt auch für eine relative Aufgeschlossenheit gegenüber Fragen der Dritten Welt.

Es darf nicht übersehen werden, daß die Entwicklungshilfe der DDR im allgemeinen und ihre Aktivitäten auf dem Gebiet der Personellen Zusammenarbeit im besonderen unter den Menschen, bei maßgeblichen Politikern aus Entwicklungsländern (ich denke hier z. B. an Julius Nyerere) eine hohe Wertschätzung erfuhren. Gerade in den letzten Tagen erhielt ich einen Brief eines Politikers aus einem südostasiatischen Staat, der seinerzeit fünf Jahre als Student und vier Jahre als Doktorand bei mir studiert hatte. Er betont die Solidität der Ausbildung und den Wert der erfolgten Befähigung zu hoher Flexibilität, die es ihm ermöglichten, unter komplizierten Bedingungen des langandauernden Bürgerkriegs in seinem Lande maßgebliche staatliche Funktionen mit Erfolg auszuüben, auch auf internationalem Parkett (erfolgreiche Tätigkeit als außenpolitischer Berater des Königs; Tätigkeit als Generalsekretär des Außenministeriums).

Das erwähnte Potential von ehemaligen DDR-Entwicklungshelfern liegt im wesentlichen heute brach, ungeachtet der hohen allgemeinen entwicklungspolitischen Erfahrungen einschließlich der Landes- und Sprachkenntnisse, über die diese Personen verfügen. In unserer Arbeit nach der Wende stießen wir auch im Land Brandenburg immer wieder auf absolut ungenutzte Elemente eines entwicklungspolitischen Potentials. Da waren Menschen in Produktion und Wissenschaft mit Sachkenntnis und Kompetenz, mit Wissen und Können, mit Erfahrungen – gesammelt unter DDR-Bedingungen mit zahlreichen Vorzügen, aber auch voller Ideologiebedingtheit und wissenschaftlicher Verzeichnungen. Da waren Projektversuche in der Dritten Welt und eine in gewisser Hinsicht für Dritte-Welt-Probleme sensibilisierte und aufgeschlossene Öffentlichkeit, Menschen mit nutzbaren Einstellungen und Verhaltensweisen, mit der ehrlichen Bereitschaft zur Mitarbeit, gutem Willen und Engagementbereitschaft.

Natürlich war die personelle Hilfe gegenüber Ländern des Südens in der DDR voll eingeordnet in die Problematik des Ost-West-Konflikts. Sie war ideologiedominiert und im Prinzip – im Rahmen bestimmter Grenzen – parteigelenkt, voller Dirigismus und naturgemäß prioritär auf politische Effekte orientiert. Ist entwicklungspolitische Tätigkeit an sich schon ausgesprochen schwierig, so erst recht unter den Bedingungen eines gewissen Wechselspiels zwischen Chance und Restriktion, wie es in der DDR Realität war. Manches Projekt der Personalhilfe mag westlichen Effizienzkriterien aus heutiger Sicht nicht standhalten. Aber sicher gibt es auch in westlichen Ländern solche Beispiele. DDR-Entwicklungshilfe bewegte sich besonders in der letzten Phase immer zwischen Klassenkampf und sogenannten neuen Denken, was besonders hohe Anforderungen an die Praktiker vor Ort stellte. Was gesagt werden soll, ist, daß Aktivitäten der DDR auf dem Gebiet der Personellen Zusammenarbeit durchaus nicht „ausschließlich auf Stasi- und militärische Ausbildungshilfe beschränkt" waren. Anderslautende, völlig undifferenzierte Aussagen, beispielsweise in der Eppelmannschen Enquete-Kommission, widersprechen schlicht den Tatsachen. Einer differenzierten Wertung der seinerzeitigen Aktivitäten vieler fleißiger Menschen auf dem Gebiet der Personellen Zusammenarbeit stehen auch solche Erscheinungen entgegen, die derzeit charakterisiert sind durch die Negierung auch der durchaus förderlichen Ergebnisse, die Diskreditierung aller diesbezüglichen Aktivitäten insgesamt angesichts bestimmter kritikwürdiger Fehler und überhaupt der pauschalen Abwertung.

Bezeichnend für diesen wenig förderlichen Trend sind Äußerungen wie die des damaligen Präsidenten der Max-Planck-Gesellschaft, daß „in einer Wüste prinzipiell keine Traditionen bewahrt werden dürfen". So wird ostdeutsche Entwicklungshilfe stigmatisiert, nicht zuletzt wegen außenpolitischer Instrumentalisierung. Institutionen, Strukturen und Personen wurden rigoros abgewickelt, professionelle und Laien-„Entwicklungspolitiker" überwiegend an den Rand gedrängt. Die gesamtdeutsche Entwicklungspolitik wurde jedoch weder strukturell, noch personell oder gar finanziell in dem Maße erweitert, wie sich das Gesamtpotential Deutschlands nach der Wiedervereinigung vergrößert hat. Manche äußern den Verdacht, daß die rigorose, über das Maß einer konstruktiven Kritik hinausgehende politische und moralische Abqualifizierung u.a. auch dazu dienen soll, erhöhte Erwartungen in der Dritten Welt an einen erweiterten deutschen Entwicklungshilferahmen nicht erfüllen zu müssen.

IV. Möglichkeiten und Grenzen der Personellen Zusammenarbeit in den neuen Bundesländern

Nach den Grenzen und Möglichkeiten der Personellen Zusammenarbeit in den neuen Bundesländern befragt, muß zweifelsohne hervorgehoben werden, daß heute (und wohl auch noch morgen) mehr Grenzen und Hemmnisse zutage treten als objektive Möglichkeiten. Das hängt mit der institutionellen Schwäche, der personellen Schwäche (der Nichtkenntnis vorhandener erfahrener Spezialisten), aber natürlich auch mit der wirtschaftlichen und finanziellen Schwäche zusammen. Hemmend wirken sich allerdings auch – das darf keineswegs übersehen werden – fehlende politische Einsicht und mangelnde Klarheit über die Unabdingbarkeit entwicklungspolitischer Aktivitäten auch in den neuen Bundesländern, nicht zuletzt auf dem Gebiet der Personellen Zusammenarbeit aus. Bezeichnend dafür war die an mich gerichtete Frage eines Vertreters der ersten Brandenburger Regierungsmannschaft im Jahre 1991, ob es denn „neben Brandenburg noch ein anderes Entwicklungsland auf der Welt" gäbe. Nach wie vor gibt es bei uns Auseinandersetzungen mit Politikern, ob denn Entwicklungspolitik und damit auch Personelle

Entwicklungszusammenarbeit nicht ausschließlich Bundesangelegenheit sei. Die eindeutigen diesbezüglichen Festlegungen des Ministerpräsidentenbeschlusses von 1988, dem übrigens auch das Brandenburger Kabinett beigetreten ist, werden von ihnen nach wie vor negiert. In den Parlamenten sind Protagonisten der Entwicklungszusammenarbeit nach wie vor „Einzelkämpfer" in ihren Fraktionen.

Eine leider noch zu geringe Rolle spielt die direkte Nord-Süd-Arbeit der Städte und Gemeinden in den neuen Bundesländern – in den alten Bundesländern geradezu eine Domäne aktiver Entwicklungszusammenarbeit, nicht zuletzt auch hinsichtlich der Personellen Zusammenarbeit. Wenige gute Beispiele von Städtepartnerschaften oder der Mitarbeit im Klimabündnis dürfen nicht darüber hinwegtäuschen, daß der entscheidende Beginn noch aussteht. Obwohl Räte und Volksvertretungen Nord-Süd-Fragen vielfach aufgeschlossen gegenüberstehen, spielen diese in der praktischen kommunalpolitischen Arbeit in der Regel noch keine Rolle. Oft fehlt auch eine entsprechende Bereitschaft. Gruppen werden vielfach unzureichend unterstützt und allein gelassen. Entwicklungspolitische Aktivitäten der kommunalen Spitzenverbände sind bisher in den neuen Bundesländern nicht festzustellen, wodurch langjährige Erfahrungen leider nicht zum Tragen kommen.

Auch eine begrenzte Akzeptanz und Legitimationszuerkennung für die offizielle, seitens der Bundesregierung praktizierte Entwicklungspolitik bei großen Teilen der Bevölkerung wirkt sich zweifelsohne hemmend aus. Das trifft auch auf den erwähnten Trend zu, effektive Personalhilfe durch „Wessi-Kolonialismus" in den neuen Bundesländern zu ersetzen. Viele Betroffene sind der Meinung, daß – entgegen verbalen Beteuerungen der Verantwortlichen im BMZ, bei der GTZ u. ä. Institutionen – in praxi eine begrenzte oder gar fehlende Bereitschaft festzustellen ist, Leute aus den neuen Bundesländern einzubeziehen und besonders in Entwicklungsländern zum Einsatz zu bringen. Vielfach werden diesbezügliche Versuche bereits im Vorfeld der festen Anstellung zum Scheitern gebracht. Auch nach fast fünf Jahren sind die neuen Bundesländer noch immer weitgehend „GTZ-Neuland". Das trifft sinngemäß auch auf andere einschlägige, große Organisationen zu. Uns ist bekannt, daß Bemühungen zur Änderung im Gange sind. Wirtschaftskreise in den neuen Bundesländern, die traditionell eng mit der praktischen „Entwicklungszusammenarbeit" in der Zeit der DDR verflochten waren, beklagen, gegenüber der sogenannten Bonner Wirtschaftslobby bei der Vergabe von Aufträgen im Zusammenhang mit Entwicklungsprojekten eindeutig benachteiligt zu werden. Das trifft beispielsweise auf ehemalige DDR-Projekte in Vietnam und Laos zu, die zwar von ostdeutschen Unternehmen begonnen wurden, aber nach ihrer Evaluierung von Westunternehmen fortgesetzt werden.

Wie eingangs bereits dargelegt, unterscheidet sich die Situation in den neuen Bundesländern – ungeachtet vieler Gemeinsamkeiten – im Konkreten in vieler Hinsicht. Das trifft auch auf die Nutzung sich bietender Möglichkeiten zu. Wenn ich beim Beispiel unseres Bundeslandes bleiben darf, so betonte der Ministerpräsident in den letzten Jahren mehrfach, daß das von ihm geführte Kabinett Fragen der

Entwicklungspolitik und der Entwicklungszusammenarbeit entsprechend den sich derzeit ergebenden Möglichkeiten in die Gesamtpolitik einzugliedern gedenkt und möglichst bald effektive eigenständige Beiträge zu leisten beabsichtigt. Dabei ging er von Anfang an davon aus, bei der Umsetzung der neuen Erfordernisse einer Nord-Süd-Zusammenarbeit im vereinten Deutschland Potentiale und Erfahrungen aus Brandenburger Dritte-Welt-Beziehungen der vergangenen Jahrzehnte auf den verschiedensten Gebieten des gesellschaftlichen Lebens aufzudecken, nach Möglichkeit nutzbar zu machen und neue Kräfte zu erschließen. Eine programmatische Festlegung in der Landesverfassung wurde vorgenommen. In zahlreichen Landtagsdebatten wurde gefordert, daß Entwicklungszusammenarbeit als Querschnittsaufgabe und als Dimension der Gesamtpolitik zu betrachten sei, schnellstens klare Konzeptionen auszuarbeiten sind und Brandenburger Politik eine „Nord-Süd-Verträglichkeit" erhalten müsse. Natürlich sind dafür die entsprechenden gesamtgesellschaftlichen Rahmenbedingungen unumgänglich. Wir hoffen, daß die in den nächsten Tagen zu erwartende Regierungserklärung klar zum Ausdruck bringt, daß Entwicklungszusammenarbeit in Brandenburg einschließlich der Personellen Zusammenarbeit einen noch höheren Stellenwert erhalten wird.

Unsere gegenwärtigen Anstrengungen sind darauf gerichtet, im Lande zu klären, daß es müßig ist, sich mit langandauernden Diskussionen über sog. Prioritäten aufzuhalten, ob man „Brunnen bohren" oder Strukturen ändern helfen muß. Beides ist augenscheinlich unumgänglich. Darüber hinaus muß Menschen, die bestrebt sind, Personelle Zusammenarbeit mit den Ländern des Südens voranzutreiben, klar sein, daß es auch um ein sustainable Germany, um Veränderungen im Norden gehen muß. Klarheit schaffen in den eigenen Köpfen stellt unserer Auffassung nach die wichtigste Vorbedingung für Entwicklungszusammenarbeit im allgemeinen und Personelle Zusammenarbeit im besonderen dar. Diese Klarheit ist dann auch die Basis für eine erfolgreiche Lösung der materiell-finanziellen Probleme, die derzeit immer noch als Hinderungsgrund für Fortschritte hingestellt werden. Auch in den „armen" neuen Bundesländern sind finanzielle Aufwendungen für Entwicklungszusammenarbeit keineswegs Ausdruck von Barmherzigkeit, sondern unumgängliches gesellschaftliches Erfordernis unserer Zeit und Investition in die Zukunft. Die Schaffung besserer Möglichkeiten muß *heute* beginnen. Ohne in eine „DDR-Nostalgie" zu verfallen, kann auch diesbezüglich an eine gewisse Identität angeknüpft werden.

Günstige Möglichkeiten ergeben sich aus der breiten Nutzung der Erfahrungspalette der alten Bundesländer, einschließlich der westdeutschen Kommunen. Auch wenn es sich als schier unlösbar erweist, sollte man Anstrengungen unternehmen, um die vorhandenen erfahrenen Spezialisten in den neuen Bundesländern zu reaktivieren, soweit dies nicht bereits zu spät ist. Das trifft in Brandenburg auch auf ein großes Reservoir entwicklungspolitisch erfahrener Handwerker zu. Personelle Zusammenarbeit der neuen Bundesländer in Ländern des Südens sollte das dort vorhandene in der DDR ausgebildete deutschsprachige Potential nicht übersehen. Unterstützt werden sollten endlich auch die verzweifelten Überlebensversuche der letzten noch bestehenden Institutionen, die über Jahrzehnte erfolgreich in der Personellen Entwicklungszusammenarbeit tätig waren, wie z. B. das Internationale Institut für Journalistik Berlin-Brandenburg. Bisher vielfach noch ungenutzte Möglichkeiten sehe ich in den vorhandenen Potentialen der alten und neuen Universitäten, Fachhochschulen und ähnlich gearteten Institutionen, auch wieder der Wirtschaft und künftig – was in der DDR nicht üblich war – auch der staatlichen und kommunalen Verwaltungen. Dritte-Welt-Aktivitäten müssen hier immanenter Bestandteil der Arbeit werden, der Personalbestand auf die sich daraus ergebenden Aufgaben eingeschworen werden, nicht erst, „wenn alles läuft". Bei den Hochschuleinrichtungen bezieht sich das natürlich auf die verstärkte Ausbildung ausländischer Studenten (die Zahl der Studienbewerber ist im Vergleich zur DDR aus finanziell-sozialen Gründen einschneidend zurückgegangen), aber auch auf die Ausdehnung der Auslandsbeziehungen der Universitäten auf Entwicklungsländer und die systematische Einbeziehung von Nord-Süd-Themen in die Vorlesungen und in die Praktika.

Um in der geschilderten Situation im Lande Brandenburg notwendige Prozesse von außerhalb des in der Strukturierung befindlichen staatlichen Apparates in Gang setzen zu helfen, nahmen wir nach der Wende das entwicklungspolitische „Brandenburger Experiment" in Angriff. Vertreter verschiedener Gruppen und Einrichtungen hatten im Juli 1991 Ministerpräsident Dr. Stolpe einen Forderungskatalog übergeben, der u. a. auch die Vergabe von Stipendien an Studenten aus der Dritten Welt an Brandenburger Universitäten und Hochschulen enthielt. Mit dem Begriff des „Brandenburger Experiments" verbindet sich eine Kombination der sich allmählich an der Basis verbreiternden Arbeit von inzwischen rund 50 Gruppen, Initiativen, Vereinen und Läden mit einer Konstruktion aus Offenem Tisch Entwicklungspolitik/Ausländerfragen und Nord-Süd-Forum in der Landeshauptstadt Potsdam, einem Nord-Süd-Beirat beim Landtagspräsidenten und der über mehrere Jahre auf dem gesamten Landesterritorium auf nahezu allen entwicklungspolitischen Teilgebieten wirkenden Arbeitsgruppe „Brandenburg in der Dritten Welt". Eine mehrschichtige Struktur also, die im Ministerpräsidenten und einigen Landtagsabgeordneten verschiedener Parteien sowie in verschiedenen Ministerien aktive Unterstützer und Förderer fand, andererseits aber „im Apparat" auch auf heftigen Widerstand stieß, der unterschiedlich motiviert war. Zu den angestrebten Zielen der Tätigkeit gehörte auch die Wiederingangsetzung der Ausbildung von Personen aus den Entwicklungsländern im Lande Brandenburg und der zunehmende Einsatz von Brandenburger Bürgern in Entwicklungsländern auf den verschiedensten Wegen, ohne daß es bisher schon zu spektakulären Fortschritten gekommen wäre.

Als ein Kind der Entwicklung nach der Wende, geboren auf der „wissenschaftlichen Abbruchdeponie" Brandenburgs, entstand das heutige Projekt (damals Arbeitsgruppe) „Brandenburg in der Dritten Welt" als ein kleines, aber teilweise sehr wirkungsvolles Mosaiksteinchen entwicklungspolitischer Realität in unserem Bundesland. Die Arbeitsgruppe entwickelte sich auf Grund ihrer aktiven konzeptionellen und operativen Tätigkeit auf dem gesamten Territorium des Landes zu einem gesamtbrandenburgischen Aktionszentrum der Nord-Süd-Arbeit, das sowohl als Beratungs- und Informationszentrale, als Impulsgeber für Gruppen und Kommunen vor Ort, aber auch als Koordinierungsstelle für viele Aktionen fungierte. In Brandenburg, aber auch in den anderen neuen Bundesländern und zunehmend in den meisten alten Bundesländern schuf sich die Gruppe ein breites entwicklungspolitisches Kontaktnetz, das sich auf Universitäten, entwicklungspolitische Einrichtungen und Gremien, Unternehmen, Parteien, Organisationen, Verbände und Vereine, Stiftungen und vor allem Nord-Süd-Gruppen und Einzelpersönlichkeiten erstreckte und einem Erfahrungs- und Gedankenaustausch diente.

Naturgemäß galt es dabei Schwierigkeiten zu überwinden, zumal die Gruppe sich das Ziel gestellt hatte, wissenschaftliche Arbeit und praktisch-entwicklungspolitische Tätigkeit an der Basis miteinander zu verbinden. Gerade durch die praktische Arbeit konnten zahlreiche Vorbehalte bei Wissenschaftlern („Verflacht echte Wissenschaft nicht durch eine Pseudo-Ehe mit der sogenannten Nord-Süd-Basis?") und bei den NGOs und Nord-Süd-Gruppen („Dient die Basisarbeit Akademikern nicht nur als Vorzeige-Alibi?") ausgeräumt werden. Zur Aufgabenstellung der Gruppe gehörte es, ihre Arbeitsergebnisse für Politik, Wirtschaft, Bildung und NGO-Bereich verwertbar zu gestalten und lokale und regionale Impulse für entsprechende Aktivitäten zu geben. Dazu dienten auch die Herausgabe einer eigenen Schriftenreihe „Brandenburgische Entwicklungspolitische Hefte", die Durchführung eigener entwicklungspolitischer Seminare für unterschiedliche Zielgruppen, eine breit gefächerte Vortrags- und Medienarbeit sowie die Initiierung und Unterstützung der Projektarbeit Brandenburger Gruppen in Entwicklungsländern. Gerade letzteres schuf eine Möglichkeit der Personellen Zusammenarbeit en miniature durch die Teilnahme von Abgeordneten, Lehrern, Unternehmern, Naturschutzspezialisten u.a. in Projekten unterschiedlichen Wirkungsgrades in Tansania, Kamerun, Ghana (in Vorbereitung), auf den Philippinen, in Kuba und Ländern Mittelamerikas. Eine ausgesprochene Pleite erlebten die Mitarbeiter der Arbeitsgruppe beim Versuch der Umsetzung ihrer Überlegungen zur Schaffung eines Strukturelements für Entwicklungszusammenarbeit bei der Landesregierung.

Eine wirkungsvolle Unterstützung beim Hineinfinden in die westdeutsche entwicklungspolitische Praxis gaben auf praktischem Gebiet das erwähnte Mainzer Büro für kommunale Entwicklungszusammenarbeit, das Gustav-Stresemann-Institut und Germanwatch, auf wissenschaftlichem Gebiet der Interdisziplinäre Arbeitskreis für Entwicklungsländerforschung. Neue zusätzliche Impulse erhielt das Projekt durch seine Eingliederung in das System des World University Service (Deutsches Komitee Wiesbaden), wo die Brandenburger auf nüchtern-realistische Partner voller Fairneß bezüglich ihrer Ost-Erfahrungen stießen.

Somit ergibt sich für die neuen Bundesländer auf entwicklungspolitischem Gebiet, darunter auch hinsichtlich der unbedingt zu forcierenden Personellen Zusammenarbeit, folgendes Bild: eine komplizierte Situation und schwierige, daraus abgeleitete, sobald wie möglich zu lösende Aufgaben. Diese werden sich – so steht zu hoffen – bei Bündelung aller gemeinsamen Kräfte sämtlich als lösbar erweisen. Verstärkte Anstrengungen, langer Atem und Optimismus sind dabei unabdingbar!

Neue Angebote der Personellen Zusammenarbeit unter dem Aspekt des „Capacity Building": Wege zur Erschließung einheimischen Fachkräftepotentials

Von Karin Adelmann

I. Einführung

Während zu Beginn der Entwicklungszusammenarbeit vor 30 Jahren in den meisten Ländern der Dritten Welt ein ausgesprochener Mangel an Fachkräften bestand, gibt es heute ein großes Angebot an gut ausgebildeten einheimischen Fachkräften, die häufig Schwierigkeiten haben, angemessene Arbeitsplätze in ihren Heimatländern zu finden. Viele wandern ab nach Europa oder Nordamerika. Die Folge ist der immer wieder beklagte „brain drain". Gleichzeitig wächst die Kritik an den hohen Kosten und der mangelnden Nachhaltigkeit der ausländischen Beratungshilfe in den Entwicklungsländern selbst und auch in multilateralen Institutionen wie der Weltbank. Besonders die Schwierigkeiten bei der Strukturanpassungspolitik in Afrika haben die Einsicht gefördert, daß für die Umsetzung von Reformprogrammen einheimische Fachleute gebraucht werden, die den soziokulturellen und den politischen Kontext kennen und die auch in der Lage sind, politische Führungsfunktionen zu übernehmen. Drei Erfahrungen werden für die künftige Personelle Zusammenarbeit von zentraler Bedeutung sein:

1. Entwicklungsprojekte und Reformvorhaben generell können nur dann dauerhaft sein, wenn sie von Interessen und Kräften im Land selbst getragen werden. Nicht ausländische Experten, sondern nur einheimische Fachkräfte können das Problem der „Nachhaltigkeit" lösen.

2. Viele dieser Fachkräfte, die zu Hause dringend gebraucht würden, halten sich als Studenten, Wissenschaftler, Unternehmer, Manager oder auch als Flüchtlinge und Asylbewerber in den westlichen Industriestaaten auf, weil sie zu Hause keine angemessenen Arbeitsmöglichkeiten finden oder weil sie politisch verfolgt werden.

3. Viele dieser Fachkräfte würden gern in ihre Heimat zurückkehren, es gibt aber objektive Hindernisse – politische Verfolgung, Kosten der Rückkehr, Schwierigkeiten mit Arbeitsplatz, Wohnung, Altersversorgung, Ausbildung der Kinder etc. – die umso größer sind, je länger sich die Migranten im Ausland aufhalten.

Ich will im folgenden zunächst ein paar Daten zu dem Dilemma liefern, in dem die Personelle Zusammenarbeit derzeit steckt. Vor diesem Hintergrund werden dann die Forderungen nach „capacity building" referiert. Dann sollen Ansätze zur Erschließung des einheimischen Fachkräftepotentials beschrieben werden. Zum Schluß will ich einige Anmerkungen zur Weiterentwicklung des ‚Capacity-Building-Ansatzes' machen.

II. Das Dilemma der ausländischen Beratungshilfe

1. Die Kritik von Jolly und Jaycox – brain drain und Mangel an einheimischer Kompetenz

Der langjährige UN-Berater und Afrikakenner Richard Jolly hat schon Ende der 80er Jahre auf groteske Ungereimtheiten in der Relation von Kosten und Nutzen der personellen Entwicklungshilfe hingewiesen.[1] In Tansania etwa wurden 1988 rund 300 Millionen Dollar für Technische Zusammenarbeit (TZ) ausgegeben, von denen 200 Millionen Dollar für Gehälter, Reisekosten, Spesen etc. in die Taschen der rund 1.000 ausländischen Experten flossen. Im gleichen Zeitraum standen für den gesamten öffentlichen Dienst des ostafrikanischen Landes einschließlich aller Lohn- und Gehaltskosten für Lehrer und das Personal des Gesundheitswesens ganze 100 Millionen Dollar zur Verfügung. In seiner kritischen Bestandsaufnahme der TZ weist Jolly daraufhin, daß die Zahl ausländischer Experten in Afrika in den vergangenen 30 Jahren ständig zugenommen habe, obwohl man sich von Anfang an darin einig war, daß ausländische Fachkräfte nur solange eingesetzt werden sollten, bis sie durch einheimische ersetzt werden könnten.

Auch der Human Development Report[2] des Entwicklungsprogramms der Vereinten Nationen (UNDP) von 1992 setzt sich in seiner Analyse der ökonomischen Misere Subsahara Afrikas kritisch mit dem Wirken der ausländischen Berater auseinander. An einer Sache jedenfalls mangle es Afrika nicht, heißt es in dem Bericht, und das sei Beratung.

Tatsächlich habe Afrika vermutlich mehr Beratung pro Kopf erhalten als irgend ein anderer Kontinent. Noch einen Schritt weiter in seiner Kritik an ausländischer TZ für Schwarzafrika geht Weltbankvizepräsident Edward Jaycox.[3] Den afrikanischen Regierungen und der Gebergemeinschaft wirft er rundheraus vor, sie würden gemeinsam die Fähigkeit der Länder zur politischen und wirtschaftlichen Selbstbestimmung und Selbststeuerung unterminieren.

---

[1] *Richard Jolly*, A Future for UN Aid and Technical Assistance? in: Development. Journal of the Society for International Development, Heft 4, Rom 1989, S. 21-26.

[2] UNDP, Human Development Report, New York 1992.

[3] *Edward V. K. Jaycox*, „Capacity Building": Das fehlende Kettenglied der afrikanischen Entwicklung, Rede vor dem African-American Institute in Reston, Virginia am 20. Mai 1993, dokumentiert in epd-Entwicklungspolitik 18/93.

In seiner mittlerweile berühmt gewordenen provokativen Rede auf der Konferenz des African-American Institute am 20. Mai 1993 in Reston, Virginia hat Jaycox seinem ganzen Ärger über die mangelhafte politische und wirtschaftspolitische Kompetenz afrikanischer Regierungen Luft gemacht: „Now it's my contention that the donors and African governments together have in effect underminded capacity in Africa". Alle Welt beklage den wirtschaftlichen Niedergang Schwarzafrikas, doch die Weltbank habe 14 Milliarden Dollar für Projekte in Afrika „in der pipeline". Wegen der institutionellen Schwächen der afrikanischen Regierungen könnten diese Kreditzusagen nicht abfließen. Gleichzeitig bemühten sich 100.000 hochbezahlte ausländische Experten – mehr als am Ende der Kolonialzeit – die Defizite im politischen Management auszugleichen und institutionelle Lücken zu überbrücken.

Für diese TZ-Leistungen an Schwarzafrika bezahle die internationale Gebergemeinschaft jährlich rund vier Milliarden Dollar – das entspricht den jährlichen Kreditmitteln der Weltbank für Schwarzafrika – „und die TZ-Mittel fließen allesamt in die Gehälter ausländischer Experten." Dabei mangle es nicht an gut ausgebildeten, qualifizierten Afrikanern. „Holt endlich Eure fähigen Leute zurück", fordert Jaycox die afrikanischen Regierungen auf, „es gibt sie in der Privatwirtschaft, und es gibt sie an den Universitäten. Ihr könnt Eure eigenen Consultants anheuern, und Ihr könnt versuchen, Eure klugen Leute zurückzuholen – egal, wo sie sind – egal, ob sie gerade eine Börse in Chicago leiten oder in Toronto. Ihr könnt sie zurückholen. Bringt sie dazu, für Eure eigene Wirtschaft zu arbeiten, Eure eigenen Probleme zu lösen". Jaycox versprach auch finanzielle Hilfe, wenn die Afrikaner nur endlich versuchen wollten, die politische Verantwortung für ihr Schicksal selbst in die Hand zu nehmen.

Die afrikanischen Regierungen macht Jaycox für den enormen „brain drain", die Abwanderung der intellektuellen Elite nach Europa und Nordamerika verantwortlich. Gute Leute, die mit hohen Kosten ausgebildet wurden, erhalten zu Hause keine Chance. Gleichzeitig spricht Jaycox von endemischen Schäden, die die Gebergemeinschaft anrichte. Lokales Management werde durch ausländisches Management ersetzt, und die wenigen fähigen Leute, die in den demoralisierten Ministerien zu finden sind, werden von Geberorganisationen abgeworben. „Zum Beispiel kann es vorkommen, daß die Dänen mit den Schweden oder der Weltbank um den einen Menschen im Gesundheitsministerium konkurrieren, dem sie zutrauen, daß er ein Projekt steuern kann und von dem sie erhoffen, daß er gerade ihr Projekt zum Erfolg führt, während alle anderen Projekte scheitern". Nicht zuletzt wegen dieser Geberkonkurrenz mangle es den meisten afrikanischen Staaten auch 30 Jahre nach der Unabhängigkeit an den notwendigen menschlichen und institutionellen Ressourcen für ein modernes Staatswesen mit einer effizienten Verwaltung.

Verglichen mit der massiven Kritik, fallen Jaycox Verbesserungsvorschläge allerdings ziemlich mager aus. Sie erinnern an die Methoden des Schwimmlehrers, der die Kinder ins Wasser wirft nach dem Motto ‚schwimm oder ersauf'. – „Wir bestehen jetzt darauf, daß die Regierungen ihre eigenen Pläne zur wirtschaftlichen Reform entwerfen. Wir werden helfen, wir werden kritisieren, ... but we are not going to write these plans. We're not going to say: Here you are, do this, and we'll give you money. That's out. So for the ministers and governors here, this is a wake-up call on that. We're not going to do this anymore, but you're going to have to find that domestic capacity ...".

2. Politische Entmündigung durch TZ

Jaycox beklagt und beschimpft eine Misere, an der die Weltbank selbst alles andere als unschuldig ist. Die wirtschaftspolitische und damit auch politische Entmündigung armer, hochverschuldeter Entwicklungsländer ist ein gewiß nicht direkt beabsichtigter, aber immer wieder zu beobachtender Effekt von Weltbankprogrammen. In zahlreichen Untersuchungen über die Strukturanpassungsprogramme[4] von IWF und Weltbank in Afrika wurde festgestellt, daß kaum eines der Länder in der Lage ist, die Programme selbst zu steuern.

Die Folge ist eine Erosion der politischen Verantwortlichkeit und Handlungsfähigkeit, deren Konsequenzen jetzt erst, nach mehr als einem Jahrzehnt Strukturanpassung wahrgenommen werden. Es geht dabei nicht nur um die seit langem diskutierten „sozialen Kosten" von Strukturanpassung (Kürzung der Mittel für Bildung, Gesundheit etc.), sondern um den Zerfall von Staaten und um Krieg.

„Mit der Vereinbarung durchgreifender Reformen im Rahmen von Strukturanpassungsprogrammen wird von Regierungen häufig nicht weniger verlangt, als sich eine neue Legitimations- und Machtbasis zu schaffen", schreibt Peter Wolff.[5] Seine Bilanz der Wirkungen von zehn Jahren Strukturanpassungspolitik des Bretton-Woods-Institute auf die staatlichen Institutionen in Afrika sind deprimierend: „Auch mit dem massiven Einsatz technischer Hilfe wurden in der Regel keine nennenswerten Fortschritte in bezug auf die nachhaltige Verbesserung der administrativen Kapazität erzielt. In wohl kaum einem Subsahara-Land ist die Regierung in der Lage, ein Strukturanpassungsprogramm eigenständig zu entwerfen und zu steuern. Diese Aufgaben, vor allem die des ‚monitoring', werden im wesentlichen der Weltbank und den ausländischen Beratern überlassen."[6]

Wolf plädiert dafür, die Verantwortung wieder mehr in die Hände der Regierungen zu legen und die im Detail oft als demütigend empfundene Auflagenpolitik auf wenige Schlüsselkonditionen zu reduzieren. Entscheidend seien „Investitionen in den Menschen" und eine stetige Entwicklung des Humankapitals. Ergänzt werden müßten die Strukturanpassungsprogramme durch eine „Neuorientierung der

---

[4] Z. B. *Peter Wolff*, Strukturanpassungsprogramme, Versuch einer Bilanz nach zehn Jahren, Deutsches Institut für Entwicklungspolitik (DIE), Berlin Nov. 1991, S. 18 ff, S. 39 ff.

[5] *Wolff* a. a. O, S. 20.

[6] *Wolff* a. a. O, S. 39.

Technischen Zusammenarbeit", die weit stärker als bisher zur Ausbildung einheimischen Personals und zur Entwicklung von Institutionen beitragen müßte. Ein konzeptioneller Ansatz hierzu liege im Rahmen der „African Capacity Building Initiative" von Weltbank und UNDP vor, die weniger auf punktuelle Projekteinsätze von Einzelberatern und mehr auf die umfassende Entwicklung von Institutionen abziele.[7] Die „African Capacity Building Initiative", für die auch Jaycox wirbt, hat ihren Sitz in Harare und wurde von Weltbank, Geber- und Empfängerländern mit 100 Millionen Dollar ausgestattet.

Anzumerken ist hier, daß es für die Nachfolgestaaten der Sowjetunion (GUS-Länder) ähnliche oder noch schwieriger gelagerte Probleme mit der politischen und wirtschaftspolitischen Selbststeuerung geben könnte als in Afrika, wenn IWF und Weltbank Reformprogramme durchzusetzen versuchen, die mit der politischen Realität in diesen Ländern schwer in Einklang zu bringen sind und die von den einheimischen Politikern dort allein schon wegen fehlender Sprachkenntnisse und mangelndem Wissen über ökonomische Zusammenhänge nicht verstanden werden können.

III. Einheimische Fachkräfte in der Personellen Zusammenarbeit

Die Diskussionen über „brain drain", „capacity building", Subsidiarität, Nachhaltigkeit in der Entwicklungspolitik und Kosten der Technischen Zusammenarbeit (TZ) haben dazu geführt, daß seit einigen Jahren sowohl Geberländer und internationale Organisationen wie auch die Entwicklungsländer selbst bemüht sind, ausländische Berater durch einheimische Fachkräfte zu ersetzen. Auf seiten der Entwicklungsländer spielt dabei auch der Wunsch nach Eigenständigkeit und Selbstbestimmung eine Rolle.

Hermann Warth[8] weist in einer eben erschienen Fallstudie über Nepal darauf hin, daß die TZ in Nepal in eine Legitimationskrise geraten sei[9] und daß in Diskussionen mit hohen Regierungsvertretern immer wieder der Wunsch geäußert werde, ausländische Fachkräfte durch einheimische zu ersetzen. Kostenargumente spielten dabei eine Rolle, aber auch Angst vor kultureller Überfremdung durch westliche Modelle. Warth zitiert eine Projektevaluierung des BMZ von 1991, in der festgestellt wurde, es habe sich die Meinung verbreitet, daß Nepal ein Experimentierfeld der EZ sei, auf dem auch die Geber nicht genau wüßten, wie sie nachhaltige Wirkungen und Verbesserungen erreichen sollten. „An vielen Stellen wurden Geberstrukturen aufgebaut, die, zum Teil an der verantwortlichen Verwaltung vorbei, mit

---

[7] *Wolff* a. a. O, S. 45.

[8] *Dorothea Mezger, Gert Urban, Hermann Warth*, Die Instrumente der personellen Zusammenarbeit und ihre Eignung für die Beschäftigung einheimischer Fachkräfte, Weltforumverlag, Köln 1994, BMZ-Forschungsbericht Bd. 112.

[9] A. a. O., S. 137.

zum Teil erheblichem Aufwand und über die Köpfe der Bevölkerung hinweg Entwicklung zu fördern suchten".[10]

Praktisch alle mit TZ befaßten deutschen Organisationen haben sich in den vergangenen Jahren mit dem Thema ‚einheimische Fachkräfte' auseinandergesetzt. Die Untersuchung von Dorothea Mezger, Gert Urban und Hermann Warth über ‚Die Instrumente der Personellen Zusammenarbeit und ihre Eignung für die Beschäftigung einheimischer Fachkräfte', in der auch Warths oben genannte Fallstudie enthalten ist, gibt einen umfassenden Überblick über das komplexe Thema. „Die eigentliche Leistung, die ‚Entwicklung' zu erbringen hat, beruht auf der Verknüpfung des modernen expliziten Wissens über Technologien und ihre Anwendung, Verfahrensweisen und Management, etc. mit dem impliziten kulturellen Wissen des eigenen Kontextes", stellt die Studie fest, „die Einbettung neuen Wissens in den Kontext eines Entwicklungslandes kann im Grunde nur von den qualifizierten einheimischen Fachkräften selbst geleistet werden. Berater aus Geberländern der EZ können in der Regel nur als ‚eye-opener' fungieren, das explizite Wissen anbieten und ‚Brückenbaufunktionen' im Sinne eines ‚facilitators' übernehmen".[11]

Relevant für den Einsatz einheimischer Fachkräfte seien allerdings nach wie vor wirksame Vorstellungen der Vergangenheit, die auf einem linearen Modell der Aufwärtsentwicklung beruhten. „Eine solche Aufwärtsentwicklung hat es in vielen Ländern des Südens trotz der Heranbildung des Humankapitals nicht gegeben. Daraus zu folgern, daß die Entwicklungsanstrengungen in den gleichen Mustern unverändert weitergehen müssen, ist nicht vertretbar. Wichtig ist vielmehr, daß Fachkräfte in den Ländern des Südens überall dort Verantwortung übernehmen, wo dies möglich ist, um die ‚Investitionen in das Humankapital' nachhaltig nutzen zu können".[12]

Dazu wurden im BMZ und in den Durchführungsorganisationen im wesentlichen folgende Instrumente entwickelt:

1. Verstärkte Beschäftigung einheimischer Fachkräfte in den Entwicklungsdiensten der Geber.

2. Förderung einheimischer Entwicklungsdienste und Trägerstrukturförderung.

3. Rückkehrförderung, Reintegrationshilfen und Existenzgründungsprogramme.

4. Aus- und Fortbildung einheimischer Fach- und Führungskräfte.

---

[10] A. a. O., S. 135.
[11] *Mezger* a.a.O, S. 15 f.
[12] A. a. O., S. 4.

1. Verstärkte Beschäftigung einheimischer Fachkräfte in den Entwicklungsdiensten der Geber

Auf diesem Gebiet hat sich in den letzten Jahren fast so etwas wie eine kleine Revolution vollzogen. In der Deutschen Gesellschaft für Technische Zusammenarbeit (GTZ) zum Beispiel sind heute doppelt soviele Einheimische beschäftigt wie vor fünf Jahren. Während 1988 auf 1.662 Auslandsmitarbeiter der GTZ 2.751 Ortskräfte kamen, arbeiteten 1993 bereits 5.622 Ortskräfte mit 1.573 entsandten Experten zusammen. Unter den Ortskräften waren 2.083 als Hilfskräfte, die übrigen 3.539 als qualifizierte Fachkräfte beschäftigt, 268 von ihnen in Führungsfunktionen. Der GTZ ist es offenbar gelungen, sich relativ pragmatisch mit dem Thema auseinanderzusetzen. Es gibt verschiedene Vertragsformen für einheimische Fachkräfte, Rekrutierung von ehemaligen Stipendiaten, diverse Fortbildungsmöglichkeiten, Einsatz lokaler Consultingfirmen sowie lokaler Gutachter in Prüfungs- und Evaluierungsteams und zunehmend auch Einheimische in Führungspositionen.

Als Qualitätskriterium für ihre Arbeit formuliert die GTZ:

Größtmögliche Eigenverantwortung und Nutzung der Ressourcen des Partners. In Nepal zum Beispiel haben fünf von 23 Projekten einheimische Teamleiter, administrative Hilfe erhalten sie durch das GTZ-Projektverwaltungsbüro. Auch auf den Philippinen und in Indien gibt es „expertenlose" Projekte, die ausschließlich von einheimischen Fachkräften betreut werden. In Addis Abeba wurde das GTZ-Büro sowie ein Projekt zur Reintegration ehemaliger Soldaten von Esayas Abebe, einem äthiopischen Bauingenieur, aufgebaut und geleitet, der sieben Jahre in Berlin studiert und gearbeitet hat, vorzüglich deutsch spricht und sich in deutschen wie in äthiopischen Rechts- und Verwaltungsfragen gut auskennt. Der Fall zeigt, wie die GTZ systematisch Führungskräfte sucht, die sich in beiden Welten auskennen, der deutschen und der des Entwicklungslandes.

Nicht geplant, aber nicht weniger erfolgreich war die Übernahme der Verantwortung durch Einheimische in einem Ernährungssicherungsprogramm in Arequipa/Peru. Als die deutschen Fachkräfte aus Sicherheitsgründen abgezogen werden mußten, wurde das Programm von Einheimischen erfolgreich weitergeführt. Die GTZ hat daraus die Konsequenz gezogen und entsendet Experten nicht mehr in Projekte, sondern nur noch als Berater für sektorale Fragen in Durchführungsorganisationen und Ministerien. „Insgesamt sind die Erfahrungen mit einheimischem Projektpersonal an leitender Stelle gut", heißt es in einem Informationsvermerk des BMZ vom März 1994[13]. „Die vermehrte Nutzung einheimischen Fachwissens ist auch unter dem Gesichtspunkt der Nachhaltigkeit positiv zu bewerten. Das während der Tätigkeit erworbene Wissen bleibt zwar nicht unbedingt dem Projekt, aber dem Land erhalten".

---

[13] BMZ, Informationsvermerk Nr. 10/94, Neue Wege der Personellen Entwicklungszusammenarbeit (PZ), März 1994.

2. Förderung einheimischer Entwicklungsdienste und Trägerstrukturförderung

DED-Geschäftsführer Volkmar Becker kündigte dazu bei der Vorstellung des Jahresberichts seiner Organisation am 23. Juni 1994 in Bonn an, daß der DED in Zukunft verstärkt einheimische Dienste fördern und Fachkräfte aus Entwicklungsländern einsetzen wolle. In einem Pilotprojekt in vier Ländern solle der Einsatz von zunächst 40 einheimischen Entwicklungshelfern getestet werden. Angestellt werden sie nicht vom DED, sondern von einheimischen Organisationen.

Mit Förderbeiträgen bis zu 30.000 DM will der DED künftig die Institutionalisierung einheimischer Dienste unterstützen. Bis zu 5.000 DM können Selbsthilfeinitiativen erhalten, die sich auf Dorfebene zusammenschließen. Die Entwicklungshelfer des DED selbst sollen künftig vor allem Managementaufgaben wahrnehmen und zwischen Geldgebern des Nordens und Projektträgern des Südens vermitteln. Nach Aussagen des DED-Verwaltungsratsvorsitzenden Johannes Niemeyer habe sich das Bild des Entwicklungshelfers „vom Brunnenbohrer zum Arbeitsorganisator" gewandelt.

Traditionell besonders hoch ist der Anteil einheimischer Fachkräfte in den kirchlichen Entwicklungsdiensten. ‚Dienste in Übersee' (DÜ) und die ‚Arbeitsgemeinschaft für Entwicklungshilfe' (AGEH), die beiden nach dem DED größten deutschen Entwicklungsdienste, hatten in den letzten Jahren zusammen knapp 500 Entwicklungshelfer unter Vertrag. Wieviele tausend einheimische Fachkräfte laufend über Projekt-, Programm- und Budgetfinanzierung in den Partnerorganisationen mitarbeiten, können die beiden kirchlichen Organisationen nicht angeben. Im Rahmen des Förderspektrums der kirchlichen Hilfswerke insgesamt spielen die entsandten Fachkräfte eine marginale Rolle, die Finanzierung einheimischer Fachkräfte hat dagegen einen hohen Stellenwert.[14]

3. Rückkehrförderung, Reintegrationshilfen und Existenzgründungsprogramme

Hier geht es darum, ausländischen Fachkräften, die als Gastarbeiter, Studenten oder politische Flüchtlinge nach Deutschland kamen, die Rückkehr zu erleichtern. Inzwischen wurde eine breite Palette von Fördermöglichkeiten entwickelt – Information und Beratung zur Rückkehr und beruflichen Eingliederung, Unterstützung bei der Arbeitsaufnahme, finanzielle Rückkehr- und Eingliederungshilfen. Zusätzlich zur Individualförderung wurden bilaterale Rückkehrerprogramme mit der Türkei, Chile, Vietnam, Eritrea, Slowenien und Kroatien vereinbart, die von der deutschen und der Partnerregierung mit gleich hohen Beträgen finanziert werden. Die Kreditfonds zur Förderung von Existenzgründungen werden von der Deutschen

---

[14] *Mezger* a. a. O, S. 14.

Ausgleichsbank verwaltet, die versucht, Erfahrungen aus der Zeit des Wiederaufbaus nach dem 2. Weltkrieg zu nutzen. Der deutsche Beitrag zu den Kreditfonds lag 1993 bei 41,4 Millionen DM. Die ersten Rückkehrer-Programme waren schon 1972 mit der Türkei geschlossen worden, wo inzwischen rund 300 Arbeitnehmergesellschaften mit mehr als 17.500 Arbeitsplätzen geschaffen wurden. Mit Hilfe des vietnamesischen Kreditfonds, in den die Bundesregierung 1993 sieben Millionen DM einzahlte, sind nach BMZ-Angaben bisher 505 Unternehmensgründungen mit 6.000 Arbeitsplätzen gefördert worden.

4. Aus- und Fortbildung einheimischer Fach- und Führungskräfte

In vielen Entwicklungsländern gibt es zwar ein Überangebot an Fachkräften, die Ausbildung ist aber theorielastig, es mangelt an anwendungsorientiertem Wissen und vor allem an Management- und Planungsfähigkeiten. Hier setzt das Aus- und Fortbildungsprogramm des BMZ an, das von der Carl-Duisberg-Gesellschaft (CDG) und der Deutschen Stiftung für internationale Entwicklung (DSE) in Zusammenarbeit mit der Zentralstelle für Arbeitsvermittlung (ZAV) der Bundesanstalt für Arbeit durchgeführt wird. In jüngster Zeit wird versucht, das Programm weiter zu entwickeln und über die Fortbildung einzelner Funktionsträger hinaus auch Einfluß auf entwicklungswichtige Strukturen zu nehmen, etwa durch Unterstützung von Verwaltungsreformen, Dezentralisierung und Verbesserung von Berufsbildungssystemen. Wichtig wäre in diesem Zusammenhang, die Kontaktpflege von Universitäten und anderen Hochschul- und Fortbildungseinrichtungen zu ihren ehemaligen Stipendiaten und Studenten aus der Dritten Welt weit stärker als bisher zu fördern.

V. Anmerkungen zur Weiterentwicklung des capacity-building-Ansatzes

Sind diese neuen Instrumente und Ansätze der Entwicklungspolitik geeignet, die von Jaycox aufgezeigten Probleme zu lösen und die Selbststeuerungsfähigkeit von Ländern der Dritten Welt zu erhöhen? Eine empirisch belegbare Antwort auf die Frage kann es noch nicht geben, weil die Instrumente ziemlich neu sind. Schwierig sind Prognosen auch deshalb, weil hier Mikro- und Makroebene der Politik direkt ineinandergreifen: Auf der Mikroebene geht es um die sogenannte „Subjektförderung", das heißt um die Unterstützung von Individuen, von denen man annimmt, daß sie die Verhältnisse ihres Heimatlandes voranbringen können und wollen. Auf der Makroebene geht es um Annahmen über eine gute Staatsverfassung, über ‚good governance', ‚civil society' und um Annahmen über die Funktion von Bildungseliten für die Lernfähigkeit von Gesellschaften und für das Entstehen von Pluralismus und Demokratie.

Sicher wird man nicht bei jedem einzelnen Existenzgründungskredit, den die Deutsche Ausgleichsbank aus Mitteln des BMZ an einen Rückkehrer vergibt, die direkte Auswirkung auf ‚good governance' und Mittelstandsförderung in seinem Heimatland nachweisen können. Zweifellos gibt es „Mitnahme-Effekte", d. h. Leute, die ohnehin zurückgekehrt wären, nutzen die angebotenen Fördermöglichkeiten, um sich die Rückkehr zu „versilbern".

Zu Hause sind die Rückkehrer nicht unbedingt immer erwünscht – stellen sie doch eine Konkurrenz um die wenigen gutbezahlten Posten in Wirtschaft und Staat dar. Es wäre auch blauäugig zu erwarten, daß die Rückkehr von Studenten und Exilanten durchweg positive Folgen für ihre Herkunftsländer hätte. Lenins Rückkehr aus dem schweizerischen Exil nach Rußland war von den Deutschen „gefördert" worden. Auch der iranische Religionsführer Khomeini war ein Rückkehrer, der vom Pariser Exil aus die Revolution in seinem Heimatland geschürt hatte, und der kambodschanische Massenmörder Pol Pot hat die theoretischen Grundlagen seines Steinzeitkommunismus in Pariser Studentenzirkeln entwickelt.

Generell läßt sich jedoch die These vertreten – auch auf der Makroebene –, daß eine Gesellschaft den intellektuell interessierten, kritischen, unternehmerisch aktiven und politisch engagierten Teil seiner Bevölkerung braucht für die politische Selbstbestimmung und Selbststeuerung, die gegenwärtig mit Begriffen wie ‚good governance', ‚civil society' etc. umschrieben wird. Kommunikations- und Lerntheorien, auch Dependenztheorien wären geeignet, die These zu begründen. Von der entwicklungspolitischen Praxis her gesehen, kann man sagen, daß die Rückkehrförderung langfristig zu einem der wichtigsten Instrumente der Personellen Zusammenarbeit werden wird, da Rückkehrer am besten geeignet sind, die notwendigen Übersetzungsaufgaben zu leisten, die nötig sind, damit „Entwicklung" nicht als ein entfremdender Schicksalsschlag über die Leute hereinbricht.

Entwicklung – was immer man darunter genau verstehen mag – ist zunächst ein subjektloser Prozeß. Es werden Industrieanlagen, Straßen, Staudämme gebaut, Bodenschätze und Wälder ausgebeutet, neue Landwirtschaftmethoden eingeführt, auch Krankenhäuser und Schulen gebaut. Konzipiert werden die Projekte von der Weltbank, den internationalen Organisationen, den Geberländern, Firmen, Banken und schließlich den Regierenden in den betroffenen Ländern selbst. Die Erfolge dieser „Entwicklung" sind nicht gering, wenn man sie an den üblichen wirtschaftlichen und humanen Kriterien mißt: am Bruttosozialprodukt, am Pro-Kopf-Einkommen, an der Lebenserwartung, der Kindersterblichkeit, der Analphabetenrate und den Rechten der Frauen. Ungelöst ist aber die Frage nach der politischen Selbstbestimmung und Selbststeuerung der Gesellschaften, die Frage, wie die subjektlosen Entwicklungsprozesse in politische Entscheidungsprozesse überführt werden können, die von den Betroffenen als legitim angesehen werden. Als legitim können solche Prozesse nur bezeichnet werden, wenn die Menschen nicht Objekte, das heißt Opfer von „Entwicklung" sind, sondern Subjekte.

Ich will dies an einem Beispiel erläutern. Wenn die Weltbank den Bau eines Staudamms im Osten Nepals (Arun III) konzipiert, dessen Kosten höher sind als der jährliche Staatshaushalt des Himalaya-Königreichs, der das Land in eine enorme Verschuldung und Auslandsabhängigkeit stürzt und der die Lebensverhältnisse von 400.000 Menschen in einer der abgelegensten Regionen der Erde betrifft, so reicht es nicht zu fragen, ob der Staudammbau wirtschaftlich rentabel ist und mit welchen Entwicklungsprojekten man die Schäden für die lokale Bevölkerung kompensieren könnte. Es reicht auch nicht aus, die Legalität des Projekts in einem formalen Sinne abzufragen. Arun III, zunächst vor allem eine Idee deutscher Turbinenhersteller, wurde Ende der 80er Jahre, zur Zeit des autoritären Panchayat-Regimes von Weltbank und Gebern ausgehandelt. Eine politische Debatte in der nepalischen Öffentlichkeit über die Folgen des Projekts für den Entwicklungskurs des Landes – zentral/staatliche oder dezentral/private Entwicklung des Energiesektors – wurde nicht zugelassen.

Zwar befindet sich Nepal inzwischen auf dem Weg zur Demokratie, doch noch im Frühjahr 1994 mußten einheimische Kritiker des Arun-Projekts und des damit verbundenen Entwicklungskurses mit Besuchen der Geheimpolizei und mit anderen Repressionen rechnen. Da es um viel Geld geht, sind angeblich auch hohe Bestechungssummen im Spiel. Kann unter solchen Umständen behauptet werden, Arun III diene der „Entwicklung" Nepals? Kann man sagen, in einem Land, in dem ein Großteil der Bevölkerung Analphabeten sind, die von der Subsistenzlandwirtschaft leben, sei es der politische Wille der Bürger, einen 1,3 Milliarden DM teuren Staudamm zu bauen, der die Gewerbebetriebe und die Hotels in der Hauptstadt mit Strom versorgt und dessen Finanzierung künftig einen großen Teil des Staatshaushalts verbrauchen wird?

Dies kann man sicher nicht behaupten. Deshalb sollte künftig bei Projekten dieser Art immer als erstes die Frage gestellt werden, mit welcher Legitimität Mitarbeiter der Weltbank, der Kreditanstalt für Wiederaufbau (KfW), des BMZ oder anderer Gebergremien Entscheidungen mit so weitreichenden Folgen für die Bevölkerung eines entlegenen Himalayatales, eines Fischerdorfes oder eines kleinen Nomadenvolkes treffen, von denen sie wenig Ahnung haben, von denen sie nicht kontrolliert oder abgewählt werden können und von denen sie mit Sicherheit nicht beauftragt wurden, irgend etwas für ihre „Entwicklung" zu tun. Die Frage der politischen Selbstbestimmung und Selbststeuerung sollte bei allen Projektentscheidungen einbezogen werden, und zwar nicht nur im Sinne von Partizipation, die derzeit oft nicht viel mehr ist als eine Information nach getroffenen Entscheidungen, bei der mit mehr oder weniger Manipulation die Zustimmung der Betroffenen eingeholt wird.

Ziel muß eine echte politische Willensbildung und Selbstbestimmung über den Entwicklungskurs sein. Die wichtigsten Vermittler zwischen der Welt der Geber und der Welt der Betroffenen von Entwicklungsvorhaben sind zweifellos diejenigen, die sich in beiden Welten auskennen. Deshalb werden zurückkehrende Fachkräfte, Studenten, Flüchtlinge und Arbeitsmigranten künftig eine zentrale Rolle in der personellen Entwicklungszusammenarbeit spielen, wenn man – wie nach Jaycox leidigen Erfahrungen – zu der Einsicht gelangt ist, daß „Entwicklung" nur dann den Menschen förderlich ist, wenn es sich nicht um einen subjektlosen Prozeß, sondern um einen politischen Handlungszusammenhang handelt.

Diskussion zu den Referaten von Walter Hundt und Karin Adelmann

Leitung: Friedrich W. Bolay

Bericht von Wolfram Moersch

An die Referate von *Hundt* und *Adelmann* schloß sich eine Diskussion an, die zwei Schwerpunkte erkennen ließ. So standen nach den Ausführungen *Hundts* Fragen nach der von der ehemaligen DDR betriebenen Entwicklungspolitik im Vordergrund (I.), womit sich die Diskussion von den Darlegungen des Referenten zu den Aktivitäten des Landes Brandenburg auf dem Gebiet der Entwicklungszusammenarbeit entfernte. Ferner konzentrierte sich die Aussprache auf eine Analyse und kritische Würdigung verschiedener Aspekte personeller Entwicklungszusammenarbeit in den unterschiedlichen Bereichen (II.).

I.

Zu Beginn der Diskussion wies *Drescher* darauf hin, daß die sogenannte „Eppelmann-Kommission" ein stark negativ geprägtes Bild der Entwicklungspolitik der ehemaligen DDR gezeichnet habe. In die gleiche Richtung gingen die Anmerkungen von Prof. Dr. *Franz Thedieck*, Deutsche Stiftung für Internationale Entwicklung/Zentralstelle für öffentliche Verwaltung, Berlin, der im Zusammenhang mit den ausländerfeindlichen Ausschreitungen in den neuen Ländern die Frage nach der Grundhaltung der Polizei in den neuen Ländern aufwarf. *Thedieck* sah hierin eine „fremdenfeindliche Reaktion offizieller Staatsrepräsentanten", die sich möglicherweise aus der Übernahme eines noch in der DDR geprägten Vorverständnisses erkläre. Die tatsächliche Einstellung des DDR-Regimes gegenüber Ausländern habe sich in besonderer Weise in der Abschottung und Kasernierung von aus „sozialistischen Bruderländern" zu Ausbildungszwecken in der DDR weilenden Ausländern offenbart.

Der Referent hielt dem entgegen, daß seiner Ansicht nach die fremdenfeindlichen Ausschreitungen sich nicht auf das Gebiet der neuen Länder beschränkten und zudem die Polizeieinheiten aus „gemischten Verbänden" bestünden, sich also keineswegs nur aus in der ehemaligen DDR sozialisierten Beamten zusammensetzten. Darüber hinaus vertrat *Hundt* die Ansicht, daß sich das Phänomen der Fremdenfeindlichkeit nicht allein aus der DDR-Vergangenheit erklären lasse. Im übrigen sei ihm von einer Kasernierung fremder Staatsangehöriger in der ehemaligen DDR nichts bekannt. Ein solches Verhalten wäre zudem auch untypisch für die DDR gewesen, da sie von ihrer ideologischen Grundhaltung her ein auf Völkerverständigung und internationale Zusammenarbeit ausgerichteter Staat gewesen sei.

Stockmayer erinnerte an die Einbindung der DDR in den Ostblock und fragte daran anknüpfend, weshalb sich das Land Brandenburg bei seinen entwicklungspolitischen Aktivitäten – ungeachtet der Tatsache, daß die ehemaligen Ostblockländer letztlich keine Entwicklungsländer seien – nicht stärker auf eine Zusammenarbeit mit diesen Staaten konzentriere; damit verbinde sich zugleich die Frage, ob die unter dem DDR-Regime begründeten Städtepartnerschaften, wie die zwischen Leipzig und Kiew, eine trag- und ausbaufähige Basis für die heute erforderliche Hilfe darstellen könnten. Im Hinblick auf eine verstärkte Zusammenarbeit mit den früheren Ostblockstaaten sah *Hundt* erhebliche haushaltsspezifische und strukturelle Probleme. So würde zur Zeit von den MOE-Staaten vor allem in Bereichen der Wirtschafts- und Verwaltungsorganisation Hilfe nachgefragt, ein Feld auf dem die neuen Bundesländer zum Teil selbst auf Unterstützung aus den westlichen Ländern und des Bundes angewiesen seien. Zudem übersteige auch der Umfang dieser Projekte die Möglichkeiten der neuen Länder – sowohl in personeller wie in finanzieller Hinsicht. Mit Blick auf die früheren Städtepartnerschaften wies *Hundt* darauf hin, daß es sich bei diesen Vereinbarungen zumeist um Verbindungen der „Führungseliten" gehandelt habe, die aus mehreren Gründen keine trag- und ausbaufähige Basis für eine zukunftsorientierte und transkulturelle Zusammenarbeit darstellten. So seien diese Partnerschaften zum Teil nur aus Prestigegründen ins Leben gerufen worden und auch zu stark auf die heute nicht mehr existierenden Führungsstrukturen zugeschnitten gewesen, als daß sie einen ausbaufähigen Rahmen für künftige Projekte abgeben könnten.

Dr. *Wilfried Rather*, Hanns-Seidel-Stiftung, La Marsa, Tunis, fragte, ob es Unterlagen über die Art und die Grundsätze der von der ehemaligen DDR geleisteten Entwicklungshilfe gebe. Er äußerte den Verdacht, daß die Entwicklungshilfe der DDR vornehmlich auf militärischem und sicherheisspezifischem Gebiet angesiedelt gewesen sei und daß deswegen etwa vorhandene Unterlagen vor dem völkerrechtlichen Untergang der DDR vernichtet worden seien. Dem hielt der Referent entgegen, daß seiner Meinung nach der Aspekt der „Sicherheitszusammenarbeit" und der Militärhilfe, die von der ehemaligen DDR geleistet worden seien, überbetont werde. Diese Bereiche der Kooperation hätten tatsächlich nicht den Stellenwert besessen, der ihnen zugeschrieben werde. Daß Unterlagen in größerem Stil vernichtet worden seien, sei ihm nicht bekannt. Es sei aber so, daß viele Dokumente von den entsprechenden Stellen der Bundesrepublik unter Verschluß gehalten und damit einer wissenschaftlichen Erschließung vorenthalten würden. Zu Aktenvernichtungen sei es in diesem Zusammenhang nur bei der Auflösung der Botschaften der ehemaligen DDR gekommen, weil – so *Hundt* – vielfach schlicht die Mittel zum Rücktransport der Unterlagen gefehlt hätten. Insoweit sei auch der

Auswärtige Dienst der ehemaligen DDR ein Opfer der beschränkten finanziellen Möglichkeiten des Staates gewesen.

II.

Im zweiten Teil der Diskussion stand zunächst der von der Referentin als Ausgangspunkt ihres Vortrages gewählte Aufsatz von *Jaycox* im Vordergrund. Dabei bestand unter den Teilnehmern Einigkeit darüber, daß die starke Kritik *Jaycox'* an der Technischen Zusammenarbeit (TZ) von der falschen Seite komme. *Bolay* vertrat die Ansicht, daß *Jaycox'* Kritik nicht die Situation in den Partnerländern treffend widerspiegele. Sie berücksichtige nicht, daß der Grundgedanke der TZ darin bestehe, daß Menschen bei der Lösung von Problemen zusammenarbeiten und hierbei naturgemäß Fehler gemacht würden. Der Kern der Probleme ergebe sich aus dieser Grundstruktur. In die gleiche Richtung gingen die Anmerkungen von *Theres*, der *Jaycox'* Thesen als unseriös bezeichnete. So gelte es, bei der Bewertung von Projekten auf dem Gebiet der Entwicklungszusammenarbeit zu berücksichtigen, daß in jedem Land nur eine begrenzte Anzahl von Faktoren, die für eine erfolgreiche Kooperation von Bedeutung seien, beeinflußt werden könnten. Es stelle sich beispielsweise in Afrika das Problem der Eliten, die sich vielfach „hemmungslos" bereicherten. Diesem Phänomen könne man von außen gar nicht Herr werden. Hier komme es darauf an, daß man seitens der Geberpartner erfahrene Experten zur Projektarbeit vor Ort entsende und auf diesem Wege indirekt Einfluß auf die Verwendung der Mittel nehme. Insgesamt müsse man versuchen, diese „beeinflußbaren Faktoren" positiv zu stimmulieren. Das bedeutet nach *Theres*, daß bei den einheimischen Projektpartnern und über diese bei den Führungseliten durch Ausbildung und Schulung ein Verantwortungsbewußtsein gegenüber dem eigenen Land und seinen Bürgern erzeugt wird.

Vor diesem Hintergrund ergab die Analyse verschiedener Modelle eines „Capacity Building", daß es vor allem zwei Bereiche seien, in denen die betriebenen Programme Defizite aufweisen. Zum einen seien die Finanzierungssysteme konzeptionell falsch angelegt und zum anderen gehe es um eine bessere Personalauswahl der ausländischen Partner. *Bolay* warf der Weltbank (WB) vor, sie arbeite bei der Finanzierung von Ausbildungs- und Schulungsvorhaben ohne jede Datenbasis. Diese Kritik teilte auch *Ali Diomandé*, Mag.rer.publ., D.E.A., Attaché Administratif, Ministère de l'Emploi et de la Fonction Publique, Côte d'Ivoire/Hochschule für Verwaltungswissenschaften Speyer, der darauf hinwies, daß die von der Weltbank für Personalmanagementprojekte finanzierten Einrichtungen nicht entsprechend genutzt würden, da das Problem bestehe, daß nur etwa 15% der für derartige Projekte in Frage kommenden Stipendiaten aus den Förderländern ins Ausland gingen. Auf die Probleme der Umsetzung von Projektergebnissen – vor allem im Bereich von Wirtschaft und Verwaltung – machte *Rather* aufmerksam. So seien die von Geberländern durchgeführten und häufig kritisierten Strukturanpassungsprogramme nichts anderes als eine Unterstützung der Wirtschaftspolitik, die letztlich von den Regierungen selbst zu gestalten sei. Betrachte man die afrikanischen Länder, so könne nur Tunesien als positives Beispiel für eine gelungene Umsetzung angeführt werden. Vor allem die schwarzafrikanischen Länder hätten eine hohe Korruptionsquote, die umso höher sei, je mehr Devisen das Land besitze. Daraus ergäben sich erhebliche Umsetzungsprobleme bei Reformen. Vor diesem Hintergrund stelle die Entsendung von Experten keine Arbeitsplatzvernichtung in den Partnerländern dar, sondern lediglich ein Mittel zur dringend notwendigen Steuerung der Geldströme. In diesem Zusammenhang wies *Franz-Josef Pollmann*, Abschnittsleiter, Centrum für Internationale Migration und Entwicklung (CIM), Frankfurt/M., darauf hin, daß der steigende Bedarf an „integrierten Fachkräften" zur Zeit gar nicht gedeckt werden könne, es blieben daher viele Stellen für entsprechende Auslandseinsätze unbesetzt. Mit Blick auf den Beratungssektor erklärte *Pollmann*, die Strukturberatung werde in nächster Zukunft einen Schwerpunkt der Beratungstätigkeit bilden. Hier müsse versucht werden, zunächst einheimische Fachkräfte zu gewinnen, bevor man auf deutsche Experten zurückgreife.

Als besonderes Problem wurde die Durchführung von Langzeitprojekten angesehen, da sich hier die konzeptionellen Defizite am stärksten auf die Finanzierung auswirkten. Dabei trat *Thedieck* der These entgegen, daß die Mitarbeiter aus den Partnerländern allein von den Botschaften ausgewählt und hierbei zumeist Kriterien angelegt würden, die nicht auf die Qualifikation der Mitarbeiter abstellten. In diesem Bereich der Personalgewinnung sei die Einbeziehung der Zentralstelle für öffentliche Verwaltung (ZÖV) nicht zu beklagen. *Stockmayer* führte als symptomatisch für die Probleme im Bereich der Langzeitprojekte das Beispiel des seit 1991 laufenden Programms für den öffentlichen Dienst in Bolivien an, das nahezu zu 100% von den Gebern finanziert werde. Der Versuch, mittels eines „Runden Tisches Bolivien" unter Führung der Weltbank zu tragbaren Lösungen zu gelangen, habe damit geendet, daß die Weltbankvertreter erklärt hätten, die Weltbank könne keinen degressiven Fonds für ausländische Mitarbeiter in Bolivien über einen Zeitraum von zehn Jahren finanzieren. Das Ergebnis sei, daß jetzt eine nicht mehr transparente verdeckte Finanzierung stattfinde. Das Beispiel zeige außerdem, so *Stockmayer*, daß erhebliche Kommunikationsprobleme auch innerhalb der Organisation desselben Gebers bestünden. Vielversprechend sei, daß das BMF, das bei vielen Projekten seine Zustimmung erteilen müsse, von der Notwendigkeit mit degressiven Fonds zu arbeiten, überzeugt werden konnte. Auch die Gesellschaft für Technische Zusammenarbeit (GTZ) habe sich 1992 darauf festgelegt, nur noch Projekte zu unterstützen, wenn zum einen der Fonds degressiv angelegt und zum anderen die Übernahme des Projekts durch den Förderstaat gewährleistet sei. *Bolay* warnte indes vor einer einseitigen Betrachtung der finanziellen Seite. Es müsse die Gesamtorganisation und das Finanzierungskonzept beachtet werden. Eine Betrachtung selektiver Zuschüsse oder einzelner Personen brächten u. U. Spannungen in den Personalkörper. Es gehe eben nicht nur um degressive Fonds, sondern auch um progressive Geldgewinnung. Bei jeder Bewertung der Effizienz komme es vor allem darauf an, abgrenzbare Einheiten zu betrachten, wenn man zu realistischen und aussagekräftigen Ergebnissen gelangen wolle. Auf die Frage *Adelmanns*, ob es mit Blick auf die genannten Problembereiche positive Beispiele in der Entwicklungszusammenarbeit gebe, räumten *Stockmayer* und *Bolay* übereinstimmend ein, daß es solche Beispiele bisher nicht gebe, was nach *Bolays* Ansicht unter anderem daran liege, daß die Leistungskriterien für Organisation, Struktur und Leistungsfähigkeit derartiger Projekte erst noch festgelegt werden müßten. Bezogen auf den von ihm selbst vorgeschlagenen Anforderungskatalog für Finanzierungsformen von entsprechenden Projekten, stellte *Bolay* noch einmal heraus, daß alle von ihm genannten Anforderungen erfüllt werden müßten, da sonst das ganze Konzept zusammenbreche.

Für die Deutsche Stiftung für internationale Entwicklung (DSE) machte *Thedieck* noch einmal deutlich, daß sich die DSE nicht auf das Gebiet der unmittelbaren Projektdurchführung begeben sollte, sondern auch in Zukunft ihre Aktivitäten auf die Ausrichtung von Vorträgen, Seminaren und anderen Schulungsmaßnahmen konzentrieren müsse. Dabei komme es jedoch darauf an, strukturelle Programmfehler zu vermeiden. Dies gelte etwa für die Auswahl der ausländischen Teilnehmer, die in der Vergangenheit zum Teil ungeeignet gewesen seien. Diese müßten zugleich auch stärker in die Unterstützung der deutschen Experten vor Ort einbezogen werden und diesen als Ansprechpartner zur Verfügung stehen. Bei den Seminaren müsse gezielter auf die Bedürfnisse der Teilnehmer eingegangen werden, was in einigen Bereichen schon durch eine andere Präsentation oder die Bildung von Netzwerken erreicht werden könne. Auch müsse der Rat der Experten vor Ort stärker als bisher genutzt werden und in die Veranstaltungen einfließen. *Bolay* riet zu einer Bündelung der verschiedenen Maßnahmen und Instrumente. Im einzelnen sollten zum Beispiel Programmsequenzen in Form von thematisch aufeinander aufbauenden Tagungen angeboten werden. Auch eine verstärkte Unterstützung von Vorhaben der Partner sei zu erwägen, was sich allerdings nicht in einem verbalen Bezug zu laufenden Programmen erschöpfen dürfe.

Abschließend faßte *Stockmayer* das Ergebnis der Diskussion dahingehend zusammen, daß sich gezeigt habe, welche komplexen Inhalte es zu transportieren gelte. Dabei handele es sich zum Teil um Probleme, die in der Bundesrepublik selbst noch nicht gelöst seien. Insgesamt stelle somit die Entwicklungszusammenarbeit eine Herausforderung dar, die neue Modelle und Lösungskonzepte erfordere.

Personelle Zusammenarbeit der Bundestagsverwaltung. Personelle und administrative Unterstützung von Parlamentsverwaltungen in den neuen Demokratien und des Südens

Von Alfred Drescher

I. Besondere Stellung einer Parlamentsverwaltung

Die Verwaltung des Deutschen Bundestages ist eine oberste Bundesbehörde. Sie ist in ihrer verfassungsmäßigen Einordnung damit im Rang einer Ministerialverwaltung vergleichbar. In ihren Aufgaben und Anforderungen ist sie jedoch eine „Behörde eigener Art", von deren Arbeit die Effizienz des Bundestages mit abhängig ist.

Die Bundestagsverwaltung mit ihren gegenwärtig rund 2.500 Mitarbeiterinnen und Mitarbeitern ist weder wie eine übliche Verwaltung einheitlich und konstant strukturiert, noch eine mit genau umrissenen Aufgaben beauftragte oder einen bestimmten Verwaltungstyp verkörpernde Organisationseinheit. Sie ist deutlich abgegrenzt von der übrigen Bundesverwaltung und natürlich erst recht von der „vollziehenden Gewalt". Parlamentsverwaltungen sind Verwaltungen sui generis, weil ein Parlament kein Verwaltungsorgan und auch sonst mit keinem anderen Staatsorgan vergleichbar ist.

Unter der Bezeichnung „Bundestagsverwaltung" lassen sich im wesentlichen alle jene administrativen, wissenschaftlichen und organisatorisch-technischen Dienste zusammenfassen, die der Deutsche Bundestag sich zur besseren Erfüllung seiner vielfältigen verfassungsrechtlichen Aufgaben geschaffen hat. Die Kernbereiche dieser Aufgaben sind die Unterstützung des Präsidenten bei seiner Leitungs- und Koordinierungsfunktion, die Unterstützung der verschiedenen parlamentarischen Gremien und die Unterstützung aller Abgeordneten bei der Ausübung ihres Mandats.

Das Dienstleistungsangebot der Bundestagsverwaltung umfaßt – im Überblick – folgende Aufgaben:

– Vorbereitung und Betreuung der Plenarsitzungen,
– Ausschußdienste, einschließlich der Untersuchungsausschüsse und Enquete-Kommissionen,
– wissenschaftlich-fachliche Unterstützung bei der Informationsbeschaffung,

- Vorprüfung der Petitionen und Eingaben,
- Unterstützung des Wehrbeauftragten,
- Unterstützung bei den Außenbeziehungen des Bundestages,
- Presse- und Öffentlichkeitsarbeit,
- persönliche Beratung in statusrechtlichen Fragen und
- organisatorisch-technische Unterstützung.

Die Bundestagsverwaltung hat nach 1949 – wie auch die neuen Demokratien – sehr bescheiden angefangen. Rund 260 Mitarbeiter zählte die Verwaltung am 7. September 1949 bei der konstituierenden Sitzung des Deutschen Bundestages. Sie sollte sich seinerzeit darauf konzentrieren, die Sitzungen des Bundestages und seiner Gremien organisatorisch zu begleiten und die Beschlüsse zu protokollieren. Eine inhaltliche Arbeit der Parlamentsverwaltung war nicht vorgesehen. Es folgten verschiedene Reformphasen, von der die Reformen in den Jahren 1969/1970 für die Arbeit der Bundestagsverwaltung wesentlich waren. Damit verbunden war die Einrichtung der damaligen Hauptabteilung Wissenschaftliche Dienste. Die eigentliche Reform bestand in der Schaffung von sogenannten Fachbereichen. Diese thematisch gegliederten Fachbereiche sollten eine organisatorische Verbindung zwischen den Gutachtergruppen und den entsprechenden Ausschußsekretariaten herstellen. Sie haben eine eigenständige Struktur entwickelt und sich der Ausweitung der wachsenden Komplexität des politischen Stoffes und den steigenden Erfordernissen und Erwartungen des Parlaments angepaßt. Sie werden bei der Ausübung ihrer Funktionen von folgenden Prinzipien geleitet:

- parlamentarische Relevanz,
- politische Neutralität,
- wissenschaftliche Arbeitsmethode,
- parlamentsgerechte Darstellung,
- Rechtzeitigkeit und Aktualität und
- Vertraulichkeit.

Faßt man die Organisationen des Bundestages zusammen, so ergibt sich folgendes: Der Deutsche Bundestag hat sich die größte Parlamentsverwaltung in Europa geschaffen, in der Welt nur noch übertroffen von den Hilfsdiensten des Kongresses der U.S.A. und vom Parlamentsdienst in Japan. Die Verwaltungsorganisation hat eine besondere Flexibilität. Sie hat die Fähigkeit, sich an die Anforderungen des Parlaments anzupassen, sei es im Bereich der organisatorisch-technischen Dienstleistung, sei es im Bereich der wissenschaftlich-fachlichen Unterstützung. Der Ausbau der Verwaltung folgte einem Wechsel von Angebot und Nachfrage. Die Bundestagsverwaltung muß durch immer wieder neue Leistungsangebote zeigen, daß sie die Wünsche und Nöte der Parlamentarier kennt und um Lösungen nicht verlegen ist.

Eine solche Verwaltung stellt hohe Anforderungen an die Mitarbeiterinnen und Mitarbeiter. Es wird ein gesteigertes Maß an Qualifikation, Selbständigkeit, Flexibilität, Leistungsbereitschaft und Belastbarkeit verlangt.

II. Zusammenarbeit mit den Parlamentsverwaltungen in den neuen Demokratien und des Südens

Es gehört inzwischen zur Tradition der Bundestagsverwaltung, daß sie mit den Parlamentsverwaltungen anderer Länder zusammenarbeitet. Ständige Austauschprogramme gibt es mit den U.S.A., Großbritannien, Frankreich, Kanada, Brasilien. Mit Polen wurde ab 1992 ein gegenseitiger Austausch von Parlamentsmitarbeitern vereinbart.

Ausbildungsprogramme für mittel- und osteuropäische Länder sind in den letzten Jahren, etwa ab 1990, mit folgenden Parlamentsverwaltungen durchgeführt worden:

Ungarn, Polen, Albanien, CSFR, Armenien, Bulgarien, Rußland, Estland, Lettland, Litauen, Belarus, Ukraine, Georgien und Rumänien.

Hier handelte es sich um langfristige Besuche von verantwortlichen Mitarbeitern der Parlamentsverwaltungen, die sehr eingehend in die Aufgaben der Bundestagsverwaltung eingeführt wurden.

Weitere Ausbildungsprogramme, überwiegend mehrere Wochen für bis zu drei Teilnehmern, wurden mit folgenden Ländern vereinbart:

Somalia, Argentinien, Brasilien, Westafrika (Benin, Mali, Liberia, Côte d'Ivoire), Tansania und Simbabwe, Kamerun, Zentralafrikanische Republik, Angola, Dschibuti, Chile, Peru, Sambia, Mongolei, Bangladesh, Kuwait und Seychellen.

Beratungshilfe für Parlamente neuer Demokratien durch Entsendung von Mitarbeitern der Bundestagsverwaltung sind für folgende Parlamentsverwaltungen durchgeführt worden:

Somalia, Belarus, Slowenien, Albanien, Litauen, Armenien, Kuwait und Rußland (2 x).

III. Inhalt der Ausbildungs- und Unterstützungsprogramme

Der Deutsche Bundestag legt Wert darauf, daß die Ausbildungs- und Beratungsprogramme sich ausschließlich auf das Parlament und auf die Parlamentsverwaltung beziehen. Deshalb werden auch diese Programme bilateral zwischen den Parlamenten – ohne Einschaltung, gleichwohl aber Unterrichtung der Regierungen – vereinbart. Die entsandten Mitarbeiter, insbesondere der neuen Demokratien, sollen einen umfassenden Einblick in die Aufgaben einer Parlamentsverwaltung erhalten und damit in die Lage versetzt werden, in ihrer (neuen) Verwaltung Strukturen vorzubereiten, die für Parlamentsverwaltungen einer parlamentarischen Demokratie unerläßlich sind.

Es ist jedoch problematisch, Maßstäbe der Bundestagsverwaltung auf die neuen Demokratien zu übertragen. In der Regel sind die Parlamentsverwaltungen vom personellen Umfang und auch von der Finanzausstattung mit der Bundestagsverwaltung nicht vergleichbar. Der Personalumfang beträgt in diesen neuen Parlamentsverwaltungen in der Regel nur 100 bis 200 Personen. Eine Unterstützung der Gremien und der einzelnen Abgeordneten, wie sie die Bundestagsverwaltung anbietet, ist dort in diesem Umfang nicht möglich.

Großer Wert wird jedoch bei der Gestaltung der Ausbildungsprogramme darauf gelegt, den Mitarbeitern der Parlamentsverwaltungen in den neuen Demokratien die grundlegenden Aufgaben einer selbständigen, auch selbstbewußten Verwaltung als Unterstützung für das Verfassungsorgan Parlament zu vermitteln. Dazu gehören mehrere größere Arbeitsbereiche:

Dies ist zuerst die Unterstützung der Abgeordneten durch eine *wissenschaftliche Beratung*, unabhängig von den Ministerien. Den Abgeordneten sollten knappe, aber doch alles Wesentliche enthaltende Sachverhalts- und Problemdarstellungen für die Themen ihrer parlamentarischen Arbeit gegeben werden. Dies setzt die Abgeordneten in die Lage, sich unabhängig von dem Wissen der Regierung eine eigenständige Meinung zu bilden.

Ein weiterer wesentlicher Punkt ist die inhaltliche und organisatorische Unterstützung bei der *Vorbereitung der Sitzungen des Parlaments und seiner Gremien*. Dazu gehört die Aufbereitung aller für die entsprechenden Sitzungen notwendigen Unterlagen, Aufzeichnungen und Materialien der Ministerien, Stellungnahmen mitberatender Gremien, Eingaben von Verbänden, Petitionen, Synopsen. Weiter ist wichtig die Unterstützung bei der Sitzungsdurchführung, Beratung des Gremiums in Geschäftsordnungsfragen, Mitwirkung an Beschlußformulierungen und Protokollführung.

Die Mitarbeit in den *Petitionsinstanzen* ist ebenfalls von besonderer Bedeutung. Die Bundestagsverwaltung hat mit den beiden Organisationsbereichen des Petitionsausschusses und des Wehrbeauftragten besondere Erfahrungen in diesem Bereich. Hier sind die Mitarbeiter dieser Bereiche unmittelbar mit der parlamentarischen Kontrolle betraut. Dies setzt eine hohe fachliche Eignung, großes politisches Gespür und auch Durchsetzungsvermögen voraus.

Ein weiteres Aufgabenfeld ist die *Öffentlichkeitsarbeit*. Hier spielt die Selbstdarstellung des Parlaments die entscheidende Rolle. Den Mitarbeitern aus den neuen Demokratien muß das Verständnis für diese Form der angemessenen Darstellung des Parlaments, beispielsweise durch den Besucherdienst und durch die Herausgabe von Broschüren, vermittelt werden.

Für die neuen Demokratien sind in der allgemeinen Verwaltung zwei Prinzipien wichtig, die durch die Bundestagsverwaltung während dieser Besuchsprogramme vermittelt werden: die *Selbständigkeit in der Haushaltsführung* und die Personalhoheit einer Parlamentsverwaltung. Für eine Parlamentsverwaltung ist es wichtig, daß die Regierung nicht abschließend über ihre Aufgaben und damit Finanzierung entscheiden kann. In Auseinandersetzungen mit dem Finanzminister können die Forderungen der Parlamentsverwaltung nicht untergehen. Die Regierung ist verpflichtet, wenn sie keine Einigkeit mit der Bundestagsverwaltung erzielt, mit dem Entwurf des Haushaltsgesetzes die weitergehenden Vorstellungen der Parlamentsverwaltung mit vorzulegen. Dies ist ein wichtiges Prinzip der Selbständigkeit der Verwaltung des Verfassungsorgans Deutscher Bundestag.

Von besonderer Bedeutung ist die *Personalhoheit* der Parlamentsverwaltung. Der Präsident des Bundestages ist in personellen Entscheidungen selbständig. Während in der übrigen Bundesverwaltung die Ernennungsakte des Bundespräsidenten von der Bundesregierung gegenzuzeichnen sind, sind die Ernennungsakte des Bundestagspräsidenten frei von der Mitwirkung der Regierung. Die Regierung kann somit auf das Personal der Bundestagsverwaltung keinen Einfluß nehmen.

IV. Individuelle Programme für die unterstützten Parlamentsverwaltungen

Mit jedem Mitarbeiter der zu unterstützenden Parlamentsverwaltung aus den neuen Demokratien wird ein individuelles, auf seine Tätigkeit und seine Vorbildung aufgebautes Einführungsprogramm vereinbart. Die Bundestagsverwaltung legt aber bei jedem dieser Mitarbeiter Wert darauf, daß die tragenden Prinzipien einer modernen, unabhängigen Parlamentsverwaltung, wie sie dargestellt sind, vermittelt werden. Daneben werden selbstverständlich Kenntnisse in den fachlichen Arbeitsbereichen, die den jeweiligen Mitarbeiter interessieren, vermittelt. Dies kann ein allgemeiner Überblick sein, teilweise findet jedoch eine vertiefte Ausbildung über mehrere Wochen statt.

Unabhängig davon helfen Mitarbeiter der Bundestagsverwaltung auch im Rahmen der Ausbildungshilfe vor Ort. Die Aufgabengebiete sind sehr unterschiedlich. So haben beispielsweise Mitarbeiter in einigen neuen Demokratien beim Aufbau des Parlamentsdienstes, insbesondere im Geschäftsordnungsbereich, mitgewirkt. Auch war die Unterstützung der Bundestagsverwaltung beim Aufbau eines eigenen Kommunikationsnetzes gefragt.

VIERTER TEIL

Arbeitskreis B:
Personelle Zusammenarbeit aus der Sicht des Südens: Erfahrungsberichte und Konzepte

Strukturierung einer systematischen Zusammenarbeit in der bolivianischen Ministerialverwaltung – Beratungs- und Fortbildungsansätze eines aktuellen GTZ-Projektes –

Von Klaus-Eckart Gebauer

I.

Als Leiter der Kabinettsabteilung in der Regierungszentrale von Rheinland-Pfalz – einem der 16 deutschen Länder – befasse ich mich mit Koordinationsaufgaben der unterschiedlichen Ebenen.

Einmal bemühen wir uns darum, alle wichtigen Landes- und Bundesratsthemen zwischen unseren Ministerien so weit vorzustrukturieren, daß der Ministerrat möglichst in einer einzigen Sitzung eine abschließende Entscheidung treffen kann.

Zum zweiten geht es um die Abstimmung zwischen dem Land Rheinland-Pfalz, den 15 anderen Ländern und ggf. der Bundesregierung, soweit länderübergreifende Themen betroffen sind. Im Jahre 1993/1994 lag auch die Vorbereitung der vierteljährlichen Ministerpräsidentenkonferenzen in der Verantwortung meiner Abteilung. Diese Form der Koordination berührt die Stichworte Dezentralisierung, Regionalisierung, kooperativer Föderalismus – ein Thema, zu dem wir in den letzten Jahren immer wieder Beratungsgespräche im Sinne der Verwaltungspartnerschaft geführt haben.

II.

Das konkrete GTZ-Projekt, an dem ich gemeinsam mit einem Kollegen in diesem Sommer für zwei Wochen in La Paz mitgewirkt habe, betrifft die Koordination innerhalb derselben Verwaltungsebene: Die Verbesserung der Zusammenarbeit in der bolivianischen Ministerialverwaltung.

Es geht darum, die Zusammenarbeit innerhalb und zwischen den Behörden zu optimieren: Durch behutsame Einführung einer Gemeinsamen Geschäftsordnung sowie die Einrichtung von Innovations-/Organisationsreferaten in jedem Ministerium. Das Projekt wird dann optimal umgesetzt sein, wenn die Regierung eine auf die bolivianische Situation zugeschnittene Geschäftsordnung beschlossen hat, diese Schritt um Schritt innerhalb der Verwaltung auch angenommen ist sowie – selbstfinanziert – Organisationsreferenten im Sinne des Projektes dauerhaft berufen sind.

Im Sommer 1994 lag der Entwurf einer mit allen Ministerien abgestimmten Geschäftsordnung vor, der in einigen Ressorts schon probeweise angewendet wird; seit längerer Zeit arbeiten Organisationsbeauftragte aller Ministerien in einem ressortübergreifenden „Comité ad hoc", in sechs Ressorts sind Organisationsreferenten bestellt (zum Teil bei Überbrückungsfinanzierung durch die GTZ).

III.

Unser Kurzzeiteinsatz war – wie das Projekt insgesamt – durch eine enge Verzahnung von Beratungs- und Fortbildungskomponenten geprägt.

In Vorträgen und Einzelgesprächen sollte zunächst der Leitungsebene noch einmal die politische und strategische Bedeutung eines qualifizierten Informationsmanagements dargelegt werden. So umfaßte mein Vortrag zum Thema „Koordination im deutschen Regierungssystem – aktuelle Fragen zur Organisation des staatlichen Informationsmanagements" neben den Anforderungen an ein Regierungs-Informationssystem auch Hinweise auf die Steuerungsfunktion eines Arbeitsprogramms, die Einrichtung eines flächendeckenden Netzes von Basiseinheiten und die Koordinationsaufgaben einer Regierungszentrale.

Die Vortragsveranstaltung wurde vom Außenminister eröffnet, anwesend waren – neben zahlreichen Staats- und Generalsekretären – auch der Justizminister und der Erziehungsminister. Der auf bolivianischer Seite federführende Minister für nachhaltige Entwicklung und Umweltschutz gab im Zusammenhang mit dieser Diskussionsveranstaltung ein Essen. Der Innenminister bat uns zu einem abendlichen Meinungsaustausch.

Mit der Verwaltungsebene trafen wir zunächst in einer Sitzung des „Comité ad hoc" (für Organisationsfragen) zusammen; alsdann wurden – unter Beteiligung der Leitungsebene – die Interviews und Einzeldiskussionen in allen Ministerien fortgesetzt. Hier ging es vor allem darum, Generalsekretäre und Abteilungsleiter über unsere praktischen Erfahrungen bei der Koordinierung der Entscheidungsvorbereitung in Ressorts und Regierungszentrale zu unterrichten.

IV.

Die Zielsetzung des Projekts, sein Verlauf, die Vorträge, die wichtigsten Diskussionsergebnisse, der Entwurf einer Geschäftsordnung sowie der Stand der organisatorischen Umsetzung wurden von der Projektleitung in einer 100seitigen Broschüre zusammengefaßt, die zu Berichts- und Fortbildungszwecken den Ministerien zur Verfügung steht. Damit wird an vorausgehende Fortbildungsaktivitäten angeknüpft. Die Multiplikatorfunktion der Orgsanisationsbeauftragten in den jeweiligen Ressorts ist hierbei von ganz besonderem Gewicht. Eine Schlüsselfunktion kommt zwei Experten im Arbeitsministerium und im Umweltministerium zu: Sie sind Absolventen des verwaltungswissenschaftlichen Aufbaustudiums an der Hochschule für Verwaltungswissenschaften Speyer.

Die Wirkung unserer Mission wurde von seiten der Projektleitung dadurch verstärkt, daß wenige Wochen nach unserem Einsatz der frühere Amtschef des rheinland-pfälzischen Justizministeriums, Herr Ministerialdirektor a. D. Dr. Michel, für eine Mission als persönlicher Berater des neuen Justizministers in Sachen Organisationsreform und Rechtspolitik verpflichtet werden konnte.

Zeitgleich mit diesem 3. Speyerer Forum zur Entwicklungszusammenarbeit ist Prof. Dr. Reinermann (Hochschule für Verwaltungswissenschaften Speyer) im Einsatz; er berät über Möglichkeiten und Grenzen der Informationstechnik zur Unterstützung der politischen Führung.

Diese von den Projektbetreuern Dr. Schneiderfritz und Dr. Stockmayer abgestimmte Flankierung durch Kurzzeiteinsätze sind Beispiele eines auf nachhaltige Wirkung angelegten Projektmanagements.

V.

Wie wird es weitergehen? Zu hoffen ist, daß die bolivianische Regierung in absehbarer Zeit die Anwendung der Geschäftsordnung verbindlich macht und darüber hinaus in allen Ministerien – auf Dauer selbstfinanziert – systematische Organisationseinheiten einrichtet. Dabei bezieht sich die bisherige Arbeit an der Geschäftsordnung zunächst nur auf die Zusammenarbeit innerhalb und zwischen der Ministerialverwaltung (GGO). Ob das uns gegenüber vom Ministerium für die Präsidentschaft zum Ausdruck gebrachte Interesse an einer Geschäftsordnung auch für die Regierung selbst (im Sinne der Geschäftsordnung der Bundesregierung – GOBReg) sich verfestigt, wird sich herausstellen. Auch in dieser Frage – wie in allen Bereichen von Dezentralisierung oder Informationsmanagement – kann es nicht darum gehen, bestimmte Modelle zu „verkaufen". Unsere bisherigen Erfahrungen bei der Verwaltungspartnerschaft in verschiedenen Staaten ermutigen uns aber zu der These, daß zwar nicht alle, aber doch gewichtige Bauelemente unseres Informations- und Steuerungssystems durchaus geeignet sein können, um – in enger Zusammenarbeit mit allen Beteiligten – in die jeweilige staatliche, gesellschaftliche und rechtliche Ausgangssituation der Partnerländer integriert zu werden.

Fazit für dieses Projekt:

Beratung und Fortbildung, Motivation der politischen Leitung und systematische Information der Experten, gezielte Personalentwicklung sowie konzeptionelle Abstimmung zwischen laufender Projektbetreuung und Kurzzeiteinsätzen schaffen wichtige Vorausetzungen, um Schritt für Schritt einen dauerhaften Erfolg erreichbar zu machen.

Personelle Zusammenarbeit als Fortbildungsaufgabe – dargestellt am Beispiel Indonesiens

Von Yat Yat E. Wiriyadinata

I. Die Fortbildungssituation in der Verwaltung Indonesiens

Innerhalb des öffentlichen Dienstes in Indonesien stehen 5% der Personalkosten für Aus- und Fortbildungsprogramme zur Verfügung. Gründe hierfür sind vor allem:

a) Die fortschreitende technologische und soziale Entwicklung in Wirtschaft und Verwaltung führt zu einer ständigen und tiefgreifenden Veränderung sowohl im Bereich der inhaltlichen Arbeitsanforderungen als auch der Arbeitsorganisation. Dadurch aber veralten die zur Berufsausübung erforderlichen Kenntnisse und Fertigkeiten.

b) Die fortschreitende Spezialisierung in nahezu allen technischen Bereichen und in vielen Verwaltungssparten macht es unerläßlich, die Ausbildung auf ein breites Basiswissen zu stellen. Im Rahmen der berufsbegleitenden Fortbildung sind dann die erforderlichen anwendungsbezogenen Kenntnisse und Fertigkeiten zu vermitteln.

Die Qualifikation der Mitarbeiter hängt im starken Maße davon ab, inwieweit sie am Arbeitsplatz gefordert und trainiert wird. Routine am Arbeitsplatz ist die wesentliche Ursache dafür, daß Flexibilität und Kompetenz eines Mitarbeiters abbauen. Die Fortbildung ist deshalb neben der „job rotation" eine notwendige Ergänzung zum Qualifikationserhalt des Mitarbeiters.

Der Mitarbeiter im öffentlichen Dienst in Indonesien ist verpflichtet, an Fortbildungsmaßnahmen teilzunehmen und sich selbst fortzubilden. Diese Pflicht ist durch die Paragraphen 14,15,16/1994 im Verwaltungsgesetz geregelt, das am 18. April 1994 in Kraft getreten ist. Diese Regelung modifiziert und verbessert die vorhergehende gesetzliche Regelung zur Fortbildung im öffentlichen Dienst. Dennoch gibt es viele überprüfungswürdige Bereiche.

Das Besoldungssystem in Indonesien besteht aus vier Laufbahnen (I - IV), die jeweils in vier Stufen (a - d) unterteilt sind. Die Einstufung in I - IV erfolgt ausschließlich nach dem Ausbildungsstand. Die Beförderung innerhalb der Stufen verläuft mehr oder weniger automatisch in einem Rhythmus von vier Jahren – eine positive Personalbewertung vorausgesetzt. Um in eine höhere Laufbahn aufzusteigen, muß der Kandidat eine Staatsprüfung absolvieren oder alternativ an bestimmten Laufbahnfortbildungsprogrammen teilnehmen. Die Beförderung in eine höhere echelon setzt die Teilnahme an Fortbildungsprogrammen voraus, wobei es für jede echelon eigene Fortbildungsprogramme gibt, wie nachfolgend dargestellt:

1. SESPA (die höchste Stufe von echelon II zu echelon I) – Stabs- und Führungsakademie für öffentliche Verwaltung.
2. SEPADYA – Programm für mittlere Führungskräfte (von echelon IV zu echelon III).
3. SEPALA – Fortbildungsprogramm für leitende Beamte (fortgeschrittene Stufe) von echelon V zu echelon IV.
4. SEPADA – Fortbildungsprogramm (Grundstufe) für leitende Beamte in echelon V.

Tabelle 1

Laufbahn und Besoldungsgruppen

ECHELON	BESOLDUNGSGRUPPE
I. IA I IV/A-IV/D	I/B I IV/C-IV/D-IV/E
II. II A I IV/C-IV/D	II/B I IV/B-IV/C-IV/D
III. III/A I IV /A -IV/B-IV/C	III/B I III/B-III/C-III/D
IV. IV/A I III/C-III/D-IV/A	IV/B I III/B-III/C-III/D
V. V/A I III/A-III/B-III/C	V/B I II/D-III/A -III/B

In der Regel ist für die Aus- und Fortbildung aller Beamten in Indonesien das Nationale Verwaltungsinstitut LAN zuständig. Diese dem Präsidenten direkt unterstellte Sonderbehörde, nimmt neben der Aus- und Fortbildung auch Forschungs- und Beratungsaufgaben wahr.

Da ein einheitliches und umfassendes Konzept zur Beamtenausbildung fehlt und LAN im Vergleich zu den Ministerien hinsichtlich personeller und finanzieller Mittel sehr bescheiden ausgestattet ist, haben die Fachministerien zum Teil eigene Fortbildungseinrichtungen errichtet, die vor allem durch einen Mangel an geeigneten Lehrkräften und fehlenden Unterrichtsmaterialien in indonesischer Sprache gekennzeichnet sind.

Die Dominanz von Teilzeit- und Honorarkräften hat zu einem System von Nebentätigkeiten und Einkünften geführt, das weder transparent noch effizient ist.

Viele Ministerien besitzen weiterhin Akademien, die nach drei- bis fünfjähriger Ausbildung (zum Teil in Abendschulen) Hochschuldiplome verleihen dürfen.

Seit Beginn der 70er Jahre werden durch die Gründung sogenannter DIKLATS (ministerielle Ausbildungszentren) kurz- bis mittelfristige ‚upgrading-' und ‚refreshing'-Maßnahmen sowie eine funktionale Ausbildung in den Vordergrund gestellt. Eine systematische Ausbildung in übergeordneten Management- und Verwaltungsfragen fehlt und wird von LAN nur in beschränktem Maß angeboten. Die Ausbildungsergebnisse müssen im Vergleich zum erheblichen Ausbildungsbedarf quantitativ und qualitativ als gering angesehen werden. So gab es von 1969/1970 bis 1993/1994 nur 478.320 fortgebildete Mitarbeiter des öffentlichen Dienstes.

Noch weniger entwickelt ist das Ausbildungssystem auf regionaler und lokaler Ebene, d. h., nur wenige Beamte haben dort jemals eine funktionsspezifische oder verwaltungsorientierte Ausbildung erhalten.

Im Rahmen eines Weltbankprojektes unternimmt die indonesische Regierung Anstregungen, die Kapazität und die Koordinationsfunktion von LAN zu verstärken, damit sie die an sie gestellten Anforderungen quantitativ und qualitativ besser erfüllen kann.

Die Aus- und Fortbildung steht in einem unmittelbaren Bezug zu den Anforderungen des Arbeitsfeldes. Allerdings darf sich die Forbildung nicht nur auf spezialisiertes, arbeitsplatzbezogenes Wissen, Fertigkeiten und Kenntnisse beschränken, sondern es sind auch allgemeine und arbeitsfeldübergreifende Inhalte zu vermitteln. Den Bildungsbedürfnissen der Mitarbeiter, die in der Fortbildung auch eine Chance auf Entwicklung, Entfaltung und Ausprägung ihrer Persönlichkeit sehen, stehen somit die ökonomischen Sachzwänge gegenüber.

Der Fortbildungsbedarf einer Verwaltung hängt ab:

- vom Qualifikationsbedarf der Verwaltung,

- vom Qualifikationsbedarf, der sich aus den gesellschaftlichen Bezügen des Mitarbeiters herleiten läßt,

- dem Qualifikationsbedarf des Mitarbeiters als Leistungsträger,

- dem individuell bestimmten Qualifikationsbedarf des Mitarbeiters.

A. Der Fortbildungbedarf der Verwaltung ergibt sich aus einem Vergleich zwischen den Anforderungen, die aus der Aufgabenstruktur einer Verwaltung resultieren und den verfügbaren Qualifikationen der Mitarbeiter. Dabei ist zu unterscheiden zwischen einem aktuellen (bis zu einem Jahr), einem mittelfristigen (bis zu fünf Jahren) und einem langfristigen Bedarf (über fünf Jahre). Dahinter steht die personalpolitische Forderung, daß die richtige Person zum richtigen Zeitpunkt für den richtigen Dienstposten verfügbar sein sollte. Um das Ziel zu erreichen, ist häufig eine langfristige personelle Entwicklungsplanung erforderlich.

B. Die Begründung gesellschaftsbedingter Fortbildungsbedarfe leitet sich aus der Tatsache ab, daß Wirtschaft und Verwaltung Teile unseres Gesellschaftssystems sind. Die Bestrebungen im politischen System nach Partizipation und Demokratisierung haben daher auch gleichermaßen für das produzierende System Gültigkeit. Partizipation am betrieblichen und/oder dienstlichen Geschehen erfordert eine Qualifizierung der Mitarbeiter in bezug auf die Herrschafts- und die Produktionsproblematik. Es sind dies übergreifende Inhalte, wie sie auch im Rahmen der politischen Bildung vermittelt werden.

C. Der Mitarbeiter als Leistungsträger bedarf sicherlich einer sorgfältigeren Qualifikationspflege, als man beispielsweise technischem Gerät bei regelmäßig stattfindenden Inspektionen zukommen läßt. Als »lernendes System« kann sich der Mitarbeiter flexibel auf neue Anforderungen einstellen. Doch diese Fähigkeit wird eingeschränkt, wenn hierauf nicht gezielt durch Fortbildungmaßnahmen eingewirkt wird. Am Beispiel der alters-adäquaten Personalsteuerung werden diese Chancen, aber auch Grenzen der Qualifikationspflege deutlich. Ein weiterer Aspekt dieser Kategorie ist das Entwicklungspotential des Mitarbeiters. Aufgrund unterschiedlicher intellektueller und motivationaler Kompetenz wird der Forbildungsaufwand bei gleichem Fortbildungsziel unterschiedlich ausfallen.

D. Von den drei aufgezeigten Bedarfen im engeren Sinne ist das individuelle Fortbildungsbedürfnis des Mitarbeiters abzuheben. Es wird durch die Wertschätzungs- und Selbstverwirklichungsbedürfnisse eines Mitarbeiters geprägt. In einer individuellen Bedürfnisanalyse sind die sich daraus ableitenden individuellen Entwicklungsziele festzustellen.

Bei der Umsetzung einer Fortbildungskonzeption sollten folgende Leitsätze, die durchaus auch in einem Zielkonflikt zueinander stehen können, Beachtung finden:

1. Jeder Mitarbeiter ist verpflichtet sich fortzubilden.

2. Der Dienstherr schafft die organisatorischen, personellen und finanziellen Voraussetzungen zur Fortbildung.

3. Der Dienstherr unterstützt und fördert die berufsbezogene Selbstfortbildung.

4. Jeder Mitarbeiter erhält die Chance, im Rahmen der personalpolitischen und organisatorischen Möglichkeiten seiner Qualifikation entsprechend fortgebildet zu werden.

5. Die Fortbildung ist Aufgabe des Vorgesetzten. Er wird in der Wahrnehmung dieser Funktion von den Fortbildungsinstitutionen der Verwaltung unterstützt.

6. Kosten-Nutzen-Gesichtspunkte müssen auch in der Fortbildung beachtet werden.

7. Die Fortbildungsseminare müssen pädagogisch wirksam sein.

8. Die Fortbildung von Mitarbeitern muß einen Beitrag zur Lösung wichtiger Probleme in der Verwaltung leisten.
9. Die Fortbildung darf nicht nur auf spezielle Tätigkeitsschwerpunkte ausgerichtet werden, sondern muß auch Möglichkeiten zur Entwicklung der Persönlichkeit einräumen.
10. Die Fortbildung muß das Gebot der Chancengleichheit wahren.

Aufgrund empirischer Erhebungen in Ostsumatra, Ostjava und Westjava ist ein großer Bedarf an Aus- und Fortbildung, insbesondere von Führungskräften zu konstatieren. Wesentliche Inhalte sind:

1. Westsumatra
    a. Programmevaluierungstechniken
    b. Haushaltswesen
    c. Arbeitsrichtlinien
    d. Handlungsorientierung
    e. Materialverwaltung
    f. Personalverwaltung
    g. Strategische Betrachtung
    h. Planung
    i. Entwicklung des Bewußtseins für äußere Einflüsse.
2. Westjava:
    a. Planung
    b. Handlungsorientierung
    c. Mittelfristige Planung
    d. Strategische Betrachtung
    e. Entwicklung des Bewußtseins für äußere Einflüsse
    f. Programmevaluierung
    g. Anpassungsfähigkeit
    h. Arbeitstätigkeitsrichtlinien.
3. Ostjava:
    a. Planung
    b. Programmevaluierung
    c. Haushaltswesen
    d. Arbeitsrichtlinien
    e. Materialverwaltung
    f. Entwicklung des Bewußtseins für äußere Einflüsse
    g. Prozeßorientierung
    h. Monitorsysteme
    i. Personalverwaltung.

Nach einer spontanen Befragung in acht Regierungsinstitutionen und Sonderbehörden liegt der größte Fortbildungsbedarf innerhalb der dritten echelon beim Führungswesen, gefolgt von Organisationswesen, Planung, Kommunikationswesen, Haushalts- und Rechnungsprüfungswesen. Innerhalb der vierten echelon besteht Fortbildungsbedarf vor allem in den Bereichen Führungswesen, Finanzwesen, Personalverwaltung, Koordination, Kommunikation sowie zu allgemeinen Fragen öffentlicher Verwaltungssysteme etc.

Der Fortbildungsbedarf innerhalb der öffentlichen Verwaltung in Indonesien ist außerordentlich hoch, berücksichtigt man den Ausbildungshintergrund der Mitarbeiter. Von 4.009.347 im öffentlichen Dienst Beschäftigten haben 14% einen Grundschulabschluß, 10% einen Secondary-School-Abschluß, 58% einen High-School-Abschluß, und nur 8% sind höher qualifiziert (Magister und Promotion).

II. Fortbildungsinhalte und Fortbildungstypen

Zu unterscheiden ist zwischen Ziel, Inhalt und Anlaß einer Fortbildungsmaßnahme. Diese gedankliche Unterscheidung ist angezeigt, damit identische Fortbildungsziele durch unterschiedliche Inhalte erreicht werden können.

Der Anlaß einer Fortbildungsmaßnahme ist bestimmt durch personalpolitische Erwägungen. Aus thematischer Sicht lassen sich vier voneinander abgrenzbare Inhalte nennen:

– fachspezifische Inhalte,

– fachübergreifende Inhalte,

– allgemein fachliche Inhalte,

– arbeitsfeldpolitische Inhalte.

A. *Fachspezifische Inhalte* sind auf abgrenzbare Operationen am Arbeitsplatz, sogenannte Verrichtungen bzw. Tätigkeitselemente, abgestellt. Diese Inhalte lassen sich im produzierenden Bereich (Synonym: operativer Arbeitsbereich) eindeutiger bestimmen als im planenden und verwaltenden Bereich (dispositiver Arbeitsbereich), da hier der Freiheitsgrad in der Arbeitsausführung deutlich größer ist. *Fachspezifische Inhalte sind konkret anwendungsbezogen.* Sie führen zu einer Spezialisierung der Mitarbeiterqualifikation. Als Beispiele für den dispositiven Arbeitsbereich lassen sich Spezialisierungen etwa im Beihilferecht, im Laufbahn- und Tarifrecht, der Sozialhilfe u.a.m. nennen. Die Vermittlung und Anwendung fachspezifischer Inhalte ist so zu konzipieren, daß ein ausgewogenes Verhältnis zwischen Spezialisierung einerseits und Verwendungsbreite andererseits gewahrt bleibt.

B. *Fachübergreifende Inhalte* beziehen sich auf Qualifikationen, die neben der Verrichtungsspezialisation erforderlich sind, um den Ablauf zwischen den Arbeitsplätzen und das Arbeiten in Teams bei unterschiedlichen Rollenvorgaben (z. B. Vorgesetzter, Mitarbeiter) zu gewährleisten. Typische funktionsübergreifende Inhalte beziehen sich auf die vier Querschnittsfunktionen Personal, Planung, Haushalt und Organisation, und sie reichen von den Führungstechniken über Fragen der Öffentlichkeitsarbeit (etwa »Beratertraining«) bis hin zu Arbeits- und Planungstechniken.

C. *Allgemein fachliche Inhalte* beziehen sich auf die strategische und taktische Unternehmensphilosophie, das »technische Regelwerk« und allgemeine Aspekte des Arbeitsfeldes (Arbeitsschutz, Erkenntnisse der Arbeitswissenschaft).

D. Die *arbeitsfeldpolitischen Inhalte* thematisieren die Zusammenhänge zwischen Gesellschaft, Beschäftigungssystem, Arbeitsplatz, Mitarbeiter und Persönlichkeit und stellen insoweit einen besonderen Aspekt der politischen Bildung dar.

Aus personalpolitischer Sicht lassen sich folgende Arten von Fortbildungsveranstaltungen nennen (*anlaßbezogener Aspekt*):

– die Einführungsfortbildung,

– die Anpassungsfortbildung,

– allgemeine und fachspezifische Fortbildung,

– facherweiternde Fortbildung,

– projektbezogene Fortbildung.

A. Bei der *Einführungsfortbildung* handelt es sich um eine nachgeholte oder ergänzende Ausbildung. Sie ist überall dort von besonderem Interesse, wo die Verwaltung nicht als Ausbilder selbst in Erscheinung tritt (z. B. beim höheren Dienst) oder aber Mitarbeiter aus der Wirtschaft in den öffentlichen Dienst eintreten (»Seiteneinsteiger«). Neben der Vermittlung von *nachgeholtem Basiswissen* kann die Einführungsfortbildung auch das Ziel verfolgen, die *interdisziplinäre Kooperationsfähigkeit* zu fördern. Die Einführungsfortbildung wendet sich vornehmlich an neu in die Verwaltung eintretende Mitarbeiter.

B. Die *Anpassungsfortbildung* dient der Aktualisierung, Erweiterung und Pflege der Qualifikationen eines Mitarbeiters zur Erhaltung der horizontalen Mobilität. Eine ständige Aktualisierung der Kenntnisse und Fertigkeiten eines Mitarbeiters ist in dem Maße zwingend, wie sich das soziale und technologische Umfeld des Arbeitsfeldes ändert. Neue Gesetze, Verordnungen und Richtlinien erfordern ebenso eine gezielte Umschulung des Mitarbeiters wie etwa neue Arbeitstechniken. Die Erweiterung des tätigkeitsbezogenen Wissens wird bei Umsetzungen und Versetzungen in neue Arbeitsgebiete erforderlich. Dahinter steht die personalpolitische Vorgabe, einseitiger Spezialisierungen der Mitarbeiter durch Maßnahmen, die auf Verwendungsbreite zielen, entgegenzuarbeiten. Die Pflege bestehender Qualifikationen ist erforderlich, da selbst anspruchsvolle Aufgaben, wenn sie über einen längeren Zeitraum hinweg wahrgenommen werden, Flexibilität und Kreativität der Mitarbeiter durch die dadurch bedingte Routine einschränken können.

C. Bei der *Förderungsfortbildung* handelt es sich um Weiterbildungsmaßnahmen zur Vorbereitung der Übernahme qualitativ höherwertiger Funktionen. Dieser Fortbildungstyp dient somit der Förderung *vertikaler Mobilität*. Zu dieser Fortbildung werden auch Bildungsmaßnahmen gerechnet, die den Aufstieg in die nächsthöhere Laufbahn vorbereiten.

D. Als Vorbereitung auf eine neue Lebensphase bieten heute Unternehmen der Wirtschaft vermehrt älteren Mitarbeitern, die kurz vor der Rente stehen, einen neuartigen Fortbildungstyp an.

III. Organisation der Fortbildung und Fortbildungsträger

Die organisierte dienstliche Weiterbildung stellt fest, welcher Mitarbeiter (wer?) zu welchem Zeitpunkt (wann?), durch welche Maßnahmen (was?), an welchem Ort (wo?), zu welchen Bedingungen (Kosten?), und mittels welcher Methoden (wie?) fortzubilden ist.

Der Ort der Bildungsmaßnahmen kann sowohl der Arbeitsplatz als auch eine zentrale oder dezentrale Fortbildungseinrichtung sein. Methoden, die bei der Fortbildung am Arbeitsplatz Anwendung finden, reichen von der Arbeitsunterweisung, der gelenkten Erfahrungsvermittlung und des job rotation bis hin zum dienstgleitenden Unterricht und den Arbeitsbesprechungen. Die Fortbildungsmethoden außerhalb des Arbeitsplatzes umspannen eine breite Palette von Vortragsmethoden bis hin zu Techniken der Gruppenarbeit und den Simulationstechniken. Die Aufwendungen für Fortbildungsmaßnahmen haben heute ein besonderes Gewicht. Die Kostenentwicklung in der Verwaltung wird dazu führen, daß man künftig der Selbstbildung ein größeres Gewicht beimessen wird und zentrale Lehrgänge nicht mehr flächendeckend anbieten kann, sondern das Multiplikatorenprinzip stärker zur Geltung bringen wird. Ausgewählte Mitarbeiter werden zentral fortgebildet und vermitteln dieses erworbene Wissen anschließend etwa in Form des dienstbegleitenden Unterrichts am Arbeitsplatz weiter.

Forbildungsmaßnahmen können verwaltungsintern oder verwaltungsextern erfolgen. Die verwaltungsinterne Fortbildung ist in der Regel stärker auf die konkreten Belange des Arbeitsfeldes und die besonderen Erfordernisse der Verwaltung ausgerichtet. Verwaltungsexterne Forbildungsmaßnahmen haben den Vorteil, daß es zu einem Erfahrungsaustausch zwischen den Dienstherren – aber auch zwischen Wirtschaft und Verwaltung – kommen kann. Das gilt gleichermaßen für Trainingsmaßnahmen on und off the job.

Sowohl die zentrale Regierungsebene als auch Provinz- und Lokalebene haben erhebliche Schwierigkeiten bei der Errichtung flächendeckender Einrichtungen zur dienstlichen Fortbildung. Folgende Gründe sind hierfür zu nennen:

- Wegen geringer Nachfrage, etwa bei hochspezialisierten Lehrgängen, kann die Lehrgangskapazität nicht ökonomisch genutzt werden.
- Ein Erfahrungsaustausch zwischen den Teilnehmern verschiedener Dienststellen und/oder Dienstherren soll erreicht werden.
- Da es sich um sogenannte Multiplikatorenfortbildungsprogramme handelt, d. h. um Fortbildungsprogramme für Lehrkräfte und Beamte der dritten echelon, die einen ganz strategischen Dienstposten haben.
- Die Organisation eines Seminars übersteigt die wirtschaftliche Lage einer lokalen Ebene bzw. Dienststelle und darüber hinaus steht eine geeignete Infrastruktur nicht zur Verfügung.

IV. Zusammenfassung

1. Einem großen Trainingsbedarf steht die Knappheit personeller und finanzieller Ressourcen gegenüber.
2. Der öffentliche Dienst in Indonesien nimmt für die staatliche Entwicklung eine stabilisierende Funktion ein.
3. Durch die zunehmende Einbindung Indonesiens in die Weltwirtschaft entstehen besondere Anforderungen an die Mitarbeiter des öffentlichen Dienstes hinsichtlich ihrer Fremdsprachenkenntnisse.
4. Die Zusammenarbeit zwischen Indonesien und Deutschland im Rahmen der Aus- und Fortbildung sollte intensiviert werden.

Die Aus- und Fortbildung von Verwaltungsbeamten in Vietnam

Von Nguyen Duy Gia[1]

I. Einleitung

Im Zuge des Transformationsprozesses in Vietnam von einer zentralistischen Planwirtschaft zu einer vom Staat regulierten Marktwirtschaft offenbarte sich in den vergangenen Jahren insbesondere ein Problem, nämlich die dringende Förderung der Verwaltungsaus- und -fortbildung von Mitarbeitern der staatlichen Administration auf allen Ebenen und in allen Bereichen.

Die Umsetzung der Verwaltungsreform trifft allerdings auf erhebliche Schwierigkeiten und Hindernisse, die im wesentlichen durch einen Mangel an Fähigkeiten, an spezifischem Wissen und Erfahrungen der Verwaltungskader und Verwaltungsbeamten begründet sind.

Der vorhandene, im alten System verwurzelte Kenntnis- und Wissensstand entspricht nicht den Erfordernissen einer modernen Verwaltung. Aus- und Fortbildungsmaßnahmen sind notwendig, um das Personal mit den neuen Verwaltungstechniken vertraut zu machen. Dabei steht Vietnam vor dem Problem einer qualifizierten Wissensvermittlung, denn es fehlen nicht nur hinreichend ausgebildete Lehrkräfte, sondern auch Lehrmaterialien und Lehrbücher.

Das Ziel Vietnams ist es, bis zum Jahr 2000 sein Verwaltungspersonal in Hinblick auf den Aufbau einer modernen vietnamesischen Administration zu qualifizieren. Deshalb sind vor allem Ausbildungs- und Fortbildungsrichtlinien zur Erhöhung des fachlichen Niveaus und zur Steigerung von Effizienz und Effektivität des Staatsapparates, die die Voraussetzung für einen Übergang in eine marktwirtschaftlich orientierte Verwaltung darstellen, notwendig.

II. Richtlinien für die Aus- und Fortbildung der Verwaltungsbeamten in Vietnam

Seit 1986 vollzieht sich in Vietnam ein Prozeß der politischen, administrativen und ökonomischen Transformation. Innerhalb eines Zeitraums von sechs Jahren

---

[1] Überarbeitet von *Detlef Barth*. Die Vortragsform wurde weitgehend beibehalten.

hat Vietnam bei der Realisierung der Reformpolitik bereits einige beachtliche Erfolge, vor allem auf wirtschaftlichem Gebiet, vorzuweisen. Dennoch ist offensichtlich, daß Effektivität und Effizienz des Staatsapparates noch nicht den neuen Anforderungen genügen. Eine Reform der staatlichen Administration ist daher dringend notwendig. Ohne Reform und Modernisierung stellt der staatliche Verwaltungsapparat ein offensichtliches und hauptsächliches Hindernis für den gesamten Reformprozeß dar.

Zur Realisierung einer staatlich geleiteten Entwicklungsstrategie ist eine effektive und effiziente Staatsverwaltung unerläßlich. Das setzt aber die Konzeption einer Ausbildungsstrategie für den öffentlichen Dienst voraus.

Die Aus- und Fortbildung muß als das Kernproblem des ganzen Reformprogramms betrachtet werden. Jede Strukturreform wird sinnlos, wenn das Personal nicht auf allen Ebenen ausgebildet wird, um in einem neuen System effektiv arbeiten zu können, und wenn es sich den neuen Verantwortungen nicht stellt, die sich aus der wirtschaftlichen und administrativen Reform ergeben. Andererseits wird die Ausbildungs- und Fortbildungsarbeit kaum Erfolg zeigen, wenn sie nicht die spezifischen vietnamesischen Erfahrungen und Traditionen berücksichtigt. Deshalb müssen sich das Aus- und Fortbildungssystem und die Verwaltungsreform flexibel, aber analog aneinander orientieren.

Das Ziel der Aus- und Fortbildung ist die Vermittlung notwendiger Kenntnisse der Verwaltungsbeamten, jedoch nicht nur um in einer vom Staat regulierten Marktwirtschaft gut zu arbeiten, sondern zunächst einmal um die Rolle der Staatsverwaltung in einem neuen System zu verstehen. In Vietnam hat die staatliche Verwaltung, wie auch die der Staatsbeamten einen hohen gesellschaftlichen Stellenwert. In der Aus- und Fortbildung muß die „Verwaltungsentwicklung" als oberste Prämisse Berücksichtigung finden, wohingegen der Rückzug des Staates und damit die Betonung des Faktors „Markt" erst in zweiter Linie berücksichtigt werden muß.

Die Forderung nach Aus- und Fortbildung in einer modernen öffentlichen Administration beschränkt sich nicht nur auf Verwaltungsprobleme im engeren Sinn, sondern umfaßt auch die Fähigkeit zum Analysieren allgemeiner administrativer und politischer Zusammenhänge, um somit den politischen Willen für den Entwicklungsprozeß Vietnams durch entsprechende Programme und Projekte unterstützen zu können. Dieses ist ein sehr wichtiger Aspekt, der in der Aus- und Fortbildung des öffentlichen Dienstes, insbesondere aber für die Organisation von Lehrgängen und Ausbildungsprogrammen von Bedeutung ist.

Ein typisches Merkmal des Transformationsprozesses besteht darin, daß die Lehrkräfte sich nicht nur den neuen Erfordernissen in Verwaltung und Politik zu stellen haben, vielmehr haben auch sie sich einer kontinuierlichen Fortbildung und Qualifizierung zu unterziehen. Die Ausbildungsstätten des öffentlichen Dienstes müssen befähigt werden, mit modernen Ausbildungstechniken flexibel auf die Erfordernisse der öffentlichen Verwaltung reagieren zu können, um ihrer Multiplikatorenfunktion gerecht zu werden.

Für den Reformprozeß wäre es problematisch, wenn die Organisation und Durchführung der Qualifizierung des gesamten vietnamesischen Verwaltungspersonals nicht einheitlich, zusammenhängend und koordiniert erfolgen würde. Daher ist ein landesweites Organisations- und Koordinationssystem notwendig. Das National Institute of Public Administration Vietnams (NIPA) unterstützt die Politik des Ministeriums, sich verstärkt auf Aufgaben der Organisation und Koordinierung zu konzentrieren, mit dem Ziel, eine landesweite, auf allen Ebenen und Sektoren, d. h. von den zentralen staatlichen Verwaltungseinheiten bis hinunter auf die kommunale Ebene, integrative Ausbildungs- und Qualifizierungspolitik für den gesamten öffentlichen Dienst Vietnams zu garantieren.

III. Richtung und Hauptinhalte einer Aus- und Fortbildung der Verwaltungsbeamten in den kommenden Jahren

Die Aus- und Fortbildung der Verwaltungsbeamten soll auf einer landesweiten Planung und Programmierung basieren und entsprechend durchgeführt werden. Sie soll von den objektiven Bedürfnissen in allen Bereichen und Hierachiestufen der öffentlichen Verwaltung ausgehen, wobei der Typ einer generalisierten Aus- oder Fortbildung vermieden werden soll. Nur so kann die notwendige Spezialisierung und der notwendige hohe Qualifikationsgrad erreicht werden.

Hierzu benötigen wir grundlegende Untersuchungen über den wirklichen Zustand sowie Fähigkeiten, Voraussetzungen und Bedürfnisse der Aus- und Fortbildung von Verwaltungsmitarbeitern und Staatsbeamten. Diese müssen die praktische und wissenschaftliche Basis für den Aufbau, die Planung und Durchführung weiterer Schritte des Aus- und Fortbildungsprozesses bilden.

Die Planung von Aus- und Fortbildung besteht nicht darin, sie „von oben" anzuordnen, sondern den jeweiligen neuen Anforderungen in den verschiedenen Verwaltungseinheiten individuell gerecht zu werden.

Die Planung von Aus- und Fortbildung basiert auf:

– Rationalisierungsmaßnahmen in der öffentlichen Verwaltung,

– der Bestimmung und Klassifikation der Objekte,

– der Definition von Funktion und Rang eines Objektes.

Damit analysiert und beantwortet man beispielsweise die Fragen: „Wieviel Personal wird auf den einzelnen Verwaltungsebenen benötigt?", „Um wie viele neue qualifizierte Mitarbeiter sollten die einzelnen Verwaltungseinheiten ggf. ergänzt werden?" usw.

Der Inhalt der Bildungsplanung umfaßt:

- Ziel und Forderung,
- Objekt der Planung,
- Zustand eines jeden Objekts,
- Zweck und Zeitdauer eines jeden Objekts,
- Projekt der Planung.

Umfang von Objekten der Aus- und Fortbildung:

- Staatsbeamte, d. h. Mitarbeiter der allgemeinen Laufbahn und von Fachlaufbahnen,
- Verwaltungsbeamte, d. h. Vizeminister, Leiter der Zentraldepartments, der Bezirke und Kreise etc.,
- Berufungsbeamte.

Auf dem Gebiet der Aus- und Fortbildung wird das NIPA durch die Regierung bei der Vervollkommnung der Lehrprogramme unterstützt sowie durch die Entsendung von Lehrkräften verstärkt. Ziel des Jahres 1994 ist es, 20 bis 30 Prozent der zuständigen Verwaltungsbeamten fortzubilden. Daher besteht die Aufgabe des NIPA und der Verwaltungsschulen darin, die Verwaltungsbeamten aus 53 Bezirken und 38 Ministerien zügig auf ihre neuen Aufgaben vorzubereiten. Im Vordergrund steht die Fortbildung der Führungskräfte auf lokaler Ebene und der Mitarbeiter der staatlichen Zentralverwaltung sowie die Ausbildung von Nachwuchskräften zum Aufbau einer regulären modernen Verwaltung.

IV. Schlußfolgerung

Die Aus- und Fortbildung von Verwaltungsmitarbeitern und Staatsbeamten ist ein objektiv notwendiges Erfordernis bei der Reform und Transformation des Landes. Sie ist daher auch eines der Hauptziele der Verwaltungsreform in Vietnam und spielt eine wichtige Rolle bei der Kompetenzzuweisung und -beschränkung der Staatsbeamten. Gleichzeitig trägt sie wirksam zu dem allmählichen Aufbau eines Beamtenapparates bei, der mit hinreichendem Niveau, Qualität, Kenntnis und Verwaltungsfähigkeit die Effizienz und Effektivität eines regulären und modernen Staatsapparates gewährleisten kann.

Wir, das NIPA, sind davon überzeugt, mit der kontinuierlichen Unterstützung der Regierung, aber auch durch die Hilfe ausländischer Kollegen aus den verschiedensten Ländern bei unserem wichtigen Anliegen – der Entwicklung und Förderung der staatlichen Leistungsträger – unseren Teil zum Erfolg des Transformationsprozesses in Vietnam beizutragen.

Perspectives and the Model of Personnel Cooperation through Universities Cooperation

By Supote Kovitaya

I. Introduction

The objective of this paper is to present perspectives and models of personnel cooperation through universities cooperation in the sense of Development Administration. It is the perspectives of relationship between developed countries and developing countries, especially in the case of German universities and the Department of Public Administration, Faculty of Management Sciences, Prince of Songkla University (PSU), which was presented in the seminar on "The Contribution of Studies in Administration Science in Germany to the Theory and Pratice of Development Administration in Selected Asian Countries". This seminar was held in Manila and Baguio in the Philippines from 20 Sepember to 1 October 1993.

The sub-topics will be 1.) roles and functions of universities in developing countries, necessities and models (patterns) of cooperation, 2.) a case study of personnel cooperation between Departments of Public Administration (PSU and German universities).

II. University and Cooperation

A university is an higher education institution of a country. Its roles and functions are to be the social brain. It is an institution for researching, training, teaching and conserving and promoting the national arts and cultures.

In developing countries most of their development began from unbalanced development (economic growth development) to integrated development; in which are concentrated both economic and social and cultural development. An education system is an important system for such a development approach. We believe that education is an important factor to develop the economic and social system, in which it is not a consuming factor but an investing one. Thus, many universities were established from the first decade of development of the United Nations until this decade. The United Nations, international organizations and foundations have given a lot of assistance to universities in developing countries.

In developing countries most of them are established in a central region before in regional regions. Most of universities in the central are more developed than in the regional. The development of universities began from undergraduate producing to researching and community services. Personnel dimension will begin from placing more bachelor degree lecturers to placing much more master degree and doctoral degree lecturers. Important obstacle in developing countries, which getting well in economic development, is the fact, that universities in the central are more developed and have better incentives, so that a lot of lecturers transfer to work there.

Even though, universities are supported by the central bureaucracy; planning, budgeting and personnel system. This is an obstacle for them to adapt and develop themselves to the economic and social development of the nation. If they still have to get budget and supports only from their government, it is difficult to develop the universities. Since the government has to allocate and put a lot of budget to develop economic, social and security sectors. This does not include budget for public servant salary and wages, which normally is very high.

Therefore, universities try to solve their problems by getting their own revenue, assistance or cooperation from foreign countries, sister university projects, and/or trying to be a university in government supervision but not dependent on the central bureaucracy's control.

It cannot refuse that trying to get assistance and cooperation from foreign countries is an important supportive source. The more the university gets assistance or cooperation, the more it can develop and progressive and can be a much better and suitable response to national development.

There are two models of cooperation; one is called "aids or assistance". This word is to be used when one side is a giver and the other is a taker. The other model is the word "cooperation", it means they get mutual benefit. Some time we use "cooperation" instead of "aids or assistance", because we believe that there will not be only giver or taker and it sounds positive.

III. A Case Study of PersonnelCooperation

The situations and development trends in Thailand are that:

– the social dimension is changing in direction of more urbanization;
– the economic dimension is changing to be more Newly Industrialized Countries (NICs);
– the political dimension is changing to be the society of mass participation;
– the administrative dimension is changing to be more decentralization and more privatization.

Thailand had been a highly centralized state and is now within the process of changing to be more decentralized; the ideas of governor election and Village (Tambol) administrative organization have been intensively and widespread discussed. To be respondend to the changing current. The Federal Republic of Germany is a state with a decentralized government system, often regarded as being one of the best in the world. It should be a model of decentralization for Thailand.

In Thailand there has been a regional universities establishment policy since the first national plan (1961-1966). Its purpose is to develop our human resources to support regional and national economic development.

Prince of Songkla University was the first university (in 1967) in the southern region of Thailand. It was established with the express purpose of extending opportunities for tertiary education to the southern region in order to raise the education standard and to support development of the region. There are three campuses, Hat Yai campus, Pattani campus and Phuket campus. Only in Hat Yai campus there are 10 faculties, Science, Engineering, Management Sciences, Natural Resources, Pharmacy, Dentistry, Medicine, Nursing, Agroindustry and Graduate school. The university produces 2,000 undergraduates yearly.

The Department of Public Administration is one of the three departments of the Faculty of Management Sciences, Prince of Songkla University. We have 100 undergraduate students and 60 graduate students yearly.

The Master of Public Administration Program is a special program. The classes are held on Friday evening, Saturday and on Sunday. The program began in 1992. This program is the program which is applied the most. Most of students are public officers, such as civil officers, soldiers and policemen (senior level). In addition, there are local politicians, public enterprise employees, bank employees, private organization employees and non government organization (NGO) employees.

Generally speaking our graduates can response to the needs of human resource development for public organizations, local government units, public enterprises and private organizations. It is accepted that studying in public administration will be the important field of subjects. Since it is administrative field. In the southern region there are a lot of important development projects; such as the Southern Seaboard Development Project, the Indonesia-Malaysia-Thailand Growth Triangle Development Project or IMT-GT. Since 1994 Thai government has a allocated scholarship budget for Loas students to study our MPA program.

The constrains of the department are that there are only four Ph.D. lecturers (20%) of 20 department lecturers. Most of the 16 lecturers have finished their master degree 10 years ago (9 lecturers, 9 assistant professors, 2 associated professors). So that studying at Ph.D. level or training or study visit (to fresh up) is an important project to develop them and make them to be more ready for our MPA program.

IV. A model of Personnel Cooperation through Universities Cooperation

A model of personnel cooperation through universities cooperation in case of the Department of Public Administration (PSU) and the Spever University and/or other German institutions should be performed as following:

1. Staff Development

By training and study visits at "Landesebene" and "kommunaler Ebene" concentrate in local government and decentralization, regional planning, public finance, personnel administration and labour relations, development administration, urban problems and urban development ect. In the same time we can exchange knowledge concerning the training and study visit with each other.

2. Joint Research and Visiting Professors or Guests

The research topics should be Comparative Local Government and Decentralization: Thailand and the Federal Republic of Germany, Efficiency of Public organization ect.

Special lectures should be concerned with Government and Administration in the Federal Republic of Germany.

3. Development Project for MPA Program Director

The MPA Program director visits Speyer University and other German universities and exchanges experiences about administration of MPA program.

Prince of Songkla University will be responsible for the travelling costs of PSU lecturers, and will be responsible for accommodation, office facilities, local transportation and local communication for our German partners.

V. Conclusion

The Location of PSU is in the heart (center) of the South, suitable to support Southern development: either the Southern Seaboard Development Project or IMT-CT Development Project which are regional and international development projects in Asia. However the development and present situation in Thailand, the budgets are usually put forward to science, engineering, natural resources, agricultural and technological science, even foreign asssistances set priority to them.

We cannot forget that public administration is a significant mechanism for Southern development: how to administer development projects in a rapid and complex changing context. Our cooperation will certainly affect the development and the improvement ofefficiency of the Department of Public Administration (PSU). It also means development of human resources in the South.

At present there are many development projects; either regional or international. How can we establish our cooperation, especially personnel cooperation, systematically and continually? It can assist the Department to serve these regional and international researches and trainings as well.

All of this perspectives and model of personnel cooperation through universities cooperation may be only present my ideas first (Thai side). It seems to be "assistance" more than "cooperation". The reason is that Professor Dr. Rainer Pitschas would like this Third Speyerer Forum to be a melting pot for us to build up our concrete personnel cooperation. We hope our forum will be successful and bring on our cooperation in the near future.

References

1. Deutsche Stiftung für internationale Entwicklung: "New Concept for University Cooperation", in: *D + C: Development and Cooperation*, No 2/1993, Frankfurt: Frankfurter Societäts-Druckerei, 1993: 30.
2. Office of the Prime Minister. Office of the National Education Commission. Division of Policy and Education Plan *Concepts of Development* n.p., n.d.
3. Prince of Songkla University *Prince of Songkla University 25th Anniversary* n.p. 1994.
4. Prince of Songkla University. Office of the President. Division of Planning *Annual Information 1993* n.p. 1994.
5. *Wit Wistawethya, University and Thai Society* (Mimeographed) 1993.

Moderatorenberichte

Protokoll von Stefan Betzer

Die Tagung wurde am Dienstag nachmittag in zwei Arbeitskreisen fortgesetzt. Der Arbeitskreis A behandelte die „Angebotsdifferenzierung in der Personellen Zusammenarbeit", und wurde von *Bolay* moderiert. Der Arbeitskreis B hatte „Modelle und Erfahrungen aus der Personellen Zusammenarbeit" zum Schwerpunkt. Die Moderation hatte *Pitschas* übernommen. Die beiden Moderatoren berichteten am Mittwoch vormittag über die Inhalte ihrer jeweiligen Arbeitskreise.

Bericht von Prof. Dr. Bolay über den Arbeitskreis A

Das den Arbeitskreis einführende Referat über Personelle Zusammenarbeit als Gestaltungselement der Verwaltungspartnerschaft wurde von *Bolay* gehalten. Er zeigte die Entwicklung in der Personellen Zusammenarbeit unter Einbeziehung der Aktivitäten, die unter dem Stichwort „neue Wege" zu verstehen sind, auf. Hierbei sei besonders die Finanzierung der laufenden Kosten, insbesondere der laufenden Personalkosten interessant. Dies sei zwar eine heikle Angelegenheit, werde aber zur Zeit – zum ersten Mal in der deutschen Entwicklungspolitik – offiziell als ein möglicher Weg der Unterstützung von Partnerorganisationen angesehen.

Im Anschluß daran beschäftigte sich *Bolay* mit dem Bereich Aus- und Fortbildung, unter Berücksichtigung der Zentralstelle für öffentliche Verwaltung / Berlin insbesondere damit, wie deren Instrumentarium weiter verbessert werden könnte.

Bolay führte seinen Moderatorenbericht mit der Zusammenfassung des Referats von *Drescher* unter dem Titel „Personelle Zusammenarbeit der Bundestagsverwaltung. Personelle und administrative Unterstützung von Parlamentsverwaltungen in den neuen Demokratien des Südens" fort. Nach der einführenden Darstellung der Arbeitsweise der Bundestagsverwaltung, einem Personalkörper mit 2500 Beschäftigten, folgten Hinweise auf die Ausführungen von *Drescher* zu den verschiedenen Formen und Instrumenten der internationalen Zusammenarbeit mit anderen Parlamenten.

Der dritte Beitrag des Arbeitskreises A stammte von *Hundt*. Er behandelte die Möglichkeiten und Grenzen der Personellen Zusammenarbeit in den neuen Bundesländern – Brandenburg in der Dritten Welt.

Er begann mit einer eindrücklichen Schilderung der sozialen und wirtschaftlichen Rahmenbedingungen, unter denen sich zur Zeit in den neuen Bundesländern quasi innenpolitisch Entwicklungspolitik vollzieht. In vielen Bereichen würde förmlich tabula rasa gemacht. Im gesamten Bereich der Entwicklungspolitik sei in den neuen Bundesländern eine Klimaveränderung feststellbar. *Hundt* ging dann der Frage nach, inwiefern aus den vergangenen DDR-Zeiten, aus der DDR-Entwicklungspolitik noch Potential vorhanden sei. Er widmete sich besonders der Bewertung der DDR-Entwicklungspolitik in den Bereichen Ausbildung und Personelle Zusammenarbeit. *Hundt* gab eine nachvollziehbare Darstellung, daß gerade in diesen Bereichen die DDR-Entwicklungspolitik anerkennenswerte Leistungen vorweisen konnte.

Bolay bestätigte diesen Aspekt aus einer eigenen Erfahrung anläßlich eines Besuches in der Mongolei. Dort sei er immer wieder auf Menschen gestoßen, die in der DDR ausgebildet worden waren. Es bestehe dort generell aus den Erfahrungen aus dieser Zeit eine positive Grundeinstellung gegenüber Deutschland. Dies stelle ein durchaus anerkennenswertes Potential dar, das aber verloren gehen würde, wenn es in der Folgezeit nicht genutzt würde. Der Beitrag von *Hundt* schloß mit dem Resumee, daß nach seiner eher nüchternen Einschätzung der Möglichkeiten der Entwicklungszusammenarbeit zur Zeit mehr Grenzen als Möglichkeiten bestünden.

Das abschließende Referat des Arbeitskreises A von *Adelmann* betraf das Thema „Neue Angebote der Personellen Zusammenarbeit unter dem Aspekt des ‚Capacity Building': Wege zur Erschließung einheimischen Fachkräftepotentials". *Adelmann* begann ihre Abhandlung mit der Kritik an der Technischen Zusammenarbeit, die sich mit den Namen *Elliot Berg* und *Edward Jaycox* verbindet. Sie konzentrierte sich im wesentlichen auf die Frage, wie die internationale Zusammenarbeit sich auf die Selbstregierungsfähigkeit der Partnerländer auswirke. Sie setzte hierbei einen sehr kritischen Akzent.

Nach ihrer Auffassung sei es offensichtlich, daß die Zusammenarbeit die Fähigkeit der Länder, ihre eigenen Ressourcen zu erschließen, tendenziell eher beeinträchtige.

Der Berichterstatter *Bolay* nahm das Referat von Frau *Adelmann* zum Anlaß für ergänzende Ausführungen, insbesondere zu der angesprochenen Kritik von *Jaycox*. So löste diese Kritik nach eigener Beobachtung von Prof. *Bolay* heftige Reaktionen vor allem bei den Praktikern aus. Für diese sei es eine Provokation, daß ein leitender Beamter der Weltbank, die als eine der Hauptsünder auf diesem Gebiet gelte, es wage, eine solche Kritik – die im übrigen in weiten Teilen gerechtfertigt sei – vorzubringen. Diese Kritik würde eindeutig vom Falschen angebracht. Dies sei ähnlich einem Einbrecher, der über Alarmanlagen referiere. Es sei eben der falsche Mann, der eine solch globale Kritik äußere.

Abschließend versuchte *Bolay* in seinem Bericht eine Verbindung herzustellen zwischen Personeller Zusammenarbeit und Verwaltungsförderung. Er vertrat die

Auffassung, daß es leider bisher nicht gelungen sei, eine Verbindung zwischen den Entwicklungen im Bereich der Personellen Zusammenarbeit und dem Bereich der Verwaltungsförderung herzustellen. Die Verwaltungsförderung bleibe hinter den Entwicklungen und Diskussionen bei der Personellen Zusammenarbeit zurück. Aus eigener Erfahrung aus den Jahren 1981/1982 durfte er miterleben, daß generell befürchtet werde, durch Re-Integration zu einer zusätzlichen Aufblähung der Staatsapparate der sowieso personell überbesetzten Verwaltungen in den Entwicklungsländern beizutragen. Nach *Bolay* wäre es erforderlich, die damalige Diskussion wieder aufzugreifen und auf die Gültigkeit ihrer Prämissen hin zu überprüfen.

Selbstkritisch gestand *Bolay* ein, daß aus den Beiträgen des Arbeitskreises A keine Bilanz gezogen werden könne. Er schloß seinen Bericht mit der Bemerkung, daß pro Referat gerade 15 Minuten zur Diskussion zur Verfügung gestanden hätten, was nicht ausreiche, den Arbeitsauftrag des Arbeitskreises A angemessen zu erledigen und eine gemeinsame Bilanz zu ziehen.

Bericht von Univ.-Prof. Dr. Pitschas über den Arbeitskreis B

Pitschas bedankte sich bei *Bolay* für dessen Bericht und leitete zu den Ergebnissen aus dem Arbeitskreis B mit dem Thema: „Modelle und Erfahrungen aus der Personellen Zusammenarbeit" über.

Nach *Pitschas* zeige sich ein Unterschied der beiden Arbeitskreise ganz deutlich in der Schlußbewertung. Seiner Auffassung nach zeige nämlich der Bericht über den Arbeitskreis A, daß das deutsche oder auch europäische Anspruchsniveau an die zu leistende Entwicklungshilfe speziell in der Verwaltungszusammenarbeit himmelweit höher liege als die diesbezüglichen konkreten Erwartungen und Nachfragen aus den Partnerländern.

Pitschas begann sodann seinen Bericht über den Arbeitskreis B mit dem Bereich „Re-Integration".

Der erste Referent, *Ghawami*, beschäftigte sich mit den Herausforderungen der Personellen Zusammenarbeit aus der Sicht der Länder des Südens, speziell aus der Sicht derjenigen Menschen aus den Entwicklungsländern, die in europäischen oder anglo-amerikanischen Ländern studiert haben und nun vor der Frage stehen, ob sie in ihre Heimatländer zurückkehren sollen und wenn ja, wie und unter welchen beruflichen und sozialen Bedingungen diese Rückkehr stattfinden könne.

Ghawami gab ein eindrucksvolles Bild der Probleme. Dieses Bild differenzierte er weiter durch die Darstellung der Instrumente, die sich in Deutschland für eine solche Rückkehrförderung entwickelt hätten und die sich zugleich mit dem Anspruch verknüpften, lokale Fach- und Führungskräfte anstelle der rückkehrenden einheimischen Experten einzusetzen.

An diesem Gesichtspunkt habe sich eine ergänzende Diskussion entwickelt, ob es denn der richtige Weg sein könne, wenn z. B. die GTZ mit ihren finanziellen Mitteln bemüht sei, einheimische Experten einzusetzen; ob die Anstrengungen der Bundesländer, wie z. B. derzeit Hessen, der richtige Weg seien und wie man den Koppelungsprozeß in Verbindung eines Einsatzes lokaler Fach- und Führungskräfte mit der Förderung der Reintegration der Rückkehrer sehen könne.

Eine wesentliche Voraussetzung, so *Pitschas* in seinem Bericht, stelle daher die Aus- und Fortbildung von ausländischen Führungskräften hierzulande dar. Gleichzeitig müsse die umstrittene Forderung berücksichtigt werden, ausländische Fach- und Führungskräfte so zu reintegrieren, daß sie anstelle deutscher Experten in Deutschland tätig sind oder daß diese ausländischen Experten deutsche Quoten in internationalen Organisationen belegen könnten, wie dies z. B. von den Niederlanden bereits praktiziert werde.

Ghawami betonte in seinem Referat besonders die ökonomische Seite der Entwicklungszusammenarbeit. Es gehe um ein „Entwicklungsgeschäft". Es gehe um Arbeitsplätze, um Einkommen und um die Verteilung von Einkommen und Arbeitsplätzen. Man müsse sich dabei immer bewußt sein, daß man auf der einen Seite in den Prozeß der markt- oder auch der plangesteuerten Arbeitsplatzverteilung der einzelnen Länder eingreife, gleichzeitig aber auf der anderen Seite auch deutsche Arbeitsplätze von diesem Prozeß empfindlich betroffen seien. In Zeiten knapper finanzieller Ressourcen müßten auch Strategien unter veränderter Prioritätensetzung diskutiert werden.

Nach den Ausführungen von *Pitschas* stießen diese Auffassungen von *Ghawami* auf breite Zustimmung, so daß die nachfolgende Diskussion knapp und kurz gehalten wurde. Nach *Pitschas* hätte man aber trotzdem den einen oder anderen Punkt kritischer hinterfragen können.

Im zweiten Abschnitt des Arbeitskreises B erfolgte eine Konzentration auf den öffentlichen Sektor, also von Fragen der allgemeinen Personellen Zusammenarbeit hin zu den Entwicklungen von eher theoriegestützten Konzeptanfängen und zu praktischen Ausführungen in den einzelnen Entwicklungsländern. Auch hier zeige sich, so *Pitschas*, erneut der Unterschied zum Arbeitskreis A mit seiner spezifisch deutschen bzw. europäischen Sichtweise.

Zu diesem Themenbereich berichtete *Pitschas* zunächst über den Vortrag von *Benazzi*, der unter Abwandlung seines ursprünglichen Themas über den Stand und die Entwicklung der Kooperation in Mauretanien referierte. *Benazzi* kam nach einem Exkurs über Mauretanien und dessen Einbindung in die Entwicklungen in den maghrebinischen Ländern auf die Frage der öffentlichen Verwaltung in seinem Land zu sprechen. Besonders deutlich wurde, daß die Strukturen der Aus- und Fortbildung im öffentlichen Sektor in Mauretanien sowohl nach innen als auch im übergreifenden Kontakt von Süd-Nord und auch Süd-Süd einer erheblichen Entwicklung bedürften. Während die zentrale Verwaltung in Nouakchott eine recht ordentliche personelle Bestückung habe, sei schon wenige Kilometer von der Hauptstadt entfernt eine starke personelle Ausdünnung von Verwaltungspersonal und Verwaltungskadern festzustellen.

Nach Auffassung von *Pitschas* sei das Beispiel Mauretanien stellvertretend zu sehen für eine ganze Reihe anderer Staaten in Afrika. Das Referat von *Benazzi* schloß im übrigen mit einer näheren Betrachtung der Fortbildung nach außen. Es stellte eine Reihe von Forderungen zur Entwicklung der Verwaltungsarbeit auf. Die Kooperation mit anderen afrikanischen Staaten, insbesondere die Kooperation der Staaten des Saharagürtels, erfordere vor allem einen Ausbau und eine Intensivierung der Aus- und Fortbildung im Verwaltungssektor.

Pitschas berichtete, daß über diese Thesen weitgehend Konsens geherrscht habe. Eine Diskussion entstand allerdings über die Frage, inwieweit es überhaupt sinnvoll sei, sich in den Entwicklungsphasen der öffentlichen Verwaltungen auf einzelne Länder des Südens zu konzentrieren und ob es nicht sinnvoller sei, unter Berücksichtigung ganzer Regionen zu arbeiten. Für Mauretanien würde dies eine Kooperation mit Marokko, Algerien oder Tunesien bedeuten.

Der letzte Beitrag des Arbeitskreises B wurde von *Kovitaya* vorgestellt. In diesem Referat mit dem Titel: „Personelle Zusammenarbeit durch Hochschulkooperation" wurde deutlich, daß bestimmte Entwicklungsstrategien der Personellen Zusammenarbeit im öffentlichen Sektor unverzichtbar seien. Einen wichtigen Teil hierzu trage der Faktor Bildung bei. Der Beitrag von *Kovitaya* stellte nach dem Bericht von *Pitschas* eine hochinteressante Abrundung des Arbeitskreises B dar. *Kovitaya* legte eine Studie zur Strategie der Hochschulkooperation bei der Aus- und Fortbildung von Fachkräften für den öffentlichen Sektor vor, die korrespondierend zur ökonomischen Entwicklung des Landes in Schüben erfolge. An der Entwicklung dieser Hochschularbeit könne man, so *Pitschas* in seiner Bewertung des Vortrages, sehr gut eine modellhafte Politik erkennen, die sich an der Wirtschaftskraft von Thailand orientiere.

FÜNFTER TEIL

**Personelle Zusammenarbeit als Führungs-
und Fortbildungsaufgabe**

Verwaltungsmodernisierung durch Führungskräfteentwicklung als Aufgabe der Personellen Zusammenarbeit

Von Rainer Pitschas

Einleitung

Die zahlreichen Debatten über Verwaltungsmodernisierung in den westlichen Industrienationen sind bisher ohne unmittelbare Konsequenz für die Entwicklungspartnerschaft mit den Ländern des Südens geblieben.[1] Hiervon unmittelbar betroffen ist die Verwaltungskooperation und die mit ihr eng verknüpfte Personelle Zusammenarbeit. In deren Kontext ist daher zukünftig der Führungskräfteentwicklung eine zentrale Bedeutung beizumessen, denn alle Verwaltungsmodernisierung hängt weitestgehendst von der Motivation, den Einstellungen und Verhaltensweisen des „personalen Faktors" ab.[2]

I. Der „personale Faktor" der Verwaltungsmodernisierung

Verwaltungsmodernisierung bedeutet Personalentwicklung. Der „personale Faktor" ist von maßgeblicher Bedeutung für die Strukturanpassung der öffentlichen Verwaltung an die sozio-ökonomische Entwicklung eines Staatswesens.[3] Voraussetzung für eine die Zukunft gewinnende Strategie dürfte somit eine Personalarbeit sein, die in die staatliche Modernisierungspolitik integriert ist. Für deren Erfolg reicht es nicht aus, reine „Personalverwaltung" zu betreiben, sich auf das operative

---

[1] Der jüngst veröffentlichte Tagungsband von Franz Thedieck/Joachim Müller (Hrsg.), Rezeption deutscher Beiträge zur Verwaltungsmodernisierung für die Zusammenarbeit mit Entwicklungsländern, Berlin 1997, ändert an diesem Ergebnis leider nichts. Eher dürfte dagegen die Arbeit von *Hildegard Lingnau*, „Lean Management" als Konzept zur Reform öffentlicher Verwaltungen in Afrika südlich der Sahara, 1997, weiterführen, siehe insbes. S. 234 ff.

[2] Vgl. *Rainer Pitschas*, Verwaltungsförderung als Personalentwicklung? Überlegungen zu einem verwaltungswissenschaftlichen Forschungsansatz für Angehörige der öffentlichen Verwaltung aus Entwicklungsländern, in: Die Verwaltung, Bd. 22, 1989, S. 75 ff.

[3] Siehe *Ali Diomandé,* Personalentwicklung als Aspekt der Verwaltungszusammenarbeit: Das Beispiel Côte d'Ivoire, in: Rainer Pitschas (Hrsg.), Zukunftsperspektiven der Verwaltungszusammenarbeit. Erstes Werkstattgespräch zur Verwaltungsförderung, Bd. 1, München/Berlin 1993, S. 65 ff., hier insbesondere S. 70 ff.

Tagesgeschäft zu beschränken und die Personalarbeit als nachrangigen Bestandteil von Programm- und Organisationsstrategien bei dem Vollzug öffentlicher Aufgaben zu begreifen. Die Grenzen einer derart konventionellen, d. h. vorwiegend kurzfristigen, reaktiven, innovationsfeindlichen und zukunftsblinden Personalarbeit werden heute im Zeichen der Globalisierung immer deutlicher. Diese und andere Veränderungen im Umfeld einer sich auch selbst wandelnden Verwaltungslandschaft stellen neue Anforderungen an Verwaltungsführung und Verwaltungspersonal.

Im Mittelpunkt zukünftigen Personalmanagements stehen daher weiterreichende Fragestellungen: Welcher binnenadministrative Anpassungsbedarf ergibt sich aus der Verpflichtung auf übergeordnete Modernisierungsziele wie z. B. den weltweiten Wettbewerb, den technischen Fortschritt, den Rückschnitt des Wohlfahrtsstaates und den gesellschaftlichen Wertewandel in den einzelnen Gesellschaften? Welche personalstrategischen Folgerungen sind daraus zu ziehen? Was muß schon heute zur personellen Bewältigung der zukünftigen Herausforderungen getan werden? In welche Richtung muß der Kurs verändert werden, um ein Leitbild für personalorientierte Verwaltungsmodernisierung zu entwickeln, das dauerhaft eine ökonomisch fundierte und zugleich sozialeffiziente Personalarbeit gewährleistet?

Man mag die Antworten auf diese Fragen im Human Resource Management (HRM) suchen.[4] Doch entbindet ein solcher Übergang zu einem „mitarbeiterorientierten Personalmanagement",[5] das für eine neue Arbeitsorganisation andersartige Personalkonzepte bereithält, nicht davon, die maßgeblichen Orientierungsgrößen hierfür an den übergeordneten Modernisierungszielen der öffentlichen Verwaltung auszurichten und den dadurch sichtbar werdenden Wandel der Verwaltungslandschaft zur Leitlinie der Re-Strukturierung des Personalmanagements auszuprägen. Die „Führungskräfteentwicklung"[6] ist dann sowohl die Konsequenz aus dieser Leitbildentwicklung als auch ein Beitrag ihrerseits zur Verwaltungsmodernisierung.

---

[4] Vgl. *Hermann J. Liebel/Walter A. Oechsler,* Handbuch Human Resource Management, Wiesbaden 1994.

[5] Siehe *Helmut Klages/Gabriele Hippler,* Mitarbeitermotivation als Modernisierungsperspektive: Ergebnisse eines Forschungsprojektes über »Führung und Arbeitsmotivation in der öffentlichen Verwaltung«, durchgeführt am Forschungsinstitut für Öffentliche Verwaltung bei der Hochschule für Verwaltungswissenschaften Speyer, Gütersloh 1991.

[6] *Rüdiger Klimecki/Wolfgang Habelt,* Führungskräfteentwicklung in öffentlichen Verwaltungen: Konzeptionen und ihre verwaltungspolitische Integration in der Bundesrepublik Deutschland und den USA, in: Management, Forschung und Praxis, Universität Konstanz, Diskussionsbeiträge Nr. 6, Konstanz 1993; *Ali Diomandé,* Verwaltungsreform durch Führungskräfteentwicklung in der Bundesrepublik Deutschland und in Côte d'Ivoire aus verwaltungswissenschaftlicher Sicht, Hochschule für Verwaltungswissenschaften Speyer, Diss. 1995; *Dieter Quiskamp,* Führungskräfteentwicklung in der öffentlichen Verwaltung, Heidelberg 1991.

II. Verwaltungsmodernisierung als Prozeß der Verwaltungsentwicklung

Soll die „Führungskräfteentwicklung" diese Aufgabe erfüllen, bedarf es zunächst der Erklärung, worum es sich bei der Verwaltungsmodernisierung handelt.

Als Antwort hierauf greift die heute gängige Formel von der „Rekonstruktion der Staatsfunktion" nach dem Leitgedanken des „schlanken Staates" zu kurz. Zwar hat unleugbar die interne Rationalisierung des öffentlichen Sektors im Sinne von Effektivität und Effizienz in den neunziger Jahren an Bedeutung gewonnen. Dementsprechend sind Modernisierungskonzepte wie „New Public Management"[7] oder „Reinventing Government"[8] in den Vordergrund getreten.[9] Sie fordern zwar im Kern den Übergang der öffentlichen Verwaltungen zu einem unternehmerischen Management,[10] zu mehr Kundenorientierung, Markt und Wettbewerb. Doch besteht das Ergebnis der Anwendung dieser Konzepte zumeist in einem „down sizing" und „cost-cutting" des Personals.[11] Ganz abgesehen davon bedürfen die mit den genannten anglo-amerikanischen Konzepten verbundenen Vorstellungen eines „Minimal State" der sorgfältigen Prüfung ihrer Vereinbarkeit mit der je eigenen Verwaltungskultur.[12] In diesem Sinne soll Verwaltungsmodernisierung als ein Prozeß der Verwaltungsentwicklung[13] betrachtet werden, der innerhalb verwaltungskultureller und rechtsstaatlicher Rahmenbedingungen darauf ausgerichteten Modernisierungszielen folgt.[14] Sie führen dann zu einem spezifischen Leitbild des personalorientierten Modernisierungsmanagements.

---

[7] *Wulf Damkowski/Claus Precht,* Public Management. Neuere Steuerungskonzepte für den öffentlichen Sektor, Stuttgart/Berlin/Köln 1995; *Christopher Hood,* A Public Management for all Seasons?, in: Public Administration, 1991, Vol. 69, S. 3 ff.; *Christoph Reichard,* Internationale Entwicklungstrends im kommunalen Management, in: *Gerhard Banner/Christoph Reichard,* Kommunale Managementkonzepte in Europa, Köln 1993, S. 3 ff., 5 ff.

[8] *Al Gore,* Creating a Government that Works Better and Costs Less. Report of the National Performance Review, Status Report, Washington D.C., September 1994; Zur Kritik am Konzept des „Reinventing Government" vgl. den Aufsatz von *Grant Jordan,* ‚Reinventing Government': but will it work?, in: Public Administration, 1994, Vol. 72, S. 271 ff.

[9] *Klaus König,* „Neue" Verwaltung oder Verwaltungsmodernisierung: Verwaltungspolitik in den neunziger Jahren, in: Die Öffentliche Verwaltung, 1995, Heft 9, S. 349 ff.

[10] Vgl. *David Osborne/Ted Gaebler,* Reinventing Government. How the Entrepreneurial Spirit is Transforming the Public Sector, Reading 1992.

[11] *Klaus König,* Rekonstruktion der Staatsfunktionen in der Staatswirtschaft und im Wohlfahrtsstaat, in: Zeitschrift für Verwaltung, 1996, Heft 5, S. 665 ff.

[12] *Klaus König,* Unternehmerisches oder exekutives Management – die Perspektive der klassischen öffentlichen Verwaltung, in: Verwaltungsarchiv, 1996, Heft 1, S. 919 ff.

[13] Ähnlich im Ansatz *Helmut Klages,* Verwaltungsmodernisierung durch „neue Steuerung"?, in: Archiv für Kommunalwissenschaften, 1995; 34. Jg., S. 203 ff., hier insbes. S. 207 f.

[14] Siehe *König* (Anm. 9).

1. Verwaltungsmodernisierung als Prozeß

In diesem Zusammenhang ist von grundlegender Bedeutung, die in der „Modernisierung" öffentlicher Einheiten geborgene Strukturanpassung des Verwaltens als eine „Entwicklung" zu verstehen, die aus der Vergangenheit über die Anforderungen der Gegenwart in die Gestaltung der staatlichen und gesellschaftlichen Zukunft hinüberreicht. Wir haben es also bei der Strukturanpassung mit keiner Momentaufnahme zu tun. Vielmehr ist der Modernisierungsvorgang an „Traditionen" gebunden,[15] die auf der je nationalen bzw. für den europäischen Verwaltungsraum „okzidentalen" und dabei wesentlich auch an Recht gebundenen Verankerung öffentlicher Verwaltungen im Schoß staatlicher Entwicklungsgeschichte beruhen.[16] Bezogen auf die öffentliche Verwaltung, läßt sich dabei von der Entstehung einer spezifischen „Verwaltungskultur"[17] sprechen, in die zahlreiche traditionale Elemente der Verwaltungsgeschichte und der Phasen der Verwaltungsentwicklung eingewoben sind.

Nur vor diesem Hintergrund der Verwaltungsmodernisierung als kontingenten Prozeß läßt sich die funktionale Anpassung der Verwaltungsstrukturen einschließlich der Personalstruktur an die Herausforderungen des staatlichen und gesellschaftlichen Wandels – z. B. der „Globalisierung" der Wirtschaft, der Modernisierung des Wohlfahrtsstaates, des Wertewandels von Gesellschaften oder des Rufes nach einer neuen „Verwaltungsverantwortung" (Ethik der Verwaltung) – bewältigen. Dabei ist allerdings auch und zugleich von zentraler Bedeutung, diese verwaltungskontingenten Veränderungen als Prozesse eigener Art zu verstehen, die in einer gewissen Wechselwirkung mit dem Wandel der öffentlichen Verwaltung und der Re-Konstruktion der Staatsfunktion stehen. Hilfreich hierfür ist das Verständnis des Staates als eine Gesamtheit geordneter Verfahren der Koordination und Kooperation von Staat und Gesellschaft. Diese Verfahrensidee des Staates leitet das Verständnis der Verwaltung als Prozeß.[18]

---

[15] Siehe *John Loughlin/Guy B. Peters,* State Traditions and Administrative Reform and Regionalization, in: Michel Keating/John Loughlin (eds.), The Political Economy of Regionalism, London, im Erscheinen.

[16] Siehe hierzu weiter die Ausführungen in *Rainer Pitschas,* Konzeptionelle Probleme des deutschen Beitrags zur Rechts- und Verwaltungsintegration in den neuen MOE-Staaten, in: ders. (Hrsg.), Rechtsberatung und Verwaltungsförderung in Mittel- und Osteuropa. Vorträge und Diskussionen im Zweiten Werkstattgespräch zur Verwaltungsförderung, Bd. 2, München/Berlin 1994, S. 9 ff.

[17] *Werner Jann,* Staatliche Programme und „Verwaltungskultur": Bekämpfung des Drogenmißbrauchs und der Jugendarbeitslosigkeit in Schweden, Großbritannien und der Bundesrepublik Deutschland im Vergleich, Opladen 1983.

[18] Umfassend dazu *Rainer Pitschas,* Verwaltungsverantwortung und Verwaltungsverfahren: Strukturprobleme, Funktionsbedingungen und Entwicklungsperspektiven eines konsensualen Verwaltungsrechts, München 1990.

2. Divergierende Rationalitätsbindungen

Das vorausgehend skizzierte Verständnis der Verwaltungsmodernisierung als ein kontingenter Prozeß im Zusammenhang mit der Rekonstruktion von Staatsfunktionen läßt die gleichsam in Schichten zutagetretenden unterschiedlichen Rationalitätsbindungen der Verwaltungsentwicklung erkennen. Sie verdichten sich im Laufe der Zeit zu einer nicht mehr voneinander trennbaren Gesamtheit an Rationalitätsdirektiven für geordnetes Verwalten.

Dementsprechend ist es falsch, die öffentliche Verwaltung heute noch als eine „Max-Weber-Welt"[19] zu bezeichnen, die für die Erklärung der Verwaltungsmechanismen auf den von dem berühmten deutschen Verwaltungswissenschaftler und Soziologen Max Weber verfaßten Entwurf einer klassisch-hoheitlichen und bürokratischen Verwaltung zurückgeht. Statt dessen hat sich das noch zu Beginn des 20. Jahrhunderts am Bild des formalen Rechtsstaates orientierte Modell einer Bürokratie, die in fixierten Verfahrensschritten nach Maßgabe einer formalen Rationalität das gesetzte Recht vollzieht, also nach Konditionalprogrammen arbeitet, schon längst den Anforderungen geöffnet, die im Rahmen eines „offenen Rechts" von den gesellschaftlichen Teil-Systemen an die öffentliche Verwaltung herangetragen werden. Die Berufung auf lediglich „formale Rationalität" im Sinne eines sklavischen Vollzugs von Recht trägt längst nicht mehr.

Freilich hat sich der Übergang zu materiellen und werthaften Rationalitätsmaßstäben des öffentlichen Handelns nicht völlig von den bürokratischen Anforderungen des formalen Verwaltungsverständnisses gelöst. So zählen die Merkmale einer hierarchischen Über- und Unterordnung der Mitarbeiter beim Aufgabenvollzug, die Trennung von Amt und Person, die Bindung an Recht und Gesetz, die Aktenmäßigkeit und Schriftlichkeit des Verwaltungshandelns ebenso wie die Zuweisung fester Kompetenzen an spezialisiertes Personal nach wie vor zu den Grundpfeilern unseres Verwaltungssystems.[20] Das ist auch richtig so: Wer von den Bürgern wollte im Rechtsstaat auf eine strikte „Neutralität" der öffentlichen Verwaltung, die auf diesen Merkmalen beruht, in der Zeit des unruhigen staatlichen und gesellschaftlichen Wandels verzichten![21]

In den meisten westlichen Industriestaaten ist dennoch der allseitige Ruf nach Staatsentlastung und interner Rationalisierung der öffentlichen Verwaltung nicht

---

[19] *Carl Böhret*, Gewollt ist noch nicht verwirklicht – Chancen und Hemmungen bei der Modernisierung von Landesverwaltungen, in: Verwaltungsrundschau, 1996, 42. Jg., Heft 10, S. 325 ff.; anders hingegen *Heinrich Reinermann*, Ein neues Paradigma für die öffentliche Verwaltung – Was Max Weber heute empfehlen dürfte –, Speyerer Arbeitshefte 97, Speyer 1993.

[20] Vgl. *Klaus König*, Zur Kritik eines Neuen Öffentlichen Managements, Speyerer Forschungsbericht 155, Speyer 1995.

[21] Näher noch dazu *Rainer Pitschas*, The Impact of Democratization in Central and Eastern Europe: With Special Reference to Poland, in: Haile K. Asmerom/Elisa P. Reis (eds.), Democratization and Bureaucratic Neutrality, Ipswich, Suffolk 1996, S. 127 ff.

zu überhören. Es scheint so, als sollte der materiale Rechtsstaat durch das Diktat einer ökonomischen Bürokratietheorie abgelöst werden. Unstreitig ist indessen: Insgesamt muß die Leistungskraft und Wirtschaftlichkeit der Behörden gestärkt werden. Ihr Dienstleistungscharakter ist zu verbessern und die gesamte Tätigkeit muß einer laufenden Überprüfung nach Notwendigkeit und Effizienz unterzogen werden. Zur Verwirklichung dieser Forderungen muß man sich den verwaltungskulturellen und rechtsstaatlichen Rahmenbedingungen zuwenden, um vor deren Hintergrund das Verhältnis von Staat und Wirtschaft als eine funktionale Differenzierung neu zu definieren, die zentralisierte Verwaltungsverantwortung und vertikale Hierarchisierung einzuschränken und den Dienstleistungscharakter der behördlichen Arbeit zu stärken.[22]

Die interne Rationalisierung des öffentlichen Sektors erweist sich damit in der Praxis als ein Strukturwandel der Verwaltungsverantwortung. Dieser wirft einerseits zahlreiche Fragen nach der Steuerungsfunktion des Rechts auf; er läßt zum anderen erkennen, daß jede Verwaltungsreform auch und zugleich Staatsreform ist.[23]

3. Entwicklungslinien der Verwaltungsstrukturen

Vor diesem Hintergrund einer prozeßhaft verlaufenden, traditionell und kulturell gebundenen Strukturpolitik der Verwaltungsmodernisierung lassen sich im einzelnen auf der Programm-, Organisations-, Verfahrens- und Personalebene zahlreiche konforme Ansätze der Verwaltungsentwicklung notieren.

Im Bereich der *Organisation* zählt dazu neben der organisatorischen Verselbständigung von Verwaltungsträgern die Einrichtung flacher Hierarchien und der Übergang zu Leistungs- und Verantwortungszentren für öffentliches Dienstleistungsmanagement. Auch die *Prozeßstrukturen* ändern sich. Die Modernisierungsanstrengungen konzentrieren sich auf die Dauer und Langwierigkeit der bürokratischen Prozesse – insbesondere bei Genehmigungsverfahren. So werden durch Abbau rechtlicher Regulierung umwelt-, gewerbe- und anlagenrechtliche Prüfungen beschleunigt. Koordinationsmängel zwischen den Fach- und Genehmigungsbehörden sind abgebaut. Statt dessen finden sich nunmehr feste Fristen für Prüfbehörden, die mit vorläufigen Genehmigungen verbunden werden. Das rechtsstaatliche Verwaltungsverfahren wird mit einem Dialog- und Projektmanagement verknüpft. Das letztere meint die Verpflichtung der Verwaltung zur Erfüllung einer definierten Aufgabe in einem begrenzten Zeitrahmen. Insgesamt finden sich bei den Prozeßstrukturen der öffentlichen Verwaltung nunmehr starke Präferenzen für eine Er-

---

[22] Heinrich *Reinermann,* Die Krise als Chance: Wege innovativer Verwaltungen, Speyerer Forschungsberichte 139, Speyer 1994.
[23] Siehe hierzu *Gerald E. Caiden,* Administrative Reform Comes Out of Age, New York 1991; sowie *Rainer Pitschas,* Verwaltungsmodernisierung und Verwaltungsrecht im »schlanken« Staat (Teil 2), in: Verwaltung und Management, 2. Jg., Heft 2, 1996, S. 83 ff.

gebnissteuerung bei gleichzeitiger Verringerung der verfahrensrechtlichen Regelbindung.

Die skizzierten Entwicklungslinien auf der Programm-, Organisations- und Verfahrensebene lassen schließlich Veränderungen in den *Personalstrukturen* unabdingbar erscheinen. Allgemein gesprochen geht es darum, die Personalarbeit an den vorausgehend genannten Strukturveränderungen auszurichten. Dementsprechend sind geeignete Personalplanungs-, Mobilitäts- und Entwicklungskonzepte gefragt, die zugleich mit einer dynamisierten Stellenbesetzungspolitik verbunden werden müssen. Betrachtet man diese Konzepte vor dem Hintergrund der geforderten Humanpotentialbildung, so geht es um die allmähliche Verstärkung des Dienstleistungsbewußtseins, um die Entwicklung spezifischer Anreize zur Übernahme dezentraler Verantwortung und Bereitschaft zu erhöhter Mobilität sowie um die Einführung eines Kontraktmanagements.[24] In dessen Mittelpunkt stehen Zielvereinbarungen zwischen den Führungskräften und ihren Mitarbeitern, wodurch bestimmte Arbeitsergebnisse unter Festlegung von Fördermaßnahmen und in Abstimmung mit den individuellen Entwicklungsperspektiven der Mitarbeiter erreicht werden können.

4. Verwaltungskulturelle und rechtsstaatliche Rahmenbedingungen

Bei alledem scheint mir ein vorsichtiges Vorgehen angemessen. Insbesondere sind die kulturellen Fundamente bei der Strukturentwicklung des öffentlichen Verwaltens zu berücksichtigen.[25] Dazu gehört, daß die Erledigung von Verwaltungsaufgaben nicht einfach den Präferenzen auf abgeteilten Märkten überlassen werden kann; vielmehr handelt es sich um öffentliche Angelegenheiten, die den Maßgaben politisch-administrativer Entscheidungsprozesse unterliegen. Auch die Personalarbeit ist daran gebunden.

Dies zu beachten, ist darüber hinaus die Maßgabe der rechtsstaatlichen Bindung öffentlichen Verwaltens. Das Verwaltungsrecht legt als Organisations- und Verfahrensrecht einerseits, als Sachprogramm (Wirtschaftsrecht, Umweltrecht, Sozialrecht u. a. m.) andererseits fest, daß über die Inhalte und die Art und Weise der Aufgabenerfüllung jenseits individueller Präferenzen entschieden werden muß.[26]

---

[24] Bspw. *Robert Hasenböhler*, New Public Management: Was uns fehlt, sind die Manager. Plädoyer für eine managementorientierte Ausbildung in der öffentlichen Verwaltung, in: Peter Hablützel et al. (Hrsg.), Umbruch in Politik und Verwaltung. Ansichten und Erfahrungen zum New Public Management in der Schweiz, Bern/Stuttgart/Wien 1995, hier insbes. S. 386; *Maximilian Wallerath*, Kontraktmanagement und Zielvereinbarungen als Instrument der Verwaltungsmodernisierung, DÖV 1997, S. 57 ff.

[25] Vgl. *Rainer Pitschas*, Steuerung der Nachhaltigkeit von Projekten der Verwaltungszusammenarbeit, in: Reinhard Stockmann/Wolf Gaebe (Hrsg.), Hilft die Entwicklungshilfe langfristig? Bestandsaufnahme zur Nachhaltigkeit von Entwicklungsprojekten, Opladen 1993, S. 55 ff.

[26] Siehe *Eberhard Schmidt-Aßmann*, Der Rechtsstaat, in: HStR I, 1987, § 24 Rn. 75.

Auch modernes Verwalten bleibt deshalb auf korrekte Verwaltungsverfahren und -entscheidungen in vorab festgelegten Zuständigkeiten und auf der Grundlage einer kompetenten Verwaltungsorganisation angewiesen.[27] Sorgfältig geschultes und geeignetes Verwaltungspersonal übernimmt nach wie vor entsprechende Verantwortlichkeit für den Aufgabenvollzug. Die öffentliche Verwaltung bleibt dabei inhaltlich an das Recht und nicht an die Maßgaben beliebiger Interessengruppen oder an ein Parteiregiment gebunden.[28] Statt dessen prägt auch zukünftig die „Neutralität" des Verwaltungshandelns das Aufgabenverständis.[29] Zu recht hat es deshalb die Idee der „Führungsfunktionen auf Zeit"[30] schwer, sich durchzusetzen. Die Gefahr, daß politische Parteien oder andere Interessengruppierungen auf die Auswahl der Mitarbeiter in Spitzenpositionen und deren Tätigkeit Einfluß nehmen, ist groß und nicht zu leugnen.

Freilich ist im Sinne einer gesteigerten materiellen Rationalität der internen Entscheidungsprozesse der Übergang zu einem „Verwaltungsmanagement" unter Stärkung des „personellen Faktors" im öffentlichen Verwaltungshandelns notwendig. Der nachfolgende Blick auf die übergeordneten Modernisierungsziele öffentlichen Verwaltens verdeutlicht, daß die Strukturanpassung – ganz zu schweigen von bloßen Reduktionsstrategien staatlicher Sparkommissare – bisher auf die Gemengelage der neuen Herausforderungen nicht genügend reagiert hat. Wie diese auf Verwaltungsseite zu „managen" sind und wie personell durch eine zielorientierte Mitarbeiter und Führungskräfteentwicklung die Weichen neu zu stellen sind, soll nunmehr in den folgenden Bemerkungen aufgezeigt werden.

III. Leitbild einer personalorientierten Verwaltungsmodernisierung

Ausgangspunkt hierfür ist der Nachweis sogenannter „übergeordneter Modernisierungsziele" für die öffentliche Verwaltung. Ihnen entspringen strategische Konsequenzen für die Personalarbeit, die neben einer entsprechenden Mitarbeiterorientierung zu einer veränderten Führungskräfteentwicklung finden muß.

---

[27] So *Rainer Pitschas,* Verwaltungsmodernisierung im Spannungsfeld von öffentlichem Dienstleistungsmanagement und dem Steuerungsanspruch des Rechts, in: Joachim Merchel/ Christian Schrapper (Hrsg.), „Neue Steuerung". Tendenzen der Organisationsentwicklung in der Sozialverwaltung, Münster 1996, S. 107 ff.; ferner *F. F. Ridley,* ‚The New Public Management in Europe: Comparative Perspectives', in: Public Policy and Administration, Vol. 11, No. 1 (spring), 1996, S. 16 ff.

[28] Vgl. *Pitschas* (Anm. 23), S. 83 ff.

[29] Vgl. hierzu: *Max Weber,* Wirtschaft und Gesellschaft: Grundriß der verstehenden Soziologie, 5. rev. Aufl. (Studienausg., Nachdr.), Tübingen 1990.

[30] Zur Diskussion in der Bundesrepublik Deutschland siehe u. a. *Heinrich Siedentopf,* Führungsfunktionen auf Zeit in der staatlichen Verwaltung, in: Die Öffentliche Verwaltung, 38. Jg., Heft 24, 1985, S. 1033 ff.; *Rudolf Summer,* Die Spitzenposition auf Zeit im Beamtenrecht – verfassungskonforme Fortentwicklung oder grundgesetzwidriger Systembruch?, in: Die Öffentliche Verwaltung, 39. Jg., Heft 17, 1986, S. 713 ff.

1. Übergeordnete Modernisierungsziele und Wandel der Verwaltungslandschaft

Die im folgenden genannten übergeordneten Modernisierungsziele folgen nicht dem Leitgedanken des „schlanken Staates" oder anderen Modernisierungskonzepten der anglo-amerikanischen Lehre und Praxis. Diese sind vielmehr selbst nur Instrumente einer davorliegenden Zielgesamtheit, die ihrerseits auf die fünf Modernisierungen der Staatsfunktion im Wohlfahrtsstaat Bezug nimmt.

Zu diesen Modernisierungen gehört einerseits die Neubestimmung des Verhältnisses von Staat und Gesellschaft, insbesondere der Wirtschaft, unter den Bedingungen einer weltwirtschaftlichen Entwicklung. Zu dem dabei erkennbaren allgemeinen Rückschnitt des Wohlfahrtsstaates steht die verbreitete Stärkung individueller und gesellschaftlicher Verantwortungen in den westlichen Industriestaaten in einer gewissen Wechselbezüglichkeit. Sie wird weithin durch den in allen Gesellschaften dieser Welt feststellbaren Wertewandel verursacht.[31]

Das neue Verhältnis von Staat und Wirtschaft, der Rückschnitt des Wohlfahrtsstaates und der gesellschaftliche Wertewandel finden zum anderen ihr Gegenbild in den Veränderungen der Verwaltungslandschaft. Hierbei sind einerseits die Pluralisierung und Internationalisierung der nationalstaatlichen Verwaltungen, andererseits die Erwartungen der Bürger gegenüber einer wachsenden Dienstleistungsorientierung der Verwaltungsbehörden als Grunddirektiven interner Rationalisierung zu nennen. Die Diskussion dieser übergeordneten Modernisierungsansätze weist einzelne Leitlinien einer personalorientierten Verwaltungsmodernisierung aus.

a) Neubestimmung des Verhältnisses von Staat und Gesellschaft (Wirtschaft)

Das Modell der Marktwirtschaft hat heute nicht nur eine globale Attraktivität entfaltet, die nach und nach zur Absage an die Staatswirtschaft zwingt. Der Dynamik der Marktwirtschaft ist zugleich ein weltweiter Wettbewerbs- und Modernisierungsdruck auf die nationalstaatlichen Wirtschafts-, Umwelt-, Sozial- und Verwaltungspolitiken zuzuschreiben: Die „Globalisierung" der Wirtschaft gehört heute zu den prinzipiellen Anforderungen an die Wettbewerbsfähigkeit nationaler Volkswirtschaften. Diese Entwicklung läßt eine hoch differenzierte „neue" Partnerschaft von Wirtschaft und Staat erforderlich werden, die in einem gewissen Gegensatz zu der bisherigen funktionalen Differenzierung von Staat und Wirtschaft steht. Man muß kein Anhänger der in der EU von französischer Seite empfohlenen Industriepolitik sein, um zu erkennen, daß zu den maßgeblichen Modernisierungen des Wohlfahrtsstaates eine neue Verschränkung von Staat und Wirtschaft gehört.

---

[31] Siehe *Helmut Klages,* Wertedynamik: Über die Wandelbarkeit des Selbstverständlichen, Zürich 1988.

Im Zuge dieser „Verschränkung" zeigen sich strategische Konsequenzen für die *Personalarbeit* der öffentlichen Verwaltung: Ihr muß es langfristig und einerseits darum gehen, auf staatlicher Seite den erfolgreichen Gegenseitigkeitsbezug von Staat und Wirtschaft für die Zukunft sicherzustellen.[32] Dies geschieht einerseits durch spezifische Strategien der Personalauswahl und des Personalaustauschs. Die öffentliche Verwaltung hat Führungskräfte auszuwählen, die Fähigkeiten und Kompetenzen wie z. B. strategisches Denken, kulturelle Sensibilität, Fähigkeit zur Team- und internationalen Zusammenarbeit, aber auch Risikobereitschaft und Veränderungswillen mitbringen.

Zugleich und andererseits werden Führungskräfte benötigt, die ganz im Sinne der Entwicklung materieller Rationalitätskriterien des Verwaltungshandelns die wesentlichen Geschäftsprozesse in Verwaltungen unterschiedlicher Bereiche durch eigene Tätigkeit kennengelernt haben. Hierfür bedarf es der Chancen des Einsatzes auf bereichsübergreifenden Positionen, in internationalen Projekten und beim Einsatz auf definierten Entwicklungspositionen im Ausland. Der Personalaustausch zwischen öffentlichem Dienst und Privatwirtschaft muß zu einer Regelmäßigkeit werden. In der Privatwirtschaft gesammelte wertvolle Erfahrungen müssen dementsprechend nach Rückkehr in die Verwaltung im Sinne einer größeren Kompetenzzuweisung und eines Gehaltsanstieges honoriert werden.[33]

Dies verweist bereits auf eine andere Eigentümlichkeit im künftigen Verhältnis von Staat und Wirtschaft, nämlich auf die Notwendigkeit, voneinander zu lernen – unter Fortbestand der jeweiligen funktionalen Eigenart. Entsprechende Lernprozesse haben für die öffentliche Verwaltung eine neue Arbeitsorganisation zur Folge: von der Gruppen- bis zur Telearbeit, von den abgeflachten Hierarchien bis zur Projektorganisation, von dem kooperativen Verwaltungsverfahren bis hin zur virtuellen Verwaltung. Im Verhältnis zur Gegenwart resultieren daraus andersartige Personalkonzepte. Es müssen Entgeltsysteme entwickelt werden, die Leistungsunterschiede berücksichtigen und den neuen Arbeitsstrukturen gerecht werden.[34] Die gemeinsame Gestaltung der künftigen Arbeitsorganisation unter gleichzeitiger Personalentwicklung in ihren Komponenten „Auswahl" und „Förderung" bilden das entscheidende Feld, in dem wir das Potential unserer leistungsfähigen und -willigen Mitarbeiter tatsächlich zur Entfaltung zu bringen haben.

---

[32] Siehe hierzu weiter die Ausführungen von *Andrew Hede*, Trends in the Higher Civil Services of Anglo-American Systems, in: Governance, Vol. 4, October 1991, S. 489-510, am Beispiel Englands insbesondere S. 498.

[33] Der Personalaustausch zwischen öffentlicher Verwaltung und Privatwirtschaft wird in den USA bereits erfolgreich praktiziert. Siehe hierzu *Guy B. Peters,* A North American Perspective on Administrative Modernization in Europe, Paper prepared for presentation at meeting of European Group on Public Administration (EGPA), Erasmus University, Rotterdam, The Netherlands, September 1995, S. 17.

[34] Siehe die vergleichende Studie von *Ariane Hegewisch/Henrik Holt Larsen,* European Developments in Public Sector. Human Resource Management, The Cranfield School of Management Working Papers Series, SWP 10/94, Cranfield 1994.

b) Rückschnitt des Wohlfahrtsstaates unter Stärkung individueller und gesellschaftlicher Verantwortungen

Die Globalisierung der Marktwirtschaft erzwingt für den nationalen Wirtschaftsstandort die Rücknahme der Staatsfunktion. Sie ist mit einer Kritik der öffentlichen Aufgaben verbunden. In deren Abfolge kommt es zu einer Verlagerung der staatlichen Handlungsverantwortung auf die Privatwirtschaft. Der Wohlfahrtsstaat ist nicht mehr für alles und jedes zuständig. Öffentliche Versorgungsangebote – von der Abfallbeseitigung und Kindergartenbetreuung bis zur Gewährleistung der Sicherheit in öffentlichen Einrichtungen – weichen privaten Angeboten. Es kommt zu einer neuen Partnerschaft zwischen öffentlichen und privaten Trägern. Die darin erkennbare Verringerung der staatlichen Handlungsverantwortung („schlanker Staat") wird zur „infrastrukturellen" Voraussetzung für die internationale Wettbewerbsfähigkeit der nationalen Volkswirtschaft. Deregulierung und Privatisierung sind die leitenden Ziele für eine daran anknüpfende Rechts- und Verwaltungsmodernisierung.

Der auf solche Art „distanzierte Wohlfahrtsstaat" hat nicht nur die schon berichteten Veränderungen der Verwaltungsstrukturen auf der Organisations- und Verfahrensebene zur Folge. Notwendig ist zugleich die dynamische und anhaltende Veränderung der Anforderungen an die Mitarbeiter/innen, also an den „personalen Faktor". In der Bereitschaft zur Übernahme dezentralisierter Verantwortung für den Aufgabenvollzug und ein bürgerorientiertes Qualitätsmanagement des Verwaltungshandelns schlägt sich die veränderte Rationalitätsbindung öffentlichen Verwaltens auf der Personalebene nieder. Auf der Linie dieser Entwicklung liegt der Abbau vertikaler Hierarchien innerhalb der Behörden und die Auflösung zentralistischer Verantwortungen. Damit verbindet sich zugleich eine zentrale Herausforderung an die Führungskräfte: Eigeninitiative und eigene Entscheidungsverantwortung unter gleichzeitiger Delegation von Entscheidungskompetenzen werden zu Voraussetzungen erfolgreicher Verwaltungsführung.[35]

c) Wertewandel in Gesellschaft und Verwaltung

Der berichtete Wandel der Verwaltungsverantwortung verbindet sich in den westlichen Gesellschaften mit einem Bodengewinn der Selbstentfaltungswerte in den letzten Jahrzehnten. Moderne Gesellschaften sind mehr als je zuvor auf die individuelle Initiative, Einsatzbereitschaft und „Motivation" ihrer Bürger angewiesen. Und schon längst ist der „subjektivistische" Anspruch, der in diesem Wandel sozialer und solidarischer Einstellungen gegenüber der Gesellschaft zum Ausdruck kommt, vom Staat vielfach akzeptiert und in wachsende Spielräume für Mitverantwortung der Bürger an der Gestaltung von Gesellschaftszuständen überführt worden.[36]

---

[35] Siehe *Hasenböhler* (Anm. 24), S. 387.

Dem Grundsatz nach liegt in dieser Entwicklung, die nicht nur die westlichen Staaten sondern zugleich auch die Gesellschaften in anderen Kontinenten betrifft, nicht mehr und nicht weniger als der Übergang zu einem neuen Staatsverständnis und Staatsbegriff. Überall sind dementsprechend die Bedingungen staatlicher Integration neu zu formulieren.

„Selbstentfaltung"[37] verweist insofern als Schlüsselbegriff der Moderne auf Einstellungs- und Verhaltensänderungen in der Gesellschaft, die der öffentlichen Verwaltung nicht gleichgültig sein können. Es gilt, die Tendenzen subjektiver Selbstentfaltung in die öffentlichen Handlungsfunktionen einfließen zu lassen – mit dem Ergebnis, daß es in öffentlichen Angelegenheiten zu einem breit angelegten Mitwirkungsverhältnis von Staat und Bürgern kommt. Wertekonflikte, nämlich Auseinandersetzungen darüber, welches Ausmaß die geteilte Verantwortung zwischen Staat und Gesellschaft annehmen soll, können dann nicht ausbleiben. Jedenfalls läßt das Wechselverhältnis von Selbstentfaltung, sozialer Verantwortung und staatlicher Handlungspflicht die Reformulierung des gegenwärtigen Bildes vom sozialen Rechtsstaat und seiner Legitimation erwarten.

In dieser Situation benötigt die öffentliche Verwaltung als Leistungsträger starke Persönlichkeiten, die mit ihrem Potential die aufgezeigte diffuse Entwicklung verarbeiten und in behördliche Kooperation umsetzen können.

d) Pluralisierung und Internationalisierung der Verwaltung

Eine zweite Gruppe übergeordneter Modernisierungsziele mit Konsequenzen für die Personalarbeit folgt aus den internen Rationalisierungstendenzen des öffentlichen Sektors. Zu diesen zählt einerseits die Zergliederung („Pluralisierung") der öffentlichen Verwaltung.[38] Wie bei großen Konzernunternehmen hat man es mit einem heterogen strukturierten Verbund von Verwaltungsträgern und Behörden zu tun, in dem sich Verwaltungsziele und -strategien vielfältig brechen.

In dieser Situation kann es keine einheitliche Personalentwicklung des Staates geben. Vielmehr werden vielfältige Personalentwicklungsstrategien erforderlich, die den unterschiedlichen Bedürfnissen der operativen Verwaltungsführungen sowie denen der jeweiligen vertikalen Ebenen gerecht werden. Für die Personalarbeit ist demzufolge eine Personalentwicklung vonnöten, die sich durch Kompatibilität innerhalb des administrativen Konzernverbundes und Transparenz für die jeweils Personalverantwortlichen auszeichnet.

---

36 Vgl. u. a. *Helmut Klages,* Traditionsbruch als Herausforderung: Perspektiven der Wertewandelgesellschaft, Frankfurt/New York 1993.

37 *Klages* (Anm. 31), S. 56-60; *Klages* (Anm. 36), S. 191-194.

38 Überblicksartig schon früher dargestellt von *Gunnar Folke Schuppert,* Die Erfüllung öffentlicher Aufgaben durch verselbständigte Einheiten, Göttingen 1981.

Überlagert wird diese Entwicklung von einer breiten Internationalisierung der Verwaltung.[39] Die vertraglichen Bindungen der Nationalstaaten auf wirtschaftlichen, sozialen, umwelt- und verkehrspolitischen wie auch sonstigen Feldern hat dazu geführt, daß sich zahlreiche nationale Verwaltungen „nach außen", d. h. supra- und international orientieren müssen. Zwei Beispiele mögen hierzu genügen: So hat etwa die Gründung der „World Trade Organization (WTO)" dazu geführt, daß die in den einzelnen Sektoren der Dienstleistungen, Umweltstandards, sozialen Standards u. a. m. erforderlichen Anpassungen zur einer entsprechenden Umstrukturierung des je nationalen Rechts und der je nationalen Verwaltungen führen – z. B. des Wirtschaftsrechts und der Wirtschaftsverwaltung, des Umweltrechts und der Umweltverwaltung oder auch des Patentrechts und der Patentverwaltung.

Gleiche Erfahrungen machen die öffentlichen Verwaltungen der einzelnen Mitgliedstaaten mit der EU. Der Anwendungsvorrang des Europäischen Rechts mit dessen vielfältigen Phasen der Entstehung, Beschlußfassung, Umsetzung und Durchführung auf nationaler Ebene hat zu einer anhaltenden und sich verstärkenden „Europäisierung" der einzelstaatlichen Verwaltungen in Bund, Ländern und Gemeinden geführt.[40] Der europäische Integrationsprozeß verlangt zudem einen Wandel in den Verwaltungssektoren zur Unterstützung der europäischen Marktwirtschaftspolitik bei gleichzeitiger Betonung sozialer Kohärenz und fortbestehender nationaler Interessen.[41]

Die Personalarbeit muß deshalb dazu beitragen, junge Führungskräfte rechtzeitig auf die Übernahme trans- und supranational bezogener Verantwortung vorzubereiten. Dementsprechend müssen ihnen die notwendigen internationalen Erfahrungen vermittelt werden. In diesem Prozeß sollten sich operative und Staatsfunktionen angemessen abwechseln und ergänzen. Für die Personalauswahl bedeutet dieser Anspruch der Personalarbeit, daß nicht nur Führungskräfte, sondern möglichst viele Angehörige der öffentlichen Verwaltung über gute Sprachkenntnisse

---

[39] *Klaus König,* Internationalität, Transnationalität, Supranationalität – Auswirkungen auf eine Regierung, in: Carl Böhret/Hans-Hermann Hartwich/Udo Bermbach (Hrsg.), Regieren im 21. Jahrhundert – zwischen Globalisierung und Regionalisierung, Festschrift für Hans-Hermann Hartwich zum 65. Geburtstag, Opladen 1993, S. 144 ff.

[40] *Hermann Hill,* Einwirkungen europäischen Rechts auf Verwaltungsrecht und Verwaltungshandeln in Deutschland, in: Thüringische Verwaltungsblätter, 1992, S. 251 ff.; *Hermann Hill,* „Europa der Regionen": Zur Bedeutung der Zusammenarbeit von Bundesländern und Regionen im europäischen Einigungsprozeß, in: Föderalismus in der Bewährung: die deutschen Länder vor der Herausforderung fortschreitender EG-Integration, Köln 1992, S. 117 ff.; *Elke Löffler,* The European Integration as a Challenge to the Public Administration of the EU Member States, in: Society and Economy in Central and Eastern Europe, Vol. XVIII, No. 2, 1996, S. 225 ff.

[41] Siehe bspw. *Rainer Pitschas,* Soziale Sicherung und Umweltmanagement im Süden als Aufgaben der Institutionenentwicklung, in: ders. (Hrsg.), Entwicklungsrecht und sozial-ökologische Verwaltungspartnerschaft, Berlin 1994, S. 19 ff.; ferner Detlef Merten/Rainer Pitschas (Hrsg.), Der europäische Sozialstaat und seine Institutionen, Berlin 1993; *Thomas von Danwitz,* Verwaltungsrechtliches System und europäische Integration, Tübingen 1996.

verfügen, Mobilität aufweisen und die Bereitschaft zu Auslandseinsätzen für den öffentlichen Dienst mitbringen.

e) Im Fadenkreuz interner Rationalisierung: Öffentliches Dienstleistungsmanagement

Die interne Rationalisierung des öffentlichen Sektors im Sinne von Effektivität und Effizienz darf gleichwohl nicht ihre Wurzeln vergessen, die – wie uns der Blick auf die „Max-Weber-Welt" noch immer zeigt – in der Dienstleistungsaufgabe für den Bürger liegen. Zu den übergeordneten Modernisierungszielen der öffentlichen Verwaltung gehört deshalb auch die Verpflichtung auf ein öffentliches Dienstleistungsmanagement, das sich auch in Zukunft von der materiellen Güterproduktion in marktwirtschaftlichen Prozessen unterscheiden wird.[42]

Der Bürger als Bedarfsträger ist allerdings prinzipiell anders als ein „Kunde" am Produktionsvorgang beteiligt. Dem muß das Verwaltungsmanagement als „öffentliches Dienstleistungsmanagement" hinreichend Rechnung tragen. Gleiches gilt für das Personalmanagement: Die erforderliche Bürgernähe von Leistungen und in deren Sinn der Übergang zu einer durchgehenden Qualitätsorientierung bei entsprechender Steuerung der Geschäftsprozesse verlangt Mitarbeiter/innen, die zum Dialog mit dem Bürger fähig und bereit sind. Dementsprechend hat Personalentwicklung die Fähigkeit zu direkter Kommunikation zu fördern und die Bereitschaft zur Übernahme rollenangemessener Arbeits- und Denkstile zu stärken. Selbstverständlich geht es auch im Verbund damit wiederum um Fragen der Gestaltung der künftigen Arbeitsorganisation. Personal- und Organisationsentwicklung sind im Human Resource Management eben nicht zu trennen.[43]

2. Personalmanagement im Umfeld einer sich wandelnden Verwaltungslandschaft

a) Modernisierungsziele als Herausforderung an das Personalmanagement

Wie die vorausgegangenen Ausführungen gezeigt haben, stellen die beschriebenen fünf Modernisierungen des öffentlichen Sektors eine prinzipielle Herausforderung an das Personalmanagement dar. Sie erfordern strategische Konsequenzen für die Personalarbeit, die sich auf die Personalpolitik, die Personalrekrutierung, die

---

[42] Vgl. *Rainer Pitschas,* Aspects of Max Weber's Theory on Bureaucracy and New Public Management Approach, in: The Indian Journal of Public Administration, Vol. XXXIX, No. 4, 1993, S. 643 ff.

[43] Allgemein hierzu u. a. *Liebel/Oechsler* (Anm. 4); *Christian Scholz,* Personalmanagement: informationsorientierte und verhaltenstheoretische Grundlagen, 4. verb. Aufl., München 1994.

Personalentwicklung und zugleich auf die Gestaltung der Arbeitsorganisation in den öffentlichen Verwaltungen und das Verwaltungsverfahren beziehen. Die Diskussion dieser Beziehungen zeitigt Ergebnisse, wie deutlich wurde, die auf die eingangs gestellten Fragen Antworten geben können. Zumindest läßt sich die Richtung erkennen, welcher Anpassungsbedarf für Verwaltungspersonal und -führungskräfte aus den Grundlinien der Modernisierung von Staat und Gesellschaft folgt.[44]

In diesen Anpassungsprozeß sind einerseits und allgemein alle Verwaltungsangehörigen einbezogen. Auf der anderen Seite stellt dieser Prozeß besondere Anforderungen an die Führungskräfte der öffentlichen Verwaltung.[45] Zu fragen steht vor allem, wie das Führungskräftepotential beschaffen sein muß, das als treibende Kraft der Verwaltungsmodernisierung zu gelten hat. Ich möchte allerdings davor warnen, die Diskussion über die Führungskräfteentwicklung in diesem Sinne von der allgemeinen Entwicklung der personellen Ressourcen in der öffentlichen Verwaltung abzutrennen; „führen" und „geführt werden" ist ein wechselseitiger Prozeß, in dessen Verlauf der Erfolg von Führung – und damit der Verwaltungsmodernisierung – vor allem aus der Perspektive der „Geführten" erreicht werden muß und bestimmt wird.[46] Nur wenn die Mitarbeiter/innen die für die Zukunft festgelegten Arbeitsziele verwirklichen, schreitet die Verwaltungsmodernisierung voran. Die Diskussion über Führungskräfteentwicklung ist deshalb auch und zu allererst eine Frage nach der Mitarbeiterorientierung des Personalmanagements.[47]

b) Mitarbeiterorientiertes Personalmanagement

aa) Wirkungsorientierung

Im Umfeld einer sich wandelnden Verwaltungslandschaft bedarf es m. a. W. der Verwirklichung der fünf Modernisierungen i.S. eines „wirkungsorientierten Personalmanagements".[48] Politik, Verwaltungsführung, Mitarbeiter und Mitarbeiterin-

---

[44] Hingewiesen werden soll an dieser Stelle auf *Jürgen Volz*, Überlegungen zu einem Führungskräftetraining als Grundvoraussetzung eines „New Public Management" in der öffentlichen Verwaltung der Bundesrepublik Deutschland, in: Franz Thedieck/Joachim Müller (Hrsg.), Rezeption deutscher Beiträge zur Verwaltungsmodernisierung für die Zusammenarbeit mit Entwicklungsländern, Berlin 1997, S. 33 ff.

[45] Vgl. hierzu auch: *Klimecki/Habelt* (Anm. 6); ferner *Heinrich Siedentopf*, Führung – zur Neuorientierung eines Begriffs, in: Thomas Ellwein et al. (Hrsg.), Jahrbuch zur Staats- und Verwaltungswissenschaft, Bd. 2/1988, Baden-Baden 1988, S. 149 ff, hier insbesondere S. 164 ff.

[46] In Anlehnung an *Oswald Neuberger*, Führen und geführt werden, 5. Aufl., Stuttgart 1995.

[47] Vgl. *Liebel/Oechsler* (Anm. 4), S. 346, siehe ferner *Klages/Hippler* (Anm. 5).

[48] Zum Begriff einer „wirkungsorientierten Verwaltungsführung" siehe auch *Kuno Schedler*, Ansätze einer wirkungsorientierten Verwaltungsförderung: von der Idee des New Public Managements (NPM) zum konkreten Gestaltungsmodell. Fallstudie Schweiz, Bern/Stuttgart/Wien 1995.

nen sowie die Personalvertretungen als Träger der „Mitbestimmung" in der öffentlichen Verwaltung müssen in eine breite Führungsoffensive und Personalentwicklung gemeinsam eingebettet werden.

Dies hat zur Konsequenz, daß die Personalentwicklung langfristig durch Betriebsvereinbarungen abzusichern ist. Im Hinblick auf die Mitarbeiter/innen zeigt sich Personalentwicklung zugleich als eine Hauptaufgabe der Linienvorgesetzten. Wirkungsorientiertes Personalmanagement bedeutet nämlich, daß Personalentwicklung einen ständigen Prozeß darstellt, der flexibel und dezentral ablaufen muß. Er wird nicht mit einer Richtlinie qualitativ „verordnet". Wie auch sonst könnte man Menschen in Organisationen dazu bringen, etwas Neues zu akzeptieren, umzusetzen und für sich selbst sowie für die Organisation positiv zu nutzen? Allerdings ist für diese motivierende Einbeziehung der Angehörigen öffentlicher Verwaltungen ein Orientierungsrahmen zu finden, der die Kernelemente der Personalentwicklung (einschließlich der Teilnahme an Potential-Assessments) vorgibt.[49] Diesen Rahmen bildet der *Lernvorgang*.

bb) Lernorientierung

Mitarbeiter- und Führungskräfteentwicklung zeigen sich nämlich in einen *Lernprozeß* einbezogen.[50] Denn nichts anderes ist Personalentwicklung: Die Angehörigen der Verwaltung sind aufgefordert, ihr persönliches Potential auch zugunsten der Modernisierungsziele zu entwickeln, d. h. die Eigenschaften der Teamfähigkeit, Flexibilität, mehrdimensionalen Mobilität, des strategischen Denkens, der kulturellen Sensibilität und der Risikobereitschaft zu entfalten. Auch die Serviceorientierung muß im übrigen gelernt werden.

Für diese Lernprozesse ist selbstverständlich ein formeller Rahmen zu finden. So haben die einzelnen Sachbereiche ein zukunftsorientiertes Personalentwicklungsprogramm aufzustellen, das „Rückmeldesysteme" für den Aufstieg bereithält, ressortübergreifenden Austausch vorsieht, den Wechsel zwischen Führungs- und Fachlaufbahnen anstrebt, zwischen Programm- und Vollzugstätigkeit wechseln läßt und diese Wechsel durch Mitarbeitergespräche, Zielvereinbarungen und Entwicklungsbeurteilungen begleitet.[51] Erfahrungen aus der Privatwirtschaft zeigen, daß

---

[49] Zur Motivation von Angehörigen in öffentlichen Verwaltungen siehe u. a. *Helmut Klages*, Führung und Arbeitsmotivation in der öffentlichen Verwaltung. Vorläufige Ergebnisse eines Projektes, in: ders. (Hrsg.), Öffentliche Verwaltung im Umbruch – neue Anforderungen an Führung und Arbeitsmotivation, Gütersloh 1990, S. 7 ff.

[50] Vgl. *Gertrud Kühnlein/Norbert Wohlfahrt*, Leitbild lernende Verwaltung? Situation und Perspektiven der Fortbildung in westdeutschen Kommunalverwaltungen, Berlin 1995, hier insbesondere Kapitel 8. Am Beispiel der Stadtverwaltung Ludwigshafen siehe *Beate Eggert*, Neuorganisation von unten. Die Einbindung der Mitarbeiterinnen und Mitarbeiter in die Organisationsentwicklung, in: Verwaltung und Management, 2. Jg., Heft 1, 1996, S. 29 ff.; *Chris Argyris*, Action Science and Intervention, Journal of Applied Behavioral Science, Vol. 19, 1983, S. 115 ff., hier S. 116.

die konsequente Umsetzung von Modernisierungszielen bei alledem nur mit Hilfe entsprechender *Mentoren* gesichert ist. Deren Position ist deshalb in Personalentwicklungsprogrammen von zentraler Bedeutung.

cc) In diesem Prozeß: Lernorientierung der Führungskräfte

Wirkungsorientiertes Personalmanagement gestaltet sich freilich ausgreifender noch als ein Lernprozeß für die Führungskräfte der öffentlichen Verwaltung. Denn diese „führen" die Mitarbeiter/innen nicht nur an die neuen Arbeitsanforderungen heran; sie orientieren sich dabei zugleich an den künftigen Aufgaben, müssen diese also begreifen, akzeptieren und ausführungsgerecht gestalten. Zugleich ist jede Führungskraft dafür verantwortlich, daß die Mitarbeiter/innen nach ihren Fähigkeiten in zu verändernden Organisationsstrukturen optimal eingesetzt werden.[52]

Es hängt von der Förderung durch die Führungskraft ab, ob die Kreativität, Leistungsbereitschaft und Initiative der Mitarbeiter für die Verwaltungsmodernisierung möglichst weitgehend nutzbar gemacht werden können.[53] M. a. W. handelt die Führungskraft als Mentor: Dieser vereinbart, „was" im Sinne der Modernisierung zu erreichen ist, in welchem Zeitraum und „wie". Hierbei hilft er den Mitarbeitern/innen, indem er individuelle Handlungsspielräume und Entwicklungsmöglichkeiten eröffnet.

3. „Führungskräfteentwicklung" als Konsequenz

Führungskräfte in der öffentlichen Verwaltung, die diesen Anforderungen entsprechen, werden nur höchst selten „geboren". Auf die Übernahme entsprechender Verantwortung ist deshalb in der öffentlichen Verwaltung und im Austausch mit der Wirtschaft vielmehr langfristig vorzubereiten.

Das bedeutet nicht, daß Verantwortungen erst spät nach Eintritt in den öffentlichen Dienst zu übernehmen sind. Ganz im Gegenteil muß Verwaltungsmodernisierung die Voraussetzung dafür schaffen, daß schon frühzeitig persönliche Verantwortung – im Zusammenwirken mit anderen (Teamarbeit, Projektmanagement) – sowie unter Abbau überflüssiger Hierarchien ausgeübt werden kann.[54] Gleichwohl

---

[51] Als Modell für eine solche umfassende Personalentwicklung gilt in der Bundesrepublik Deutschland der Landkreis Soest; dazu vgl. *Hermann Janning* (u. a.), Das Modell Soest. Der Umbau der Kommunalverwaltung auf Kreisebene, in: Jost Goller et al. (Hrsg.), Verwaltungsmanagement. Handbuch für öffentliche Verwaltung und öffentliche Betriebe, Stuttgart 1994, Ergänzungslieferung 6/1994, B. 1.3, S. 1 ff., hier insbesondere Kap. 2, S. 6 ff.

[52] Siehe bspw. *Wolfgang O. Habelt,* Die lernende Verwaltung: Wie gewinne ich Führungskräfte und Mitarbeiter für Veränderungsprozesse?, in: Verwaltung und Fortbildung, 24. Jg., Heft 2, 1996, S. 71 ff.

[53] Vgl. bspw. *Rudolf Fisch,* Personalführung in der Verwaltung, in: Klaus König/Heinrich Siedentopf (Hrsg.), Öffentliche Verwaltung in Deutschland, Baden-Baden, 1997, S. 615 ff.

schützt dies nicht vor der Verpflichtung, reichhaltige Erfahrungen auf bereichsübergreifenden Positionen, in internationalen Projekten, bei Auslandseinsätzen oder beim Einsatz auf definierten Entwicklungspositionen sammeln zu müssen. Dabei sollen sich operative und Staatsfunktionen in ressortübergreifendem Austausch abwechseln.

Die für einen Lernprozeß notwendigen Rückmeldungen geben Entwicklungsbeurteilungen und Führungsgespräche, die miteinander zu kombinieren sind. Dabei sollte die gesamte Entwicklung einer Führungskraft auf der einen Seite durch den Vorgesetzten begleitet werden, der als „coach"[55] fungiert und der in intensivem Kontakt sowie ständiger Kommunikation zur Führungsnachwuchskraft steht.[56] Andererseits sollten in Seminaren – an Führungsakademien bzw. in Führungskollegs – die Fach- und Management-Qualifikationen des einzelnen geschult werden. Hierzu gehört in der öffentlichen Verwaltung auch die Vermittlung interkultureller Managementkompetenzen.[57]

Die zielgerichtete Förderung des Management-Nachwuchses vom Eintritt in den öffentlichen Dienst bis in eine verantwortungsvolle Führungsposition erschöpft sich freilich nicht in den genannten Bausteinen funktionaler Führungskräfteentwicklung. Zwei prinzipielle Herausforderungen treten hinzu. Sie führen auf den eigentlichen „Kern" des Führungspotentials zurück.

a) Innovation und Bewahrung als Führungskompetenz

Dabei ist einerseits die zu fördernde *Innovationskompetenz* von Führungsnachwuchskräften hervorzuheben. Sie hat sich in einem Geflecht von Widerständen gegen Modernisierungsbestrebungen und Verhinderungsstrategien zu bewähren. Zugleich und andererseits gilt es, in bezug auf die fünf Modernisierungsziele für den jeweiligen Führungsbereich entsprechende Personalkonzepte zu entwerfen und die dabei auftretenden Fragen zu beantworten. Wie sind etwa Entgeltsysteme zu gestalten, die Leistungsunterschiede berücksichtigen und neuen Arbeitsstrukturen gerecht werden? Welche veränderte Rolle spielen vor dem Hintergrund der Modernisierungsherausforderungen künftig Führungskräfte, Mitarbeiter/innen und Personalräte? In welche Richtung bewegt sich die Personalentwicklung mit ihren Komponenten der „Auswahl" und „Förderung", wenn man berücksichtigt, daß zwar

---

[54] Vgl. bspw. *Jürgen Voelkner,* „Projektfortbildung" – Motor der Verwaltungsinnovation, in: Verwaltung und Fortbildung, 24. Jg., Nr. 2, 1996, S. 123 ff.

[55] Weiter dazu bspw. *Rainer Czichos,* Coaching-Leistung durch Führung, München 1991.

[56] Hierzu u. a. Innenministerium Baden-Württemberg, Stabsstelle für Verwaltungsreform (Hrsg.), Das Mitarbeitergespräch in der Landesverwaltung Baden-Württemberg. Beratung, Zielvereinbarung, Förderung, Stuttgart 1996.

[57] Zum Aspekt des interkulturellen Personalmanagements siehe: *Rainer Pitschas/Ulrich Koch,* Innere Sicherheit als interkulturelles Problem, in: Kritische Vierteljahresschrift für Gesetzgebung und Rechtswissenschaft, 79. Jg., Heft 2, 1996, S. 158 ff., sowie *Ulrike Weissenberger* in diesem Tagungsband.

Teamarbeit gefördert und erwünscht wird, andererseits aber Einzelleistungen zu honorieren sind?

Was also in erster Linie die „Führungskräfteentwicklung" ausmacht, ist die Schulung der Analysefähigkeit der einzelnen Führungsnachwuchskraft. Weder das Verhältnis von Staat und Gesellschaft (Wirtschaft) noch die „Distanzierung" des Wohlfahrtsstaates oder die Internationalisierung der Verwaltung sind abgeschlossene Prozesse. Gleiches gilt für den Wertewandel in Gesellschaft und Verwaltung und die Dienstleistungsorientierung der letzteren. Befinden sich also die Modernisierungsziele im Fluß, so bedeutet „Führungskräfteentwicklung", die Veränderungen zu analysieren und deren Dynamik wie Kontinuität herauszuarbeiten. Die Ergebnisse sind von jeder Führungskraft in ein entsprechendes Modernisierungsmanagement umzusetzen.

Bei alledem bedeutet „Führungskräfteentwicklung" aber auch, die traditionellen Verwaltungsüberzeugungen in dem Maß zu *bewahren*, in dem die Bindung an Traditionen zu den Modernisierungsanforderungen funktional ist. Ein Beispiel hierfür bietet die Verpflichtung der öffentlichen Verwaltung auf strikte Neutralität. Selbst die stärkere Serviceorientierung von Behörden darf nicht dazu führen, daß Beliebigkeit und Interessenwillkür das Verwaltungshandeln prägen.[58]

b) Förderung „situativer Führungsqualität":
Einheit von Theorie und Praxis

Wie schon betont, ist „Führungskräfteentwicklung" ein Lernprozeß, der ebenso durch inhaltliche Herausforderungen wie durch einen formellen Entwicklungsrahmen geprägt wird.

Drei zentrale Bausteine funktionaler Führungskräfteentwicklung lassen sich dabei besonders herausstellen. Zu nennen ist zum einen das „Training on the Job", das konkrete „Mitarbeiterstärken" und „Entwicklungsbedarfe" mit speziellen Verwaltungsaufgaben konfrontiert. Das jeweilige Ergebnis gibt dem Managementnachwuchs und der Verwaltungsführung wesentliche Hinweise darauf, auf welchen Feldern weitere Personalentwicklung und zusätzliches Managementtraining erforderlich sind.[59]

Auf der anderen Seite spielt die Projektfortbildung eine wesentliche Rolle, insofern zukünftig die wachsende Komplexität der Verwaltungsaufgaben deren Bewältigung jenseits der Linienorganisation durch Projektbindung und -teams notwendig macht. Da es dabei nicht ohne Konflikte innerhalb der Projektteams sowie zwischen diesen und der Verwaltungsführung bzw. der Verwaltungsumwelt abgeht, zählt zur „Führungskräfteentwicklung" die Schulung in Konflikthandhabung.

---

[58] Vgl. Arthur Benz/Wolfgang Seibel, (Hrsg.), Zwischen Kooperation und Korruption: Abweichendes Verhalten in der Verwaltung, Baden-Baden 1992.

[59] Siehe bspw. *Klimecki/Habelt* (Anm. 6).

4. Zusammenfassung und Empfehlungen

Fassen wir zusammen: In der Rekonstruktion der Staatsfunktionen wird der „personale Faktor" zum entscheidenden Element der Verwaltungsmodernisierung. Diese bedarf einer Personalarbeit, die sich nicht auf die bloße Personalverwaltung beschränkt. Statt dessen hat das zukünftige Personalmanagement das Leitbild einer personalorientierten Verwaltungsmodernisierung aufzunehmen und umzusetzen.

Geht man diesem Leitbild nach, so zeigt sich zunächst Verwaltungsmodernisierung als ein eigenständiger Prozeß der Verwaltungsentwicklung. Er ist an Traditionen gebunden und in eine spezifische Verwaltungskultur eingewoben. Beiden Verankerungen erfließen bestimmte Rationalitätsbindungen des Verwaltungshandelns, die einerseits im Widerspruch zu den materiellen Rationalitätskriterien künftiger Staatsentlastung stehen, zum anderen aber – wie sich am Bild des Rechtsstaates und des überkommenen Bürokratiemodells zeigt – auch heute ihre Berücksichtigung bei dem Umbau der öffentlichen Verwaltung einfordern. Die allfällige Veränderung der Verwaltungsstrukturen auf der Programm-, Organisations-, Verfahrens- und Personalebene stellt deshalb keinen abrupten Umbruch dar; auch die Reichweite anglo-amerikanischer Modernisierungskonzepte ist für die Verwaltungsmodernisierung in der Bundesrepublik Deutschland angesichts solcher verwaltungskulturellen und rechtsstaatlichen Rahmenbedingungen begrenzt.

Statt dessen stellt sich die Aufgabe, das eigenständige Leitbild einer personalorientierten Verwaltungsmodernisierung herauszuarbeiten, das auf die hinter den Modernisierungsvorstellungen eines „schlanken Staates" oder eines „New Public Managements" liegenden Beweggründe für eine Staats- und Verwaltungsreform reagiert. Im einzelnen schälen sich dabei fünf übergeordnete Modernisierungsziele heraus, die einen Wandel der Verwaltungslandschaft bedingen. Einerseits – und strukturell außengewendet – zählen hierzu die Neubestimmung des Verhältnisses von Staat und Wirtschaft, die Distanzierung des Wohlfahrtsstaates und der Wertewandel in Gesellschaft und Verwaltung. Auf der anderen Seite befördern die Pluralisierung und Internationalisierung der Verwaltung sowie deren Dienstleistungsorientierung die internen öffentlichen Rationalisierungsprozesse.

Der an diesen fünf Modernisierungen zu orientierende Wandel der Verwaltung begründet eine prinzipielle Herausforderung an das Personalmanagement und insbesondere an die „Führungskräfteentwicklung". Dies gilt gleichermaßen in den Nord- wie in den Südstaaten. Im Rahmen eines wirkungsorientierten Personalmanagements sehen sich die Führungskräfte gemeinsam mit allen Mitarbeitern/innen in einen Lernprozeß eingegliedert, der zu einer breiten Personalentwicklung führt. In diesem Prozeß läßt sich eine spezifische Lernorientierung der Führungskräfte erkennen. In deren Folge entwickeln sich Führungskräfte einerseits zum Mentor ihrer Mitarbeiter/innen. Zum anderen schält sich als Kern ihres Potentials die Fähigkeit zur gleichzeitigen Innovation und Bewahrung im Prozeß der Verwaltungsmodernisierung heraus.

„Führungskräfteentwicklung" heißt schließlich, die Einheit von Theorie und Praxis zu fördern, indem die „situative" Führungsqualität stimuliert wird. Die Entwicklung des Führungsnachwuchses offenbart sich auf diese Weise als ein Beitrag zur komplexen Verwaltungsmodernisierung.

Personnel Cooperation by means of Advanced Training of the Public Service in India – Inventory, Problems and Perspectives of an Internationalization of the Advanced Training Efforts

By K. Mohan

Personnel Cooperation by means of Advanced Training of the Public Service in India. Inventory, Problems and Perspectives of an Internationalization of the Advanced Training Efforts.

I. Role of Bureaucracy in India

The role of a bureaucrat in India had normally been that of maintaining law and order and collecting revenue for the state. In some of the districts, the administrator is still called 'the Collector', his main role being to collect the land revenue and other taxes due to the Government. India had an excellent system to run the district administration. It was developed by the famous local ruler Sher Shah Suri; the system was perfected by Akbar, the Great, whose mighty Mughal empire survived on the strength of its administrative efficiency. When the British arrived in India in the eighteenth century and consolidated their rule, one of the cornerstones of their success was an efficacious district level administrative system. It consisted of a general administrator, assisted by senior officers from diverse departments, i.e. police, health, engineering, transport, etc. The district magistrate/collector formed the nucleus of this system and he was selected after a tough competition held in Great Britain. He generally belonged to the prestigious Indian Civil Service which has since been renamed the Indian Administrative Service, as the ICS connoted linkages with the imperial system.

The scope and the role of the administrator has undergone a severe change in India. During the British rule, the emphasis was to serve the imperialist cause, and not infrequently, it turned out to be an instrument of terror. He was called upon to serve the British Crown and primarily, counter the struggle for freedom. Now the administrator is required to promote the economic development of the district and to foster and build up democracy at the grass roots. No development scheme in India can be a success unless it is earnestly executed by the district administrator.

He is the one constantly in touch with the day to day problems of the district and his role is vital in formulating any long term socio-economic policies. There is a total of about 465 districts in the entire country; that means an equal number of IAS officers are responsible for maintaining law and order and enforcing the government's writ in the country. All efforts are directed to ensure that these officers are exposed to the best possible training, both within the country and abroad, so that these representatives of the state are well qualified for the job entrusted to them.

From amongst these 465 administrators, promotions are directed to the senior levels of secretaries at the state and the centre. Ultimately, these very district level officers ascend the high echelons and implement the various policies related to law and order, economic development and other allied fields.

II. Structure of the Civil Service in India

The Union Public Service Commission at the Centre has been entrusted with the responsibility of selecting suitable candidates for the various All India Services viz. Indian Administrative Service, Indian Police Service, Indian Forest Service, Indian Engineering Service, Indian Medical Service etc. Selections are also made for the other Central Services viz. Indian Revenue Service, Indian Audit and Accounts Service, Indian Railway Accounts Service, Indian Railway Traffic Service, Indian Postal Service, Indian Defence Accounts Service and Indian Information Service. Amongst all these Services the Indian Aministrative Service takes the pride of place as the most of the senior posts of secretaries to the government of India and secretaries to the state governments are mostly filled up from this cadre. The annual intake of the Indian Administrative Service varies from 75 to 125, depending upon the requirements of the various state governments. Senior posts of the level of joint secretaries and above are also manned by the officers of the Central Services after screening by the Appointment Committee of the Cabinet (ACC). The major objective of the specialized training in India and abroad is that the senior officers develop a wider vision which can help in ameliorating the socio-economic conditions of the people in a more dynamic fashion. India is still dominantly a rural country with 2/3rd of the population living in the villages. Under these circumstances, maximum attention has to be paid to this segment of population. For broadening the vision and augmenting the expertise of the district administrators, we do not have much to learn from the developed world. However, with the rapid urbanization, now a world phenomenon, India has to learn a lot from the West. Unprecedented migration to the megacities has resulted in the emergence of problems related to law and order, transport, sanitation, pollution, traffic bottlenecks, unauthorized constructions, unemployment, education etc. In order to gain first hand knowledge and experience, officers of the Indian bureaucracy are deputed to the capitals of the developed countries. With increasing globalization and internationalization, officers of the various ministries are sent abroad for different courses. The aim of all the training programmes is to update the knowledge of the officers and to stimulate their thinking. Most of them get so absorbed in their hectic schedules, at times ten to fourteen hours a day, so that they spare very little time for reflection and contemplation of various problems. Officers belonging to the other Central Services viz. Railways, Income Tax, Custom and Excise etc. have fewer opportunities of training compared to their counterparts in the general administration and police. Officers of these Central Services, however, do attend advanced training courses periodically in India and abroad. The training, nevertheless, is confined to their specialized fields. Likewise, officers belonging to the Technical Services viz. telecommunication, broadcasting, shipping are sent abroad more frequently as faster developments are taking place in these sectors.

III. Changing Role of the Bureaucracy

The Indian bureaucracy in 1950's was suddenly called upon to play a role which was somewhat alien to its previously assigned duties. Immediately after independence, the government of India decided to broaden the scope of the public sector. India in 1950's did not have a large enough private sector which could have invested in the core industries such as power, steel, heavy electricals, oil exploitations etc. Prime Minister Nehru, rightly conceived an enhanced role for the Indian public sector, particularly in heavy industries and consequently, there was a spurt in public sector corporations. From a measly amount of Rs 500 million in 1951, investment in the public sector touched Rs. 1500,000 million by the 8th Five Year Plan (1990 - 95), a manifold jump. The period 1950 - 70, in addition to core industries, witnessed the growth of more than 100 public sector corporations in such diverse fields as in hotel and restaurant industry, oil exploitation, oil distribution, exploration of minerals, state trading and in the erection of cement plants and a vast amount of other such activities. There was a sudden increase in public sector activities, but the experienced personnel to manage and administer these public sector industries were not available. Most of these public sector undertakings were headed by senior bureaucrats during the early phase of their growth. For virtually 20 years, the bureaucrats in the government, belonging to various cadres like Indian Administrative Service, Indian Railways, Indian Audit and Accounts Services, administered public sector undertakings at top levels.

In July, 1969, the banks were also nationalized, and in one sweep the banking came totally under the control of the public sector. The position in the banks was slightly different from the rest of the public sector undertakings. The banks developed a cadre of their own over a period of time; though some of the top posts in the banks were manned by the senior bureaucrats from the Indian Administrative Services.

The senior bureaucrats, entrusted with the responsibility of running the public sector undertakings, literally made a mess of the whole exercise. They lacked training for their assignments and felt uncomfortable in their new roles. They could not rise up to the occasion in meeting the new challenge, primarily due to their inexperience. They were not in tune with the reality and failed to rightly anticipate and to sort out the problems emanating from the industry. The failure further added to the apathy and indifference undermining the public sector. No wonder, unit after unit ran into the red and in spite of a huge investment running into thousands of millions of rupees, the profits never exceeded one or two per cent of the total investment.

Clearly, the manner in which the IAS officers were posted in the senior-most positions in the public sector without any reference to their background, experience or expertise, tended to create an impression that they were more used as staff or desk officers rather than as advisers and specialists in policy formulation at the highest levels.

This forms a strong contrast to the practice that prevails in the West. In the US, for example, contracting out studies to universities and think-tanks is a regular feature of the administration. More often, a significant portion of the bureaucracy is drawn from academia, think-tanks or corporate structures. The officers are in a position to have dialogue with those carrying out such contract studies, simultaneously, making choices available and integrating policy options in different areas into a coherent overall policy. Unlike the West, Japan and other countries, entry into the Indian Civil Services is strictly marked by a competition for students in the age group of 21 to 28. It is almost impossible for anyone to join the Civil Services except, some technicians beyond the age of 28. Rarely do we witness a person with exceptional aptitude joining the bureaucracy after the age of 28.

With the advent of the 80's, the various public sector undertakings increasingly developed a cadre of their own and the bureaucrats from all the Indian and Central Services were asked to vacate the senior slots. In retrospect, one can comment that the senior IAS and other officers unquestionably initially provided stability and continuity to the public sector undertakings, but they failed to induct the necessary financial, business and profit oriented discipline into the public sector undertakings. Keeping in view the poor performance of the public sector undertakings and to re-orientate the bureaucrats, the need to train them was pursued with added vigouer. In 1967, the scale of training escalated. There was a sizeable increase in the training activity of Government of India, not only in various government training institutes but also requisitioned services of various autonomous, and even private professional training organizations.

It must be conceded here that the concept of advance training culture in India has not yet taken roots on a rational basis nor, has it been appropriately systematized. Experiences of the past few years show that mostly officers that do not enjoy a very good on-job-reputation are deputed for the various refresher and training courses. Officers who should normally attend these courses are seldomly spared. The local administration would invariably nominate an officer engaged in unimportant and trivial duties for these courses. The element of indispensability of hard working, efficient and dedicated officers prevents them from joining these courses. Not invariably, the officers refuse to be spared for these courses, as they feer that they will lose their previous job and the concomitant perks, once they join a course requiring their absence from duty for a longer period of time. Only recently, the government has taken a stand that all officers belonging to the Indian Administrative Service have to undergo one week refresher course once every year. The Department of Personnel now maintains a computer record of all officers and ensures that they are spared for at least one week a year for these refresher courses. The same, however, cannot be said about the other central, state and public sector undertakings. To quote a senior executive of one of the public sector undertakings: "I am always apprehensive about an officer, who has attended a large number of courses; the impression left is that he was not indispensable and that he was not needed on the job all the time". We do hope that the perception changes during the years to come and the refresher and other specialized courses get the importance that they deserve. One gets so engrossed in the daily routine as to get little time for reflection and self improvement.

IV. Training Courses for the Public Sector

The public sector in India is now well entrenched with a total investment of over Rs 150,000 crores ($ 50000 millions). It includes large undertakings like Indian Oil Corporation, Steel Authority India Ltd., Bharat Heavy Electricals Ltd., Air India, Oil and Natural Gas Commission, Maruti Udyog Ltd. etc. Over a period of four decades, these public sector corporations also introduced a large number of a refresher and advanced courses for their officers. They have adopted the pattern pursued by the central government in training their junior and senior cadres. Initially, all young officers are sent to a craft course for one or two years, where they learn the duties for which they would be earmarked later. The public sector undertakings, in order to provide greater motivation and to extend the outlook of their officers, have followed the methodology adopted by the central government too late. The officers are sent to a large number of institutes including the Administrative Staff College, Hyderabad, Management Development Institute Gurgaon, Indian Institute of Management, Ahmedabad, National Defence College, New Delhi and other such allied institutes. The Air India sends some of its executives to Seeheim, Germany, where the Lufthansa conducts courses for its staff. Practically, all executives of the various undertakings are deputed not only to the Indian, but also at times to the foreign specialized institutes, the main idea being that they interact and mingle with executives from other public sector undertakings from foreign countries. During this process they are thought to heigten their awareness of problems which have a distinct commonality. We have still to adopt a system of debriefing, when an officer that underwent the course, on his return files a report which could be of tremendous benefit to the other officers.

V. Need for Training

The story of evolution of the whole Indian civil administration is marked by several twists and turns since the Mughal period. But throughout the course of history, it has shown resilience and dynamism in order to respond to the new challenges ranging from the needs of colonial rulers to the requirements of welfare-oriented independent India.

India has experienced a phenomenal growth in the activities of the state ever since its independence. Keeping in view the constitutional provisions, the government launched several programmes of development. Moreover, the creation of industrial infrastructure and the development of agriculture have also been significant concerns of the government. With a perspective on giving proper shape to the schemes and programmes of development, India resorted to the concept of planning, both on short terms and on long terms. Under the various Five Year and One Year Plans the state took over the responsibilities hitherto shouldered by the private sector. All this resulted in a manifold increase of governmental functions.

Economic growth and social development throughout the state apparatus have led to the increase in the size and number of administrative organizations operating under the government. Large scale recruitments of personnel in various government organizations brought plenty of raw human material that needed guidance and direction for better performance. This guidance and direction is basically provided by the seniors to their subordinates while, actually working on the job.

However, such a system of imparting training tends to be haphazard, long-drawn and time consuming and appropriate care is not taken of the motivational needs of the employees. Several studies pointed out certain gaps in the expectations of the citizens and the actual performance of the administration.

Thus, there is a paramount need for systematic training which will help in bringing about behavioural changes and improvement in knowledge and skills. Administration today is a very complex affair, as developments in science and technology have led to the use of technical aids in administration. Therefore, it is almost imperative for every employee to receive the required quantum of qualitative training. Besides, training has to be cost effective. The need for training of various levels of employees arises due to the fact that certain professional standards have to be achieved. Moreover, training enables the employees to shoulder higher responsibility and prepares them, mentally and physically, for using latest technological equipments. Therefore, a comprehensive training policy should encompass the training needs, duration of training, and categories of personnel for giving training etc.

Presently, the Training Division in the Department of Personnel and Training, Ministry of Personnel, Public Grievances and Pension, Government of India, New Delhi serves as the nodal agency of the central government for training activities. It has been instrumental in identifying functional areas of training and also designing and implementing a training programme for civil servants and an upgrading of the training potential of the states and other institutions. Central Training Institutions, State Training Institutions, National Training Institutions and a few other important institutions, severally and collectively, continually contribute towards this aspect of administration, the common denominator being optimizing gains from training.

The Training Division Programmes have been divided into three categories: PLAN, NON-PLAN and the Programmes for the IAS officers.

There are overall about 87 important institutions covering the wide gamut of training i.e. administrative, professional and technical subjects. These institutions are spread all over India; 30 are directly under the Centre, 41 under the control of the states and 16 are at national level, either under Central or Private control. The names of some of the important institutions are included in Apendix I.

VI. Plan Programmes of Training

The training aims at developing the planning and the implementation potential of senior and middle level officers. These "Development Administration" programmes under "General Category" cover a vast variety of different sectors of development activities like rural, social, economic, environmental, management, "Human Resource Development" and "Health Management" etc. With the increasing use of computers in almost all public administration, a large number of computer-based programmes have also been included. The training also includes a number of programmes for "Training of Trainers" particularly for the officers of the state governments.

The specific to "State Category" Programmes, are conducted by the State Training Institutes to meet the specific and varied requirements of the various State Governments. In addition to the requirements based on the recommendations of various states, these also cater to the changing national scenario in the economic, social and other fields.

VII. Special Category

Programmes sponsored include "Training of Trainers" and "Gender Issues". The first programme is an essential step in developing competence as a trainer i.e. delivery skills and designing subject specific courses. "Gender Issues" course pertains to equal and social justice for all women. This concept is a set objective of the National PERSPECTIVE PLAN 1988 - 2000, as envisaged by Government of India.

Decentralized Planning Programmes for District Level Functionaries

Keeping in view the spirit of PANCHAYATI RAJ BILL i.e. Administration at Village Council level, these programmes have been introduced under the current VIII Five Year Plan.

Some of the Plan Programmes are included in Appendix II. These will indicate the extent of activities covered.

VIII. Non-Plan Programmes

1. Management Development Programme

The programme seeks to: enable the participants to examine the challenges of the socio-economic and political environment in Public Administration, acquaint them with current and emerge concepts for an effective execution of their administrative responsibilities.

2. Management in Government Programmes

Aim is to acquaint the participants with theories and practices of management as applicable to public system; to provide them orientation to some of the tools and techniques of management as applicable to public system, and to upgrade their management skills.

3. Management Orientation Programmes

These are meant to enable the participants to acquire an understanding of the socio-economic environment influencing policy formulation and decision making, to meet the challenges of development administration and acquire a better understanding of various factors and forces influencing attitudes and behaviour of individuals and groups of civil servants.

IX. Programme for IAS Officers

The in-service IAS Officers' training programmes were evaluated in 1990 and a major restructuring done. The present system of training requires eligible officers to attend a one or three weeks course once in a block of two years. Every senior officers of 30 years of seniority are eligible to attend either a one week vertical interaction programme or special programmes to be arranged for them.

The department of Personnel, at present, is arranging programmes for the current years for IAS officers of 6-9 years, 10 - 16 years and 17 - 20 years. Details of these programmes are given in Appendix III. Appendix IV furnishes the details of various courses attended by an IAS officer on Secretary level of the Government of India with 33 years of service.

X. Career-based training plans for civil servants and upgradation of the training potential of the states and centre

Training institutions have been established to impart training to the civil servants on a continual basis. Besides, the main training institute at Missoorie where recruits to all India administrative services undergo foundational training, the following are the major institutions where specialized training is offered:

1. National Defence College N. Delhi

The National Defence College is one of the most prestigious institutions in the country. Annually 70 participants undergo a ten months' training course. The participants normally comprise 20 officers from the Army, 5 from the Navy, 10 from the Air Force and 18 civil servants. The civil servants are drawn from various disciplines like the Indian Foreign Service, the Indian Administrative Service, the Railways and one or two from the Public Sector Undertakings. The course also includes 18 foreigners representing the developed, the developing and the neighbouring countries. In the current course (1994), officers from Nepal, Bangladesh, Sri Lanka, Republic of Korea, Vietnam, Malaysia, Australia, Indonesia, United Arab Emirates, Oman, Nigeria, Zambia, Ghana, UK and US are participating.

The aim of the course is to equip future policy makers with a broad understanding of economic, political, military, technological and organizational aspects involved in the planning of national security.

The participants are also sent abroad in groups to some of the neighbouring countries of India and also to China, Japan, USA, Germany, UK etc. The course is highly rated and enables the senior bureaucrats attending the course in order to shoulder, later in their career, higher responsibilities involving strategic planning and the security of the country. The foreign participants are made aware of the Indian history, culture, defence strategy, and they are at times posted back to India as their defence attaches. The participants are addressed by some of the renowned specialists in the field including Cabinet Ministers, Secretaries to the Government of India and leading luminaries in their respective disciplines.

2. Administrative Staff College, Hyderabad

Senior officers from every section of the bureaucracy are sent to the Administrative Staff College, Hyderabad, for a refresher course. The course aims at keeping them updated with the latest administrative measures introduced elsewhere in the world.

3. Management Development Institute, Gurgaon (MDI)

The institute has been set up on the pattern of the Management Institute, Harvard. There exists academic collaboration with the prestigious J.L. Kellogg Graduate School of Management, Northwestern University, USA. There is a distinguished faculty mix from India and abroad.

MDI has lately announced the selection for its 8th National Management Programme scheduled to commence on 1-7-95. The 15 months' training course is meant to be offered to middle-level Grade 'A' officers of Government of India and managers in Public and Private Sectors. The selection procedure will be through a test. The Participation is also open for organizations from other countries, who wish to encourage cross-cultural learning. The UNDP supported course is structured to enhance the ability to handle higher managerial responsibilities and offers an opportunity to interact with professionals from diverse fields.

4. Indian Institute of Public Administration, New Delhi

A nine-months' programme conducted by the Institute is designed to bring about comprehensive understanding of the dynamics of Development Administration through interaction between experienced administrators and university people. It also seeks to develop inter-personal skills and sensitiveness to people with view to make administration more responsive to the needs of the people it seeks to serve.

The officers deputed for this programme should be of a requisite callibre with appropriate administrative experience, practical ability, academic background and potential to make full usage of a long-term training programme and to utilise the expertise derived from the programme for the implementation of the policies of the Government.

Apart from the above mentioned institutes to which the senior civil servants are deputed, mention may also be made of the following:

a) Housing Urban Development Corporation, N. Delhi

Housing is one of the major challenges confronting the developing countries. The administrators posted in the various districts must come to terms with reality and understand how best the housing needs of the millions of people can be met with minimum resources. One of the important tasks of this organization is building of low cost housing structures.

b) Civil Emergency Relief Training Institute, Nagpur

The institute prepares bureaucrats for unexpected natural calamities like earthquake, floods and drought and the emergency resulting from an enemy attack. A course at this institute helps the officers in effectively organizing the relief work during such emergency situations.

XI. Training-International Dimensions

The Government of India realized the importance of deputing its senior bureaucrats to foreign countries soon after independence in 1947. During the first decade after independence, most of our foreign training programmes were conducted in the United Kingdom. It was a hang-over of the imperialist links and also the common bond of a common language. The foreign training programmes were later diversified into many other countries notably the United States of America, the Soviet Union, France and the Federal Republic of Germany. It has been observed that officers belonging to the Indian Administrative Services do get an opportunity of being trained abroad at least once during their career spanning 30 to 35 years. The government receives a number of offers from UK, USA, Japan, France, Germany annually under various schemes to sponsor senior bureaucrats to these countries. Some of the programmes are conducted under the Colombo Plan, Ford Foundation, Nuffield Foundation etc. A short stay of three months to nine months abroad widens the horizon of the Indian bureaucrats. Of late, quite a few of them have been deputed to some prestigious foreign institutes to understand the latest developments in the economic field and issues related to international trade. Officers belonging to the Indian Economic Service have the privilege of foreign training on a regular basis. Most of them later serve international organizations like the Asian Development Bank, World Bank, IMF with distinction.

In comparison to the generalists, the officers in the technical services get more opportunities to receive foreign training. Pace of developments in the technical services is much faster in India. We do not have the resources for large outlays on research and development obliging us to learn about them in the foreign countries. This factor is partially responsible for such a large number of Indian students seeking admissions in the technical universities in the USA, UK and Australia. Indian students constitute one of the largest foreign contingent in these universities. Advantages to the developed nations imparting advanced technical knowledge are obvious; the officers when they return to their native country would try to imbibe the technology they learned abroad and propagate the systems and technical expertise in their own countries.

The paramount need for officers at different levels to get opportunities to develop and periodically update their knowledge by appropriate interaction with the professionals in international field requires no emphasis. The government often has been inviting foreign experts on town planning, administration, taxation, education, etc., to help it to formulate policies and to implement projects in multiple fields. International training was one of the several aspects of career planning mentioned in the guidelines, prepared in 1974. Arrangements exist to supplement government's own executive development programme by availing of the offer of fellowships and training facilities abroad. A special cell in the government of India comprising Central Establishment Board and Senior Selection Board is responsible for arrangements of training courses abroad. During the past five years, about two hundred officers have been deputed abroad annually.

The content and the direction of government international training programme has since been revaluated and reviewed. In the past, this training was conceived in terms of knowledge and experience of advanced countries in the West, particularly in terms of technological progress and adoption of modern techniques. Now it is felt that Indian civil servants should also be familiar with the experience of administration in the Third World countries, specially in Asia. On 13th January 1994, Mrs. Margret Alva, Minister of State, while inaugurating a national workshop on "Training Policy-Status and Strategies", announced, "We would favour Indian administrators being trained in Asia and South East Asian countries as the conditions there resemble those in India". She also made a policy statement, that from the beginning of next year, few IAS officials will be sent to the Western countries for training, but instead experts from the West may be invited by national training institutes.

The international training falls under two main heads: (i) Bilateral (ii) Multilateral. Sometimes, Indian experts are assigned to work in friendly countries under technical assistance programmes.

The Government of India has accepted offers of fellowship under various technical cooperation programmes for training in foreign universities and institutions, so that the senior officers can benefit from the latest developments in the areas of Management, Administration, Finance and Economic Planning. This is expected to develop the officers' skills, so that they are able to manage the various assignments they are expected to hold in future much better. More than a thousand officers (1016) were nominated for the training courses during the period 1988 - 1992. The offers were under the UNDP, World Bank, IMF, Colombo Plan and the Indo-French Culture Exchange Programme. The international training has not been confined to senior level administrators in India. India's technocrats and specialists in various fields have also been given opportunities to go abroad; for example, in the energy sector which is crucial to the economic development of the country, considerable emphasis had been accorded to its development even prior to the present economic liberalization process. The total installed generating capacity, which was hardly 1300 Mega Watt at the time of independence in 1947 increased by about 60 times to over 76,000 Mega Watt by March 1994.

India was able to achieve a sustained growth rate of about 9 % because it took full advantage of the opportunities available under the international exchange programmes with the various developed countries. Soon after independence a number of engineers were sent to the United States, Canada, UK, France and other countries for training in the modern concept of design and construction techniques of hydro and thermal power plants. A number of engineers were also sent to China for training in small hydel projects, in which China had specialized. Apart from technological upgrading achieved from these exchange programmes, these visits exposed these people to the cultural heritage of the host countries. In turn, it also enabled the people of those countries to learn more about India. These international exchange programmes were later on extended to other countries like Germany, Japan, Russia, France, where a number of engineers and students were sent for higher studies and training in modern power plant practices and management programmes. A large number of trained engineers and technicians from these developed countries also visited India to organize training programmes and seminars. In fact, during early 60s when one of the largest hydro electric projects-known as 'Bhakra-Nangal Project' was taken up in India, a worldwide renowned civil construction engineer, Mr. Slocum from United States had come to help in the construction of the Dam. Similarly, a number of engineers from Germany and Russia had also come to help in training of Indian personnel.

On the manufacturing side also, technical collaborations with United States, Germany, Sweden, etc. helped India, to set up sophisticated manufacturing organizations which are now competing for international projects.

In addition to the power sector, specialists in the field of telecommunications, medicine and health, drug trafficking, defence strategies, etc., have also been offered opportunities to enhance their knowledge and experience through interacting with their counterparts abroad. For instance, a number of bureaucrats have been sponsored in foreign countries to collect material by which some of these problems can be effectively tachled. Referring to the menace of drug abuse, two decades back, the problem was practically non-existent in India. Things are differently now because India is sandwitched between the Golden Triangle consisting of Myanmar,

Thailand and Laos and the Golden Crescent comprising Pakistan, Afghanistan and Iran. The drug barons from both these areas have converted India into a transit point for smuggling their supplies. During this process a large number of Indians have also been addicted to the pernicious drugs. This problem in India cannot be tackled in isolation. There is need for the expertise of international bodies and also regional organizations like SAARC and ASEAN to curb the threat. Since most of these drugs are destined for European cities, liaison becomes necessary with the European capitals as well.

During the past decade and a half, new challenges and problems call for greater measure of internationalization of the training of senior civil servants provided that the administrators do not get alienated from the grass root realities in India. Training policy has also to keep in view the socio-cultural ethos, as they have important bearing on individual and group perceptions. Any training policy based on administrative and economic environment alone is likely to be only partly fructuous.

It is confidently anticipated that the future administrators, (in charge of managing such a colossal change ensuing from the assumption by the government of transformatory functions in all spheres) shall acquire a basic "literacy" in (1) science and technology (2) social and behavioural sciences (3) economic management and all that goes to make administration management-oriented.

It is not simply a case for new skills and tools. But more important than these are the attitudinal and behavioural changes in the administrators, particularly at senior level. Today society places great value on human behaviour and it has high expectations of a friendly and refined behaviour, helpful attitude, pleasant manners, a personality which is co-operative and responsive to the concerns of the citizens.

Training has opened new vistas. A civil servant who is in charge of power generation in one part of the world must specially have contact with his counterparts elsewhere so as to avoid the pitfalls and drawbacks faced by one and take advantage of the measures which were really fruitful.

The problems related to the pollution of the rivers, toxic leakage from chemical plants, exhausts from the automobiles are common to all countries. The developed countries are going through a phase of development which the developed countries witnessed three to four decades ago. Some of the European rivers were the most polluted in the 50s and 60s but then the awareness dawned that this pollution would decimate the very basis of life. The rivers Danube, Rhine, Thames and Seine were amongst the most polluted rivers of Europe quarter of a century ago. It caused widespread concern and repulsion amongst the people and hence developed the efforts for timely remedial steps to save the future generations from the catastrophe.

People in India likewise realized the damage caused by pollution to some of the rivers specially the Ganges and Yamuna. The Government launched the famous

Ganga Action Plan in 1987 to cleanse River Ganges which practically serves 1/3rd of the total population of India. In this quest, India received considerable assistance and knowledge from the developed countries. Indian engineers, civil servants and environmentalists visited the European capitals to learn as to how their counterparts elsewhere had rectified the situation and retrieved the rivers from becoming trenches and polluted puddles. Some time back the Indian Finance Minister, Dr. Mannohan Singh said there was immense scope for cooperation between United States and India concerning the transfer of environment friendly technology at an affordable cost for promoting power sector's efficiency and growth.

The new economic policy is now forcing the bureaucrats of elite Indian Aministrative Services to grasp the international competitive economic activity. In the foreseeable future the successful bureaucrat will have to think in terms of World Trade Organization, the GATT, the Dunkel Draft and so on. The senior officers in the Ministries of Commerce, Finance and Industrial Development will have to update their knowledge about the latest developments in international economics. The future lies in fully comprehending the world business developments and the nuances of the latest economic restructuring taking place from Tokyo to New York, London, Paris and Frankfurt. It is highly impractical for a successful economist today to insulate himself from the developments elsewhere. The situation is further compounded by the emergence of a large number of economic entities viz. European Union, ASEAN and APEC. Unless one has the basic understanding of international economics today, it would be difficult to manage the domestic economic scene. The entire world has become totally interdependent.

There is need to develop the planning and implementation capabilities of senior and middle level officers of central state governments, public sector undertakings and nationalized banks/insurance companies.

In short, the need for "Internationalization" of Civil Services as well as specialization of services is great and hence the potential for international cooperation in this field is considerable. But the form it takes will depend upon various political and technological factors. One point, nevertheless, is certain, India will not "internationalize" at the cost of its ancient culture, time-honoured traditions and social ethos.

There is no doubt that developing countries like India have to learn more from the developed nations of the world, but at the same time the countries in the same genre as India can learn from our experience also. A large number of problems facing the under-developed and the developing world are of similar nature, with differences in nuances only depending upon regional disparaties. The lists of the institutions in India and the training facilities available, as per Appendices I and II, are exhaustive. Advantage can be taken of these by the international community through proper approach to the Government of India and this process of "Give and Take" can be made purposeful and even continual.

Appendix I

NAMES OF THE IMPORTANT INSTITUTIONS

1. Lal Bahadur Shastri National Academy of Administration, Mussoorie
2. Institute of Secretariat Training and Management, New Delhi
3. Advanced Level Telecom Training Centre, Ghaziabad (U.P.)
4. Central Institute for Research and Training in Employment Service (Ministry of Labour), New Delhi
5. Central Institute of Road Transport, Pune
6. Centre Labour Institute, Bombay and Regional Institute, Calcutta. Kanpur, Madras
7. Internal Security Academy (Central Reserve Police Force) (Ministry of Home Affairs, Government of India), Mount Abu (Rajasthan)
8. National Academy of Direct Taxes, Nagpur
9. Postal Staff College, Ghaziabad
10. Staff Training Institute (Programme), All India Radio, Delhi
11. Staff Training Institute (Technical), (All India Radio and Doordarshan), Delhi (All the above are under Central Government)

1. Assam Administrative Staff College, Guwahati
2. U.P. Academy of Administration, Nainital
3. Institute of Management Develolpment, Lucknow
4. Sardar Patel Institute of Public Administration, Ahmedabad (All the above are under respective state government)

1. Administrative Staff College of India, Hyderabad
2. All India Institute of Local Self-Government, Bombay
3. Bankers Training College, Reserve Bank of India, Bombay
4. Civil Emergency Relief Training Institute, Nagpur
5. Institute of Applied Manpower Research, New Delhi
6. Indian Institute of Foreign Trade, New Delhi
7. Indian Institute of Management, Ahmedabad
8. Indian Institute of Technology, Delhi
9. Institute of Public Enterprise, Hyderabad
10. Indian Institute of Public Administration, New Delhi
11. Indian Institute of Tourism and Travel Management, Gwalior
12. Management Development Institute, Gurgaon
13. National Defence College, New Delhi
14. National Institute of Agricultural Extension Management, Hyderabad
15. National Institute of Educational Planning and Administration, New Delhi
16. National Institute of Rural Development, Hyderabad

Internationalization of the Advanced Training Efforts   299

17. National Institute of Small Industry Extension Training, Hyderabad (All the above are at National level)
1. Central Institute of Indian Languages (Ministry of Human Resource Development), Mysore
2. Housing Urban Development Corporation, New Delhi
3. Human Settlement Management Institute, New Delhi
4. National Institute for Entrepreneurship and Small Business Development, New Delhi
5. National Institute of Information Technology, New Delhi
6. National Institute of Public Finance and Policy, New Delhi
7. National Savings Training Institute, Nagpur
8. Shri Ram Centre for Industrial Relations and Human Resources, New Delhi
9. Tata Energy Research Institute, New Delhi (The above are either under government or private control)

Appendix II

PLAN PROGRAMMES

General Category

1. Behavioural Dimension of Human Resource Managment and Organizational Leadership
2. Project Implementation Monitoring and Evaluation
3. Organizational Behavior
4. Management for Natural Resources and Environment
5. HRD Strategies for Improving Performance Climate
6. Attitudinal Transformation for Better Performance
7. Introduction to Data Base Management
8. Financial Analysis for Profit Planning, Cost Control and Managerial Decision Making
9. Gender Issues in Development
10. Word Processing in Hindi
11. Management of Transport System by 2010 A.D.
12. Promotion of Tribal Entrepreneurship
13. Rural Development
14. Strategic Management of the Family Planning Programmes
15. Urban Infrastructure Management
16. Management of Water Supply Schemes
17. Watershed and Drought Management
18. Cooperative Approach to Integrated Rural Development and Watershed Management
19. Health and Hospital Administration
20. Financing of Non-Farm Sector and Agro Based Small Scale Industries

21. Social Forestry Through Cooperatives
22. Forestry Development Project with Emphasis on Tribals Wasteland Development
23. Housing for Weaker Sections
24. Promotion of Self Employment
25. Planning Budgeting and Budgetary Control
26. Management of Renewable Energy
27. Planning and Management of Non-Conventional Energy Development
28. Development of Tiny Sector Enterprises
29. Micro-Level Planning of Sustainable Development
30. Total Quality Management (TQM) and ISO 9000 for Public Sector Undertakings
31. Japanese Style of Management

State Category

1. Management of Environment
2. Institutional Finance and Banking for Rural Development
3. Tribal Development Administration
4. Behavioural Dynamics and Quality Management
5. Management of Poverty Alleviation Programme
6. Nutrition and Health Awareness Course
7. Women and Child Development
8. Organizational Behavior
9. Gender Awareness
10. D BASE Programming
11. Amelioration for Status of Women
12. Management for Adult and Non-formal Education
13. Public Distribution System and Management Problems
14. Disaster Management
15. Role of Cottage and Village Industries in Rural Development
16. Rural Sanitation
17. Management of Primary Health Care Including Immunisation
18. Management of Primary Education
19. Citizens Participation in Urban Development
20. Micro Level Planning for Rural Employment
21. Sustainable Development
22. Rural Housing Programme Low Cost Housing Techniques
23. Management of Self Employment Programme
24. Management of Public Transport System in Rural Areas
25. Control and Development of New Slums and Improvement of Existing Slums

26. Credit Planning for Rural Development
27. Revitalization of Sick Industry and Weavers Co-operatives
28. Social Forestry
29. Development of Weaker Section
30. Concern and Care for Environment

Appendix III

PROGRAMMES FOR 1994 FOR IAS OFFICERS

6 - 9 years Service:

The objective is to equip the participants, by upgrading their knowledge, skills and behavioural understanding to handle the existing job better and handle likely job assignments during the next five years of service. Foundational and institutional training at Academy of Administrative, Mussoorie as well as the work experience in the initial years of service have been kept in views while designing the training course.

The approach adopted is menu-type as different groups of participants are likely to have slightly different needs from one another. The training modules comprise "Organizational Behaviour", "Financial Management", and "Decentralized Planning", "Computer Training", "Marketing Management" and "Administrative Technology" and the newly added "Gender Issues".

The training also includes meeting with very eminent speakers for an issue of socio-economic significance and a local sight-seeing tour.

10 – 16 years Service:

The 3-week programme aims at exposing the participants to key management concepts with special relevance to management in Government and Public Sector. The programme also includes a week's study relating the working of an actual organization/programme in a real life situation or even self-study of a functional area offered by the training institution and its impact on Public Administration and Computer Application in Government.

Apart from the course, organized by the Department of Personnel, states also sponsor orientation courses for their IAS officers in their training institutions where stress is laid more on the local issues then the national issues

Appendix IV

Details of Training Courses attended by an IAS Officer of Secretary level to Government of India with 33 years of Service

1961	Foundation Course at the Lal Bahadur Shastri Academy of Administration, Mussoorie
1968	One week course in Finance Management conducted by the Indian Institute of Public Administration, New Delhi

1973	6 months course at the Nuffield Foundation, U.K. This is a prestigious course founded by a philanthropist and on the lines conducted by Ford Foundation. The course related to development problems with particular reference to transport
1979	3 weeks course conducted by the Economic Development Institute – a World Bank affiliate at the Administrative Staff College, Hyderabad
1981	One year course at the Indian Institute of Public Administration on Advanced Professional Programme for Administration
1985	One week course at the Management Development Institute, Gurgaon, on Finance for the non-Finance executives
1986	One Week course at the Indian Institute of Foreign Trade on Foreign Trade Policy
1987	One week course on Food Management

Veränderungstendenzen der deutschen Verwaltung als Antwort auf internationale Entwicklungstrends. Herausforderung an die Managemententwicklung durch Fortbildung

Von Irene Chowdhuri

I. Internationale Entwicklungstrends in der öffentlichen Verwaltung

Weltweit durchzieht seit 15 Jahren in vielen westlichen Industriestaaten eine Welle an Veränderungen die öffentliche Verwaltung, mit der Zielrichtung, neue Organisations- und Steuerungskonzepte zu finden. Sind auch die politischen Ursachen und die Verwaltungstraditionen, aus denen der Aufbruch geschieht, sehr unterschiedlich, kristallisieren sich doch überall einige zentrale Leitgedanken deutlich heraus, die in plakativen Stichworten lauten:

– Verwaltung als Dienstleistungsunternehmen für den Bürger;

– Rückbau der staatlichen Aufgaben durch Verlagerung auf private Unternehmen oder den Dritten Sektor und Private-Public-Partnership;

– Optimierung der Finanzsteuerung;

– Steigerung der Handlungsfähigkeit durch neue Managementmethoden;

– Erhöhung der Leistungsorientierung beim Personal.

Diese Auflistung bündelt Reformtrends, aus denen sich deutlich ein gewandeltes Verständnis von Aufgaben des Staates und Funktionen der Verwaltung herausschält. Sie weist auch den Weg in die damit notwendigerweise einhergehende Reform des Verwaltungsmanagements, die als „New Public Management", einem an Privatunternehmen orientierten Managementkonzept, weltweit zu einem Begriff geworden ist.

Was sind die Ursachen eines so weltweiten Wandels? Einige Faktoren ragen deutlich heraus.[1]

---

[1] Vgl. *Christoph Reichard*, Internationale Entwicklungstrends im kommunalen Management, in: Banner/Reichard (Hrsg.), Kommunale Managementkonzepte in Europa, Köln 1993, S. 6.

Unzufriedenheit mit Defiziten der öffentlichen Verwaltung, die ihre Aufgaben schwerfällig und selten innovativ erfüllt, die in wenig produktiven Strukturen und Abläufen verharrt, die begründeten Leistungserwartungen von außen oft nicht gerecht werden kann.

Damit einher geht eine Kritik am Management der öffentlichen Verwaltung, das an etlichen Stellen als wenig effizient und veränderungsbedürftig erlebt wird. Ein deutlicher Druck entsteht auch durch die weltweite Verschärfung der ökonomischen Krise, die bereits zu dramatischen Kürzungen staatlicher Budgets führte und damit auch eine Neuorientierung forderte.

Trotz aller Gemeinsamkeiten in den Leitideen darf nicht aus dem Blickfeld geraten, daß sich öffentliche Verwaltungen verschiedener Länder – gerade auch in ihrer Verwaltungskultur – deutlich unterscheiden. Aus einer internationalen und interkulturellen Orientierung kann jedoch viel Gewinn gezogen werden, wenn man Ansätze vergleicht und da, wo es gewollt wird und möglich ist, Ideen und Verfahren transformiert.

Für den europäischen Raum sind die Reformen im staatlichen und kommunalen Bereich in Österreich, der Schweiz, Frankreich, Großbritannien, den Niederlanden und den skandinavischen Ländern sehr lehrreich.[2] Konzepte zur Veränderung des Rechnungswesens, zur Personalentwickung, zu neuen Ansätzen in Planung, Organisation und Steuerung sind dort überall, wenn auch auf der Grundlage sehr unterschiedlicher politischer Zielsetzungen, zu finden.

In England, wo die Kommunalverwaltung keine verfassungsrechtlich gesicherte Stellung hat, hat das Parlament seit Anfang der 80er Jahre per Gesetz dem Bürger größeren Einfluß auf kommunale Aufgaben eingeräumt und einen durchgreifenden „Markttest" eingeführt. Bisher öffentlich erbrachte Leistungen werden ausgeschrieben und damit auch dem Angebot privater Einrichtungen geöffnet. Das führt zu Wettbewerb und zwingt zu einer genauen Definition der zu erbringenden Leistung. Der Staat muß aber weiterhin als „Enabling Authority" dafür sorgen, daß die Aufgaben erfüllt werden.

Besonders originell und kreativ ist der Weg, den die skandinavischen Länder gehen. Kommunen, die sich für das „Free Commune Experiment" entschließen, können sich von bestimmten Gesetzesvorschriften freistellen lassen, um mit alternativen Formen von Organisation und Leistungserbringung experimentieren zu können. Neben diesen beiden exemplarisch aufgeführten Ländern gelten für Deutschland die Reformen in niederländischen Kommunen als besonders richtungweisend. Darüber wird später noch kurz zu berichten sein.

---

[2] Näheres bei *Gerhard Banner*, Die internationale Entwicklung im kommunalen Management und ihre Rezeption in Deutschland, in: Banner/Reichard (Hrsg.), Kommunale Managementkonzepte in Europa, Köln 1993, S. 185 ff.; darin auch *Dietrich Budäus*, Kommunale Verwaltungen in der Bundesrepublik Deutschland zwischen Leistungsdefizit und Modernisierungsdruck, S. 174 f.; ebenso *Christoph Reichard*, Internationale Entwicklungstrends im kommunalen Management, S. 7 ff.

Im außereuropäischen Raum lohnt der Blick nach Nordamerika, dem Land, das schon vor Jahren in einigen Städten neue Standards setzte, nach Australien und Neuseeland. Neuseeland gilt weltweit als führend bei Managementreformen, hohem Qualitätsstandard seiner Verwaltungsleistungen und damit verknüpfter konsequenter Bürgernähe.

II. Die Rezeption internationaler Konzepte und Erfahrungen in der deutschen Verwaltung

Auf die Bundesrepublik Deutschland blieben die konsequenten Reformen in anderen Ländern lange Zeit ohne tiefgehende Wirkung. Erst als der finanzielle Druck immer deutlicher zunahm, kam es auch hier zu einer breiteren Öffnung neuen Ideen gegenüber.

In den letzten Jahren haben sich in Deutschland die Kommunen an die Spitze der Reformbewegung gesetzt, ihnen folgen jetzt zunehmend auch die Landesverwaltungen der alten Bundesländer.[3] Viele Kommunen sind auf dem Weg der Umwandlung zu Dienstleistungsunternehmen, die dem einzelnen Bürger und anderen Leistungsempfängern bedarfsorientierte Produkte in einem guten Preis-Leistungsverhältnis anbieten wollen. Der Druck zur Veränderung kommt nicht nur von außen, von den Leistungsabnehmern, er wächst vielmehr vermehrt auch im Inneren: Mitarbeiter wollen ihre eigenen Arbeitsbedingungen grundlegend erneuert wissen und sind dazu bereit, sich in einen Veränderungs- und Entwicklungsprozeß hineinzubegeben.

Vor diesem Aufbruch bemühten sich Behörden, zum Teil schon seit Jahren sehr nachdrücklich, den Dienstleistungsgedanken zu stärken. Es wurden Bürgerbüros und Bürgerberatungsstellen eingerichtet, am Verwaltungsservice und an der Verwaltungssprache gearbeitet. Die Beratungsqualität in den Fachämtern stieg an, ein Bemühen, fachübergreifend Verwaltungsabläufe besser zu koordinieren, war zu verzeichnen. Diese Ansätze blieben parzelliert, waren Anpassungsmaßnahmen ohne tiefgehende Wirkung, änderten deshalb an den kritischen Kernpunkten nur wenig: der zu starken Binnenausrichtung der Verwaltung, unvollständigem Wissen über Erwartungen von außen, einem fast vollständigen Fehlen von Kosten- und Leistungsvergleich sowie Wettbewerb, einem unzulänglichen Verwaltungsmanagement.

---

[3] Modernisierungsansätze gibt es beispielsweise in Baden-Württemberg und Rheinland-Pfalz, Innenministerium Baden-Württemberg (Hrsg.), Strategisches Personalmanagement für die Landesverwaltung Baden-Württemberg, Stuttgart 1993; *Werner Korintenberg*, Anforderungen an die öffentliche Verwaltung aus der Sicht der Mitarbeiter, in: *Hill/Klages*, Qualitäts- und erfolgsorientiertes Verwaltungsmanagement. Aktuelle Tendenzen und Entwürfe, Berlin 1993.

Diese Vorläufer stellen aber durchaus eine gute Ausgangsbasis für eine umfassende grundlegende Veränderung dar.

Eine konsequente Neuorientierung zu etablieren erfordert ein neues Gesamtsystem auf der Grundlage eines veränderten Leitbildes, das in dem Appell zum Ausdruck kommt: von der Behörde zum Dienstleistungsunternehmen.[4]

Trotz unterschiedlicher Akzentuierung ist bei den Grundlinien der Veränderung hin zum Dienstleistungsunternehmen Verwaltung bundesweit eine große Parallelität zu finden. Dies hat mit der großen Vergleichbarkeit der Problemlagen in den Kommunen zu tun und der Art der Verbreitung modellhafter Vorstellungen. Daß Deutschland nicht zu den Vorreitern einer Verwaltungsreform zählt, erweist sich da als Vorteil, wo auf Ideen und Erfahrungen, die andernorts gesammelt wurden, zurückgegriffen werden kann.

Besondere Verdienste hat sich die Kommunale Gemeinschaftsstelle für Verwaltungsvereinfachung (KGST) in Köln erworben, die seit Anfang der 90er Jahre sehr nachdrücklich Reformvorschläge unterbreitet und sich dabei vorrangig an den Entwicklungen in den Niederlanden ausgerichtet hat, einem Land mit den Vorzügen einer Deutschland vergleichbaren Verwaltungskultur und enger Nachbarschaft. Die inzwischen weltweit bekannte Stadt Tilburg mit 160.000 Einwohnern dient häufig als Modell, weil sie ein relativ geschlossenes Veränderungssystem aufweist, Erfolge in der Umsetzung vorweisen kann und zugleich auch die angestrebte Haushaltskonsolidierung erreicht hat.

Wie sehen die Grundpfeiler des Modells aus, das neuen Steuerungstendenzen in der deutschen Verwaltung die Richtung weist?

III. Leitbilder einer veränderten Verwaltungssteuerung in Deutschland

1. Grundzüge

Eckwerte sind eine neue Organisationsstruktur und ein verändertes Rechnungswesen, verbunden durch ein modernes betriebswirtschaftliches Managementsystem.[5]

Tragende Elemente einer neuen, auch den Finanzbereich umfassenden Steuerung sind die von der Verwaltung zu erbringenden Produkte.[6] Um diese inhaltlich

---

[4] Vgl. *Gerhard Banner*, Von der Behörde zum Dienstleistungsunternehmen, in: VOP 1991, S. 6 – 11.

[5] Vgl. KGST-Bericht Nr. 5/1993, Das Neue Steuerungsmodell.

[6] Vgl. *Michael Blume*, Zur Diskussion um ein neues Steuerungsmodell für Kommunalverwaltungen – Argumente und Einwände, in: Der Gemeindehaushalt, 1/1993, S. 1 ff.; genaueres zum Produktbegriff im KGST-Bericht Nr. 8/1994, Das neue Steuerungsmodell: Definition und Beschreibung von Produkten.

bestimmen zu können, ist es notwendig, die vielfältigen Einzelaktivitäten und Leistungsergebnisse der Verwaltung (in Produkten) zusammenzufassen und sie einer Überprüfung und Weiterentwicklung gegenüber offenzuhalten: bezogen auf Menge und Nachfrage, Kostengesichtspunkte sowie Kriterien der Qualität, die sich an Kennzahlen wie Dauer bei Bescheiden, Wartezeit in Behörden und Kundenzufriedenheit festmachen lassen. Sind Produkte über quantitative und qualitative Kennzahlen beschrieben, sind sie Grundlage, um sowohl auf der fachlichen als auch auf der finanziellen Seite planen zu können.

Definierte Leistungen und Produkte bilden auch eine Steuerungsgrundlage im Zusammenspiel zwischen Politik und Verwaltung.

Ein Steuerungsleitbild im Sinne einer Unternehmensphilosophie zu entwickeln, Handlungsziele als Grundlage von Leistungsaufträgen festzulegen, Budgets zur Verfügung zu stellen, Spielräume zu geben, aber zugleich die Arbeit der Verwaltung zu kontrollieren, ist Aufgabe der Politik. Aufgabe der Verwaltung ist es, die politischen Handlungsziele in Form von Leistungen (Produkten) umzusetzen und die politische Führung präzise über die Ergebnisse zu informieren. Die klare Arbeitsverteilung lautet: das „Was" ist Aufgabe der Politik, das „Wie" ist Aufgabe der Verwaltung.

Mit einem Kontrakt werden zwischen politischer Führung und der Verwaltung verbindliche Vereinbarungen über Ziele und Leistungen getroffen und den Fachabteilungen zu deren Erfüllung Budgets zur Verfügung gestellt. Die Verwaltung muß sicherstellen, daß die politische Führung die für die Wahrnehmung ihrer Verantwortung notwendigen Informationen erhält, um regulierend in den Prozeß der Leistungserbringung eingreifen zu können. Dazu ist ein Controlling-System notwendig, dessen Kernbestandteil ein Berichtswesen ist. Übergreifendes Leitbild ist eine Steuerung auf Abstand, in der politisch Verantwortliche sich nicht mehr in die Details der Verwaltungsarbeit hineinbegeben.

Zur veränderten Steuerung im Verhältnis Politik – Verwaltung müssen als Entsprechung auch die Verantwortlichkeiten innerhalb der Verwaltung neu ausgestaltet werden. Die Gesamtverantwortung muß dezentral in die Fachbereiche gehen.

Da Wahrnehmung von Verantwortung Freiheit zur Voraussetzung hat, benötigen die Fachabteilungen Spielräume, was den Einsatz der Ressourcen Personal, Sachmittel, Geld angeht. Sie müssen die bereitgestellten Mittel selbst bewirtschaften können, über Organisation, Personaleinsatz, Automatisierung relativ selbständig entscheiden und betriebswirtschaftliche Handlungsgrößen, wie Kosten- und Leistungsrechnung, Kenn- und Richtzahlen handhaben können.

Die bisherige Trennung, Ressourcenverantwortlichkeit bei den Querschnittsämtern, fachliche Zuständigkeit bei den Fachämtern, ist im Sinne eines veränderten Steuerungsmodells nicht aufrechtzuerhalten. Sie läßt eine echte Zuordnung von Verantwortung nicht zu, da traditionellerweise bei Mängelrügen der Ball „Wer trägt die Schuld" immer zwischen Fachamt und Querschnittsämtern hin- und hergeworfen wird. Die Querschnittsbereiche behalten nach dem veränderten Modell weniger direkten Einfluß und Macht, vielmehr müssen sie ihr Aufgabenverständnis wandeln, in Richtung allgemeiner Steuerung, Service und Beratung.[7]

Die Verantwortung muß auch in den Facheinheiten anders verteilt werden. Jeder Mitarbeiter sollte eine seiner Funktion entsprechende möglichst umfassende persönliche Verantwortung für die Ergebnisse seines Handelns und die Verwendung von Ressourcen erhalten. So wie es zwischen politischer Ebene und der Verwaltung Kontrakte gibt, müssen sie auch im Fachamt zwischen Führung und Mitarbeitern geschlossen werden, bezogen auf Leistungen, Budgets und Handlungsspielräume. Ein größerer Handlungsfreiraum kann auch einen Beitrag zur Erhöhung der Arbeitszufriedenheit leisten, da er die in der Regel gut ausgebildeten Verwaltungsmitarbeiter stärker fordert.

Über die Auswirkungen einer veränderten Steuerung auf die Verwaltungsführung wird an anderer Stelle noch genauer zu sprechen sein.

Die Ausführungen decken weitgehend das ab, was an modellhaften Vorstellungen in Deutschland eine allgemeine Richtschnur ist. Sie sind in ihrer Allgemeinheit sehr abstrakt und stark vereinfacht, klammern das Problem nicht quantifizierbarer und monetär festzulegender Leistungen aus. Inhaltliche Fragen, die zu stellen sind, wenn es darum geht zu prüfen, wie sich moderne Steuerungssysteme im Spiegel fachlich-methodischer und rechtlicher Anforderungen darstellen[8], sind hier trotz ihres großen Stellenwerts bewußt ausgeklammert.

2. Der Reformansatz in der Berliner Verwaltung

Für den Berliner Senat stellt die Verwaltungsreform einen besonderen Politikschwerpunkt dar.[9] Berlin reiht sich damit in den Kreis deutscher Reform-Städte und -Länder ein und vollzieht diesen Schritt insbesondere auch aus seiner besonderen Verantwortung heraus: als Hauptstadt und künftiger Regierungssitz, europäische Metropole, Tor zum Osten und Brennpunkt des Zusammenwachsens von „Ost" und „West".

Da Berlin als Stadtstaat Stadt und Land zugleich ist, ministerielle und kommunale Aufgaben also zugleich bewältigt werden müssen, stellen sich auch Reformvorhaben ungleich schwieriger dar, als es in Kommunen der Fall ist. Staatliche und gemeindliche Tätigkeiten sind in Berlin nicht getrennt.[10] Die kommunalen Verwal-

---

[7] Vgl. *Christoph Reichard*, Thesen und Fragen zum „Berliner Steuerungsmodell", interne Veröffentlichung für das „Forum Verwaltungsreform" der Verwaltungsakademie Berlin im Februar 1994.

[8] Beispielhaft verdeutlicht es *Rainer Pitschas*, Jugendhilfe im „Unternehmen Stadt", VOP 1/1994, S. 13 ff.

[9] Senatsbeschluß Nr. 3765/93 vom 24. August 1993: Verwirklichung der Reform der Berliner Verwaltung.

tungseinheiten, die 23 Bezirke, sind Selbstverwaltungseinheiten ohne Rechtspersönlichkeit, können damit entgegen den Rechten von Gemeinden auch keine Satzungen erlassen. Aufgabe der Bezirke ist die örtliche Durchführung von Gesetzen und Verordnungen nach den allgemeinen Anweisungen des Senats.

Der Senat stellt Verwaltungsrichtlinien auf und steuert über die Hauptverwaltung mit ihren 13 Senatsverwaltungen Angelegenheiten, die von übergeordneter Bedeutung sind oder einer einheitlichen Durchführung bedürfen. Der Senat übt auch die Aufsicht über die Bezirke aus, durch Rechts- oder Fachaufsicht.

Mit diesen wenigen Ausführungen zur verfassungsmäßigen Ordnung Berlins muß es hier sein Bewenden haben. Sie lassen aber vermutlich schon erahnen, wo die Probleme liegen, an denen Veränderungen ansetzen müssen.

Überlegungen zur Verwaltungsreform in Berlin beinhalten mehr als nur die Einführung eines veränderten Rechnungs- und Steuerungssystems innerhalb der kommunalen und ministeriellen Ebene. Sie umfassen auch eine Funktionalreform, also einen veränderten Zuschnitt von Verantwortlichkeiten zwischen Hauptverwaltung und Bezirken und Überlegungen zu einer Neuordnung der Stadtstruktur, bei der Zahl und Zuschnitt von kommunalen Verwaltungseinheiten und der organisatorische Aufbau der Hauptverwaltung zur Diskussion stehen. Hierzu gibt es bisher zahlreiche Überlegungen, die kontrovers diskutiert werden. Konkrete Beschlüsse betreffen die Einführung eines betriebswirtschaftlichen Steuerungssystems zur Verbesserung von Effektivität und Effizienz der Berliner Verwaltung, zunächst in Teilbereichen von 4 ausgewählten Senatsverwaltungen und allen 23 Bezirken.[11] Wesentliche Elemente der veränderten Steuerung sind auch in Berlin dezentrale Ressourcenverantwortung mit Eigenverantwortlichkeit, Einführung eines Kostenrechnungssystems auf der Grundlage von Produkten, Budgetverfügbarkeit, Leistungsorientierung und – ganz allgemein – ein Management auf der Grundlage betriebswirtschaftlicher Steuerungsinstrumente.

IV. Verwaltungsreform als Auftrag zur Managemententwicklung durch Fortbildung

1. Erwartungen an die Managemententwicklung

Die bisherigen Ausführungen haben gezeigt, daß das Verwaltungsmanagement auf eine grundlegend neue Basis gestellt werden muß. Um die angestrebten Ziele

---

[10] Genaueres in *Ernst Srocke*, Die Gesetze über die Berliner Verwaltung, Verfassung von Berlin, Berlin 1993, S. 5 ff. Vgl. ebenso Landeszentrale für politische Bildungsarbeit Berlin, Aufbau und Aufgaben der Berliner Bezirksverwaltung, Berlin 1992.

[11] Senatsbeschluß Nr. 4690/94 vom 26. April 1994: Einführung eines neuen Führungs- und Steuerungssystems einschließlich einer betriebswirtschaftlichen Kosten- und Leistungsrechnung in der Berliner Verwaltung.

erreichen zu können, ist der Wille zum Aufbruch und zur radikalen Veränderung bei Führungskräften aus Politik und Verwaltung Voraussetzung. Das ist leicht gesagt und um so viel schwerer getan, wenn man die Eckwerte der Veränderung absteckt und dabei die Dimensionen des Wandels zu erfassen versucht. Es hilft, sich die besondere Tragweite des Vorhabens vor Augen zu führen, indem die Ausgangsposition reflektiert wird.

Das besondere Qualitätsmerkmal der deutschen Verwaltung, das ihr auch zu internationaler Anerkennung verholfen hat, resultiert aus ihrer starken rechtlichen Bindung, die sie berechenbar und verläßlich macht und dem einzelnen Bürger und Interessensgruppen auch die Rahmenbedingungen gibt, ihre Ansprüche in geregelten Verfahren wahren zu können.

Auf der Minusseite schlagen die Gesichtspunkte zu Buche, die eingangs schon genannt wurden: die Aufgeblähtheit des Verwaltungsapparates, zu hohe, nicht genau spezifizierbare Kosten (insbesondere Personalkosten), Qualitätsdefizite in der Steuerung, wenig durchdachte Prozesse der Leistungserbringung.[12] Mitarbeiter, die Führungsverantwortung tragen, sind auf die Übernahme von Personalverantwortung nicht vorbereitet, die vermeintlich „geborene" gute Führungskraft ist äußerst selten zu finden. Ein autoritärer Führungsstil hat noch zu oft die Oberhand.[13] Eine systematische Entwicklung von Verwaltungspersonal über die Ausbildung hinaus, findet selten statt,[14] an Anreizen durch Zulagen oder nichtmonetäre Formen der Würdigung besonderer Leistung mangelt es. Die autoritären Strukturen schränken die Verantwortung der Mitarbeiter ein und wirken nur allzu häufig demotivierend.

Dieser Negativkatalog könnte Veranlassung sein, an den Umsetzungschancen eines veränderten Führungs- und Steuerungssystems zu zweifeln und frühzeitig zu resignieren. Er kann und sollte aber vielmehr dazu herangezogen werden, realistische Ankerpunkte zu bilden, von denen aus der Bogen der Veränderung gespannt und Dimensionen des Veränderungsweges ermessen werden können. Er kann dann auch als Gradmesser des Erfolgs herangezogen werden.

Dieser Erfolg wird nur über eine systematische Personalentwicklung zu erreichen sein, die unter strategischen Gesichtspunkten einen Schwerpunkt bei der Fortbildung von Führungskräften und von Führungsnachwuchs zu setzen hat.[15] Die

---

[12] Vgl. *Christoph Reichard*, Umdenken im Rathaus, Berlin 1994, S. 13.

[13] Vgl. *Helmut Klages*, Führung und Arbeitsmotivation, in: Jost Goller u.a. (Hrsg.), Handbuch Verwaltungsmanagement, Stuttgart 1991.

[14] Ein positives Beispiel für Personalentwicklung ist in der Stadt Duisburg zu finden. Genaueres in: Stadt Duisburg, Der Oberstadtdirektor, Duisburg 2000, Perspektiven der Stadtverwaltung, Personalentwicklung, o.J.; Ebenfalls hervorzuheben die Stadt Hamburg, Senatsamt für den Verwaltungsdienst – Personalamt, Strategische Personalentwicklung in der Hamburgischen Verwaltung, Hamburg 1993.

[15] Zum besonderen Stellenwert der Personalentwicklung vgl. die Ausführungen bei *Helmut Klages*, Personalentwicklung in der öffentlichen Verwaltung, in: *Schanz, G.*, Handbuch

Anpassungserfordernisse des neuen Führungs- und Steuerungsmodells verlangen von Führungskräften gleichermaßen: das Vorhandensein einer positiven inneren Einstellung dazu, sich zusätzlich qualifizieren, Neues lernen und umlernen zu wollen, wie auch die Bereitschaft, sich gemeinsam mit anderen Führungskräften und Mitarbeitern auf Bearbeiterebene in den Lernprozeß hineinzubegeben, Handlungsalternativen zu erarbeiten und in Veränderungsprozessen anzuwenden. Es macht die Besonderheit dieses Vorhabens in weiten Teilen aus, daß es nur gelingen kann, wenn es zu einem Bruch mit gewohnten Verhaltensweisen, vertrauten Methoden und eingefahrenen vermeintlichen Erfolgsrezepten kommt. Lernen dieser Art ist eine deutliche kognitive und verhaltensmäßige Herausforderung und verlangt einen Balanceakt, wenn es darum geht, Ziele und Interessen des Individuums, der Organisationseinheit, in der es tätig ist, und der Mitarbeiter mit denen des veränderten Steuerungssystems in Einklang zu bringen. Um den Anteil an Brüchen, Widersprüchen und Diskrepanzen klein zu halten, müssen die Stärkung von Wissen und Fähigkeiten der Führungskräfte, die Lernprozesse von Mitarbeitern und die Umgestaltung der Organisationseinheit im Sinne einer Organisationsentwicklung sehr bald Hand in Hand gehen.

Um der Komplexität in ihrer Gesamtheit gerecht zu werden, darf auch hier nicht unerwähnt bleiben, daß nicht die Umgestaltung an sich, sondern auch die Ausrichtung auf die Besonderheiten des jeweiligen Politikfeldes mit seinen Traditionen und Spezifika ein notwendiges Erfordernis ist.

2. Die Managemententwicklung in Berlin

Die politische Führung der Stadt hat die besondere Bedeutung der Führungskräfteentwicklung für den Prozeß der Verwaltungsreform erkannt und ein deutliches Zeichen gesetzt: An der Berliner Verwaltungsakademie, der traditionsreichen Aus- und Fortbildungseinrichtung der Berliner Verwaltung, wurde 1994, im 75. Jahr ihres Bestehens, ein Institut für Verwaltungsmanagement gebildet. Dieses Institut hat seine Hauptaufgabe darin, Führungskräfte zu befähigen, im Sinne einer veränderten Führung und Steuerung gestaltend zu wirken. Im Herbst 1994 legte dieses Institut sein erstes eigenes Fortbildungsprogramm vor.[16] Es wurde konzeptionell entwickelt, als der Aufbruch in ein verändertes Steuerungssystem noch bevorstand und wird sich zukünftig im Zusammenspiel mit anderen Verantwortungsträgern, im Dialog mit den Pilotverwaltungen und den prozeßsteuernden Unternehmensberatungsfirmen inhaltlich weiterentwickeln, stärker prozeßbezogen konkretisieren und verfeinern.

Anreizsysteme in Wirtschaft und Verwaltung, Stuttgart 1991, S. 1149 ff. und *Günther Leis*, Möglichkeiten und Grenzen der Personalentwicklung in der öffentlichen Verwaltung, in: Verwaltung und Fortbildung 2/1994, S. 105 ff.

[16] Institut für Verwaltungsmanagement an der Verwaltungsakademie Berlin, Programm Wintersemester 1994/95.

3. Der Ansatz des Instituts für Verwaltungsmanagement

a) Steigerung grundlegender Kompetenzen als Schlüsselqualifikationen für Veränderung

Als Modell einer Managemententwicklung durch Fortbildung werden die rahmensetzenden konzeptionellen Überlegungen und ihre Ausformung in Veranstaltungen am Institut für Verwaltungsmanagement der Verwaltungsakademie Berlin dargelegt.

Erfolg von Veränderung, Wissen in Nutzen umsetzen zu können, hat zur Voraussetzung, daß Führungskräfte vielfältigen neuen Anforderungen entsprechen können und sich auch als Vorreiter an die Spitze der Veränderung setzen wollen.

An vier Kompetenzfeldern muß die Fortbildung der Führungskräfte ansetzen, damit Schlüsselqualifikationen erworben werden können, die Tore zur Veränderung aufschließen und weit öffnen.[17] Stärkung von persönlicher Kompetenz, Führungs- und Sozialkompetenz, fachlich-methodischer Kompetenz sowie von konzeptioneller und strategischer Kompetenz sind gefordert. Diese vier Kompetenzkomplexe stehen wiederum im Bezugsystem von Fachaufgaben, Behördenorganisation/Strukturen und Bezugsgruppen: im inneren Bereich die politische Führung, gegebenenfalls Vorgesetzte und Mitarbeiter, im äußeren Bereich Bürger und weitere Adressaten von Leistungen sowie eine allgemeine Öffentlichkeit.

Die *persönliche Kompetenz* umfaßt den bewußten, reflektierenden Umgang mit sich selbst, die Kenntnis eigener Stärken und Schwächen, die Bereitschaft zur Weiterentwicklung und zur kritischen Betrachtung eingefahrener Denk- und Verhaltensmuster, Offenheit gegenüber Neuem, Anderem, Unvertrautem. Sie zeichnet sich durch qualitative Merkmale aus wie: positive Grundeinstellung zu Aufgaben und Mitarbeitern, Verantwortungsfreude, konstruktive Konfliktlösungsfähigkeit.

Die *Führungs- und Sozialkompetenz* fußt auf der persönlichen Kompetenz und bereichert sie durch interaktive und integrative Fähigkeiten. Kommunikation stellt die Grundbedingung dar, um sich gemeinsam, im Dialog mit Mitarbeitern, Aufgaben stellen zu können, um Verantwortung delegieren, Mitarbeiter motivieren, unterstützen, begleiten, aber auch herausfordern zu können und Konfrontationen zu wagen. Förderung und Forderung sind gleichermaßen notwendige Erfordernisse.

Fach- und Methodenkompetenz. Mit Blickrichtung auf eine veränderte Steuerung gehören grundlegende Kenntnisse moderner Managementmethoden und allgemeines betriebswirtschaftliches Grundlagenwissen zum elementaren Rüstzeug der Fachkompetenz. Es wird um Methodenwissen ergänzt, das Kenntnisse über Verfahren und Instrumente liefert, die helfen, besser planen, entscheiden, präsentieren und moderieren zu können.

---

[17] Vgl. hierzu das dreiteilige Kompetenzmodell von *Helga Hausmann*, in: Management Zeitschrift 63 (1994) Nr. 4, S. 39 ff.

Konzeptionelle und strategische Kompetenz. Konzeptionelle Kompetenz bedeutet systematische, intellektuelle Durchdringung des Veränderungsauftrags, Entwicklung von Leitgedanken und Visionen, mit dem Ziel eines gedanklichen Gesamtentwurfs. Sie erfordert Denken in Zusammenhängen und Vernetzungen unter Berücksichtigung von Zielen, organisatorischen und personellen Rahmenbedingungen und einer Ausrichtung auf Veränderbarkeit. Konzeptionelle Kompetenz bedarf der Ergänzung durch strategische Kompetenz, die für die wirkungsvolle Umsetzung von Konzepten das Rüstzeug bietet.

Die vier Kompetenzbereiche sind eng miteinander verwoben. Ihre vielseitige Entfaltung, ihre wechselseitige Beziehung erhöht die Managementqualitäten von Führungskräften.

b) Das Fortbildungsangebot für Führungskräfte

Das Programmangebot des Instituts für Verwaltungsmanagement unterstützt die Arbeit von Führungskräften in allen vier Kompetenzbereichen. Es ist zugeschnitten auf unterschiedliche Abstraktions- und Komplexitätsgrade, die das Führen auf verschiedenen Verantwortungsebenen mit sich bringt. Es setzt sich aus zwei Bereichen mit insgesamt 7 Feldern zusammen.

Der Bereich I umfaßt Veranstaltungen, in denen – behördenübergreifend – Führungskräfte aus etwa vergleichbaren Ebenen zusammenkommen.

Die Vielfalt an Kenntnissen, Erfahrungen und Ideen, die aus dem unterschiedlichen Fach- und Organisationsbezug der Teilnehmer resultiert, wirkt herausfordernd und anregend für den Lernvorgang. Auf der Grundlage des großen Angebots in 6 Feldern können Führungskräfte eine individuelle Schwerpunktsetzung vornehmen.

Bereich I: Behördenübergreifende Veranstaltungen

1. Impulse, Erfahrungsaustausch, Gespräche für Führungskräfte in Spitzenpositionen

Führungskräfte in Spitzenpositionen müssen besondere Erwartungen erfüllen, was die zu erbringende konzeptionelle Leistung bei der Umsetzung eines veränderten Führungs- und Steuerungssystems angeht. Die differenzierte Orientierung muß sich nach innen und außen richten. Sie hat sowohl vergleichbare Trends und Entwicklungen in der privaten Wirtschaft und anderen in- und ausländischen Kommunen und Landesverwaltungen zu berücksichtigen, wie auch ein verstärktes Augenmerk darauf zu richten, wie sich ein neues Führungs- und Steuerungssystem auf die Bewältigung stark vernetzter Verwaltungsaufgaben in verschiedenen Politikbereichen auswirkt. Die Einbeziehung der politischen Ebene ist unerläßlich.

2. Effektives Verwaltungsmanagement

Schwerpunkte des zweiten Feldes sind betriebswirtschaftliches Grundlagenwissen, von kostenbewußtem Handeln bis hin zum Controlling sowie Qualitätssteigerung durch Ausrichtung nach außen – Kundenorientierung – und innen – systematische Mitarbeiteraktivierung.

3. Steuerung von Veränderungsprozessen

Psychologie und Dynamik von Veränderungen, die Rolle der Führungskraft in Veränderungsprozessen und bei der Entwicklung einer neuen Verwaltungskultur, Steuerung durch Personal- und Teamentwicklung werden in diesem Feld zum Thema gemacht.

4. Führung und Kommunikation

Stärkung allgemeiner Führungsfähigkeit ist ebenso das Ziel dieses Bereichs wie die Arbeit an speziellen Gesichtspunkten: Delegation, Motivation, Führen durch Zielvereinbarung, gute Gesprächsführung, Leitung von Besprechungen und Verhandlungen.

5. Selbstmanagement und persönliche Arbeitstechniken

Seminare zur Steigerung von Kreativität, zu Techniken der Streßbewältigung bei Belastungssituationen und Beratung fortbildungserfahrener Führungskräfte im Sinne von Coaching bestimmen das Bild dieses Feldes.

6. Seminarreihen

Seminarreihen bieten durch eine systematische Folge von Veranstaltungen den Rahmen dafür, daß Führungskräfte über einen längeren Zeitraum in einer konstanten Lerngruppe gemeinsam ihr Wissen und ihre Fähigkeiten zur Wahrnehmung der Führungsaufgaben optimieren können. Die Reihen richten sich an vier Zielgruppen. Führungskräfte im höheren Dienst, die besonders herausgehobene Aufgaben wahrnehmen, Führungskräfte in den Eingangsämtern des höheren Dienstes, Führungskräfte des gehobenen Dienstes und Führungsnachwuchs, in der Regel aus dem gehobenen Dienst.

Bereich II: Geschlossene Veranstaltungen

7. Seminare für besondere Zielgruppen aus geschlossenen Organisationseinheiten

Als eine gleichermaßen wichtige wie auch zwingend notwendige Ergänzung ist die organisationsbezogene Fortbildung von Führungskräften zu bezeichnen. Für Gruppen von Führungskräften aus Senats- und Bezirksverwaltungen werden Veranstaltungen konzipiert, die in ihrer inhaltlichen Ausrichtung auf Frage- und Problemstellungen dieser Organisationseinheiten genau abgestimmt sind. In einer Folge von Seminaren, die in der Regel im Top-Down-Ansatz durchgeführt werden, also auch die Führungsspitzen mit einschließen, begeben sich die Leitungskräfte aller Hierarchiestufen im Sinne eines lernenden Systems in einen

Entwicklungsprozeß hinein. Daß dieser Ansatz der organisationsbezogenen Qualifizierung zunehmend von den Bereichen, die Vorreiter der Veränderung sind, nachgefragt wird, kann nicht verwundern. Er wird in Zukunft, mengenmäßig und inhaltlich, eine deutliche Ausweitung erfahren und einen engeren Zuschnitt, hin zur systematischen Organisationsentwicklung, erhalten müssen. Hier wird ein Hauptschwerpunkt der Qualifizierungsarbeit liegen.

V. Voraussetzungen für den durchgreifenden Erfolg eines neuen Führungs- und Steuerungssystems

Wer hofft, daß mit der Bereitstellung einer großen Zahl an Fortbildungsmaßnahmen der Erfolg von Veränderungen gesichert ist, muß sich entgegenhalten lassen, daß Fortbildung zwar eine zwingend notwendige, keineswegs aber hinreichende Voraussetzung für den Veränderungserfolg ist. Wie nuancenreich die Angebotspalette des Programms auch ist, erst durch die Umsetzung über Führungskräfte und Mitarbeiter kann das, was als Input gegeben wurde, auch zum Output werden, der Wirksamkeit entfaltet. Die Umsetzung kann nur dann erfolgreich sein, wenn Fortbildung strategisch in den Gesamtansatz der Reform eingefügt wird.

Um den Veränderungsprozeß wegen der zu erwartenden Dynamik immer wieder an Fixpunkten festmachen und mit den Erwartungen realistisch bleiben zu können, sind Rahmenbedingungen zu definieren, die auch die Basis für die Wirksamkeit von Fortbildung sind.

– Um ein in sich stimmiges Reformkonzept verwirklichen zu können, müssen politische Führung und Verwaltungsführung gemeinsam gestaltend wirken. Verantwortlichkeiten sind klar festzulegen.

– Notwendig ist die Abstimmung über ein Leitbild des Veränderungsprozesses, dem Teilziele zugeordnet werden können.

– Der Entwicklungs- und Veränderungsprozeß ist in einer längerfristigen Perspektive anzusetzen, jedoch sind frühzeitige Teilerfolge sicherzustellen.

– Alle Akteure müssen sich aktiv in den Prozeß hineinbegeben, soll er umfassend gelingen. Führungskräfte sind besonders in die Pflicht zu nehmen.

– Es muß die Erkenntnis vorhanden sein, daß der Aufbruch in ein verändertes System Widerstände hervorrufen und nicht glatt ablaufen wird.

– Die Teilnahme an vielfältigen Qualifizierungsmaßnahmen bindet (Arbeits-)Zeit, oft auf Kosten anderer Aktivitäten.

– Vorraussetzung für den Erfolg ist eine hohe Informationsdichte auf Seiten der Mitarbeiter, ihr Eingebundensein in den Veränderungsvorgang, die aktive Nutzung ihrer Potentiale an Wissen, Erfahrungen und Ideen. Die frühzeitige Einbindung der Personalvertretung ist unverzichtbar.

- Erfolgskriterium ist weiterhin eine Bereitschaft, Macht abzugeben und eigene Freiräume Wandlungen zu öffnen.
- Interne und externe Öffentlichkeitsarbeit ist geboten.
- Ein aktiver Erfahrungsaustausch auf nationaler, aber auch auf internationaler Ebene ist anzustreben.

Resümierend läßt sich sagen:

Mit dem festen Willen zur Veränderung, klaren Zielen vor Augen, wechselseitiger Orientierung aller Verantwortlichen können aus Reformvorhaben Reformen werden.

Diskussion zu den Referaten von K. Mohan und Irene Chowdhuri

Leitung: Rainer Pitschas

Bericht von Ulrike Weissenberger

Die im Verlauf der Tagung vorgetragenen unterschiedlichen Länderberichte regten zunächst *Pitschas* zu Überlegungen an, die einen Vergleich zwischen den Herausforderungen und Erfahrungen der deutschen Verwaltung, wie sie von *Chowdhuri* dargelegt worden waren, und der indischen Verwaltung, wie sie von *Mohan* vorgestellt worden war, betrafen, denn beide stellten Vertreter großer Verwaltungsnationen dar.

Die erste Nachfrage von *Arach* bezog sich auf die Verteilung der öffentlichen Bediensteten mit Blick auf die ländliche Struktur der Bevölkerung in Indien. Die Vermutung einer Zentralisation der Verwaltungsangestellten in städtischen Zentren wurde von *Mohan* verneint. Er verwies darauf, daß dieser Aspekt sehr intensive Beachtung in Indien fände, indem eine landesweite Verteilung des Verwaltungspersonals in den Distrikten stattfände. New Delhi mit seiner Distriktgröße von 9 Millionen Menschen sei dabei eine Ausnahme. Die übrigen hätten nur eine Bevölkerungszahl von einer bis eineinhalb Millionen. In diesen Distrikten fände eine gezielte lokale Ausbildung statt, die meist mit einer sechsmonatigen Ausbildungsphase kombiniert sei. Es existiere nicht nur das „Indian Institute of Management", das sich auf die Problematik der Industrien und Großkonzerne konzentriere, sondern es gebe auch die „Indian Rural Management Academy" (IRMA), die es sich zur Aufgabe gemacht habe, sich mit der Problematik der ländlichen Räume zu befassen. Wichtig sei dabei zu bemerken, daß im Berufsleben die Absolventen der IRMA denen des „Indian Institute of Management" finanziell gleichgestellt seien.

Der Werdegang ergebe sich nach der Auswahl wie folgt: Von der Regierung werde ein Beamter zunächst in den ländlichen Bereich entsandt. Er werde in ein Dorf versetzt, um sich mit den Gegebenheiten vor Ort vertraut zu machen. Auf diese Weise werde z. B. ein Mitarbeiter einer staatlichen Bank zunächst für fünf Jahre in ein Dorf versetzt. Manchmal habe solch ein Dorf nicht einmal Trinkwasser zur Verfügung. Es sei jedoch nicht möglich, sich dieser Entsendung zu entziehen. Die zentrale Idee sei, daß vor der Möglichkeit eines hierarchischen Aufstiegs sich jeder mit den ländlichen Gegebenheiten vertraut gemacht haben müsse. Somit werde der indischen Struktur in vollem Maße Rechnung getragen.

Auf die Nachfrage von *Benazzi* über die Kooperationsaktivitäten des Instituts antwortete *Mohan* korrigierend, daß er in seinem Vortrag auf die Harvard Universität Bezug genommen habe, da diese in den fünfziger Jahren die ersten betriebswirtschaftlichen Management-Kurse durchgeführt habe und dies daraufhin fast in der ganzen Welt zu einem Modell wurde. Da der Name Harvard sehr angesehen sei, hätten einige indische Institute Verbindungen zur Universität Harvard. Meist würden jedoch indische Schulen zur Graduation bevorzugt. Dabei betonten die Lehrpläne sehr die indische Ökonomie und den indischen Hintergrund.

Im Verlauf der Diskussion nahm *Hiramani Ghimire*, M.A., Mag.rer.publ., Nepal/Hochschule für Verwaltungswissenschaften Speyer, auf regionale Kooperationen Indiens Bezug. Zunächst stellte er auf die regionalen Kooperationen im Bereich der militärischen Verteidigung ab, um danach auf die regionalen Kooperationen der öffentlichen Verwaltung im besonderen abzustellen.

Dabei sei der militärische Bereich im Rahmen von regionalen Kooperationen tätig geworden, ohne nach außen für sich in Anspruch zu nehmen, eine regionale Verwaltung und Ausbildung durchzuführen. Des weiteren gebe es das Regionalinstitut in Thailand und das Indische Institut der Technik (AIT), das sehr stark international finanzielle und technische Unterstützung erhalte. Dieses Institut operiere ebenfalls auf einer regionalen Ebene, ohne von sich zu behaupten, eine regionale Ausbildungsorganisation zu sein. In der Tat fände man eine Vielzahl asiatischer Studenten, die am AIT studierten. Das zweite Beispiel sei SAARC („"Southasian Association for Regional Cooperation"), das *Mohan* in seinem Vortrag erwähnt habe, das sieben südasiatische Regionen mit einbinde. *Ghimire* habe sich kürzlich zufällig mit administrativen und ökonomischen Aspekten der administrativen Struktur SAARCs befaßt. Dabei habe er beobachtet, daß trotz des sehr günstigen kulturellen Umfeldes für eine administrative Kooperation die Länder der SAARC dazu tendieren, den Partnern mit Mißtrauen zu begegnen. Es gäbe einige zitierbare politische und militärische Beipiele hierfür. Jede Initiative auf höchster politischer Ebene werde mißtrauisch hinterfragt. Um dies zu vermeiden, sollten informale Prozesse auf unterster Verwaltungsebene initiiert werden.

Als ein Beispiel diene auch Nepals Ausbildung der öffentlichen Bediensteten beim N.A.S.C. („Nepal Administrative SAARC College"), die ihre Ausbildungsprogramme zusammen mit dem „Bangladesh Public Administration Training Center" (B.P.A.T.C.) extensiviert hätten. Dieses erweiterte Programm der N.A.S.C. und des B.P.A.T.C. werde offiziell von der Europäischen Union und der „Internationale Labour Organization" (ILO) unterstützt. Dies stelle ein positives Beispiel dar, wie regionale bilaterale Kooperation zwischen zwei Staaten auf einer relativ niederen Ebene initiiert werden könne. Ein weiteres Beispiel stelle Speyer selbst dar. Im Rahmen ihrer Möglichkeiten versuchten Teilnehmer, eine Art regionale Kooperation innerhalb des Speyerer Studienprogramms zu formieren. Es werde auch versucht, diese Verbindung zu institutionalisieren, so daß sich unter der Bedingung deutscher und internationaler Unterstützung Möglichkeiten für eine weitere Entwicklung böten.

Mohan erläuterte daraufhin, daß SAARC bedauerlicherweise bisher weitgehend ein jährlich tagendes Argumentationsgremium ohne praktische Auswirkungen geblieben sei. Es sei nur ein gegenseitiges Mißtrauen untereinander zu beobachten, wie dies auch *Ghimire* schon angemerkt habe.

Hinsichtlich der Frage nach bi- und multilateralen Kooperationen habe Indien eine Kooperation nie verweigert. So werden z. B. von allen Instituten medizinische Hochschulabschlüsse anerkannt und Studienplätze für ausländische Studenten reserviert, insbesondere für Studenten der SAARC-Länder. Allerdings gebe er zu, daß strenge Aufnahmeexamina zu bestehen seien, die unter einem großen Wettbewerbsdruck stünden. Eine Aufnahmeprüfung sei unumgänglich, denn ohne diese blieben vielleicht nur ein oder zwei Plätze übrig, die sehr verdienten oder politisch ausgewählten Studenten zugute kommen könnten.

Das „National Defense College", auf das *Ghimire* sich beziehe, sei als solches keine militärische Hochschule, sondern eine Eliteschule, an die nur hochrangige Regierungsmitglieder entsandt würden. Dies gelte selbst für Auslandsstudenten, deren militärischer Rang mindestens dem eines Brigadekommandeurs entsprechen müßte. Diese Institution biete Zivilpersonal und Offizieren in gleichem Maße eine kombinierte Ausbildung, um auch im unwahrscheinlichen Falle eines Krieges zu Kooperationen untereinander befähigt zu sein. SAARC dagegen werde sich sicherlich noch weiter entwickeln, denn es sei schließlich erst 1985 gegründet worden.

Die Frage von *Weissenberger* richtete sich an *Chowdhuri*, indem sie auf die in ihrem Vortrag erwähnten Möglichkeiten aktiver Verhaltensveränderungen zurückgriff. Sie hinterfragte die Möglichkeiten und Methoden, tradierte Verhaltensweisen zu verändern.

Chowdhuri betonte in ihrer Antwort, wie wichtig es zunächst sei, eigenes Verhalten kennenzulernen, denn üblicherweise habe der Mensch eine eigene Einschätzung von sich und seiner Verhaltensweise. Was ihm gewöhnlich fehle, seien die Rückmeldungen anderer, insbesondere über die Auswirkungen seiner Verhaltensweisen. Deshalb müsse einem Teilnehmer zunächst die direkte Selbsterfahrung ermöglicht werden. Dies geschehe dadurch, daß Seminarteilnehmer in klassische Übungssituationen geführt würden, wie sie die Verwaltung in der Alltagssituation mit sich brächten. Als Beispiel führte *Chowdhuri* die Gesprächssituation zwischen Mitarbeiter und Vorgesetzten an, die häufig als sehr schwierig erlebt werde. Diese Situation werde als Rollenspiel durchgespielt, mit Video aufgenommen, um im Anschluß der beteiligten Führungskraft die Möglichkeit zu bieten, sich zu erfahren und ein „feedback" durch die anderen Teilnehmer zu erhalten.

Die sicher entscheidende Frage sei schließlich, wie man Verhaltensänderungen bewirken könne. Der erste Schritt in diese Richtung könne diese Selbsterfahrung sein. Inwieweit ein Teilnehmer weitere Schritte gehe, d. h. seine bisherigen Verhaltensgewohnheiten in Frage stelle, um schließlich auch veränderte Verhaltensgewohnheiten entwickeln zu können, sei von seinen Vorerfahrungen und seinem Willen, sich selbst zu verändern, abhängig. Erfahrungsgemäß hätten diejenigen, die sich freiwillig zur Fortbildung meldeten, schon einen ersten Schritt in diese Richtung getan. Bestätigende Signale, daß interessante Erfolge zu verbuchen seien, setzten Rückmeldungen von Mitarbeitern der Führungskräfte. Dagegen sei ein ungelöstes Problem, wie man diejenigen Führungskräfte erreichen könne, die tradierterweise nicht freiwillig in die Fortbildungsveranstaltungen kämen. Dabei könne nach *Chowdhuris* Überzeugung Zwang nicht der richtige Weg sein. Dies sei ein Feld, in dem auch Berlin sehr kleine Schritte wähle, in dem man versuche, neue Teilnehmer über interessante Vortragsveranstaltungen zu rekrutieren. Sei erst einmal ein Schritt in eine Richtung getan, ließen sich manchmal auch Folgeschritte anschließen. Aber eine systematische Lösung für das Problem, wie verändere ich Verhalten, könnte man nicht bieten.

Pitschas' anschließende Bemerkungen bezogen sich darauf, daß in empirischen Untersuchungen um die Diskussion über die Bürgernähe als ein Ziel der öffentlichen Verwaltung sich herauskristallisiert habe, daß man maximal 5% eines lern- bzw. veränderungswilligen Verwaltungspersonals zu einer nachhaltigen Verhaltensänderung bewegt werden können. Seit der Wende sei diese Erfahrung bezüglich des Vergleichs von Verhaltensänderungen in den neuen Bundesländern bestätigt worden. In ersten empirischen Ergebnissen zeige sich, daß es leichter sei, eine Fortbildung auf Veränderung hin zu konzipieren, als eine tatsächliche dauerhafte Verhaltensänderung zu bewirken. Ihm gehe es nicht darum, das Berliner Konzept in Frage zu stellen, sondern es gelte, diejenigen zu warnen, die meinten, in Veränderungsbemühungen Techniken einer schnellen Heranführung an eine produktive Verwaltung zu erreichen. Hieraus entwickle sich seine Frage, daß, wenn man von einem minimalen Veränderungsgrad ausgehe, es ihm folglich um so wichtiger erscheine, Verwaltungsreformen als Organisationsentwicklungsprozesse zu gestalten, in denen neben der Personalentwicklung auch eine strategische Einfügung der Fortbildung stattfände. Fortbildung paare sich dann unter anderem mit der Aufgabenentwicklung und der Veränderung von Organisationsstrukturen. *Chowdhuris* Konzept sei darauf allerdings, seiner Meinung nach, nicht explizit bezogen. Es erscheine *Pitschas* notwendig, den Entwicklungsansatz als einen eigengeprägten Ansatz miteinzubeziehen. Dies würde verdeutlichen, daß als Grundvoraussetzung eine produktive, d. h. eine effektive und effiziente Verwaltungsreform in erster Linie von den Mitarbeitern selbst getragen werde.

Chowdhuri stimmte dieser Auffassung grundsätzlich zu. Ihre Devise sei: Fortbildungsarbeit ist Millimeterarbeit. Sollte es gelingen, die Verwaltung Schritt für Schritt millimeterweise voranzubringen, dann sei dies schon ein beachtlicher meßbarer Erfolg.

Nichts sei so schwierig, wie sich selbst zu verändern, insbesondere hinsichtlich der Auswirkungen auf seine eigene soziale Umwelt, d. h. seinen Arbeitsbereich.

Der Aspekt der Organisationsentwicklung werde in Zukunft sicher der zentrale Ansatz für Veränderungen sein. Sie selbst seien einem Gesamtkonzept, das es noch zu entwickeln gelte, vorgeschaltet. Der Berliner Ansatz sehe eine Steuerung vor, die einerseits von der politischen Führung aus und andererseits unter Zuhilfenahme von externen Beratungseinrichtungen erfolgen sollte. Diese sollten mit ihnen gemeinsam in Behörden hineingehen und gestalterisch tätig werden. Der nächste Schritt müsse folglich das Herausschälen von Aufgabenfeldern in den Modellbereichen sein, um dann gemeinsam mit diesen Feldern Schritte inhaltlicher Art und hinsichtlich der Methodik zu entwickeln. Dies müsse unter Würdigung der Frage geschehen, wie man das Potential der Mitarbeiter in diesem Prozeß optimal nutzen könne. Darin sehe sie, auch im Hinblick auf die Entwicklung der Führungskräfte, den größten zu erwartenden Gewinn, indem das Erfahrungswissen der Mitarbeiter in diesen Prozeß optimal miteingebracht werde. *Chowdhuri* verlieh dabei ihrer Überzeugung Ausdruck, daß durch eine verstärkte Mitarbeitermotivation die Impulse, die in das Geschehen miteinflössen, sich auch im Bereich der Führungskräfteentwicklung positiv auswirken würden. Sie sehe darin eine starke Affinität. Es seien oftmals nur die kleinen Dinge, die eines Anstoßes bedürften, um große Wirkungen in den Verwaltungen zu erzielen, wie z. B. effektivere Arbeitsabläufe oder eine stärkere Bürgerorientierung. Dazu notwendig seien beide, der gemeinsame Lernprozeß der Organisationsentwicklung und eine starke Orientierung an den Mitarbeitern. Anwendbare Methoden wie „Quality Circles", die Mitarbeiterpotentiale nutzbar machen könnten und somit wieder der Entwicklung von Führungskräften zugute kämen, seien vorhanden.

Die Frage von *Somapala Perera*, Direktor, Human Ressources Development Council, Colombo/Sri Lanka, schlug erneut die Brücke zwischen Indien und Deutschland, indem er an *Chowdhuri* und *Mohan* den Aspekt der Wahrung der Neutralität der Verwaltung mit Blick auf die Eingriffsmöglichkeiten der Politik herantrug. Frau *Chowdhuri* habe dabei erklärt, wie wichtig für die Verwaltung ein Forum in der Politik für eine Zusammenarbeit sei. Insbesondere interessiere ihn die Frage, ob es möglich sei, von seiten der Politik auf Versetzungen oder Beförderungen Einfluß zu nehmen.

Chowdhuri erklärte, daß sich aus ihrer Erfahrung in Berlin Kontakte von Politikern mit ihren Verwaltungsmitarbeitern auf die oberste Führungsspitze beschränkten. Es bestünde ein natürliches Interesse des Politikers darin, seine Ideen und Ziele in der Verwaltung umgesetzt zu sehen. Dies sei insbesondere dann möglich, wenn er die obersten Führungskräfte der Verwaltung überzeugen könne, wenn er loyale Mitarbeiter vorfände oder eine Beziehung aufbauen könne, die von gegenseitiger Achtung getragen sei. Allerdings müsse er dann auch bereit sein, sich im Falle von unterschiedlichen Zielerwartungen auf Diskussionen einzulassen, um sich den Fragen und Erwartungen der Mitarbeiter zu stellen. Es seien durchaus Fälle vorgekommen, in denen große Diskrepanzen zwischen den Zielvorstellungen leitender Mitarbeiter und Politikern vorhanden gewesen seien. Dabei ergäben sich zwei Möglichkeiten. Entweder man arrangiere sich oder es komme zu einer Trennung. Im letzteren Fall versuche derjenige, der die größere Macht habe – das sei natürlich immer der Politiker – ein neues Betätigungsfeld für den Mitarbeiter zu finden. Durch die starke Einbindung der Führungskräfte in vielerlei Aktivitäten gelinge es kaum noch, über die oberste Leitungsebene hinaus mit den Mitarbeitern und den untergeordneten Ebenen in Kontakt zu bleiben. Es sei wichtig, daß man deren Anliegen kenne und wisse, wie sich das Alltagshandeln gestalte. Durch die größere Nähe in diese Ebenen hinein ließen sich viele Probleme auch auffangen. Ein engerer Kontakt wirke sich erleichternd aus. Viele Alltagsprobleme könnten dadurch an eine Lösung herangeführt werden, bzw. die Mitarbeiter hätten das Gefühl sie werden ernst genommen und können nicht nur über den Vorgesetzten, sondern auch im direkten Gespräch durchaus gestalterisch Einfluß nehmen. In Bereichen von kleinen Organisationseinheiten, wo Führungskräfte diesen Weg gegangen seien, habe dies oftmals zu einer besseren Zusammenarbeit geführt. Im Sinne einer veränderten Steuerung könne man natürlich nur hoffen, daß dieser Anspruch an die politische Führung von dieser umgesetzt werde. Für den Erfolg einzelner Maßnahmen könne dies ein entscheidendes Kriterium sein.

Mohan ergänzte diese Ausführungen um die indischen Erfahrungen. In Indien existieren zwei Arten von Diensten. Einer sei der indische Verwaltungsdienst, der praktisch die Verwaltung kontrolliere. Auf der Zentralebene seien dies Sekretäre. Der andere bestehe aus Institutionen, wie z. B. der Eisenbahnen, der Steuerverwaltung etc. Was die politische Einflußnahme betreffe, so sei dies ein neues Phänomen. Es trete meist aus sehr obskuren Gründen auf. Zweifelsohne seien in der Verwaltung gerade später politische Verbindungen hilfreich, allerdings nur auf einer sehr hohen Ebene. In bezug auf die niederen Ebenen lägen den Beförderungen entsprechende Verdienste und eine Vertrauensbasis zugrunde. Nur auf ministerieller Ebene, auf Rats- oder Staatssekretärsebene tauche dieses Problem auf.

Erst kürzlich seien zwei sehr interessante Fälle aufgetreten, die den Ernährungsminister und den Minister für Telekommunikation betreffen. In beiden Fällen habe der Konflikt zwischen der Verwaltung und den Sekretären zwischen drei und vier Monaten geschwelt, bis schließlich die Politik die Oberhand gewonnen habe. Der Konflikt habe mit einem stillschweigenden Transfer der Verwaltungspersonen auf einen anderen Posten geendet.

Dies sei allerdings, wie schon erwähnt, auf höherer Ebene der Fall. Bis zu einer gewissen Ebene sei die öffentliche Verwaltung sehr unabhängig und regiere das Land vorwiegend, wie es sein sollte, streng nach den Landesgesetzen.

Die Frage von *Gudrun Sawallisch*, Lehrerin, Ludwigshafen/Rh., betraf die Rolle des Beamtenrechts als mögliches Hindernis dafür, daß erfolgreiche oder passende Mitarbeiter Schlüsselpositionen einnähmen, die in diesen als Antriebsmotoren hilfreich sein könnten. Sie ergänzte dies mit der Frage, ob es denn in einem empfindlichen und neuen Bereich der Verhaltensveränderung nicht sogar absolut notwendig sei, nachbegleitende Maßnahmen zu treffen, so daß diese geschulten, motivierten und aktiven Mitarbeiter als Motor wirken könnten. Somit könnten diese immer wieder eine Kommunikation aufbauen, die sie fördere und stütze. Man wolle schließlich Traditionen in kurzer Zeit verändern, die normalerweise Jahrzehnte der Veränderung benötigten.

Zunächst sei die Frage zu beantworten, woran man Karriere festmache, entgegnete *Chowdhuri*. Karriere könne nicht nur aus dem Blickwinkel eines schnellen Aufstiegs beurteilt werden, was das Beamtenrecht durchaus in seinen festgelegten Rahmenbedingungen zulasse. Nicht möglich seien dagegen Zusatzzahlungen für besondere Leistungen des Mitarbeiters. Allerdings existierten auch eine Menge nichtmonetärer Anreize, die es zu nutzen gelte. So müsse es gelingen, Handlungen wieder in andere Formen zu bringen, in der Gestalt, daß sich die Mitarbeiter stärker mit ihrer Arbeit identifizieren könnten. Das Gefühl, einen wichtigen Beitrag zu leisten und in ihren geäußerten Bedenken ernst genommen zu werden sowie die Möglichkeit, Vorschläge unterbreiten zu können, die auch Wirkung entfalten, wirkten in hohem Maße motivierend. Dies könne vieles im positiven Sinne wettmachen, was an Karrierechancen so schnell nicht möglich sei. Gemäß ihren Erfahrungen in Berlin sei der Weg innerhalb der Laufbahn zwar klar vorgegeben, aber dieser Weg könne sehr schnell, allerdings ohne große Sprünge, durchlaufen werden. Daher werde gerade der nichtmonetäre Bereich in Zeiten knapper Kassen ein stärkeres Gewicht erlangen. Dies gelte auch für die Wahrnehmung der Mitarbeiter, wenn diese an die Stelle monetärer Leistungen auch akzeptierbare Äquivalente setzen könnten.

Hinsichtlich der nachbereitenden Betreuung gebe es wenig Erfahrung. Aber es existierten etliche Ansätze, die es umzusetzen gelte. Erstens sei dies möglich, indem man nach einer bestimmten Pause den Kontakt mit den Seminarteilnehmern wiederaufnehme. Dadurch werde ihnen die Möglichkeit geboten, die Erfahrungen, die sie sammeln konnten, auszutauschen. Sie selbst lernten dadurch ihre Einschätzung kennen und benutzten diese als Anknüpfungspunkt für weitere Maßnahmen. Formiere sich eine arbeitsfähige Gruppe, die Interesse zeige, an bestimmten Themen weiterzuarbeiten, schicke man diese Mitarbeiter mit einem kronkreten Arbeitsauftrag in ihre Arbeitsgebiete zurück. Nach einer gewissen Zeit würden diese wieder eingeladen, um Widerstände und Erfolge zu resümieren und daraus weitere Konsequenzen zu ziehen. Dies könne als Beispiel die Feststellung eines weiteren Qualifizierungsbedarfs bedeuten. Dies hätte die Konsequenz, daß z. B. ein weiteres Seminar für diese Gruppe angeboten werde. Ein zweiter möglicher Weg, den man den Betroffenen jedoch lieber selbst überlasse, sei, eine Einschätzung ihrer Mitarbeiter abzufragen, um dadurch für sich Rückmeldungen zu erhalten. All dies ermögliche Aufschluß über einen weiteren Qualifizierungsbedarf. Der dritte Weg des „coaching" sei auch für sie Neuland. Dieser werde allerdings nur dann gewählt, wenn Teilnehmer Erfahrungen aus einer Vielzahl von Führungsseminaren aufwiesen.

Das Ziel sei es, in Bereichen, wo Kenntnisse präsent seien, Führungskräfte aus vergleichbaren Gebieten zusammenzuführen. Man versuche, eine Vertrauensbasis herzustellen und die Teilnehmer in einen Prozeß des Erfahrungsaustausches miteinzubinden. Anhand dessen könnten sich im Anschluß Problemfelder herauskristallisieren. Es sei danach die Aufgabe eines Trainers, gemeinsam mit dieser Gruppe an den Problemstellungen zu arbeiten und praktikable Lösungen zu finden, um schließlich die Teilnehmer zu beauftragen, diese Lösungen in ihre Verwaltungen hineinzutragen. Zeiten, in denen Fortbildung unverbindlich gewesen sei und es jedem einzelnen überlassen gewesen sei, ob er und was er aus der Fortbildung mache, seien vorbei. Diese Haltung werde in Richtung einer hohen Verantwortlichkeit der Teilnehmer für die Umsetzung der Lerninhalte und für die Weiterbildung abgebaut. Es bleibe abzuwarten, inwieweit dies angenommen werde.

Als letzte Möglichkeit spiele man manchmal, so *Chowdhuri*, auch Feuerwehr. Dies geschehe, wenn gesehen werde, daß in bestimmten Bereichen Probleme überhandnehmen und eine Führungskraft nicht mehr in der Lage sei, die Probleme zu bewältigen. Es werde dann kurzfristig in einen Bereich als Berater hineingegangen. Nach ersten wenigen Erfahrungen fielen die Rückmeldungen sehr positiv aus. Man müsse bereit sein, sich über die konventionelle Fortbildung hinaus Problemen zu stellen. Auch für ihre Institution stelle dies einen intensiven Lernprozeß dar. In der Zusammenarbeit mit Organisationseinheiten werde man in der Zukunft noch ganz andere Wege gehen und entwickeln müssen.

Mohans Frage konzentrierte sich auf die besondere Situation in Berlin. Seiner Meinung sei *Chowdhuri* eine der wenigen Personen in Europa, die die Erfahrung der Integration zweier administrativer Systeme in Berlin direkt miterleben konnte. Sein Interesse richtete sich darauf, ob sie auch positive Aspekte im ehemaligen kommunistischen System gefunden habe, die sie in der Berliner Verwaltung gerne eingebracht gesehen hätte.

Diese Frage wurde von *Chowdhuri* deutlich verneint. Ihre positiven Erfahrungen resultierten aus dem Umgang mit Kollegen und Kolleginnen aus der ehemaligen DDR. Dies habe zwar indirekt einen Bezug zu den Systemstrukturen, aber sie glaube nicht, daß dies hinreichend Grund biete, das System an dieser Stelle als gut zu beurteilen. Viele Formen der Kommunikation des Beitrittsgebietes seien sehr positiv. Allerdings habe *Chowdhuri* den Eindruck gewonnen, daß diese aus der Not eines Systems heraus geboren wurden und weniger ein Positivum dieses Systems waren.

Pitschas stellte ergänzend fest, daß über die Integration des Verwaltungspersonals von Ost und West in die Berliner Verwaltung und über die Entsendung westdeutschen Verwaltungspersonals nach Ostdeutschland erste empirische Befunde vorlägen. Diese verdeutlichten, daß es einen grundlegenden Unterschied im Charakter des ost- und westdeutschen Verwaltungpersonals gebe. Das Verwaltungspersonal der ehemaligen DDR besitze in seiner Art der Aufgabenerfüllung und Bürgerkommunikation eine stark gesetzesorientierte Art. Das westdeutsche Verwaltungspersonal dagegen bevorzuge einen politischen Weg der Aufgabenerfüllung. Diese diskutierten mit der politischen „crew" ihrer Ministerien und mit den Bürgern und verhielten sich in ihrer Dienstausübung „service-orientiert". Gesetze würden weniger rigide, sondern vielmehr in einer offenen Art verstanden und implementiert, d. h. offen gegenüber ihrer eigenen Beurteilung. Dies sei eine der prinzipiellen Forschungsergebnisse über die Wiedervereinigung. Allerding fände heutzutage nicht genügend Forschung über die Möglichkeiten der Verwaltungsreform in Ostdeutschland statt. Er selbst hoffe, daß es im nächsten Jahr zu Ergebnissen empirischer Untersuchungen kommen wird. Dann sehe er auch eine Chance für ein besseres Angebot an Ausbildung und Beratung.

Jiatai Ni wandte ein, daß an Deutschland, im Vergleich zu seinem eigenen Land, nicht die gleichen Herausforderungen hinsichtlich einer Verwaltungsreform gestellt werden müßten. Er sehe in Deutschland die wirtschaftliche Notwendigkeit nicht so stark im Vordergrund stehend, wie dies bisher betont worden sei. Vor diesem Hintergrund frage er sich, ob diese Verwaltungsreformen notwendig seien.

Chowdhuri erläuterte, daß in der Tat der wirtschaftliche Druck der Hauptauslöser für die Reformbestrebungen in Deutschland sei. Planungen und Vorläufer existierten schon seit mehreren Jahren. Die Frage sei vielmehr, warum sinnvolle Papiere und produktive Ideen sich nicht haben realisieren lassen. Ihrer Meinung nach liege der Grund darin, daß es dafür eines äußeren Drucks und Zwangs bedarf. Auch der Berliner Parlamentspräsident habe sich in ähnlicher Weise geäußert, daß finanzielle Dinge durchaus einen hohen Gestaltungsimpuls in die Verwaltung hineintragen können. Dieser Druck von außen sei notwendig, um eine Ausrichtung auf Zwecke, Aufgaben und Interessen der Bürger stärker zu forcieren, als dies bisher der Fall gewesen sei.

In einem Resümee der Tagung formulierte *Pitschas* die Überzeugung, daß in der Tagung klar geworden sei, daß der personelle Faktor zunehmend in den Vordergrund rücke, so daß dieser eine konzeptionelle Betrachtung und Verankerung verdiene. Es werde deutlich, daß es etwas ähnliches wie eine interkulturelle Verwaltungsformation gebe, die auf Nationen und Kulturen überspannenden Grundsätzen beruhe. Daher müsse auf diesem Wege der Vermittlung übergreifender Elemente weiter gearbeitet werden. Viele einzelne Aspekte seien deutlich geworden, die einen roten Faden erkennen ließen.

Interkulturelles Personalmanagement in der Verwaltungspartnerschaft mit dem Süden

Von Ulrike Weissenberger

I. Vorbemerkungen

Die Möglichkeiten für ein interkulturelles Personalmanagement im Bereich der Verwaltungspartnerschaft sind für die internationale Zusammenarbeit als methodisiertes Konzept bisher weitgehend ignoriert worden. Das Personalmanagement, in Verbindung mit einem internationalen Ansatz, entwickelte sich vornehmlich aus dem betriebswirtschaftlichen Spektrum heraus. Daher sind von dieser Seite Vorgaben am umfangreichsten. Im Vergleich hierzu steckt der Bereich der Verwaltungswissenschaften mit Blick auf diese Problematik noch in den Kinderschuhen.

II. Interkulturelles Personalmanagement

Das Interkulturelle Personalmanagement basiert auf einem dynamischen Prozeß, der seinen Ursprung im Bereich der Wirtschaftswissenschaften findet. Im Zuge der weltweiten wirtschaftlichen Vernetzung und der Weiterentwicklung der Europäischen Union wurden im Rahmen einer intensivierten Zusammenarbeit immer mehr die Defizite im kulturübergreifenden Management deutlich. Als logische Konsequenz kam es im betriebswirtschaftlichen Sektor zu Versuchen, Probleme der internationalen Zusammenarbeit einzugrenzen und neue Managementkonzepte zu entwickeln.

Die Verwaltungswissenschaften sehen sich in der verwaltungspartnerschaftlichen Zusammenarbeit mit ähnlichen Problemen konfrontiert. Kulturelle Schranken im weitesten Sinne und im direkten Verkehr von Verwaltungspersonal unterschiedlicher Nationen und Kulturkreise behindern eine effektive Zusammenarbeit in erheblichem Maße. Defizite und Chancen der Zusammenarbeit herauszuarbeiten und weiterzuentwickeln, wird die Grundlage für eine internationale Zusammenarbeit darstellen.

Daher wird es erforderlich sein, einen qualifizierten Personalstamm zu entwickeln, der diesen umfangreichen Anforderungen in der Zukunft gewachsen sein wird. Interkulturelles Personalmanagement muß daher zunächst versuchen, den Kulturbegriff für sich faßbar zu machen.

III. Die kulturelle Dimension

Der Kern der Problematik liegt in einer Kulturen überbrückenden Zusammenarbeit. Mit dem Begriff der Kultur setzten sich wissenschaftliche Disziplinen der Philosophie, der Soziologie, der Sozialpsychologie, der Geschichtswissenschaft bis hin zur Betriebswirtschaft auseinander. Kroeber und Kluckhohns[1] Literaturanalyse des Begriffs aus den fünfziger Jahren trug allein 250 verschiedene Definitionen des Kulturbegriffs zusammen. Nach einer Ortsbestimmung des interkulturellen Personalmanagements können seine kulturrelevanten Elemente auf zwei unterschiedlichen Ebenen identifiziert werden.

Erstens auf einer Makro-Ebene, einer gesamtgesellschaftlichen Ebene in Verknüpfung mit Normen und Werten einer Gesellschaft, die sich in Institutionen, im Rechtsgefüge und im Verhältnis Staat-Gesellschaft widerspiegeln.

Zweitens findet eine Bestimmung auf der Mikro-Ebene statt, d. h. auf der individuellen und im verwaltungswissenschaftlichen Sinne auf der individuellen/institutionellen Ebene.

Versuche, von einem anthropologischen Ansatz und aus einem organisationstheoretischen Ansatz heraus Kultur zu erschließen, überschneiden sich in Kernpunkten und bieten daher einen geeigneten Beitrag zur Kulturdiskussion im Bereich des Verwaltungsmanagements.

Der anthropologische und der organisationstheoretische Ansatz entwickelten jeweils Theorieansätze – den Funktionalismus und die klassische Managementtheorie –, die beide in kulturvergleichenden oder „cross-culture"-Analysen ihre Lösung suchten. Beide begriffen Kultur als externe unabhängige Variable, die im ersten Fall als Instrument begriffen wird, das menschlichen Bedürfnissen dient und vom Individuum in seine Umwelt, d. h. z. B. in Organisationssysteme eingebracht wird. Vom organisationstheoretischen Ansatz aus bringt das Individuum Kultur in Organisationen ein, die als soziale Instrumente einer bestimmten Aufgabenerfüllung dienen.

Unter dem Verständnis der Kultur als organisationsinterne abhängige Variable münden sowohl der anthropologische Ansatz (struktureller Funktionalismus) als auch der organisationstheoretische Ansatz (Kontingenztheorie) in eine „corporate culture"-Betrachtung. Im ersteren Fall gilt Kultur als adaptiver, regulativer Mechanismus, der innerhalb einer Sozialstruktur einen einigenden Effekt erzielt. Im letz-

---

[1] *A. L. Kroeber* & *C. K. Kluckhohn*: „Culture: A critical review of concepts and definitions", in: Peabody Museum of Archeology and Ethnology Papers, No. 47, Cambridge, MA, 1952.

teren Fall gelten Organisationen als adaptive Organe, die zusätzlich im Austausch mit ihrer Umwelt existieren.

An diese Betrachtungsweisen knüpfen sich Überlegungen über die Anforderungen, die möglicherweise an eine interkulturelle Personelle Zusammenarbeit, auch innerhalb einer multikulturellen Organisation, gestellt werden.

Der entscheidende Schritt der kulturwissenschaftlichen Diskussion überschreitet den analytischen Rahmen. Kultur wird nicht länger als Variable betrachtet, sondern als kognitive Kreationsvariante begriffen. Unter dem Stichwort „organizational cognition" wird Kultur als ein System geteilter Überzeugungen und Werte aufgefaßt, die bewußt von den Menschen über Regeln geschaffen werden. In modifizierter Form begreift die Organisationstheorie nun Organisationen als Wissenssysteme, die in ein Netzwerk subjektiver Bedeutungen eingebettet sind und die die Mitglieder der Organisation bis zu einem gewissen Grad teilen und die zugleich in einer Art Regelwerk funktionieren. Diese Erkenntnisse münden zwangsläufig in Überlegungen für die Konsequenzen einer multikulturellen Zusammenarbeit. Sie zielen auf die bewußt gesteuerte Kreation von Verwaltungskulturen ab.

In der letzten Dimension wird Kultur in seinen dynamischen Eigenschaften angesprochen, d. h., Kultur ist tradiert, erfahrbar, erlernbar und wandlungsfähig[2]. Davon bilden die Eigenschaften der Erlernbarkeit und der Wandlungsfähigkeit die zentrale Vorbedingung für ein interkulturelles Personalmanagement. Diese Schlüsseleigenschaften sind es, die ein interkulturelles Personalmanagement ermöglichen. Sie erlauben es, auf die Kultur über den Personalstamm einzuwirken, der einen bestimmten Kulturkern pflegt. Mit anderen Worten, ein interkulturelles Personalmanagement muß sich die dynamischen Determinanten der Kultur zunutze machen, um in der internationalen Verwaltungspartnerschaft zu Basiswerten zu finden, die eine effektive Zusammenarbeit ermöglichen. Das Ziel ist es also, einen Kulturkern zu schaffen. Dieser wird über Instrumente wie Standards, Normen und Regeln etabliert und gesteuert. Kultur ist damit veränderbar.

Als Konsequenz ist eine grundsätzliche Entscheidung zwischen dem universalistischen Ansatz und einem kulturalistischen Ansatz in der verwaltungspartnerschaftlichen Zusammenarbeit zu treffen. Folgte man ersterem, so führte die Veränderbarkeit der Kultur zu einem einheitlichen, globalen, die verschiedenen Kulturkreise übergreifenden Kulturverständnis, welches individuelle und nationale Eigenheiten zugunsten eines standardisierten Uniformismus' verdrängte.

Dagegen sollte ein kulturalistisches Verständnis die Chance eröffnen, kulturspezifisches Management unter internationaler Verständigung zu betreiben. Das bedeutet, unter Wahrung kultureller Identitäten eine kulturüberspannende Zusammenarbeit verschiedener Verwaltungssysteme auf der Basis gemeinsamer Grundwerte, Normen und Verhaltensmuster anzustreben.

---

[2] *Anton Schmoll*: Kreditkultur, Mainz, 1988, S. 85.

III. Personalmanagement

Aufgrund der Organisationsgebundenheit des Begriffs „Personalmanagement" steht dieser im direkten Bezug zu dem Begriff der Organisationskultur als gesellschaftlicher „Subkultur". Dabei wird Organisationskultur oder der Kulturkern einer Organisation als ein Netzwerk grundlegender Wert- und Glaubenssysteme in Begleitung einer Organisationsphilosophie beschrieben[3]. Speziell mit dem Blick auf die Verwaltungswissenschaften führt dies zu dem Begriff der Verwaltungskultur.

Auch der Kulturkern der Verwaltung besteht aus materiellen und ideellen Kulturgütern und wird über Normen, Richtlinien, Regeln und Standards tradiert und extensiviert. Die Kulturgüter wirken dabei wie ein kollektiver Filter, der zu einer bestimmten Sichtweise führt und somit verhaltensprägend ist.

Der Kulturbegriff von Subkulturen ist daher nicht nur aus der Sicht einer gesamtgesellschaftlichen Kultur definierbar. Beide sind jedoch nicht statisch, sondern einer stetigen Veränderung unterworfen. Die für den allgemeinen Kulturbegriff erkannten Merkmale lassen sich insoweit auch auf die Ebene der subkulturellen Bereiche übertragen. Im Sinne einer Internationalisierung von Verwaltungseinheiten ist die Frage zu beantworten, inwieweit ein internationaler Kulturaustausch stattfindet oder ob im internationalen Bereich eine Vereinheitlichung des Verwaltungshandelns möglich ist.

IV. Grundlagen eines interkulturellen Personalmanagements

Die Bemühungen um eine Effektivitätssteigerung im organisatorisch-strukturellen Bereich ist offensichtlich an ihre Grenzen gestoßen, die den Faktor „Personal", insbesondere in der Verwaltungszusammenarbeit, markant hervortreten lassen.

In der Darlegung der kulturellen Problematik steht das Individuum im Zentrum der Verwaltung. Wie wir gestern auch von Herrn Theres gehört haben, vermittelt sich Kultur über Menschen und nicht über Papier. Verwaltungszusammenarbeit findet dabei vorwiegend über persönliche Kontakte statt. Dabei bestimmt die Qualifikation des Personals den Erfolg von Verwaltungen maßgeblich mit.

Personalmanagement umfaßt drei Hauptbereiche: den Bereich der Personalrekrutierung, der Personalentwicklung und des Personalerhalts. Für die internationale Verwaltungszusammenarbeit müssen die Inhalte dieser Bereiche neu definiert werden, um sich eine qualifizierte personelle Basis zu schaffen. Von besonderer Bedeutung sind dabei die Führungskräfte, da diese ein besonderer Multiplikatoren-Effekt begleitet. Dies erfordert ein verändertes Qualifikations- und Anforderungsprofil, das nicht nur auf fachliche Kompetenz abstellt.

---

[3] *Schmoll* (Fn. 2), S. 85 ff.

Vorbilder hierzu liefert nicht nur die moderne Managementtheorie. Im internationalen Bezug wurde nach der Kolonialzeit angenommen, daß das Ziel in den sogenannten „Entwicklungsländern" nur die Modernisierung im westlichen Sinne sein könne, da die Grundvorstellung von einer internationalen in gleicher Weise linear verlaufenden Entwicklung ausging[4]. Dabei kam einer rational handelnden öffentlichen Verwaltung die Aufgabe zu, die Modernisierung gemäß dem „Weberschen Modell" durchzuführen, d. h., die Grundlagen sind eine Personalrekrutierung nach fachlicher Qualifikation, das Vorherrschen eines hierarchischen Amtsgedankens und formalisierte rechtmäßige Entscheidungsprozesse in einem definierten Kompetenzrahmen.

Max Weber bezieht sich auf die Patrimonialbürokratie, deren Vorbild er z. B. in China zu finden glaubte. In ihr wurde weder zwischen Amt und Person noch formeller und materieller Gerechtigkeit, noch zwischen Justiz und Verwaltung differenziert. Die Qualifikation des Beamten war entscheidend. Diese ergab sich jedoch durch hohe Allgemeinbildung und affektive Kenntnisse, denn nach Konfuzius ist der gebildete Mensch, der Mandarin, kein Werkzeug, und er darf sich nicht zum Instrument oder einem spezialisierten Funktionsträger machen lassen. Diese Sichtweise nähert sich dem Menschen in seiner Gesamtheit und als Kulturwesen. Gleichzeitig findet diese Sichtweise heutzutage eine Renaissance in den verschiedensten Bereichen. Genannt seien an dieser Stelle nur die ganzheitliche Medizin oder – erneut – die modernen personalpolitischen Managementkonzepte. Diese Perzeption betrachtet den Menschen in seiner Gesamtheit von affektivem und kognitivem Wissen, Persönlichkeitsbildung, Charakter und Führungsverhalten. Dabei entsteht die Tendenz, Generalisten gegenüber Spezialisten zu präferieren.

Diese ganzheitliche Sicht einer personalpolitischen Konzeption vereint teilweise ein außereuropäisches Personalverständnis mit neuen westeuropäischen Managementkonzepten. Genau in diesem Punkt scheint die Chance für ein kulturübergreifendes Personalmanagement zu liegen. Geht es doch darum, weg von spezifischen Einzelqualifikationen, den Menschen – insbesondere in seiner Rolle als Führungskraft – in seiner gesamten Persönlichkeit zu entwickeln. In diesem Focus liegt die Gemeinsamkeit von z. B. dem konfuzianischen Menschenbild und einem modernen westeuropäischem Managementkonzept.

In der Verwaltungspartnerschaft sind daher auf beiden Seiten hauptsächlich Innovations- und Kreativitätshemmnisse zu überwinden.

V. Verwaltungspartnerschaft mit dem Süden

Neben der Betriebswirtschaft sind es, wie wir wissen, etliche staatliche, nichtstaatliche und kirchliche Organisationen (die in dieser Tagung auch teilweise re-

---

[4] *Daniel Lerner*: The Passing of International Society, 1958.

präsentiert sind), die langfristige Erfahrungen in der internationalen Zusammenarbeit gesammelt haben und die einer speziellen Qualifikation des Personals bedurften. Ein strukturiertes Personalmanagement-Konzept ist jedoch auch hier nicht zu erkennen. Der Faktor „Personal" wird besonders in der angestrebten verwaltungspartnerschaftlichen Zusammenarbeit virulent werden, denn nicht nur Strukturen, soweit vorhanden, sondern auch Begriffswelten sind in den verschiedenen Staaten unterschiedlich besetzt. Dies gilt auch für den deutschsprachigen Raum. Dabei spielen nicht nur Traditionen, politische und ökonomische Rahmenbedingungen eine entscheidende Rolle in den kulturellen Divergenzen, sondern es sind ebenso Chancen zu ermitteln, wie sie religiöse Hintergründe durchaus bieten können[5]. Dies läßt sich anhand einzelner Beispiele darlegen.

So wird von Südkoreanern trotz vorhandener staatlicher Verwaltungsstrukturen beklagt, daß es an einer Gesetzmäßigkeit des Verwaltungshandelns in der Rechtsanwendung mangle. Institute wie Vorbehalt und Vorrang des Gesetzes, pflichtgemäße Ermessensausübung und strenge Gesetzesgebundenheit des Verwaltungshandelns spielen dort bei weitem nicht die Rolle, die ihnen in Rechtsstaaten westeuropäischer Prägung zukommen.

Im Gegensatz dazu findet jedoch die gemeinsame Beamtenhaftung aller am Entscheidungsprozeß beteiligten Personen in westeuropäischen Staaten keine Parallele. Dies gilt in gleichem Maße für das konfliktvermeidende Verhaltensmuster Ostasiens. Die Hemmungen, Gerichte aufzusuchen, sind im ostasiatischen Bereich wesentlich größer, und Schlichtungen werden abstrakten Lösungen durch Normen vorgezogen. Weiterhin kann in patriarchalischen Gesellschaften, in denen Entscheidungen des Vaters nicht in Frage gestellt werden dürfen, keine Kritik an Vorgesetzten erwartet werden. Korrespondierend verlaufen Informationsstränge innerhalb der Verwaltung in der Regel nur in eine Richtung.

Zudem setzt das westliche Denken eine Verwaltungskultur voraus, die eine Trennung von Politik und Verwaltung zum Grundsatz hat. Diese besteht in anderen Ländern nicht notwendigerweise. In prägnanter Weise unterscheiden sich Kulturen in ihrer Offenheit oder Geschlossenheit gegenüber den Herausforderungen raschen Wandels. In diesem Zusammenhang bilden die religiösen Werte einen entscheidenden Faktor, denn z. B. der buddhistischen Weltsicht wohnt das Konzept der Wandlung inne. Es erleichtert somit die Grundeinstellung gegenüber dem „Wandel".

Um jedoch auf kulturelle Probleme zu stoßen, muß der westeuropäische Raum gar nicht verlassen werden. Das Auswärtige Amt führt seit einiger Zeit ein Austauschprogramm mit England und Frankreich durch, das es ausgebildetem Personal erlaubt, im anderen Land im training-on-the-job-Verfahren tätig zu werden. Den Berichten der Austauschpersonen können nicht nur Unterschiede in Verhalten und im Selbstverständnis des Personals entnommen werden. So war es für franzö-

---

[5] Religion bestimmt Grundhaltung und somit die Einstellungen gegenüber Entwicklung, Bildung und soziale Verhaltensnormen. vgl. *Dieter Weiss*: „Weshalb sind die Muslime zurückgeblieben?", in: Die ZEIT, Nr. 20, 13. Mai 1994.

sische Austauschpersonen unverständlich, daß ein deutscher leitender Angehöriger des Auswärtigen Amtes mit dem Fahrrad zum Dienst erscheint[6]. Aber auch im Amtsverfahren, so z. B. der Art der Berichterstattung, fanden sich erhebliche qualitative Unterschiede.

Trotz positiver Versuche eines interkulturellen Personaltrainings sind auch desillusionierende Ergebnisse, die an dieser Stelle nicht verschwiegen werden sollen, aufgetaucht. So führte die Universität Bayreuth im Bereich der interkulturellen Verständigung Untersuchungen mit dem Ergebnis durch, daß trotz eines durchgeführten interkulturellen Verhaltenstrainings die Teilnehmer in einer abschließenden Streßsituation in traditionelle Verhaltensmuster zurückfielen. Ebenso korrespondieren Berufsbilder in westeuropäischen Staaten aufgrund der unterschiedlichen Ausbildung und Berufsbeschreibungen oftmals nicht miteinander. Selbst die Prioritäten im beruflichen Werdegang können aufgrund kultureller Unterschiede sehr divergieren[7].

Im Ergebnis wird ein interkulturelles Personalmanagement im Zusammenhang mit einer Verwaltungspartnerschaft stattfinden müssen, wie dies schon längst in anderen Wissenschaftsbereichen erkannt wurde. Es hat dabei die unterschiedliche Werte- und Bedürfnisstrukturen in der Zusammenarbeit zu berücksichtigen. Dies bedeutet, neben der fachlichen Komponente eine hohe soziale Kompetenz zu entwickeln. Eine Aufgabe besteht daher in der Vermittlung gemeinsamer Wertefelder, die als Basis eine gewisse Verhaltenssicherheit garantieren. Dies gilt insbesondere dann, wenn sich die Umwelt in einer Transformationsphase befindet.

Aufgabe eines interkulturellen Personalmanagements ist die Lokalisierung von Problemen und Defiziten in der internationalen personellen Zusammenarbeit im verwaltungswissenschaftlichen Bereich. Notwendig für die verwaltungspartnerschaftliche Kooperation auf internationaler Ebene ist ein qualifizierter Personalstamm, der als Persönlichkeitsstruktur Merkmale der Offenheit, Flexibilität und Toleranz trägt. Neben fachlichen Kompetenzen sind methodische, strategische, soziale und persönliche Kompetenzen gefordert. Dabei muß der schmale Pfad zwischen der Förderung eines multinationalen und multikulturellen Geistes unter der gleichzeitigen Wahrung der nationalen kulturellen Identität gefunden werden. Die Herausarbeitung gemeinsamer Wertefelder vermittelt dabei eine gewisse Verhaltenssicherheit in einem unsicheren Umfeld.

Schon aufgrund der starken personellen Zusammenarbeit muß jedoch als Grundpfeiler der internationalen Kooperation der moderne, rechtmäßig handelnde Verfassungsstaat zusammen mit der universellen Geltung der Menschenrechte stehen[8].

---

[6] *Friederike Bauer*: „Diplomaten auf dem Fahrrad überraschen so manchen Franzosen", in: FAZ, 17. 08. 1994.

[7] Auf der Suche nach Europas Stärken – Managementkulturen und Erfolgsfaktoren. Roland Berger & Partner, 1993.

[8] *Rainer Pitschas*: „Recht und Gesetz in der Entwicklungszusammenarbeit", in: VerwArch, Bd. 81, Heft 4, Okt. 1990, S. 471.

Der Beitrag der Fortbildung zur Verwaltungsförderung am Beispiel des von der Deutschen Stiftung für internationale Entwicklung und der Hochschule für Verwaltungswissenschaften Speyer durchgeführten Verwaltungswissenschaftlichen Studienprogramms für Verwaltungsangehörige aus dem Süden

Von Joachim Müller

I. Das Verwaltungswissenschaftliche Studienprogramm für Verwaltungsangehörige aus dem Süden

1. Entstehungsgeschichte und Bedarf

Vor über 30 Jahren, 1959, wurde die Deutsche Stiftung für Internationale Entwicklung (DSE) gemeinsam von Bund und Ländern mit dem Ziel gegründet, die Beziehungen der Bundesrepublik Deutschland zu den Entwicklungsländern auf der Grundlage des gegenseitigen Erfahrungsaustausches zu pflegen.

Von Beginn an hatte die DSE die Aufgabe, Möglichkeiten der Förderung einer leistungsfähigen, zuverlässigen und modernen Verwaltung in den Entwicklungsländern herbeizuführen. Maßgeblich war die bereits damals gemachte Erfahrung, daß eine nur wirtschaftliche Hilfe ohne gleichzeitige Ordnung der Verwaltung häufig ihren Zweck nicht ereicht. In einer Reihe von Expertengesprächen und Studientagungen wurden die Grundlagen deutscher Verwaltungshilfe erörtert.

Man war sich einig, daß die Güte jeder Verwaltung ausschließlich von der Güte des in ihr tätigen Personals abhänge und dem Aufbau eines integeren Berufsbeamtentums für die Verwaltungsinstitutionen der Entwicklungsländer eine ungemein hohe Bedeutung zukomme.

Man war der Meinung, daß ein Verwaltungssystem in gewissem Sinne ein anwendbares Kulturelement darstelle, lehrbar und lernbar – wenigstens in seinem strukturellen Gefüge und in dem ihm inhärenten Formalismus.

Man erkannte schon damals, daß Verwaltungsförderung nicht nur herrschaftsstabilisierend, sondern auch Förderung von „Bürokratismus" bedeuten könne, also jener Tendenz, die rechtlichen und verwaltungsmäßigen Zuständigkeits-, Verfahrens-

und Formprinzipien zu betonen, die der Verwaltung die Vorwürfe eingetragen haben, schwerfällig, engstirnig, kleinlich und lebensfremd zu sein.

Ausführlich diskutierte man die Probleme der Übertragbarkeit europäischer Verwaltungsformen und -systeme. Art, Inhalt und Umfang einer Verwaltung sind nicht zuletzt von den in der Geschichte eines Staatswesens gesuchten und verwirklichten politischen Ideen, von der Gesellschaftsstruktur, von Traditionen und geltenden Soziallehren mitbedingt. Dieses läßt sich nicht ohne weiteres auf einen fremden Geschichts- und Kulturkörper übertragen. Ich darf an dieser Stelle den damaligen Kurator der Deutschen Stiftung, Herrn Dr. Vogel, zitieren, der ausführte: „Nichts wäre meiner Überzeugung nach unrichtiger und falscher, als den Versuch zu unternehmen, ein hier seit den Zeiten des Absolutismus gewachsenes Verwaltungssystem mit allen Rechnungshöfen, mit den Abgabe- und Kassenordnungen, Reisekostenanordnungen usw. auf Entwicklungsländer zu übertragen."

Auch in den Anfängen der Verwaltungshilfe galten das Verständnis der Mentalität fremder Völker, die Anerkennung und Würdigung des Wesens und der Leistungen fremder Kulturen, die Bemühungen um zwischenmenschliche Beziehungen im Sinne einer gleichberechtigen Zusammenarbeit und Partnerschaft nicht nur als Forderungen, sondern schon als Gemeinplätze. Aber was wurde und was wird davon verwirklicht? Über welche konkreten Bewußtseinsinhalte verfügen wir in bezug auf die Menschen in den Entwicklungsländern und die Art ihrer Selbstverwirklichung in Vergangenheit und Gegenwart? Wenn wir Wert darauf legen, daß unsere Entwicklungshilfe nicht fehlinvestiert wird, müssen wir uns nachdrücklicher und ehrlicher als bisher um diese Fragen kümmern.

Im Zusammenhang mit dem Problem der Übertragbarkeit wurde klar differenziert zwischen dem Vorgang der Vermittlung und dem der Weitervermittlung theoretischen und praktischen Wissens und Könnens auf dem Gebiet der Verwaltung:

Der Vorgang der Vermittlung spielt sich ab zwischen dem Vermittler und dem Aus- bzw. Fortzubildenden, hier oder im Entwicklungsland. Der Vorgang der Weitervermittlung vollzieht sich zwischen dem aus- und fortgebildeten, berufstätig gewordenen Verwaltungsmitarbeiter und der menschlichen Gemeinschaft seiner Heimat, die früher oder später, direkt oder indirekt, stärker oder schwächer von seinem Verwaltungshandeln betroffen wird. Die Bevölkerung eines Landes, die Menschen selbst, der eine mehr, der andere weniger, sind die Träger des kulturellen und sozialen Wandlungsprozesses, die das Eindringen der Moderne in Gestalt der westlichen Zivilisation ausgelöst hat. Die große Zahl der Verwaltungsmitarbeiter in den Entwicklungsländern und insbesondere die Fach- und Führungskräfte fungieren in entscheidenem Maße als Vermittler bzw. Weitervermittler, als Förderer oder Bremser der äußeren Faktoren dieses Wandels. Dem Verwaltungspersonal fällt deshalb für die künftige Ordnung des Lebens ihrer Völker eine außerordentliche Verantwortung zu. An dieser Verantwortung sind wir in dem Maße beteiligt, wie wir die Aufgabe wahrnehmen, Verwaltungsangehörige der Entwicklungsländer fortzubilden.

Es bestand allgemeiner Konsens, daß das Schwergewicht der Ausbildung in den Enwicklungsländern selbst liegen müsse. In Deutschland kommt dagegen nur eine Fortbildung in Betracht für bereits berufstätige und berufserfahrene Verwaltungsbeamte, um ihnen z. B. eine Vergleichsmöglichkeit ihrer Verwaltung mit dem deutschen System zu geben. Es wäre richtig, wenn man keinen anderen Zweck verfolgte, als wenn wir Hospitanten in andere Länder entsenden.

Unter diesen kurz skizzierten Leitgedanken wurde 1961 die Zentralstelle für Öffentliche Verwaltung (ZÖV) der DSE gegründet und nahm 1962 mit ersten Maßnahmen ihre Arbeit auf.

Es dauerte dann nochmals bis Ende der 60er Jahre, bis erstmals von der DSE und der Verwaltungswissenschaft die Einrichtung eines post-universitären Fortbildungsgangs „Verwaltungswissenschaften" in Deutschland für Teilnehmer aus Entwicklungsländern empfohlen wurde.

Aber erst Ende der 70er Jahre erreichten diese grundsätzlichen Erwägungen ein konkreteres Stadium.

1979 einigte man sich zwischen der DSE, der Hochschule Speyer und dem BMZ über die Einrichtung eines derartigen Studiengangs. Der BMZ befürwortete einen entsprechenden Plan. Erfahrungen vergleichbarer ausländischer Institutionen sowie empirische Feststellungen bei Auslandskontakten legten den Schluß nahe, daß in den Entwicklungsländern ein erheblicher Bedarf für ein solches Programm in Deutschland bestehe. Dieser Bedarf wurde eher diffus formuliert und durch entsprechende Nachfragen aus Entwicklungsländern unter Hinweis auf vergleichbare Studiengänge in anderen Industrieländern belegt.

Noch im gleichen Jahr wurde an der Hochschule Speyer eine Senatskommission eingerichtet, bei der die Arbeiten an einem Curriculum und die sonstigen Vorbereitungs- und Planungsaufgaben konzentriert wurden.

In weiteren Sachgesprächen, unter Einbeziehung von Vertretern des Landes Rheinland-Pfalz, wurde Konsens erzielt, daß sämtliche Ausbildungskosten an der Hochschule Speyer vom Land Rheinland-Pfalz getragen werden und die DSE die Kosten für die von ihr durchzuführenden Programmteile sowie die gesamten Stipendienkosten während des Aufenthalts der Teilnehmer in Deutschland übernimmt.

Nach Einholung von Stellungnahmen ausländischer Fachpartner und ausführlichen Beratungen zwischen den beteiligten Insitutionen wurde 1981 mit Senatsbeschluß ein überarbeitetes Curriculum von der Hochschule Speyer endgültig verabschiedet.

Gleichzeitig stellte das Land Rheinland-Pfalz die erforderlichen Mittel der für das Programm zusätzlich an der Hochschule Speyer erforderlichen Personal- und Sachkosten zur Verfügung (C 3-Professur, Tutor, Fremdsprachensekretärin). Und schließlich stellte auch der BMZ der DSE als programmführender Stelle die erforderlichen Mittel für das Programm bereit.

Bei allen Beteiligten bestand damals Einvernehmen, zunächst nur eine Pilotphase von zwei Kursen mit externer Evaluierung durchzuführen. Ein im Auftrag des BMZ durchgeführtes externes Gutachten kam 1985 zu folgender Gesamtbeurteilung:

> „Das Programm ... entspricht in hohem Maß dem Bedarf der Entwicklungsländer, den Wünschen der Teilnehmer, den deutschen entwicklungspolitischen Zielen und den Vorstellungen der Träger. Die Teilnehmer des ersten Kurses konnten trotz erheblicher Anlaufschwierigkeiten ein mit den Abschlüssen deutscher Teilnehmer vergleichbares Studienergebnis erzielen. Die Rückgliederung hat mit Erfolg stattgefunden".

In einer gemeinsamen Aussprache zwischen allen Beteiligten wurde grundsätzliches Einvernehmen über die Fortsetzung des Studienprogramms erzielt und folgendes Fazit gezogen:

> „Angesichts der Ausführungen im Evaluierungsbericht und der längerfristig mit dem Programm verknüpften Erwartungen („Einfallstor" für die deutsche Verwaltung in andere Systeme) wird der BMZ nach Abschluß der beiden Pilotprogramme eine Hauptphase fördern. Es sollen für die nächsten Jahre jeweils bis zu fünfzehn Stipendien für das Studienprogramm zur Verfügung gestellt werden. Das Programm wird mit 2jährigem Abstand weltweit ausgeschrieben, die Zielgruppe auf Lehrer an Verwaltungsschulen und entsprechende Verwaltungsinstitutionen beschränkt".

2. Zielsetzungen

Grundlage des verwaltungswissenschaftlichen Studienprogramms für Verwaltungsangehörige des Südens ist damals wie heute die Konzeption des Speyerer Aufbaustudiums. Entsprechend soll den Teilnehmern eine den Anforderungen der öffentlichen Verwaltung gemäße Ergänzung und Vertiefung ihrer bisherigen Ausbildung vermittelt werden. Die allgemeinen Speyerer Studienziele sind auch für Verwaltungsangehörige aus den Ländern des Südens maßgeblich. Sie bedürfen aber im Hinblick auf die besondere Zielgruppe einer Konkretisierung und Ergänzung, die im Ergebnis eine zeitliche Ausdehnung des Programms auf zwei Jahre begründen und den Aufbau einer systematischen Nachkontaktpflege erfordern.

Die seinerzeit mit dem Studienprogramm verknüpften entwicklungspolitischen Zielsetzungen sind in ihrem Kerngehalt und mit Ergänzungen auch heute noch gültig.

So sollen sich die Teilnehmer nach wie vor mit den charakteristischen Merkmalen der öffentlichen Verwaltung in Deutschland vertraut machen. Dazu zählen insbesondere die kommunale Selbstverwaltung in lokalen, kulturellen und sozialen Angelegenheiten, die Rechtsbindung der öffentlichen Verwaltung; das Verhältnis von privatem und öffentlichem Sektor und in jüngerer Zeit zunehmend eine Modernisierung der öffentlichen Verwaltung nach betriebswirtschaftlichen Kriterien.

Des weiteren sollen die Teilnehmer sich mit dem Vergleich von Verwaltungsinstitutionen, der Verwaltung internationaler Organisationen und anderen internationalen Verwaltungsbeziehungen, insbesondere im Hinblick auf die wirtschaftliche Zusammenarbeit beschäftigen und die Fertigkeit erwerben, mit ausländischen und internationalen Partnern Arbeitskontakte zu knüpfen.

Ebenso sollen die Teilnehmer entwicklungstheoretische wie entwicklungspolitische Grundkenntnisse erwerben und sich in diesem Rahmen insbesondere mit der Entwicklungsfunktion der öffentlichen Verwaltung und mit Verwaltungsentwicklung und Reform auch im Lichte deutscher Erfahrungen befassen.

Durch Berichte und Anlaysen zur Verwaltungssituation in ihrer Heimat sollen sie neuerworbene Kenntnisse und Erfahrungen in Deutschland auf ihre Lebens- und Arbeitssituation zurückbeziehen.

Um die erforderlichen verwaltungswissenschaftlichen Studien durchzuführen, an Verwaltungspraktika teilnehmen und die erforderlichen Prüfungen ablegen zu können, müssen die Teilnehmer eingehend die deutsche Sprache erlernen, unter Einschluß der verwaltungsbezogenen Fachsprache.

3. Zulassungsvoraussetzungen und Zulassungsverfahren

Bewerber für das verwaltungswissenschaftliche Studienprogramm müssen einen akademischen Grad von einer anerkannten wissenschaftlichen Hochschule nachweisen, der dem deutschen akademischen Studienabschluß „Diplom" einer wissenschaftlichen, i.d.R. sozialwissenschaftlichen Fachrichtung entspricht. Die Bewertung erfolgt aufgrund eines Gutachtens, das die Hochschule Speyer während des Antragsverfahrens beim Sekretariat der Ständigen Konferenz der Kultusminister der Länder in der Bundesrepublik Deutschland, Zentralstelle für Ausländisches Bildungswesen, einholt. Ein vergleichbarer Studienabschluß ist in aller Regel ein Master Degree.

Eine weitere Zulassungsvoraussetzung ist die Beherrschung der deutschen Sprache. Der Nachweis wird durch das Zertifikat „Zentrale Mittelstufenprüfung (M III)" eines Goethe-Instituts geführt. Diese Prüfung muß spätestens nach einer achtmonatigen Einführungsphase in Berlin abgelegt werden und kann einmal wiederholt werden. Um dieses Sprachziel grundsätzlich in acht Monaten zu erreichen, müssen Bewerber bereits im Heimatland sich Grundkenntnisse der deutschen Sprache aneignen. Idealerweise wäre dies der Abschluß der „Zertifikatsprüfung Deutsch als Fremdsprache (ZDA/G III)".

Das Studienprogramm ist inzwischen fester Bestandteil des Programmkatalogs zum projektfreien Stipendienprogramm der Bundesregierung und unterliegt den einschlägigen Richtlinien zur Gewährung von Regierungsstipendien. Dazu zählen z. B.:

– ein Höchstalter von 35 Jahren;

– eine fachlich begründete Befürwortung der Bewerbung und
eine Beurlaubung des Bewerbers für die Zeit der Fortbildung durch die jeweilige Entsendebehörde;

– eine entwicklungspolitisch begründete Befürwortung der Bewerbung durch die jeweilige Deutsche Auslandsvertretung;

– die gesundheitliche Eignung des Bewerbers.

Der Programmkatalog stellt eine ständige weltweite Ausschreibung des Studienprogramms über die sogenannte „Freie Quote" sicher. Nach unseren bisherigen Erfahrungen kann das Studienprogramm aber nur zu etwa 1/3 über die Freie Quote belegt werden und erfordert deshalb parallel eine gezielte Ausschreibung, d. h. die Vergabe von zehn zusätzlichen sogenannten „Fachquoten Verwaltungswissenschaft" an ausgewählte Länder.

Die DSE orientiert sich bei dieser Ausschreibung an der Nachfrage und an einem begründeten Bedarf. Vor der Ausschreibung eines Kurses wird die Auswahl dieser Fachquoten, d. h. die Länder, in denen das Programm gezielt ausgeschrieben werden soll, beim BMZ beantragt und mit diesem abgestimmt.

Bewerbungsschluß ist jeweils sechs Monate vor Programmbeginn. Bewerbungen werden in der Reihenfolge ihres zeitlichen Eingangs bearbeitet. Die DSE prüft die Unterlagen auf Vollständigkeit und ob Bewerber das im Rahmen der Richtlinien vorgeschriebene Höchstalter nicht überschritten haben. Über die fachliche Qualifikation und die Zulassung eines Bewerbers entscheidet dann die Hochschule Speyer autonom und in eigener Verantwortung. In enger Abstimmung mit der Hochschule werden abschließend die am besten geeigneten fünfzehn Bewerber für jeden Kurs ausgesucht und eingeladen.

4. Sprachausbildung

Der Erwerb ausreichender Sprachkenntnisse für ein erfolgreiches Studium der Verwaltungswissenschaft in Deutschland ist bis heute eines der Hauptprobleme des verwaltungswissenschaftlichen Studienprogramms geblieben. Mit durchschnittlicher Sprachbegabung benötigt ein europäischer Ausländer für das Erlernen der deutschen Sprache in der Regel einen zehn- bis zwölfmonatigen Sprachkurs in Deutschland. Je nach Herkunftsregion, Sprachbegabung und fremdkultureller Anpassungsfähigkeit sind für einzelne Ausländer die Zeiträume, ausreichend deutsche Sprachkenntnisse zu erwerben, erheblich größer. Dies gilt besonders für Länder mit anderer Schriftsprache, z. B. Indonesien, Thailand oder Nepal, aber auch für Länder mit völlig anderer Aussprache und Phonetik, z. B. arabische Länder oder auch Vietnam.

Hinzu kommt noch das Problem, sich die für das Studium unbedingt erforderlichen verwaltungsfachsprachlichen Kenntnisse anzueignen. Das Verständnis wird anfangs erschwert, weil die deutsche Verwaltungsfachsprache eine Vielzahl von Fachausdrücken umfaßt, deren volle Bedeutung sich Ausländern erst nach und nach im Studienverlauf erschließen kann. Viele Fachausdrücke der Verwaltung sind schlichtweg nicht übersetzbar. Die DSE hat hierzu inzwischen standardisiertes Lehrmaterial in deutscher Sprache entwickelt, welches laufend aktualisiert wird und mit einem fremdsprachlichen Glossar versehen ist. Dieses Material soll den Teilnehmern eine erste Orientierung geben und in die öffentliche Verwaltung der Bundesrepublik Deutschland einführen. Das Verständnis der Teilnehmer wird durch vertiefende Lehrveranstaltungen zu ausgewählten Fachthemen weiter gefördert und durch Fachbesuche zu ausgewählten Verwaltungsbehörden und -institutionen erweitert.

Ein weiteres, nicht zu unterschätzendes Problem der Sprachausbildung ist für einen Ausländer, sich in der ihm fremden kulturellen Umgebung Deutschlands anzupassen und in eine Gruppe der zumeist aus anderen Kulturregionen kommenden Kollegen zu integrieren. Durch die Distanz zwischen seiner und der deutschen Kultur erfährt ein Ausländer plötzlich, wie erlernte Verhaltenserwartungen sich in der neuen Umgebung als nicht mehr gültig erweisen. Der Apparat kultureller Regeln, der vorher das eigene Verhalten steuerte und das der Mitmenschen hinreichend vorhersehbar und interpretierbar machte, verliert seine Gültigkeit. Diese Erfahrungen, die in der einen oder anderen Form alle neuankommenden Ausländer in Deutschland machen, werden allgemein mit dem Begriff „Kulturschock" bezeichnet. Dazu zählen etwa Gefühle des Heimwehs, der Orientierungslosigkeit und der Verlorenheit. Je nach Besonderheiten der Situation, der Persönlichkeitsstruktur und der Mentalität können in vielen Fällen daraus Abneigungen und Mißtrauen gegen die deutsche Kultur und als Folge Lernblockierungen entstehen. Gerade in der Anfangsphase bedarf es deshalb von der DSE gegenüber ausländischen Studienteilnehmern einer das Verständnis für deutsche Eigenarten weckenden Hilfestellung und einer motivations- und integrationsfördernden Betreuung. Die mit dem Studienprogramm verbundenen Zielsetzungen lassen sich nur erreichen, wenn alle Beteiligten, die Ausländer ebenso wie die deutschen Programmträger, sich stets der Schwierigkeiten fremder Kulturerfahrung bewußt bleiben und im interkulturellen Austausch ein gegenseitiges Verständnis fördern.

Eine Fremdsprache wird nämlich rascher, umfassender und besser erlernt und vervollkommnet, wenn der Lernende eine aufgeschlossene, integrative Einstellung zur mit der Fremdsprache verknüpften Kultur hat und beibehält.

5. Zielgruppen

Die Teilnehmer sind hauptamtliche Dozenten, Lektoren und wissenschaftliche Lehrkräfte an Verwaltungsinstituten und Verwaltungsschulen (Multiplikatoren).

Darüber hinaus richtet sich das Studienprogramm im Benehmen mit dem BMZ inzwischen auch an potentielle Führungskräfte und Entscheidungsträger der Verwaltung, die in wichtigen Reformbereichen ihres Landes arbeiten (Reformatoren).

Diese Erweiterung der Zielgruppe erlaubt der DSE vor allem auch, solche Partnerbehörden und -institutionen anzusprechen, die in laufenden oder geplanten Programmvorhaben der DSE mitwirken, d. h. gezielt Counterparts in Reformprojekten der Verwaltung über die Fachquote zu fördern (Beispiele sind hier die Länder Vietnam und Mongolei).

6. Curriculare Gestaltung

Das verwaltungswissenschaftliche Studienprogramm gründet auf einer erfolgreichen, konstruktiven Arbeitsteilung und Partnerschaft zwischen der DSE und der Hochschule Speyer. Es sieht im Regelfall folgenden zeitlichen Ablauf vor:

– Erwerb von Grundkenntnissen der deutschen Sprache im Heimatland von mindesten vier Monaten,

– viermonatiger Sprachkurs am Sprachinstitut Tübingen mit obligatorischer Abschlußprüfung (ZDA),

– viermonatige fachliche Einführung in die öffentliche Verwaltung bei der DSE in Berlin und Fortsetzung des Sprachkurses in Zusammenarbeit mit dem Goethe-Institut mit obligatorischer Abschlußprüfung (ZMP) unter Beteiligung der Hochschule Speyer an der mündlichen Prüfung zum Zweck der Feststellung fachsprachlicher Verwaltungskenntnisse,

– dreimonatiges Einführungssemester,

– zweimonatiges Verwaltungspraktikum in der deutschen Kommunalverwaltung mit begleitender Sprachförderung für Nachzügler und obligatorischer Wiederholungsprüfung (ZMP),

– einmonatige Zwischenheimreise,

– 1. Semester „Verwaltungswissenschaftliches Aufbaustudium (von drei Monaten)",

– zweimonatiges Verwaltungspraktikum in ausgewählten Verwaltungsbehörden entsprechend den von den Ausländern gewählten Studienschwerpunkten,

– DSE-Zwischenseminar über Methodik und Didaktik in der Verwaltungsfortbildung (in der Regel von einwöchiger Dauer),

– 2. Semester „Verwaltungswissenschaftliches Aufbaustudium (von drei Monaten)",

– schriftliche und mündliche Abschlußprüfung zum „Magister der Verwaltungswissenschaften" (drei Monate),

– mehrtägiges Abschlußseminar zusammen mit den Teilnehmern des folgenden Studienprogramms.

Die Studiendauer in Deutschland umfaßt damit insgesamt 26 Monate.

Erlauben Sie mir, an dieser Stelle noch einige Anmerkungen zum DSE-Zwischenseminar „Methodik und Didaktik in der Verwaltungsfortbildung" anzufügen. Zweck dieses Seminars ist die Vermittlung von Fähigkeiten und Kenntnissen über die in der Fortbildung für die Mitarbeiter der öffentlichen Verwaltung der Bundesrepublik Deutschland angewandte Didaktik und Methodik. Damit wird nicht nur eine Erweiterung des Kenntnisstandes bei den Teilnehmerns selbst angestrebt, sondern auch in Nutzung ihrer Multiplikatoren-Funktion ein Transfer zur Weiterentwicklung der Verwaltungsfortbildung im Entsendeland. Im Hinblick auf den erforderlichen Wissens- und Fähigkeiten-Transfer genügt es nicht, daß bei dem von den Teilnehmern erworbenen verwaltungswissenschaftlichen Wissen die individuelle Verfügbarkeit und Abrufbarkeit zur Erhöhung und Erweiterung der eigenen beruflichen Handlungsfähigkeit gewährleistet wird.

Ein durchgreifender Prozeß der Verwaltungssystem-Weiterentwicklung wird im Entsendeland nur dann in Gang gesetzt werden können, wenn die Teilnehmer in der Lage sind, das von ihnen internalisierte Wissen didaktisch kompetent und motivierend an Verwaltungsmitarbeiter weiterzuvermitteln und schließlich zusätzlichen Dozenten vertraut zu machen, so daß diese ihrerseits als „change agents" weitere Prozesse der Organisationsentwicklung initiieren. Deshalb kommt der im Seminar „Methodik und Didaktik in der dienstlichen Fortbildung" erfolgenden Fortschreibung und Aktualisierung der Teilnehmer-Kenntnisse über das Instrumentarium an Lehrmethoden und Motivierungstechniken im Lehr-, Lernprozeß eine besondere Bedeutung zu.

Im Rahmen dieses Seminars sollen die Teilnehmer zugleich auch mit den Grundlagen und der didaktischen Operationalisierung des sogenannten „offenen Curriculums" als integrativem Element vertraut gemacht werden. Einbeziehung von Teilnehmerbedürfnissen bei der Lernzieldefinition, bevorzugte Anwendung partizipativer Lehrmethoden, Eigenverantwortlichkeit des Teilnehmers für seinen Lernerfolg sind einige prägende Komponenten zwischen Lehrendem und Lernendem, die von den Teilnehmern in ihrer bisherigen Rolle als Dozent noch nicht oder nur wenig in das didaktische Kalkül gezogen wurden.

Da sie diesen sozialintegrativen Lehrstil ebenso in der Rolle des Lernenden, nämlich als Studierender an der Hochschule für Verwaltungswissenschaften Speyer, praktisch erfahren, können sich die Teilnehmer nunmehr ein von „beiden Seiten" her abgesichertes Urteil über Möglichkeiten und angesichts der im Entsendeland andersartigen soziokulturellen Rahmenbedingungen sicher auch über die Grenzen einer Adaption bilden.

7. Studienergebnisse

In den erst zwölf Jahren von 1982 bis 1994, d. h. in den ersten sechs Kursen, haben insgesamt 84 Teilnehmer am verwaltungswissenschaftlichen Studienprogramm teilgenommen. Davon haben 65 Teilnehmer das Studienprogramm erfolgreich absolviert, d. h. den akademischen Grad eines „Magisters der Verwaltungswissenschaften" verliehen bekommen. Die Erfolgsquote liegt bei ca. 77%, von durchschnittlich 14 Teilnehmern pro Kurs haben 11 Teilnehmer ihren Kurs erfolgreich abgeschlossen.

II. Der Beitrag der Fortbildung zur Verwaltungsförderung

1. Nachkontaktpflege

Eine allgemeine Nachkontaktkonzeption oder verbindliche Nachkontaktrichtlinien des BMZ gibt es bis heute nicht. Nachkontaktmaßnahmen werden von den verschiedenen Trägerorganisationen, die Aus- und Fortbildungsprogramme der EZ durchführen, deshalb eher zufällig und sporadisch, aber kaum systematisch ausgeführt.

Demgegenüber sind Bedeutung und Zielsetzungen einer in die Fortbildungsmaßnahmen integrierten Nachkontaktpflege durchaus bekannt.

Sie bestehen:

– in der Sicherung des Lernerfolges und der beruflichen Position, insbesondere längerfristig fortgebildete Stipendiaten;

– in der Verbesserung von Fortbildungsmaßnahmen durch kritische Reflexionen über die Anwendung und Umsetzung des Gelernten im Heimatland aus Sicht der Fortgebildeten;

– in einer Förderung des Süd-Süd-Dialogs zwischen ehemaligen Stipendiaten.

Der Bundestagsausschuß für wirtschaftliche Zusammenarbeit (AWZ) hat wiederholt darauf hingewiesen, daß der Nutzen aufwendiger Aus- und Fortbildungsmaßnahmen durch fehlende Nachkontakte in Frage gestellt wird.

Eine vom Deutschen Institut für Entwicklungspolitik (DIE) 1989 im Auftrag des BMZ durchgeführte Studie über „Stand und Perspektiven der Nachkontakte zu den in der Bundesrepublik Deutschland ausgebildeten Fachkräften aus Entwicklungsländern" kommt zu dem Schluß: „Aus- und Forbildungsmaßnahmen mit Nachbetreuungsprogrammen als integralem Bestandteil wären ein Schritt in Richtung auf die in Entwicklungsländern so dringend notwendige „Personalentwicklung", wichtiger Baustein für den Aufbau effizienter lokaler Institutionen. Nur eine solche integrierte Politik der Personalentwicklung im weiteren Rahmen der TZ würde die Empfangsstrukturen vor Ort verbessern und die Basis für die Nutzung von lokalem

Know-how in FZ- und TZ-Vorhaben, aber auch für (Hochschul)-Partnerschaften und Kooperationsvorhaben in anderen Bereichen schaffen."

Belegt wird, daß die bisher für Nachkontakt vorgesehenen Sachmittel in Höhe von 5 % der Mittel für Aus- und Fortbildungsmaßnahmen (Titel 685-01) für die Realisierung eines so anspruchsvollen Zieles nicht ausreichen. Als Richtgröße werden 15 % empfohlen, und wenn dies durch Aufstockung nicht möglich ist, sollte eine Umverteilung zugunsten von Nachkontaktmaßnahmen vorgenommen werden.

Die DSE hat im Rahmen des Verwaltungswissenschaftlichen Studienprogramms und in Zusammenarbeit mit der Hochschule Speyer bisher zwei Nachkontaktveranstaltungen in Deutschland durchgeführt: 1989 für die Teilnehmer der Jahrgänge 1984 und 1986 sowie 1992 für die Teilnehmer der Jahrgänge 1988 und 1990.

Als zusammenfassende Bewertung läßt sich feststellen, daß sich das Verwaltungswissenschaftliche Studienprogramm in bezug auf Zielsetzung, Inhalte, zeitlichen Rahmen und Programmstruktur voll bewährt und zu einem wachsenden entwicklungspolitischen Ansehen der Bundesrepublik Deutschland im Ausland beigetragen hat. Die Bindungen zur DSE, zur Hochschule Speyer, aber auch unter den ehemaligen Teilnehmern selbst wurden erneuert und gefestigt.

An vielen Einzelbeispielen belegten die Teilnehmer, welchen Nutzen ihnen die im Studium gewonnenen neuen Kenntnisse und Erfahrungen in ihrer heutigen Arbeit bringen.

Entsprechend den individuell gewählten Studienschwerpunkten und der beruflichen Position im Heimatland ist das Anwendungsspektrum der in Deutschland neu erworbenen Verwaltungskenntnisse groß: Es reicht von Maßnahmen der Verwaltungsdezentralisierung bis zur Anwendung der Informationstechnologie in der öffentlichen Verwaltung, von verbesserten Methoden der Planung und Entscheidung bis zur Haushaltsplanung, von Personalführung und Personalverwaltung bis zur Personalplanung und Umweltverwaltung.

Generell hat das Studienprogramm nachhaltig zur beruflichen Qualifizierung der Teilnehmer beigetragen. Nach Rückkehr habe man z. B. seine beruflichen Aufgaben mit höherer Motivation, besserem Kooperationsvermögen und größerer Effektivität ausführen können. Die verbesserten fachlichen Kompetenzen haben in vielen Fällen bereits Beförderungen zur Folge gehabt.

Die meisten Teilnehmer nehmen eine Mulitplikatorfunktion im Heimatland nicht nur im Rahmen ihrer Lehrtätigkeit, sondern auch über die Veröffentlichung von Fachpublikationen und Aufsätzen wahr. Darüber hinaus haben die Teilnehmer in der Mehrzahl nach Beendigung des Studienprogramms in bilateralen oder multilateralen Projekten der Entwicklungszusammenarbeit mitgewirkt.

2. Aufbau von Verwaltungs- und Fortbildungspartnerschaften

Ein 1993 erstmalig auf den Philippinen durchgeführtes regionales Nachkontaktseminar der DSE in Zusammenarbeit mit der Hochschule Speyer für ehemalige Absolventen des Studienprogramms aus asiatischen Ländern enthielt erste Elemente für den Aufbau eines integrierten Nachkontaktkonzeptes.

Ziel war nicht nur, den Nutzen der verwaltungswissenschaftlichen Fortbildung in Deutschland im Rahmen einer Verbleibstudie zu bewerten und soziale Kontakte aufzufrischen, sondern einen Beitrag zur Ausarbeitung eines integrierten Konzeptes von Personal- und Insitutionenentwicklung durch den Aufbau von Verwaltungs- und Fortbildungspartnerschaften zu leisten.

Es zeigte sich, daß bei den ehemaligen Absolventen durch das Studienprogramm enge Bindungen zur Bundesrepublik Deutschland entstanden sind und in großer Zahl Wünsche und Erwartungen zum Ausdruck gebracht wurden, diese Bindungen insbesondere über fachliche Kontakte zur DSE, zur Hochschule Speyer und zu anderen Institutionen weiter zu vertiefen, zu pflegen und auszubauen. Dabei lassen sich im Rahmen des Aufbaus von Verwaltungs- und Fortbildungspartnerschaften die von den Absolventen unterbreiteten Vorschläge kategorisieren in:

- persönliche Fortbildungspartnerschaften,
- institutionelle Verwaltungspartnerschaften,
- allgemeine Projektvorschläge zur Verwaltungsentwicklung.

Aber auch der Aufbau eines Netzwerkes im Sinne eines reglmäßigen Erfahrungsaustausches zwischen ehemaligen Absolventen der beteiligten asiatischen Länder wurde von Teilnehmerseite angeregt.

Verzeichnis der Autoren und Diskussionsleiter

Karin Adelmann, Bonn

Dr. *Abdeljabar Arach,* Rabat/Hochschule für Verwaltungswissenschaften Speyer

Dipl.-Verw.-wiss. *Detlef Barth,* Forschungsreferent, Forschungsinstitut für öffentliche Verwaltung bei der Hochschule für Verwaltungswissenschaften Speyer

Univ.-Prof. Dr. *Lakhdar Benazzi,* Universität Nouakchott, Mauretanien

Reg.-Rat. *Stefan Betzer,* Forschungsreferent, Forschungsinstitut für öffentliche Verwaltung bei der Hochschule für Verwaltungswissenschaften Speyer

Prof. Dr. *Friedrich W. Bolay,* Verwaltungsfachhochschule Wiesbaden/Abt. Frankfurt/M.

Reg.-Dir. Dr. *Günter Bonnet,* Bundesministerium für wirtschaftliche Zusammenarbeit, Bonn

Dipl.-Päd. *Irene Chowdhuri,* Leiterin des Instituts für Verwaltungsmanagement an der Verwaltungsakademie Berlin

Ministerialrat *Alfred Drescher,* Deutscher Bundestag/Verwaltung, Bonn

Ministerialdirigent Prof. Dr. *Klaus-Eckart Gebauer,* Leiter der Kabinettsabteilung, Staatskanzlei des Landes Rheinland-Pfalz, Mainz

Dr. *Kambiz Ghawami,* Vorsitzender des World University Service/Deutsches Komitee e. V., Wiesbaden

Prof. Dr. habil. (Humboldt-Universität Berlin) *Nguyen Duy Gia,* President of the National Institute for Public Administration, Hanoi/Vietnam

Univ.-Prof. Dr. *Walter Hundt,* Potsdam

Ass.-Prof. *Supote Kovitaya,* Prince of Songkla University, Hat Yai/Thailand

Assessor *Wolfram Moersch,* Forschungsreferent, Forschungsinstitut für öffentliche Verwaltung bei der Hochschule für Verwaltungswissenschaften Speyer

Dr. *K. Mohan,* M.A.J.D., Direktor des S.N. Das Gupta College, New Delhi/Indien

Dipl.-Volkswirt *Joachim Müller*, Mag.rer.publ., Zentralstelle für öffentliche Verwaltung, Berlin

Univ.-Prof. Dr. *Jiatai Ni*, Ostchinesische Universität, Shanghai/China

Rosemarie Peters, M.A., Mag.rer.publ., Forschungsreferentin, Forschungsinstitut für öffentliche Verwaltung bei der Hochschule für Verwaltungswissenschaften Speyer

Univ.-Prof. Dr. *Rainer Pitschas,* Wissenschaftlicher Beauftragter der Hochschule für Verwaltungswissenschaften Speyer für das Ausländer-Aufbaustudium, Speyer

Univ.-Prof. Dr. *Ali Sedjari*, Universität Rabat/Marokko

Dr. *Albrecht Stockmayer*, Gesellschaft für Technische Zusammenarbeit, Eschborn

Dr. *Jürgen Theres*, Hanns-Seidel-Stiftung, Regionalbüro Marokko, Rabat/Marokko

Univ.-Prof. Dr. *Wang Weida*, Tongji-Universität, Shanghai/China

Ulrike Weissenberger, M.A., Mag.rer.publ., Wiss. Mitarbeiterin, Hochschule für Verwaltungswissenschaften Speyer

Yat Yat E. Wiriyadinata, Mag.rer.publ., National Institute of Public Administration, Bandung/Indonesien

Walter Zuber, Staatsminister des Innern und für Sport des Landes Rheinland-Pfalz, Mainz